Taschenkommentar zum Heimgesetz

Otto Goberg

Taschenkommentar zum Heimgesetz

und zugehörige Verordnungen

Heimmitwirkungsverordnung
Heimsicherungsverordnung
Heimmindestbauverordnung
Heimpersonalverordnung

Zweite, neu bearbeitete und erweiterte Auflage

Die Deutsche Bibliothek – CIP-Einheitsaufnahme

Goberg, Otto:

Taschenkommentar zum Heimgesetz und zugehörige Durchführungsver-
ordnungen : Heimmitwirkungsverordnung, Heimsicherungsverordnung,
Heimmindestbauverordnung, Heimpersonalverordnung / Otto Goberg. –
2., neu bearb. und erw. Aufl. - Hannover : Vincentz, 1994
ISBN 3-87870-411-9

© Vincentz Verlag, Hannover 1994
Umschlagentwurf: P. Böhm, Hannover

Druck: poppdruck, Langenhagen

ISBN 3-87870-411-9

Inhaltsverzeichnis

Heimgesetz

Vorwort

Dieser Kommentar ist als Handausgabe beabsichtigt. Er will der Praxis dienen. Seine Aussagen berücksichtigen die bisherigen Erkenntnisse; verzichten aber in der Regel auf umfangreiche Begründungen. Er will den Praktikern, den Heimbeiräten, den Bewohnern / Bewerbern, den Altenpflegern und Sozialarbeitern, den Handelnden und den Lernenden ein Leitfaden und ein Ratgeber sein.

Alle Erläuterungen beziehen sich zentral auf den Schutz der Bewohner und Bewerber, auf die Wahrung ihrer Interessen und Bedürfnisse und damit auf die Rechtsgüter, denen dieses Gesetz dienen soll.

Das Inkrafttreten des Ersten Gesetzes zur Änderung des Heimgesetzes fällt in die Zeit der Einigung Deutschlands. Deshalb wurde bei den Erläuterungen versucht, die besonderen Verhältnisse in den fünf neuen Ländern zu berücksichtigen. Für Kritik und Anregungen bin ich dankbar.

Bonn, im Februar 1991
Otto Goberg

Vorwort zur 2. Auflage

Die überarbeitete Auflage berücksichtigt die Neufassung der Heimmitwirkungsverordnung, die Heimpersonalverordnung sowie die inzwischen erlassenen Bestimmungen der neuen Bundesländer. Deren besondere Situation wird beachtet.

Die Auflage erscheint in einer Zeit, in der bei sozialen Leistungen massiv gespart wird. Es ist hier nicht aufzudecken, in welchem Umfang sogenannte finanzielle Zwänge nur Täuschungen sind, um eine ganz andere Grundhaltung zu tarnen. Die Betroffenen und ihre Helfer jedenfalls benötigen mehr denn je, neben der Erläuterung der Texte, auch weiteres Material, damit sie ihre Interessen und Bedürfnisse, damit sie ihre Rechte aktiv verteidigen und durchsetzen können.

"Was Recht ist, ist noch nicht Wirklichkeit" (Dieter Schäfer).

In dieser Auflage wird deshalb des Bemühen fortgesetzt, die Möglichkeiten zum Schutz der Bewohner und Bewerber zu verbessern: durch Abdruck der Materialien, durch Hinweise auf Motive und durch Kritik derjenigen Regelungen, die aus meiner Sicht unzulänglich sind oder sogar den Interessen der Bewohner und Bewerber widersprechen. Insofern möchte dieser Kommentar eine sehr kritische Auseinandersetzung mit den Bestimmungen fördern.

Die Hervorhebungen bei den Materialien stammen von mir; ebenso die Formulierungen bei der Rechtsprechung, soweit diese nicht in Anführungszeichen gesetzt sind.

Ich danke meiner Frau. Sie hat mir durch ihr liebevolles Verständnis die Neufassung ermöglicht. Ich danke allen, die mir bisher halfen: vor allem durch Kritik und Anregungen, durch Übersendung von Urteilen und Materialien, durch Hinweise und Gespräche und beim Lesen der Korrekturen.

Bonn, 1994
Otto Goberg

Abkürzungen

A	Ausschuß
a.A.	andere Ansicht
a.a.O.	am angegebenen Ort
a.F.	alte Fassung
AGBG	Gesetz zur Regelung der Allgemeinen Geschäftsbedingungen
ÄG	Änderungsgesetz
AH	Altenheim (Zeitschrift – bis 1991 Das Altenheim)
Archiv	Archiv für Wissenschaft und Praxis der sozialen Arbeit - DV -Eigenverlag
Art.	Artikel
BldW	Blätter der Wohlfahrtspflege
BMA	Bundesmin. für Arbeit und Sozialordnung
BMBau	Bundesbauministerium
BMJFFG	Bundesmin. Jugend, Familie, Frauen und Gesundheit
BMJFG	Bundesmin. für Jugend, Familie und Gesundheit
BMFuS	Bundesmin. für Familie und Senioren
BMWi	Bundesmin. für Wirtschaft
BDSG	Bundesdatenschutzgesetz
Ber.	Bericht
BGB	Bürgerliches Gesetzbuch
BGB1.	Bundesgesetzblatt
BGH	Bundesgerichtshof
BPA-Info	Bundesverb. privater Alten- und Pflegeheime, Informationsblatt
BR	Bundesrat
BReg	Bundesregierung
BSG	Bundessozialgericht
BSHG	Bundessozialhilfegesetz
BT	Bundestag
BT-Prot.	Niederschrift der Sitzung des BT
BVerfG (E)	Bundesverfassungsgericht (Entscheidung)
BVerwG (E)	Bundesverwaltungsgericht (Entscheidung)

BVG	Bundesversorgungsgesetz
Caritas	Zeitschrift für Caritasarbeit und -wissensch.
Dahlem / Giese	Dahlem / Giese / Igl / Klie, Das Heimgesetz, Loseblatt, 2 Bände
Drs.	Drucksache
DÖV	Die öffentliche Verwaltung -Zeitschrift-
DV	Deutscher Verein für öffentliche und private Fürsorge, Frankfurt / Main
DZA	Deutsches Zentrum für Altersfragen, Berlin, Institut
DVBl	Deutsches Verwaltungsblatt (Zeitschrift)
E	Entwurf oder Entscheidung
Fachlexikon	Fachlexikon der sozialen Arbeit, (Hrsg. DV)
Familienbericht, Vierter/	Die Situation der älteren Menschen in der Familie, vom 13. 10. 1986, BT-Drs. 10/6145
FamRZ	Zeitschrift für das gesamte Familienrecht
FEVS	Sammlung "Fürsorgerechtliche Entscheidungen der Verwaltungs- und Sozialgerichte"
G	Gesetz
GG	Grundgesetz
gem.	gemäß
GO	Gewerbeordnung
GVBL	Gesetz- und Verordnungsblatt
idR	in der Regel
Impulse	Evangelische Impulse, Zeitschrift
KDA	Kuratorium Deutsche Altershilfe, Köln, Institut
MAGS	Min. für Arbeit, Gesundheit und Soziales NRW
NDV	Nachrichtendienst Deutscher Verein
n.F.	neue Fassung
NJW	Neue Juristische Wochenschrift
NVwZ	Neue Zeitschrift für das Verwaltungsgericht
OLG	Oberlandesgericht
OVG	Oberverwaltungsgericht
Parl.	Parlament
PflSVbg	Pflegesatzvereinbarung zwischen Kostenträgern und Wohlfahrtverbänden
PflegeVG	Pflegeversicherungsgesetz
Reha	Rehabilitation

RsDE	Recht der sozialen Dienste und Einrichtungen, Zeitschrift
s.	siehe
SF	Sozialer Fortschritt (Zeitschrift)
SG	Sozialgericht
SGB	Sozialgesetzbuch (in röm. Ziffern das jeweilige Buch)
SKWPG	Gesetz zur Umsetzung des Spar-, Konsolidierungs- und Wachstumsprogramms
1. Teilbericht	der Sachverständigenkommission zur Erstellung des 1. Altenberichts der BReg, Veröffentl. BMFuS
V oder VO	Verordnung
VA	Verwaltungsakt
VGH	Verwaltungsgerichtshof
VwGO	Verwaltungsgerichtsordnung
VwVfG	Verwaltungsverfahrensgesetz
ZfF	Zeitschrift für das Fürsorgewesen
ZGerontol	Zeitschrift für Gerontologie
ZPO	Zivilprozeßordnung
zust. Beh.	zuständige Behörde gem § 18 HeimG

Einleitung

1 Entstehung und Entwicklung des Heimgesetzes

Das HeimG entstand in der alten Bundesrepublik aus gewerberechtlichen Bestimmungen. Dort hatten alle Länder nach Änderung des § 38 GewO v. 24. 8. 1967 (BGBl. I S. 933) Heimverordnungen über Mindestanforderungen für gewerbliche Altenheime, Altenwohnheime und Pflegeheime erlassen, die in Teilen noch heute gelten. (s. § 22 HeimG)

Diese Bestimmungen schützten die Bewohner nur unzulänglich, und sie galten auch nicht für Heime, die von den Verbänden der freien Wohlfahrtspflege oder Kirchen betrieben wurden. Die Notwendigkeit verbesserter und umfassender Schutzbestimmungen wurde weitgehend anerkannt.

Zeitliche Entwicklung des HeimG:

31. 8. 1971	Gesetzentwurf (GE) des Landes Hessen
15. 3. 1972	das Land Berlin erweitert diesen durch eigenen GE (BR-Drs. 173/72)
15. 3. 1972	Ersuchen der SPD und FDP an BReg, den Entwurf eines HeimG vorzulegen
12. 4. 1972	Aussprache über den Antrag der SPD u. FDP; grunds. Zustimmung dazu (BT-Prot. 180 Sitzg. S. 10460 ff)
7. 7. 1972	eigener GE des BRates auf der Grundlage des Berliner GE's
1. 12. 1972	GE des BR erneut eingebracht (BR-Dr. 600/72) – wegen der Parlamentsauflösung erforderlich –
23. 2. 1973	erste Lesung im BT – Stellungnahme der BReg in BT-Drs. 7/180
11. 6. 1974	einstimmige Annahme des HeimG im BT (BT-Prot. 106. Sitzg. S. 7217 ff), der Schutzgedanke ist in den Beratungen verstärkt worden, Bericht des BT-A JFG in BT-Drs. 7/2068
12. 7. 1974	der BR stimmt dem HeimG mit einer Empfehlung zu den baulichen Mindestanforderungen zu (BR-Drs 445/1/74)
7. 8. 1974	das Heimgesetz wird verkündet (BGBl. I S. 1873)
1. 1. 1975	das Heimgesetz tritt in Kraft

Änderungsgesetz

21. 4. 1989	GE der BReg für "Erstes Gesetz zur Änderung des Heimgesetzes" (BT-Drs. 11/5120; BR-Drs. 203/89)
2. 6. 1989	BR nimmt zu GE Stellung gemäß Empfehlungen seiner Aussch. (BR-Drs 203/1/89); s.a. BR Plenarprotokoll 601. Sitzg. S. 239 ff)

8. 3. 1990	Beschlußempfehlung BT-A JFFG mit zahlr. Änderungsvorschlägen (BT-Drs 11/6620)
15. 3. 1990	BT beschließt mehrheitl. das 1. ÄG (BT-Prot. 11/202, S. 15635 ff)
6. 4. 1990	BR stimmt dem G mehrheitlich zu (Plenarprotokoll 611, S. 144)
23. 4. 1990	Erstes Gesetz zur Änderung des Heimgesetzes ausgefertigt und am
27. 4. 1990	verkündet (BGBl. I S. 763; Ber. 1069)
	Folgende **Rechtsverordnungen** zum HeimG sind erlassen worden
19. 7. 1976	**Heimmitwirkungsverordnung** (BGBl. I S. 1819) geändert am
16. 7. 1992	**Erste Verordnung zur Änderung der HeimMitwirkungsV** (BGBl. I. S. 1341)
27. 1. 1978	**Heimmindestbauverordnung** (BGBl. I S. 189) geändert am
3. 5. 1983	**Erste Verordnung zur Änderung der HeimMindBauV** (BGBl. I S. 551)
24. 4. 1978	**Heimsicherungsverordnung** (BGBl. I S. 553)
19. 7. 1993	**Heimmindestpersonalverordnung** (BGBl. I S. 1205 ff)

2 Geltung des Heimgesetzes in den neuen Ländern

2.1 Mit dem Wirksamwerden des Beitritts der ehemaligen DDR zur Bundesrepublik gelten ab 3. Oktober 1990 das HeimG und die dazu erlassenen Verordnungen auch in den neuen Ländern. S. § 25 RN 2. Zur "*Pflegesituation* in den neuen Bundesländern" s. Antwort der BReg auf die Kl. Anfrage, Bündnis 90 / DIE GRÜNEN, vom 15. 8. 1991, BT-Drs. 12/1067.

2.2 An Besonderheiten sind zu beachten:

1. **Heimverhältnisse**, die beim Wirksamwerden des Beitritts bestanden, richten sich nach dem 3. 10. 1990 nach dem HeimG. Nach der Feierabend- und Pflegeheimverordnung vom 1. 3. 1978 (GBl. I Nr. 10, S. 125) erfolgte die Aufnahme in einem Heim auf Grund einer Heimeinweisung. Es wurde ein Verhältnis nach Verwaltungsrecht begründet. Heimverträge waren nicht üblich. Durch die Anlage I Kapitel X Sachgebiet H Nr. 12 Einigungsvertrag (BGBl. II S. 907 ff; 1096) werden diese Heimeinweisungen so behandelt, als wären Verträge abgeschlossen worden. Die vertragsrechtlichen Bestimmungen des HeimG (§§ 4 - 4d) zum Beispiel Kündigung gelten deshalb in vollem Umfang.

2. **Heimmindestbauverordnung** – S. dazu § 30 HeimMindBauV, Vorbemerkung. XXX

3. **Heimausschüsse** nach der Verordnung über Feierabend- und Pflegeheime hatten vom 3. 10. 1990 an dieselben Aufgaben und Mitwirkungsrechte wie gewählte Heimbeiräte nach HeimG. Da die Amtszeit der Heimbeiräte nach § 12 HeimMitwV zwei Jahre beträgt, ist diese Übergangszeit bereits abgelaufen.

2.3 In den neuen Ländern sind Anfang 1993 die Bestimmungen des HeimG sehr oft noch nicht in den Mindestanforderungen erfüllt. Es gibt derzeit noch Regionen ohne funktionierende Heimaufsicht.

2.4 Der Vollzug der **HeimMindBauV** gestaltet sich besonders schwierig. Nach der 2. Magdeburger Erklärung sind in den vorhandenen Heimen der neuen Länder nur etwa ein Drittel der Plätze sanierungsfähig; für rund zwei Drittel der Plätze müssen Räumlichkeiten neu gebaut werden. 40 % der Einrichtungen sind abbruchreif, 30 % stark sanierungsbedürftig, 20 % können kurzfristig saniert werden und nur 10 % entsprechen jetzt dem Mindeststandard. Zwischen den Sozialministern der neuen Bundesländer und dem BMFuS besteht Einvernehmen darüber, daß nach der abgeschlossenen Soforthilfe des Bundes (500 Mio DM) nunmehr Maßnahmen erforderlich sind, um die bauliche Substanz der Heime nachhaltig zu verbessern. "Nur über ein Gesamtsanierungsprogramm können die Einrichtungen planvoll und bedarfsgerecht aufgebaut werden." Der Investitionsbedarf wird mit 18 Milliarden DM angegeben. (Quelle: Pressemitteilung des BMFuS vom 13. 4. 1992)

Sachsen: Zehn goldene Regeln für neue Heime

Der Sanierungsbedarf für Neu- und Umbauten von Altenhilfeeinrichtungen im Freistaat Sachsen beträgt nach derzeitiger Schätzung etwa zwei bis drei Milliarden Mark. Um zu verhindern, daß schon wenige Jahre nach Fertigstellung eines Neubaus oder einer Sanierung erneut Kosten in beträchtlicher Höhe anfallen, hat das sächsische Staatsministerium für Soziales, Gesundheit und Familie Bewertungskriterien für die Förderbeurteilung von Neu- bzw. Umbauten und Sanierungen herausgegeben. In der Broschüre, an der im Rahmen der Aufbauarbeit in Sachsen der Landeswohlfahrtsverband Württemberg-Hohenzollern mitgearbeitet hat, werden unter anderem zehn "goldene Regeln" genannt, an denen sich der Koordinierungsausschuß des Landes künftig orientieren wird.

– Fehlinvestitionen sind teuer. Deshalb: Vor der Planung Bedarf prüfen.

– Exakte Zahlen zum Heimplatzbedarf gibt es noch nicht. Mit drei Pflegeplätzen auf 100 Menschen im Alter von 65 und mehr Jahren können Sie sicher sein, nicht über das Ziel hinauszuschießen.

- Standorte im Stadtzentrum sind Randlagen vorzuziehen, abgelegene Standorte sind zu vermeiden.
- Trägervielfalt statt Monostruktur. Alte Menschen sollen – wo immer möglich – unter mehreren Einrichtungen die ihres Vertrauens auswählen können.
- Frühzeitige Abstimmung erspart Ärger und Kosten. Die Beratungen im Koordinierungsausschuß für Investitionen in der Altenhilfe sollen dazu dienen, die Vorhaben der verschiedenen Träger so früh wie möglich aufeinander abzustimmen. Ohne ein positives Votum des Koordinierungsausschusses ist eine Bezuschussung von Investitionsvorhaben mit Landesmitteln nicht möglich.
- Lieber eine größere Zahl kleinerer und mittelgroßer, aber wohnortnaher Heime, als einige wenige große Einrichtungen mit riesigem Einzugsbereich.
- Alle neu zu schaffenden Heimplätze müssen pflegegerecht sein.
- 50 % der Plätze sollten auf 1-Bett-Zimmer entfallen, der Rest auf 2-Bett-Zimmer. Zimmer mit mehr als 2 Betten sind künftig nicht mehr vorzusehen.
- Sanierungen sollten nur auf der Grundlage eines Gesamtkonzeptes begonnen werden. So vermeiden Sie, daß eine Sanierung zum "Faß ohne Boden" wird.
- Liegen die Kosten einer Sanierung pro Platz bei mehr als 75 % der Neubaukosten, ist ein Neubau wirtschaftlicher.

(Fundstelle: Altenheim 9/1992)

Zu den Problemen bei der Einräumung von **Fristen** bzw. der Erteilung von **Befreiungen** durch die zuständigen Behörden s. § 3 RN 10 sowie §§ 30, 31 HeimMindBauV.

2.5 Nach dem Einigungsvertrag v. 31. 8. 1990 (BGBl. II S. 889) Anlage 1 gilt das **Bundessozialhilfegesetz** in den neuen Bundesländern mit folgender Maßgabe: "Gesetzliche Ansprüche sind von den Trägern der Sozialhilfe nur insoweit zu erfüllen, als die im Einzelfall dafür erforderlichen Dienste und Einrichtungen in dem in Artikel 3 des Vertrages genannten Gebiet vorhanden oder sonst mit den zur Verfügung stehenden Mitteln erreichbar sind; die Verpflichtung der Träger der Sozialhilfe, auf die Schaffung ausreichender sozialer Dienste und Einrichtungen hinzuwirken (§ 17 Abs. 1 Nr. 2 des Ersten Buches Sozialgesetzbuch), bleibt unberührt." – Zu Einzelheiten Giese in RsDE 14. 15 ff.

2.6 **Aus dem Schrifttum:** D. Giese: Das Heimgesetz und die Verordnung über Feierabend- und Heimpflege in **Arbeitshilfe 4 'Heimgesetz' des DV, 1990** S. 11, E. Hempel: Die deutsche Heimmindestbauverord-

15

nung, AH 10/1991, S. 470 ff. Zur Stiftung "Daheim im Heim" altenhilfe 6/93. 22 und Infos des BMFuS.

3 Verfassungsmäßigkeit des Heimgesetzes

3.1 Die Grundlage der Bundeszuständigkeit ist Art. 74 Nr. 7 GG (öffentliche Fürsorge). Das BVBerfG hält eine weite Auslegung dieser
Bestimmung für zulässig (VBerfGE 22, 180; s. a. BSG in NJW 1958,
S. 1252; BVerwGE 27, 58). Eine Aufsicht des Staates über frei-ge-
meinnützige Träger ist allerdings wegen Art. 2 ABs. 1 GG (Persönlichkeitsrechte juristischer Personen) eingeschränkt. Diesen muß
sowohl für die Errichtung als auch bei der Unterhaltung der Einrichtungen ein Kernbestand an Gestaltungsfreiheit erhalten bleiben.
Gegenüber der Altersfürsorge der Kirchen ist die Kirchenautonomie
(Art. 140 GG i. Verb. mit Art 137 WRV) zu beachten. Die Staatsauf-
sicht ist durch den Grundsatz der Neutralität des Staates in kirchlichen Angelegenheiten begrenzt. Auch unter diesen Gesichtspunkten
ist das HeimG verfassungsmäßig.

Gegenüber den gewerblichen Heimträgern folgt es dem Recht der
Wirtschaft (Art. 74 Nr. 11 GG) und ist insoweit unbestritten. Die
Zuständigkeit gegenüber den frei-gemeinnützigen Trägern wurde
anfangs bestritten (s. Bullinger, Caritas 1973, S. 13; Bischoff, DÖV
1978 S. 201). Die Rechtsprechung vertritt die Ansicht, daß die Kompetenz des Bundes zum Erlaß des HeimG unabhängig von der Rechtsform des Trägers besteht. (S. insbes. Hessischer Verwaltungsge-
richtshof Urteil v. 10. 9. 1985 – IX OE 45/81 veröffentl. in NJW 1986,
186, FEVS 35, 461).

3.2 Auch die Verfassungsmäßigkeit einzelner Bestimmungen war
Gegenstand von Gerichtsentscheidungen:

Das Verbot der Annahme von Vermögensvorteilen (§ 14 Abs. 1 a. F.)
ist verfassungsgemäß. S. dazu BVerwG v. 18. 12. 1987, BVerwGE
78, 357 = RsDE Heft 2; Beschluß v. 26. 1. 1990 – 7B 86/89 i. NJW
1990, 2268 = RsDE Heft 12).

§ 3 Nr. 1 HeimG ist in Verbindung mit dem ganzen HeimG eine ausreichende verfassungsmäßige Ermächtigung zum Erlaß der Heim-
MindBauV. S. Hess. VerwGerichtshof Urteil v. 10. 9. 1985 – IX OE
45/81, NDV 1986, 186; BVerwG, Beschluß v. 22. 7. 1985 – 4B 73.85
in Der Städtetag, Sp. 769 und Urteil v. 17. 3. 1989 – 4C 41.85 in RsDE
Heft 7.

Zu § 5 Abs. 2 HeimG s. dort RN 2.5

3.3 Aus dem Schrifttum: Dahlem / Giese / Igl / Klie, Das Heimgesetz,
Einleitung, S. 12 ff; Klie, Heimfürsprecher-Beirat am Heim, AH
1991, S. 540 ff; A. Korbmacher, Grundlagen des öffentlichen Heimrechts, S. 6 – mit Hinweisen auf Rechtsprechung zur 'öffentlichen
Fürsorge'.

4 Zur gesellschaftspolitischen Bedeutung der Heimbetreuung

Sie wird oft damit umschrieben, daß nur ca. 4 % der über 65jährigen bzw. nur ca. 14 % der Pflegebedürftigen aus den alten Ländern in Heimen leben. Daraus wird auf eine geringere Bedeutung der Heimpflege geschlossen. Diese Betrachtung unterliegt mehreren Trugschlüssen:

– Es besteht ein akuter Mangel an Pflegeplätzen in allen Bundesländern, den alten wie den neuen. Eine zuverlässige Erhebung der fehlenden Plätze unter Berücksichtigung der Fehlbelegung liegt bisher nicht vor. Der ungedeckte Bedarf wird auf über 80.000 Plätze geschätzt.

– Der oben angegebene Wert von 4 % ist eine Momentaufnahme zu einer bestimmten Stichzeit. Die Untersuchungen über die Verweildauer in Heimen (s. unten Mannheim u. B-W; RN 10.2) beweisen jedoch, daß viele Pflegeplätze in einem Jahr für mehrere Bewohner genutzt werden.

Sozialpolitisch entscheidend ist, welche Wahrscheinlichkeit für alte Menschen besteht, in einem Heim aufgenommen zu werden. Und das ist fast immer bis zum Lebensende. Diese Wahrscheinlichkeit liegt derzeit bei weit über 20 % – mit deutlich steigender Tendenz, denn der Anteil Hochbetagter an der Gesamtbevölkerung nimmt entscheidend zu. Die nachfolgende Tabelle gibt darüber Auskunft:

	Insges.	Männer	Frauen
1987	2 200	600	1 600
1995	2 600	700	1 900
2000	2 500	600	1 900
2005	2 800	700	2 100
2010	3 100	900	2 200

Tabelle: Personen im Alter von 80 und mehr Jahren in 1 000
Quelle: 1, Teilbericht, S. 9.

Jeder vierte bis fünfte alte Mensch bedarf zu irgendeiner Zeit der Heimbetreuung. **Das** zeigt die Bedeutung der Heimbetreuung und damit des HeimG.

Zur Entwicklung der ausländischen Bevölkerung in Deutschland nach Lebensalter s. W. Rückert, Bevölkerungsentwicklung, KDA, Forum Nr. 18, Juli 1992.

5 Zur gesellschaftspolitischen Bedeutung des Heimgesetzes

5.1 Die Bedeutung des HeimG ergibt sich unter anderem aus dem Stellenwert, den die stationäre Betreuung im System sozialer Hilfen hat. Herausgehobene politische Ziele der Altenpolitik – als Teil einer umfassenden Gesellschaftspolitik – sind zum Beispiel: ambulant vor stationär sowie Rehabilitation vor Pflege. Zur stationären Versorgung stellt die BReg lediglich fest, daß sie "einen festen und unverrückbaren Platz im System der Versorgung älterer und pflegebedürftiger Menschen" (BT-Drs. 10/4108, S. 2) hat, ohne dies in Zielen und im Auftrag zu konkretisieren, zum Beispiel im Hinblick auf die Forderung des KDA "Wohnen im Pflegebereich" oder der Hospizbewegung bezüglich der Begleitung von Sterbenden. Die Länder und Kommunen trifft die Pflicht, die erforderlichen Einrichtungen und Maßnahmen bereitzuhalten (SGB I § 17). Sie haben damit auch die Planungskompetenz.

5.2 Der Ausbau ambulanter sozialer Hilfen wird unter anderem durch den Ausbau von Sozialstationen, Teilzeiteinrichtungen, Geriatr. Tageskliniken, Tagespflegeheimen usw. sowie SGB V insbes. §§ 53 - 57 gekennzeichnet. Es mehren sich jedoch die Stimmen, die den fast absoluten Vorrang der ambulanten Hilfen modifizieren wollen. "Ein rechtzeitiger Heimeintritt kann für Gruppen älterer Menschen mit besonderer Problemlage wichtiger sein als selbständiges Wohnen." (Prof. Dr. Ursula Lehr; Bundesministerin a. D.) Auch wird das Wahlrecht der Betroffenen in der Diskussion in letzter Zeit stärker herausgestellt.

6 Sozialpolitische Zielsetzung des Heimgesetzes

6.1 Zweck des Heimgesetzes

Das HeimG ist ein Schutzgesetz für die Heimbewohner und für die Menschen, die sich um eine Heimaufnahme bewerben. Die Materialien zum HeimG i. dF. vom 7. 8. 1974 belegen, daß alle im BT vertretenen Parteien die Notwendigkeit eines solchen Schutzes anerkannten. Die Schutzbestimmungen des Gesetzes wurden im Verlauf der Beratungen erheblich ausgeweitet und / oder verschärft. ('Bericht und Antrag des Ausschusses für Jugend, Familie und Gesundheit' vom 9. 5. 1974 – BT-Drs. 7/2068). Diese Materialien sind wichtige Hinweise für die Anwendung des Gesetzes und der Verordnungen; denn in den letzten Jahren ist eine deutliche Tendenz erkennbar, den Schutzgedanken aus finanziellen Gründen zurückzudrängen. Deshalb ist hervorzuheben:

1. Das zentrale Rechtsgut, das durch das HeimG geschützt und gewahrt werden soll, ist die Würde des Menschen. Die Tatsache, daß das HeimG und die VO'en überwiegend Verwaltungsvor-

schriften enthalten, spricht nicht dagegen; denn sie ordnen an, mit welchen Instrumenten und in welcher Weise der Schutz verwirklicht werden soll.

2. Die Pflicht zum *Schutz der Bewohner / Bewerber* ergibt sich aus der besonderen Pflicht des sozialen Rechtsstaates gegenüber Hilflosen, Bedürftigen, Behinderten und Personen, die wegen besonderer Abhängigkeiten, Beeinträchtigungen und anderem erheblich gehindert sind, ihre Rechte durchzusetzen. (Fürsorgepflicht des sozialen Rechtsstaates).

3. § 2 Abs. 1 HeimG "verleiht dem Heimbewohner ein subjektives öffentliches Recht zum Schutz vor Beeinträchtigungen nach Maßgabe der gesetzlichen Vorschriften" (G. Igl in RsDE 3 S. 4f). Es gibt den Betroffenen ein Klagerecht gegenüber den zuständigen Behörden auf Einhaltung der Vorschriften (s. a. Igl aaO), wenngleich nicht zu übersehen ist, daß es durch die unbestimmten Rechtsbegriffe und Ermessensmöglichkeiten eingeschränkt ist.

6.2 Das HeimG ist **kein Leistungsgesetz** und auch **kein Subventionsgesetz**, aber es erzwingt Leistungen der Träger. Es sieht weder finanzielle Leistungen an Heimbewohner / Bewerber noch Zuschüsse an Träger oder Betreiber vor. Es ist daher konsequent, daß es nicht Teil des SGB ist. – Es hat Versuche gegeben, das HeimG in ein Leistungsgesetz umzuwandeln,

– zu Gunsten der Heimbewohner oder

– zu einem Finanzierungsgesetz nach dem Vorbild des KrankenhausfinanzierungsG.

Das erscheint nicht sinnvoll. Solche Versuche verkennen den speziellen Charakter des HeimG. Probleme der Sicherung von Pflegekosten oder der Bereitstellung von ausreichenden und geeigneten Heimplätzen (SGB I § 17) sind in einem Gesetz zum Schutz der Bewohner und Bewerber nicht adäquat zu regeln. Das HeimG enthält auch keine Kriterien über die "Heimbetreuungsbedürftigkeit". Die ergeben sich aus den Leistungsgesetzen (zum Beispiel BSHG, BVG); s. a. AH 3/93.125; 7/92. 348–VGH Hessen: Unzumutbarkeit.

6.3 Vom Schutzzweck des HeimG ist die *Planungsverantwortung* und die Pflicht zur *Daseinsvorsorge* durch die Leistungsträger zu unterscheiden. Die zuständige Behörde kann hierzu keine Weisungen oder Anordnungen erlassen. (S. a. § 9 HeimG, RN 5) Daseinsvorsorge wird als Sammelbegriff verwendet für die Leistungen der öffentlichen Hand, die vorsorgend, bereitstellend und helfend für den Bürger erfolgen. (S. Schellhorn in Fachlexikon der sozialen Arbeit 3. Aufl.) Leistungsträger sind idR die Kreise und die kreisfreien Städte (SGB I § 28 Abs. 2) Das SGB I bestimmt:

§ 17 Ausführung der Sozialleistungen

(1) Die Leistungsträger sind verpflichtet, darauf hinzuwirken, daß

1. jeder Berechtigte die ihm zustehenden Sozialleistungen in zeitgemäßer Weise, umfassend und schnell erhält,

2. die zur Ausführung von Sozialleistungen erforderlichen sozialen Dienste und Einrichtungen rechtzeitig und ausreichend zur Verfügung stehen und

3. der Zugang zu den Sozialleistungen möglichst einfach gestaltet wird, insbesondere durch Verwendung allgemein verständlicher Antragsvordrucke.

(2) *(aufgehoben)*

(3) In der Zusammenarbeit mit gemeinnützigen und freien Einrichtungen und Organisationen wirken die Leistungsträger darauf hin, daß sich ihre Tätigkeit und die der genannten Einrichtungen und Organisationen zum Wohl der Leistungsempfänger wirksam ergänzen. Sie haben dabei deren Selbständigkeit in Zielsetzung und Durchführung ihrer Aufgaben zu achten. Die Nachprüfung zweckentsprechender Verwendung bei der Inanspruchnahme öffentlicher Mittel bleibt unberührt. Im übrigen ergibt sich ihr Verhältnis zueinander aus den besonderen Teilen dieses Gesetzbuchs; § 97 Abs. 2 des Zehnten Buches findet keine Anwendung.

> Es ist zu fragen, in welchem Umfang Leistungsträger im Rahmen der Daseinsvorsorge dafür zu sorgen haben, daß Heimplätze "rechtzeitig und ausreichend" und "in zeitgemäßer Weise" zur Verfügung stehen. Bei Altenwohnheimen kann das Ausmaß dieser Pflicht strittig sein. Bei Pflegeplätzen wird die Ansicht vertreten, daß sie entsprechend dem tatsächlichen Bedarf – und nicht nach fiktiven, gegriffenen Bedarfszahlen – zeit- und bedarfsgerecht zur Verfügung stehen müssen. "Hinzuwirken" verlangt stetigen, tätigen Einsatz und die Ausschöpfung aller Möglichkeiten durch die Leistungsträger damit die erforderlichen Plätze rechtzeitig und ausreichend tatsächlich zur Verfügung stehen. Ein Rechtsanspruch dem Grunde nach ist noch keine Deckung des notwendigen Bedarfs. Als "ausreichend" sind nur solche Heimplätze anzusehen, die den Bestimmungen des HeimG entsprechen.

7 Instrumente des Heimgesetzes

> Das HeimG versucht als Schutzgesetz auch mit den Mitteln des Ordnungs- und Aufsichtsrechts – für dessen Vollzug das Verwaltungsverfahrensrecht des Bundes beziehungsweise die entsprechenden Verwaltungsverfahrensgesetze der Länder gelten – den Zweck des Gesetzes zu erreichen. Das Gesetz bietet dazu vornehmlich folgende Instrumente:

- vorbeugende Maßnahmen wie zum Beispiel Beratung (§§ 2 Abs. 2; 11 HeimG)

- Erlaubnis zum Heimbetrieb (§ 6 HeimG);

- Mindestanforderungen gem. HeimMindBauV, HeimsicherungsV und HeimPersV.

- Verbesserung der Rechtsstellung der Bewohner / Bewerber zum Beispiel durch den Heimvertrag, die Anpassungspflicht, das Verbot eines Mißverhältnisses von Entgelt und Leistung, Informationspflicht, HeimsicherungsV, und so weiter;

- Mitwirkung der Bewohner in Angelegenheiten des Heimbetriebes (§ 5 und HeimmitwirkungsV) sowie in der Geschäfts- und Wirtschaftsführung gem. § 14 und HeimsicherungsV;

- Heimüberwachung (§ 9) durch eine eigene Behörde (§ 18) mit der Möglichkeit, zum Beispiel Auflagen und Anordnungen zu erlassen, Beschäftigungsverbote auszusprechen, Ordnungswidrigkeiten mit Geldbußen zu ahnden und – als stärkstes Mittel – erforderlichenfalls die Betriebserlaubnis zurückzunehmen oder zu widerrufen (§ 15) beziehungsweise den Betrieb zu untersagen (§ 16).

Hinsichtlich der Anwendung dieser Möglichkeiten wird auf die Erläuterungen bei den einzelnen Vorschriften verwiesen. Dieses Instrumentarium ist im Zusammenhang mit gesetzlichen Bestimmungen außerhalb des HeimG (zum Beispiel BGB, Gesundheitsrecht, Baurecht, Brandschutz und andere) zu sehen.

8 Beeinträchtigung des Schutzes

8.1 In der Praxis der Heimbetreuung schränken die Pflegesatzvereinbarungen (PflSVbg), die zwischen den Verbänden der freien Wohlfahrtspflege und den Kostenträgern auf der Grundlage des BSHG als öffentlich-rechtliche Verträge (s. dazu auch BGH Urteil vom 12. 11. 1991 / KZR 12/90, Altenheim 1/1993 S. 6); sowie Gutachten DV v. 26. 7. 93 NDV 1993 S. 388) abgeschlossen werden, die möglichen Leistungen der Heime oft ein. Die vereinbarten Tagessätze bestimmen Anzahl und Qualität des Personals sowie die sächliche und räumliche Ausstattung und damit weitgehend die Grundlagen der Betreuung / Pflege. Die PflSVbg'en werden teilweise als eine Möglichkeit zur Lösung von Konflikten im Gesamten Sachbereich Wohlfahrtspflege angesehen. Andererseits werden sie aus mehreren Gesichtspunkten kritisiert. Im Hinblick auf das HeimG wird unter anderem folgende Kritik vorgetragen:

- Die Kriterien der Sozialhilfe (zum Beispiel gemäß § 93 BSHG) decken sich nur zum Teil mit den Interessen und Bedürfnissen der Heimbewohner und damit dem Zweck des HeimG. Die PflVBbg'en berücksichtigen zum Beispiel die Finanzkraft der Kostenträger.

Diese zufällige Finanzkraft und / oder das (Un-) Verständnis eines Leistungsträgers dürfe nicht willkürlich die Interessen und Bedürfnisse der Bewohner einschränken. Das HeimG (§ 2 Abs. 1 Nr. 1) soll die Interessen und Bedürfnisse der Bewohner / Bewerber insgesamt vor Beeinträchtigungen schützen und nicht etwa nur die – von Kostenträgern festgesetzten – "berechtigten" Interessen und Bedürfnisse. Exakt eine solche Beschränkung erfolgt durch die PflSVbg'en in allen Bereichen der Betreuung: von der Qualität des Wohnplatzes über Küchen- oder Verwaltungspersonal, der Ausstattung mit Hilfsgeräten bis hin zur eigentlichen Pflege. "In der traditionellen Bildung der Pflegestufen (offenbart sich) die Anwendung überholter Krankheitskonzepte im Alter beziehungsweise des Alters, die für Verbesserung der Negativzustände, die hohe Pflegegrade begründen, keinen Raum lassen." (1. Teilbericht, S. 72, re. Spalte).

–   Die PflSVbg hat nur minimale Zeit – Anteile von zum Teil unter 2 % für die Betreuung (s. dazu Landau et al. Wieviel Zeit kostet Pflege? AH 1/1993 S. 8 ff). Das beweise, daß die Interessen und Bedürfnisse der Bewohner erheblich beeinträchtigt werden: durch die PflSGbg'en also genau das eintrete, wovor das HeimG Schutz gewähren soll.

–   Die PflSVbg'en nehmen auch Rücksicht auf den Mangel an Pflegepersonal. Das ist im Rahmen des HeimG nicht zulässig. (S. VGH Mannheim, Beschluß vom 14. 2. 1989 teilweise abgedruckt in RsDE 14/91 sowie § 6 RN. 22). Der Personalschlüssel der PflSV hat keine normative Wirkung bei der Anwendung des HeimG. Die Heimaufsicht habe vielmehr jeweils auf den konkreten Betreuungs- und Versorgungsbedarf abzustellen (s. VGH Mannheim, aaO und Th. Klie in Altenheim 3/1991 S. 152), doch sind die Heimaufsichtbehörden in einigen Bundesländern Behörden des Kostenträgers (S. § 18 HeimG RN 4). Aber nicht nur dann bestehe eine Interessenverflechtung zum Nachteil der Heimbewohner.

–   Unter dem Vorwand der Sparsamkeit werden Mindestanforderungen nach dem HeimG als Norm oder sogar als Maximalausstattung behandelt. Dadurch werden die Interessen und Bedürfnisse der Bewohner beeinträchtigt und auch die Gestaltungsfreiheit der Träger (§ 2 Abs. 2 HeimG) unzulässig eingeschränkt.

–   PflSVgb'en entsprächen nicht immer den Anforderungen des BSHG, das den Empfängern ein Leben ermöglichen soll, "das der Würde des Menschen entspricht". (§ 1 Abs. 2) Es sei durch Untersuchungen belegt, daß ein zu knapp bemessenes Personal zu erhöhtem Medikamentenverbrauch bei den Heimbewohnern (s. Altenheim 11/1992, S. 584) führe und außerdem unter anderem die Sozialkontakte der Bewohner im Heim, die Hilfen des Personals zur Erhaltung oder Verbesserung der Selbständigkeit der Bewohner sowie deren Aktivitäten erheblich verringere. (S. unter anderem KDA, Leben im Altenpflegeheim? 1985). Die Selbständigkeit der Bewohner – als Beispiel – ist

Zweck des HeimG (§ 1 Abs. 1 Nr. 1), und sie ist unzweifelhaft auch Teil der Menschenwürde. Durch die PflSV'en werde dieser Anspruch mindestens erheblich beeinträchtigt. Die in den Ländern bestehenden sehr unterschiedlichen PflSV'en widersprächen beiden Gesetzen: dem BSHG und dem HeimG.

– Pflegesätze sind Mittel zur Kostensteuerung und nicht Mittel zu Erfüllung gesetzlicher Vorschriften nach dem Heimgesetz.

Dieser Kritik wird gefolgt. Es stellt sich die Frage, wieweit das bisherige Verfahren der Kostenträger mit Art. 1 GG vereinbar ist. Im Verhältnis zu den gewerblichen Trägern spielen die PflSVbg'en eine besondere Rolle beim Abschluß der Vereinbarungen nach § 93 BSHG. Die geltenden Pflegesätze ermöglichen eine bedarfsgerechte Hilfe häufig nicht (§ 93 Abs. 2 S. 2 BSHG). Die Verhältnisse dürften sich durch §§ 93 Abs. 3 – 6 u. 94 BSHG i. d. F. des 2. Konsolidierungsgesetzes für Bewohner und Träger verschlechtern. S. dazu Anhang. **Aus dem Schrifttum:** AG der Leiterinnen und Leiter von Alten- und Pflegeheimen im Rheingau-Taunuskreis, Altenheim 6/1992 S. 290; Baden-Württemberg. Zu einem Bericht des Untersuchungsausschusses des Landtages: Menschenwürde und Selbstbestimmung in AH 7/1991. 336 ff. Brandt / Dennebaum / Rückert, Stationäre Altenhilfe, Freiburg 1987; Otto Dahlem, Personalbedarf nach dem Heimgesetz, RsDE, Heft 17; DZA, Heimkonzepte der Zukunft, 1991, insbes. S. 20; Fesca et al. Zum Rechtsverhältnis Betreuer – Kostenträger, RsDE 10 (1990); Krefelder Initiative für bessere Pflegeschlüssel in Altenheim 7/1991, S. 322; Liga der freien Wohlfahrtspflege in Baden-Württemberg, Zur Verbesserung der personellen Ausstattung der Alten- und Altenpflegeheime; sowie: Stellungnahme der Kostenträger, 'Personalkonzept für die stationäre Altenhilfe', Okt. 1988; Ch. Kleebaur, Neue Pflegesatzsystematik in AH 2/1992, 8 ff; Gerhard Naegele, Strukturwandel des Alters und die Situation der Heime in Evangl. Impulse 4/91; Volker Neumann, Zum Dreiecksverhältnis zwischen Hilfeempfänger, Sozialhilfeträger und freier sozialer Einrichtung, in Alter und Recht, DV 1989 – ders. Die allgemeinen Pflegesatzvereinbarungen als Konfliktregelungen im Sachbereich Wohlfahrtspflege, RsDE 5; Staiber/Kuhn in RsDE 17 (1992) S. 66; D. Schoch, Freie Wohlfahrtspflege und öffentliche Finanzen, RsDE, 4 (1989) S. 31 ff; E. A. Wilkening, Zur Relevanz der Pflegesatzvereinbarung, Altenheim 4/1991, S. 210 ff. – insbes. im Verhältnis zu den gewerbl. Trägern s. a. dazu a. Altenheim 7/1992 S. 348.

Pflegesatzvereinbarungen sind abgedruckt unter anderem in Dahlem / Giese / Igl / Klie, Das Heimgesetz im Teil D.

9 Bestand und Entwicklung der Anzahl von Heimen und Heimplätzen

9.1 Die Befürchtung, das HeimG (mit Erlaubnis und Kontrollen) werde den Ausbau der Heimplätze beeinträchtigen, hat sich nicht bestätigt. Die BT-Drs. 8/2303 (S. 14) berichtet für 1978 über den Bestand an Heimen gem. HeimG und die Zahl der vorhandenen Plätze folgendes:

Tabelle 1

in 5 037 Einrichtungen waren zum Zeitpunkt der Erhebung 401 985 Plätze vorhanden. Sie gliedern sich auf

Altenwohnheime (AWH)	56 958 Plätze
Altenheime (AH)	144 997 Plätze
Altenpflegeheime (APH)	65 808 Plätze
Mehrgliedrige Einrichtungen (ME)	
AWH	16 775 Plätze
AH	66 286 Plätze
APH	43 852 Plätze
Gleichartige Einrichtungen (GE)	7 309 Plätze
	401 985 Plätze

9.2 Der Bestand der dem Heimgesetz unterfallenden Einrichtungen hat sich (Stichtage 30. 6. 1985 und 30. 6. 1986) wie folgt weiterentwickelt:

Tabelle 2: Alteneinrichtungen

		Einrichtungen	Plätze
AWH	30. 6. 1985	558	50 948
	30. 6. 1986	603	53 959
AH	30. 6. 1985	2 901	173 547
	30. 6. 1986	2 799	174 172
APH	30. 6. 1985	763	50 804
	30. 6. 1986	848	55 880
ME	30. 6. 1985	1 977	194 947
	30. 6. 1986	1 942	194 938
GE	30. 6. 1985	58	6 023
	30. 6. 1986	78	6 923
insgesamt			
	30. 6. 1985	6 257	476 269
	30. 6. 1986	6 270	485 873

Die Erhebung des BMFuS ergibt folgendes (Stand vom 30. 6. 1992)

	Einrichtungen	Plätze
AWH	666	52 064
AH	2 097	127 961
APH	2 164	150 027
Mehrgliedrige Einrichtungen	3 254	329 996
davon: AWH		20 721*
AH		68 456*
APH		128 434*
insgesamt	8 181	660 048

*) ohne Bayern, Hamburg und Nordrhein-Westfalen

9.3   Heimplätze in der ehemaligen DDR – Stand 1988

	Anzahl	in staatl. Trägerschaft	Plätze	in staatl. Trägerschaft
Feierabend- und Pflegeheime*)	1 367	73,2 %	140 020	87,2 %
Wohnheime für ältere Bürger*)	588	?	41 002	96,8 %
	1 955		**181 022**	

*) Diese Einrichtungen sind im Statistischen Jahrbuch der Deutschen Demokratischen Republik 1989 so definiert (zitiert nach KDA 6/1990):

"Feierabendheim – Soziale Einrichtung für die Versorgung und Betreuung von älteren Bürgern.

Wohnheim – Haus, in dem älteren Bürgern Wohnraum und bestimmte Gemeinschaftseinrichtungen zur Verfügung gestellt werden, in dem aber in der Regel keine Gemeinschaftsverpflegung erfolgt.

Pflegeheim – Soziale Einrichtung für die Versorgung und Betreuung der Bürger, die einer dauernden pflegerischen Betreuung, aber keiner ständigen ärztlichen Behandlung bedürfen. Dazu gehören unter anderem Personen, die psychisch behindert sind, aber keiner psychiatrischen Behandlung und Überwachung bedürfen, die mit voraussichtlich unheilbaren Körperschäden Schwerkranken gleichen und dauernd fest bettlägerig sind, bei denen aber eine ständige ärztliche Behandlung nicht erforderlich ist (Schwerpflegefälle) sowie physisch oder psychisch so schwer geschädigte Personen, daß sie nicht außerhalb eines Heimes versorgt werden können." (Quelle: Stat. Jahrbuch der DDR 1989. S. 347 – zitiert nach KDA 6/1990, S. 4.)

S. a. BT-Drs. 12/5262, S. 181 ff, insb. 185 - 192.

10 Zum Ausmaß des Schutzbedürfnisses

10.1 Je dichter das Netz ambulanter Dienste geknüpft wird, je besser deren Leistungen werden, desto mehr verändern sich Ziele und Aufgaben der ambulanten und der stationären Hilfen.

Das Alter der Heimbewohner ist dafür ein Beispiel. Bei Verabschiedung des HeimG 1974 war das durchschnittliche Eintrittsalter bei Pflegeheimen ca. 72 Jahre, es beträgt derzeit in den alten Ländern über 84 Jahre. "Der Bundesregierung liegen keine Angaben über das Durchschnitts- und Eintrittsalter der Bewohner in den Heimen der fünf neuen Länder vor." (BT-Drs. 12/1067) Es kann davon ausgegangen werden, daß sich die Zahlen an die Verhältnisse in den alten Ländern angleichen.

10.2 Durch die Erhöhung des Eintrittsalters haben sich die Altersstrukturen der Heimbewohner, ihre Aufenthaltsdauer und zugleich die Anforderungen an die Betreuung stark verändert. Etwa 80 % aller Heimbewohner in NRW sind Frauen. Es gibt keine umfassenden Untersuchungen darüber, woher der Zuzug in ein Heim erfolgt. Nach den verstreuten Unterlagen kann davon ausgegangen werden, daß dies bei Altenwohnheimen überwiegend aus der Wohnung, bei Pflegeheimen jedoch zu mehr als 50 % unmittelbar aus Krankenhäusern, psychiatrischen Einrichtungen oder anderen Heimen erfolgt. "Die Häufigkeit der psychiatrischen Erkrankungen bei Pflegeheimbewohnern liegt (je nach Untersuchungsmethode) bei 42 bis 84 %." (Klaus Oesterreich, zitiert nach DV, Kl. Schrift Nr. 70 S. 12).

10.3 Ein bestimmender Faktor zur Beurteilung der Heimsituation ist neben dem Gesundheitszustand der Bewohner die Verweildauer, über die nur Einzeluntersuchungen veröffentlicht sind.

Dauer des Heimaufenthaltes bis zum Tode	Mannheim 1982 vH der Neuaufnahmen	Baden-Württemberg 1985 vH der Neuaufnahmen
bis zu 4 Wochen	14	20
bis zu 12 Wochen	33	43
bis zu 1 Jahr	58	84
bis zu 2 Jahre	71	k. A.
bis zu 5 Jahre	90	k. A.

Tabelle: Dauer des Heimaufenthaltes bis zum Tode
Quelle: Bickel Jäger ZGerontol, 1986:35; Baden-Württemberg 1987 (Die Vergleichszahlen aus Baden-Württemberg beziehen sich auf Neuaufnahmen in Pflegeheimen.)

Für Nordrhein-Westfalen liegen Zahlen mit einer wesentlich höheren Verweildauer der Alten- und Pflegeheimbewohner vor: bis zu 6 Monate 14 %, 5 - 10 Jahre 18,6 %, über 10 Jahre 8,7 %; (s. Ältere Menschen in NRW, S. 107). Es ist unklar, wodurch die abweichenden Zahlen in NRW zustande kommen.

Hinter den Zahlen über die Verweildauer – besonders in Mannheim und Baden-Württemberg – verbergen sich extrem hohe Belastungen sowohl für die Heimbewohner als auch für das Personal. Für beide gehört das Sterben zur Normalität des Heimalltags. Damit stellt sich die Frage nach der Lebensqualität für Bewohner und Personal. Und es nährt Zweifel, ob die absolute Priorität für die ambulanten Versorgung wirklich ein humaner Weg ist, oder ob nicht doch heimähnliche Betreuungsverhältnisse (zum Beispiel betreutes Wohnen in Verbindung mit Sozialstationen, Krankenhäusern oder Heimen) verstärkt werden sollten. (Hinweise auf neue Betreuungsformen finden sich in den Angaben zum Schrifttum.) Diese Fakten – weitere Zusammenhänge bleiben hier ungenannt – bestätigen, daß der DV die Situation richtig einschätzt, wenn er feststellt: "Die 'traditionelle' Pflege stellt sich immer mehr als Pflege Schwerstkranker und Sterbender dar." (DV, Nr. 70 S. 22) Dieser Satz spiegelt den Umfang des erforderlichen Schutzes der Bewohner und die außerordentliche Belastung des Personals wider.

10.4 **Aus dem Schrifttum:** Ältere Menschen in Nordrhein-Westfalen, MAGS, 1989; DV, Nr. 70, 1987; Erich Grond, Die Pflege verwirrter alter Menschen, 6. Aufl. 1991.

11 Hat sich das Heimgesetz bisher bewährt?

Die Frage muß vom Zweck des Gesetzes her beurteilt werden. Dem HeimG ist weder der akute Mangel an Pflegeplätzen noch der Personalnotstand anzulasten.

Durch das HeimG ist der bauliche Mindeststandard insgesamt verbessert worden. Es gibt jedoch keine veröffentlichten Erhebungen über Art und Umfang der Befreiungen oder der eingeräumten Fristen. Das Ausmaß der Verbesserungen ist daher nicht genau zu quantifizieren.

Durch § 14 HeimG und die HeimsicherungsV sind die Leistungen nach § 14 Abs. 2 Nr. 3 sicherer geworden. Auch dafür liegen zwar keine Erhebungen vor, doch scheint dies ein Überblick über die Zeitungsveröffentlichungen zu ergeben. Über das Ausmaß von Geld- oder geldwerten Leistungen über das vereinbarte Entgelt hinaus an Träger, Heimleiter oder Personal gibt es keine Untersuchungen, doch kann davon ausgegangen werden, daß schon die gesetzlichen Bestimmungen dazu beigetragen haben, krassen Mißbräuchen vorzubeugen.

Durch die HeimmitwirkungsV hat sich das Heimklima insgesamt verbessert. Die Wirkung dieser VO nimmt jedoch mit dem höheren Alter und der wachsenden Pflegebedürftigkeit der Bewohner stetig ab, so daß nach neuen Formen der Beteiligung gesucht wird.

Die Ergänzung der Vertragsbestimmungen durch das 1. ÄG trägt bei zu größerer Rechtssicherheit. Die Heimaufsicht hat durch ihre Existenz dazu beigetragen, daß sich Träger und Leitungen um verbesserte Leistungen bemühen. Insoweit ist das HeimG insgesamt ein Erfolg.

Es ist jedoch auch festzustellen, daß die Heimaufsicht ihre Aufgaben der "Letztverantwortung" (Th. Klie) nicht überall erfüllt hat und – nach Ansicht vieler Experten – wegen des Gesetzestextes, der die Interessenverknüpfungen zwischen Träger(verbänden), Leistungsträgern (SGB I § 17) und Aufsichtsbehörden erleichtert, nicht erfüllen konnte. Siehe Thomas Klie, Heimaufsicht, Hannover 1988. Darin liegt eine gravierende Schwäche des HeimG.

12 Mögliche Perspektiven

Kurzzeitpflegeheime sollen – nach langjährigen Bemühungen – in die Regelungen des HeimG einbezogen werden. Der BR beschloß am 7. 5. 1993 den geänderten GE des Landes Rheinland-Pfalz als Gesetz zur Änderung des HeimG einzubringen; BR-Drs. 129/93 (Beschluß). In ihrer Antwort führt die BReg (BT-Drs. 12/5471 vom 21. 7. 93) aus, daß der E des BR's in einigen der vorgesehenen Regelungen die Besonderheiten der Kurzzeitpflege nicht ausreichend berücksichtigt; das gilt insbesondere für das Vertragsrecht. Kurzzeitpflege bedarf eines besonderen Vertrages, bei dem das Recht des Dienstvertrags herrschend sein dürfte. Die BReg hat einen eigenen GE angekündigt. Ein ReferentenE (Text im Anhang) wurde den Ländern und Verbänden bereits übersandt. Bei Redaktionsschluß ist dessen weitere Behandlung noch nicht abzusehen.

Zur Kurzzeitpflege a. NDV 6/1993 S. 222 sowie G. F. Häberle S. 224 ff. Der GE zum **PflegeVG** (BT-Drs. 12/5262) sieht Änderungen des HeimG vor (s. Anhang).

Experimentierklausel: Gerhard Igl regt für die Zukunft eine Experimentierklausel für die befristete Erprobung neuer Konzepte und Wege an (RsDE 3.22). Diese erscheint angesichts der Veränderungen, die sich – auch im Hinblick auf die Pflegeversicherung – ergeben müssen, erforderlich. Diese Anregung wird nachdrücklich unterstützt.

Altenpflegegesetz: Die Betreuung nach dem HeimG wird nachhaltig durch ein solches G beeinflußt. Bisherige Versuche, es zu erlassen, sind am Widerstand eines Bundeslandes gescheitert, das dem Bund dazu die Gesetzgebungskompetenz bestreitet. S. dazu unter anderem auch BT-Drs. 11/7094 -GE der SPD-, Sozialpol. Umschau der BReg v. 5. 6. 1990, NDV 10/90 -Stellungnahme des DV-. Das Land Hessen hat erneut einen GE eingebracht (BR-Drs. 142/93 v. 25. 2. 1993), der auf Schwierigkeiten stieß.

Ein GE über **ambulante soziale Dienste** wird diskutiert, der sich in der Systematik an das HeimG anlehnen dürfte. Ob dadurch das HeimG beeinflußt oder geändert wird, läßt sich noch nicht absehen.

Das **PflegeVG** (s. Anhang) kann Änderungen des HeimG ergeben.

13 Aus dem Schrifttum

Berger, Volker, Heimgesetz mit Erläuterungen, 1990; Brandt, Dennebaum, Rückert, Stationäre Altenhilfe, Freiburg/Br. 1987; Bundesregierung: Antwort auf Gr. Anfrage: Lebenssituation und Zukunftsperspektiven älterer Menschen (BT-Drs. 10/2784), 1. Teilbericht der Sachverständigenkommission zur Erstellung des 1. Altenberichts der Bundesregierung (1990).; Bundesmin. Jugend, Familie, Frauen und Gesundheit, Schriftenreihe:; Bd. 82, Zur Organisation pflegerischer Dienste in Altenpflege-/Altenkrankenheimen (1980); BMFuS - Schriftenr.- Kruse e. a. Konflikt- und Belastungssituationen in stationären Einrichtungen der Altenhilfe, Bd. 2, 1992; Krug/Reh, Pflegebedürftige in Heimen, Vd. 4, 1992; *Dahlem, Otto,* Zum Anwendungsbereich des HeimG, ZfF 1976, 204 ders., Aspekte zum Mindestpersonalbedarf nach dem Heimgesetz, ZfF 1980, 73; ders. Erstes Gesetz zur Änderung des Heimgesetzes, Altenheim, 6/1989; ders. Die Würde des Menschen und das Heimgesetz, Altenheim, 6/1990; ders. Die Bedeutung der Heimbetreuung wird wachsen, Altenheim, 3/1991; Dahlem / Giese / Igl / Klie, Heimgesetz (Loseblatt-Komm.); *Finkelnburg, Klaus,* Der Betrieb von Alten- und Pflegeheimen NJW 1976, 1477; *Giese, Dieter,* Zur Entstehung des Heimgesetzes, BldW 1974, 300; ders., Aktuelle Fragen zum Heimgesetz, BldW 1977, 62; ders., Zur Rechtsstellung der Heimbewohner, ZfF 1979, 242; ders., Kurzzeitpflegeheime und die Weiterentwicklung des Heimgesetzes, ZfF 1989, 250; *Gitter/Schmitt,* Heimgesetz, Loseblatt-Komm.; Otto Goberg, Heimgesetz und Erstes Änderungsgesetz, Altenheim, 7/1989; *Grüb, Dagmar,* Ehrenamtliche Dienste in der stationären Altenpflege, 1988; *Igl, Gerhard,* Die Rechtsbeziehungen zwischen dem Sozialleistungsträger und dem Heimträger, NDV 1978, 218; ders., Entwicklungen und Probleme auf dem Gebiet des Heimgesetzes, RsDE Heft 3 (1988), S. 1; ders., Das Leid mit der Heimgesetz-Novellierung, RsDE Heft 7 (1989), S. 47; *Klie, Thomas,* Heimaufsicht – Praxis, Probleme, Perspektiven, 1988, Hannover –, ders., Heimaufsicht nach dem Heimgesetz – Zwischen Machtfülle und Ohnmacht, RsDE Heft 3 (1988), S. 27; ders., Freiheitsbeschränkende Maßnahmen in der Altenpflege, RsDE Heft 6 (1989), S. 67; *Korbmacher, Andreas,* Grundfragen des öffentlichen Heimrechts,

1989; ders., Das novellierte Heimgesetz, RsDE Heft 13 (1991); *Kunz/ Ruf/ Wiedemann,* Heimgesetz, Komm., 5. Aufl., 1990; Kuratorium Deutsche Altershilfe, Köln: Reihe "vorgestellt" Nr. 36 Heimalltag als Qualitätsprüfstein (1987); Nr. 39, Planungshilfen für Kurzzeitpflegeeinrichtungen (1987); Nr. 43, Betreuungskonzepte für psychisch veränderte Bewohner im Altenpflegeheim –; Nr. 44, Empfehlungen zur Planung einer Pflegeabteilung; Nr. 45, Analyse stationärer Alteneinrichtungen, Ergebnisse und Konsequenzen aus Organisationspsychologischer Sicht (1988); Nr. 46, Neue Konzepte für das Pflegeheim – Auf der Suche nach mehr Wohnlichkeit (1988); Reihe "Thema", Betreutes Wohnen (1989); Landkreisverband Baden-Württemberg, Belegung von Alten- und Pflegeheimen (1987); *Maas, Wolfgang,* Das Heimgesetz in der Praxis, DÖV 1978, 204; *Neumann, Volker,* Zum Dreiecksverhältnis zwischen Hilfeempfänger, Sozialhilfeträger und freier sozialer Einrichtung, in Alter und Recht, 1989, S. 40, ders. Pflegesatzvereinbarungen als Konfliktregelungen, RsDE 5; Schubert/ Hofschmidt-Raupach, Gründe für stationäre und ambulante Pflege älterer Menschen, Institut für Entwicklungsplanung und Strukturforschung Hannover (1986). Wilkening, Zur Relevanz der Pflegesatzvereinbarungen, AH 4/91; *Ziller, Hannes,* Was kann von einer Novelle zum Heimgesetz erwartet werden?, NDV 1989, 262; ders., Das Heimgesetz, in Alter und Recht, 1989, S. 27.

Heimgesetz (HeimG)

in der Neufassung der Bekanntmachung vom 23. April 1990 (BGBl. I S. 763; berichtigt S. 1069)

§ 1 Anwendungsbereich

(1) Dieses Gesetz gilt für Heime, die alte Menschen sowie pflegebedürftige oder behinderte Volljährige nicht nur vorübergehend aufnehmen. Heime im Sinne des Satzes 1 sind Einrichtungen, die zum Zwecke der Unterbringung der in Satz 1 genannten Personen entgeltlich betrieben werden und in ihrem Bestand von Wechsel und Zahl ihrer Bewohner unabhängig sind. Die Unterbringung im Sinne des Satzes 2 umfaßt neben der Überlassung der Unterkunft die Gewährung oder Vorhaltung von Verpflegung und Betreuung.

(2) Dieses Gesetz gilt nicht für Tageseinrichtungen und Krankenhäuser im Sinne des § 2 Nr. 1 des Krankenhausfinanzierungsgesetzes. In Einrichtungen zur Rehabilitation gilt dieses Gesetz für die Teile, die die Voraussetzungen des Absatzes 1 erfüllen.

Zur ev. **Änderung** durch das 2. ÄG s. Anhang

1   Zur geltenden Fassung

Die Vorschrift wurde durch das 1. ÄG neu gefaßt, ohne den bisherigen Anwendungsbereich des HeimG zu verändern (BT-Drs. 11/5120, S. 8). S. a. § 6 u. Vorbem. HeimMindBauV.

2   Aus den Gesetzesmaterialien

2.1   Zur Fassung 1974

Aus der Begründung zum BRE (BT-Drs 7/180): Diese Vorschrift legt den Anwendungsbereich des Gesetzes fest. Hiernach soll das Gesetz unabhängig davon gelten, ob es sich um gewerbliche, gemeinnützige oder öffentliche Einrichtungen handelt, da ein Schutzbedürfnis für das Wohl der Bewohner unabhängig von der Rechtsform des Trägers und insbesondere auch unabhängig davon besteht, ob eine Einrichtung gewerblich oder gemeinnützig betrieben wird. So erstreckt sich die Heimaufsicht nach dem Gesetz für Jugendwohlfahrt gleichfalls auf Einrichtungen gemeinnütziger und öffentlich-rechtlicher Träger.

2.2   Zur Fassung 1990

Begründung der BReg zur Neufassung des § 1 (Auszug): (BT-Drs. 11/5120) "... auf die bisherige Differenzierung nach Altenheime, Altenwohnheime, Pflegeheime sowie gleichartigen Einrichtungen wird zugunsten eines alle Heimarten umfassenden Heimbegriffs ver-

31

zichtet. Dies erscheint gerechtfertigt, weil für die Frage der Anwendbarkeit des Heimgesetzes eine Unterscheidung nach einzelnen Heimarten nicht erforderlich ist. Vielmehr genügt insoweit die Feststellung, daß es sich um ein Heim handelt, in das alte oder volljährige behinderte Personen nicht nur vorübergehend aufgenommen werden. Dabei kommt es nicht auf die Bezeichnung der einzelnen Einrichtung, sondern auf ihre konkrete Funktion und ihr Leistungsangebot an.

Um eine bessere Abgrenzung zu anderen Einrichtungen der Alten- und Behindertenhilfe zu erreichen, wird in Absatz 1 der Heimbegriff gesetzlich umschrieben, der sich inhaltlich an den bisherigen, aber nicht gesetzlich definierten Begriff der gleichartigen Einrichtungen anlehnt. Damit soll auch eine bessere Abgrenzung zu neuen oder veränderten Formen der institutionellen Versorgung älterer Menschen und Behinderter getroffen werden, die nicht vom Heimgesetz erfaßt werden. Dies gilt vor allem für Heime der Kurzzeitpflege, Übergangsheime und rehabilitative Wohnheime.

2.3   Der **Heimbegriff** geht von folgenden Kriterien aus:

–   Es muß sich um eine **Einrichtung** handeln. Darunter ist die organisatorische Zusammenfassung sächlicher und personeller Mittel unter der Verantwortung eines Trägers zu verstehen.

–   Die Einrichtung muß mit dem Ziel einer Unterbringung der in Absatz 1 Satz 1 genannten Personen betrieben werden. Dies setzt einen Betreiber oder Träger voraus, der die o. g. Personen bei sich aufnimmt.

–   Die Einrichtung muß entgeltlich betrieben werden. Die Bezahlung der zu gewährenden Leistung ist also begriffliche Voraussetzung für das Vorliegen eines Heims im Sinne des Heimgesetzes.

–   Der Betrieb der Einrichtung muß personenneutral sein. Anders als bei Unterbringung in der Familie oder aufgrund eines anderen persönlichen Bezugsverhältnisses zu einer Betreuungsperson können die in einem Heim aufgenommenen Personen jederzeit wechseln. Der Bestand und die Funktion der Einrichtung ist nicht an bestimmte Personen gebunden.

–   Eine bestimmte Mindestzahl von Bewohnern ist für die Zuordnung als Heim nicht erforderlich. Auch Einrichtungen mit weniger als fünf Personen können Heime im Sinne des Gesetzes sein, da auch insoweit ein Schutzbedürfnis der Bewohner besteht.

Sog. **Wohngemeinschaften** alter Menschen und Behinderter sind weder Einrichtungen unter der Verantwortung eines Trägers noch werden sie personenneutral betrieben; das Heimgesetz gilt deshalb für sie nicht. Dabei kommt es auf die gewählte Bezeichnung nicht an; wird unter der Verantwortung eines Trägers eine Einrichtung betrieben, die die genannten Kriterien erfüllt, kann der Träger die Anwendung des Heimgesetzes nicht dadurch ausschließen, daß er die Einrichtung Wohngemeinschaft nennt.

2.4 Zur Klarstellung ist ferner der Begriff **Unterbringung**, der bereits in den bisherigen §§ 1, 2, 3, 5, 7 und 14 des Heimgesetzes, aber auch in § 1631 des Bürgerlichen Gesetzbuches, in § 3 Abs. 3 des Bundessozialhilfegesetzes und in anderen Gesetzen verwendet wird, gesetzlich umschrieben worden. Er entspricht dem bürgerlich-rechtlichen Unterbringungsbegriff und beinhaltet die umfassende Versorgung einer Person. Davon zu unterscheiden ist der landesrechtliche Unterbringungsbegriff, der nur die Aufnahme in ein geschlossenes Krankenhaus, in eine andere geschlossene Einrichtung oder in den abgeschlossenen Teil einer solchen Einrichtung erfaßt. Im Interesse der Einheitlichkeit mit dem zivilrechtlichen Unterbringungsbegriff wird diese Unterscheidung in Kauf genommen.

Die Unterbringung in Absatz 1 umfaßt die **Betreuung**. Dieser Begriff war bereits in der bisherigen Fassung des § 1 aufgenommen. Hierbei wird davon ausgegangen, daß die Pflege eine gesteigerte Form der Betreuung und deshalb nicht besonders aufzuführen ist.

2.5 Die Neufassung des § 1 Abs. 2 stellt klar, daß stationäre **medizinische Therapieeinrichtungen** nicht unter das Heimgesetz fallen. Soweit der Krankenhausträger auch ein Heim betreibt, findet das Heimgesetz nur Anwendung, wenn das Heim wirtschaftlich und organisatorisch vom Krankenhaus getrennt ist. Hierbei muß eine klare organisatorische Trennung zwischen Krankenhaus- und Heimbetrieb getroffen werden. Eine solche Klarstellung erscheint erforderlich, nachdem immer häufiger alte, kranke oder behinderte Personen in Teilen eines bisherigen Krankenhausbereiches heimmäßig untergebracht werden. Auch bei Identität des Krankenhausträgers mit dem Träger des Heimbetriebs und bei Rückgriff auf gleiche sächliche und personelle Betriebsmittel kann für den Bereich der heimmäßigen Unterbringung auf den besonderen Schutz der Bewohner nach dem Heimgesetz nicht verzichtet werden.

2.6 In Erweiterung von § 1 Satz 2, der bisher lediglich bei **Einrichtungen der beruflichen Rehabilitation** die Anwendbarkeit des Gesetzes auf die Einrichtungsteile beschränkt hat, die der Zielsetzung des Gesetzes dienen, sollen jetzt insbesondere auch die Einrichtungen der medizinischen Rehabilitation in diesen Vorbehalt einbezogen werden.

Durch den Verzicht auf eine Unterscheidung der *Heimarten* zur Abgrenzung des Anwendungsbereichs des Heimgesetzes und durch die gesetzliche Definition des Heimbegriffs sind **gleichartige Einrichtungen** in den Anwendungsbereich einbezogen. Der bisher in Absatz 2 vorgesehenen näheren Bestimmung bedarf es daher nicht mehr. Die Ermächtigung zum Erlaß einer entsprechenden Rechtsverordnung wird somit entbehrlich und gestrichen.

Zu Abs. 1

3   § 1 bestimmt den Anwendungsbereich des G. Dieser erfaßt alle Heime i. S. von § 1, unabhängig davon ob sie gewerblich, gemeinnützig (z. B. Freie Wohlfahrtspflege oder andere gemeinnützige Träger) oder als Einrichtungen der öffentlichen Wohlfahrtspflege betrieben werden. Das Schutzbedürfnis besteht in allen Heimen unabhängig von deren Trägerschaft, s. RN 2.1 u. 2.3. Befinden sich unter den Bewohnern des Heimes (z. B. in Behinderteneinrichtungen) einzelne Minderjährige, so beeinträchtigt das die Anwendung des HeimG nicht. Für Heime Minderjähriger gilt das Kinder- und Jugendhilfegesetz v. 26. 6. 1990 (BG Bl. I. S. 1163) - SGB VIII.

4   Der Begriff **"Heim"** i. S. d. § 1 Abs. 1 ist nicht ausdrücklich geregelt, jedoch wird er durch Abs. 1 S. 2 umschrieben. Es sind inhaltlich-funktionale Begriffe und keine formalen Beschreibungen von Heim- oder Betreuungstypen. Das ermöglicht flexible Anpassung an die jeweiligen Verhältnisse.

5   Heime im Sinne des § 1 Abs. 1 sind Einrichtungen, die

   – alte Menschen sowie
      pflegebedürftige oder behinderte Volljährige

   – nicht nur vorübergehend

   – zum Zwecke der Unterbringung (Abs. 1 S. 3)

   – entgeltlich aufnehmen und

   – in ihrem Bestand von Wechsel und Zahl ihrer Bewohner unabhängig sind. S. RN 2.3

6   Zur **Einrichtung** im allgemeinen Rechtssinn s. RN 26.4.

7   Der Schutzzweck des G verbietet die Ausklammerung **kleiner Heime**. Die Abgrenzung des Heims zur **Familienbetreuung** ergibt sich aus den Heimkriterien (Nr. 2.3) Urteil des Bayer. VG Augsburg v. 22. 7. 83 (AU 3 K 82 A 934), (auch nach der Novelle noch richtungsweisend): "Aus dem natürlichen Verständnis des Begriffes Heim folgt, daß es sich um eine Institution handeln muß, die nicht nur für einen bestimmten Menschen, sondern für eine Gruppe geschaffen sein muß und im Gegensatz zur Familie vom Bestand der Bewohner unabhängig ist."

8   **Alte Menschen** werden nicht durch ein kalendarisches Alter definiert. I. S. d. HeimG sind es Menschen, die im Hinblick auf ihr altersbedingtes Sicherheits- und Betreuungsbedürfnis und wegen ihrer Lebensumstände in ein Heim einziehen.

9   **Wer pflegebedürftig ist**, definiert das G nicht. Doch wird als pflegebedürftig in § 5 Abs. 3 HeimPersV (s. dort) bezeichnet, wer für die gewöhnlichen und regelmäßig wiederkehrenden Verrichtungen im

Ablauf des täglichen Lebens in erheblichem Umfang der Pflege nicht nur vorübergehend bedarf. S. dazu auch § 68 BSHG. In Satz 1 wird kein besonderer Grad der Pflegebedürftigkeit des Volljährigen gefordert.

Behinderte Volljährige i. S. d. HeimG sind Volljährige, die infolge körperl., geistiger oder seelischer Regelwidrigkeiten oder für einen bestimmten Zweck (z. B. Umschulung) auf die nicht nur vorübergehende Aufnahme in einem Heim angewiesen sind. (s. a. RN 4 zu § 29 HeimMindBauV).

10 **Nicht nur vorübergehend:** Entscheidend ist nicht, ob einzelne Bewohner vorübergehend aufgenommen werden (z. B. zum Probewohnen oder für die Dauer eines Urlaubs der Pflegeperson), sondern ob das Heim auf eine nicht nur vorübergehende Aufnahme seiner Bewohner ausgerichtet ist. **Kurzzeitpflegeheime,** die in letzter Zeit vermehrt eingerichtet werden, (z. B. zur Erleichterung häuslicher Pflege) fallen bisher nicht unter das HeimG. Allerdings wird die Bezeichnung Kurzzeitpflege auch zur Umgehung des HeimG gewählt. Dabei werden auch Kettenverträge abgeschlossen. Das zu verhindern ist Aufgabe der Heimaufsicht. (s. § 18). Werden Personen i. S. des § 1 Abs. 1 S. 1 für länger als 4 Wochen untergebracht, obwohl der Träger / Betreiber weiß oder hätte erkennen können, daß eine Rückkehr in häusliche Pflege nicht möglich oder nicht gewollt ist, so gilt für diese Einrichtung das HeimG. S. a. RN 26.1 sowie Dahlem / Giese, § 1 RN 8). **Kurzzeitpflegeheime** s. Einl. RN 12.11.

11 **Nicht nur vorübergehend:** Dafür läßt sich keine feste Zeitgrenze angeben. Entscheidend ist i. S. d. HeimG, daß die Einrichtung den Zweck hat, ihre Bewohner auf Dauer zu betreuen. Der Arbeitskreis "Heimgesetz" der obersten Landessozialbehörden hat in seinen Verwaltungsvorschriften v. 20. / 21. Mai 1976 (s. a. Dahlem / Giese, § 1, RN 15) eine Aufnahme dann als vorübergehend bezeichnet, "wenn ein späteres Ausscheiden nach Ziel und Zweck der Einrichtung von Anfang an, also bei der Aufnahme in die Einrichtung beabsichtigt oder mit Sicherheit zu erwarten ist." Diese Definition erfaßt nicht mehr voll die inzwischen eingetretene Entwicklung; siehe hierzu RN 16 sowie § 8 RN 7.9 in Ziff. 5.

12 **Aufnehmen** heißt hier, Unterkunft gewähren sowie Verpflegung und Betreuung mindestens vorhalten.

13 **Entgeltlich betrieben werden:** Ein Entgelt ist jede Form von Vergütung oder Entschädigung. Das können Geldzahlungen sein oder geldwerte Leistungen, wie Hingabe von Sachwerten, Rechten, Immobilien, Verzicht auf Forderungen oder andere in Geld errechenbare Ansprüche (S. a. RN 1 zu § 1 HeimSicherungsV).

14 **Unterbringung** s. dazu RN 2.4

14.1 **Betreuung** bedeutet schon im Wortsinn sich um jemanden kümmern, sich sorgen, die Verantwortung tragen. Unter der Zweckbestimmung des Gesetzes sind daran hohe Anforderungen zu stellen, wobei die einschneidenden, existentiellen Veränderungen in der Lebenssituation des Bewohners, die mit dem Heimeintritt verbunden sind und z. B. Autonomieverlust sowie Ängste verursachen, zu berücksichtigen sind.

14.2 Zur **Pflege** gehören alle Tätigkeiten, deren der (teilweise) hilflose Bewohner bedarf; hierzu gehört sowohl die bloße Überwachung, wie auch alle als notwendig erkannten Handlungen und Maßnahmen einschließlich der sog. "sozialen Pflege" (s. a. Dahlem, Qualitätssicherung der Pflege im Alter, Soz. Fortschritt, 4-5/93. S. 105 ff; KDA, Info-Dienst 6/92 mit Hinweis auf RA' in A. Krause).

Jede Pflegehandlung ist "Teil eines **Pflegeprozesses,,** der wie ein Pegelsystem gesteuert wird" (E. Grond), von räumlichen, sächlichen und personellen Ressourcen bestimmt, und deshalb immer wieder überprüft und eingestellt werden muß. Das ist Pflicht des Trägers, sie unterliegt der Heimaufsicht. **Bedarfsgerechte Pflege** setzt voraus:

Pflegeanamnese und -diagnose,

Bestimmung des Pflegezieles,

Pflegeplanung,

Durchführung und **Dokumentation der Pflege,**

Auswertung der Pflegeergebnisse.

Das setzt ein Assessment (s. dazu Nikolaus / Specht-Leible, Das geriatrische Assessment, MMV-Verl., München 1992) sowie Prüfung und Fortschreibung der Reha-Möglichkeiten voraus. (s. a. O. Dahlem, a.a.O.) – Die sachlich einwandfreie Pflegedokumentation ist im Heimbereich – nicht nur bei etwaigen Schadensersatzansprüchen – unerläßlich. (S. dazu § 4 RN 19, FAB Mindeststandards, AH 6/92, 305 f).

Die **Unterkunft** muß 24 Stunden und nicht nur für einen Teil des Tages / der Nacht überlassen werden. **Überlassen** heißt, eine räumliche Privatsphäre überlassen, so daß der Schutz der Wohnung besteht. (S. zum Schutzbereich Wohnung BVerfGE 65, 11 ff; 42, 219; 97, 110) Das gilt auch für Pflegeplätze in Pflegeheimen.

15 **Heime für psychisch Kranke** erfüllen in aller Regel die Kriterien für den Heimbegriff. Sie fallen, wenn sie Volljährige aufnehmen, deshalb in den Anwendungsbereich des Gesetzes.

16 **Sterbehospize** erfüllen, wenn sie den geschützten Personenkreis aufnehmen, alle in RN 2.3 genannten Kriterien des Heimbegriffs. Die Aufnahme ist auch nicht vorübergehend. Sie erfolgt, nach Absicht des Trägers und des Pflegebedürftigen, um den Bewohner zu betreuen und zu pflegen und ihm beim Sterben mitmenschlich beizustehen; die

schwierigste Pflege also lebenslang angedeihen zu lassen. Das ist nicht als vorübergehende Aufnahme anzusehen; obwohl bei Eintritt absehbar ist, daß der Aufenthalt der Bewohner u. U. relativ kurz sein könnte. Mit dem Schutzzweck des Gesetzes wäre es nicht vereinbar, wenn die Interessen und Bedürfnisse dieser bes. hilfs- und schutzbedürftigen Bewohner nicht vor Beeinträchtigungen bewahrt würden. Dem Mißbrauch und der Ausnutzung wäre sonst Tür und Tor geöffnet (z. B. § 14 Abs. 1). – Eine andere Frage ist dann, von welchen Bestimmungen der Träger Befreiungen wegen der Besonderheit des Heimes erwarten und erhalten muß. (S. §§ 30, 31 HeimMindBauV).

17 **Wohngemeinschaften** sind, wenn sie selbstorganisiert und selbstverwaltet sind, keine Heime i. S. d. HeimG (s. a. RN 2.3). Zur Umgehung des HeimG wird die Bezeichnung "Wohngemeinschaft" auch von anderen Organisationsformen gewählt. Entscheidend ist nicht die Bezeichnung, sondern ob die Art der Hilfe / Betreuung den Heimkriterien entspricht. So Beschl. des Bayer. VGH vom 28. 1. 1985 (Nr. 9 B 83 A 2449); Sachverh.: Gewerbl. Träger, die wegen Unzuverlässigkeit die Erlaubnis zum Betrieb eines Heimes entzogen bekamen, hatten "umorganisiert" und nur noch die Wohnräume an die bisherigen Bewohner untervermietet. Weitere Leistungen (z. B. Verpflegung, Reinigung, Pflege) boten sie lediglich an, ohne Abnahmepflicht. Alle Kriterien des Heimbegriffs sind erfüllt und es werden Abhängigkeitsverhältnisse geschaffen, die denen von Heimbewohnern gleich oder ähnlich sind. Altenwohnungen s. Nr. 21. S. dazu auch RN 26.4 (Rechtsprechung) und wegen der Gutachterpraxis des DV Dahlem / Giese § 1 RN 12.3. S. a. § 8 RN 7.9 in Ziff. 6.

18 **Kirchliche Heime für Angehörige von Ordens- oder Schwesterngemeinschaften** erfüllen zwar u. U. die Heimkriterien, sind jedoch wegen Art. 140 GG i. Verb. mit Art. 137 WV von der Anwendung des HeimG ausgenommen. S. dazu Klein, Heimgesetz und klosterinterne Altenheime (Caritas-Korrespondenz 6/1975, C6), der auf den Vorrang der Staatskirchenverträge hinweist. Auf **andere kirchliche Heime**, z. B. wenn eine Kirchengemeinde ein Alten- oder Pflegeheim betreibt, ist das HeimG in vollem Umfang anzuwenden; und zwar auch dann, wenn es sich nach dem Selbstverständnis des Trägers dabei nicht um Wohlfahrtspflege, sondern um Caritas als religiösen Auftrag handelt. Die Kirche begibt sich dann nämlich auf das allgemeine Feld pflegerischer und / oder sozialer Leistungen, und sie unterliegt dort den allgemeinen Bestimmungen. S. dazu a. Klie, AH 11/1991 S. 540.

19 **Altenstifte, Seniorensitze, Service-Häuser** u. ä. erfüllen i. d. R. alle Heimkriterien. Ihr Zweck besteht darin, die altersmäßigen Einbußen und Schwierigkeiten durch ihr Betreuungsangebot, das organisiert und ggf. sogar vertraglich zugesichert ist, auszugleichen. Die Aufnahme erfolgt nicht nur vorübergehend.

20 **Ferienpensionen** sind regelmäßig nicht auf einen Daueraufenthalt angelegt. Bei teilweiser Nutzung für Dauergäste ist zu prüfen, ob diese zum geschützten Personenkreis (Nr. 5-7) gehören und ob die Heimkriterien erfüllt sind. Ist das der Fall, unterliegen sie, gleichgültig wie sie sich nennen, dem HeimG.

21 **Altenwohnungen** außerhalb von Altenwohnheimen werden auch dann nicht vom HeimG erfaßt, wenn sich in einem Gebäude oder in einem Gebäudekomplex mehrere oder ausschließlich Altenwohnungen befinden. Daran ändert sich auch nichts, wenn den Bewohnern im Bedarfsfall soziale Dienste der offenen (ambulanten) Altenhilfe zur Verfügung stehen; z. B. durch Sozialstationen. Anders wäre u. U. zu urteilen, wenn zwischen Vermieter und Erbringer der ambulanten Dienste eine organisatorische Einheit existiert (z. B. Hauseigentümer betreibt gleichzeitig – direkt oder indirekt – gewerblich ambulante, soziale Dienste und versorgt damit die Bewohner).

Zu Abs. 2

22 **Tageseinrichtungen** und Kurzzeitpflegeheime sind nach Abs. 2 ausdrücklich von der Anwendung des HeimG ausgenommen. Ihre Einbeziehung ist im Verlauf des Gesetzgebungsverfahrens – auch von Kommunen und Spitzenverbänden – gefordert worden, weil das Schutzbedürfnis der Benutzer dem der Heimbewohner vergleichbar ist. Der BR hat am 7. 5. 1993 (BR-Drs. 129/93) einen GE zur Änderung des HeimG eingebracht, mit dem Ziel Kurzzeitpflegeheime in das HeimG einzubeziehen. Das BMFuS hat den Ländern und Trägern dazu einen weitergehenden ReferentenE übersandt, der derzeit noch beraten wird (Text, Stand 31. 12. 1993, s. Anhang).

23 **Krankenhäuser** im Sinne des § 2 Nr. 1 Krankenhausfinanzierungsgesetzes sind keine Heime nach dem HeimG. Krankenhäuser nach § 2 Nr. 1 KHG sind "Einrichtungen, in denen durch ärztliche und pflegerische Hilfen Krankheiten, Leiden und Körperschäden festgestellt, geheilt und gelindert werden sollen ... und in denen die zu versorgenden Personen untergebracht und verpflegt werden können." (Unterschiedliche Fassung gegenüber SGB V § 107) S. auch RN 2.5. Eine klare organisatorische Trennung erfordert keine gesonderte Verwaltung und/oder getrennten Wirtschaftsbetrieb. Werden Teile eines bisherigen Krankenhauses nicht mehr für Krankenhausbehandlung genutzt, so kommt es bei der Entscheidung, ob diese Teile ein Heim i. S. v. § 1 sind, darauf an, ob die Heimkriterien (RN 2.3) gegeben sind. Dies ist eine Aufgabe der zust. Behörden (§ 18). Die Unterbringung von alten, kranken und / oder behinderten Menschen in Teilen bisheriger Krankenhäuser ist kritisch zu sehen; Krankenhäuser sind baulich für einen zeitlich kurzen Aufenthalt mit intensiver medizinischer Hilfe gestaltet und erfüllen nur selten das Bedürfnis der "Bewohner" nach Wohnen. Das Schutzbedürfnis dieser oft unzurei-

chend untergebrachten Menschen darf nicht zusätzlich durch organisatorische Kombinationen unterlaufen werden. Ob solche Teile für eine Heimbetreuung geeignet sind (s. § 6 Abs. 3), entscheidet die zuständige Behörde (§ 18 HeimG).

24 Für alle **Einrichtungen zur Rehabilitation** gilt das HeimG in den Teilen, die den Heimkriterien und dem Anwendungsbereich nach Abs. 1 entsprechen.

25 **Werkstätten für Behinderte** sollen den Behinderten auf Dauer die Möglichkeit zur Ausübung einer Tätigkeit geben. Es kommt deshalb auf den Einzelfall an, ob sie Reha-Einrichtungen im o. a. Sinne sind. Die Internate der Werkstätten für Behinderte erfüllen die Heimkriterien und fallen deshalb i. d. R. in den Anwendungsbereich des HeimG. Einzelh. s. Empfehlungen der Bundesarbeitsgemeinschaft der überörtlichen Träger der Sozialh. zum Wohnheim für Behinderte (Dahlem / Giese E III S. 1).

26 **Aus der Rechtsprechung** (Leitsätze v. Verf.)

26.1 Der Betrieb eines Altenheimes oder einer sonstigen in § 1 Abs. 1 HeimG genannten **Einrichtung** ist ohne Beschränkung auf die Zahl der aufgenommenen Personen nach § 6 Abs. 1 HeimG von einer Erlaubnis abhängig. Weder der amtlichen Entwurfsbegründung (BT-Drs. 7/180) noch dem schriftlichen Ausschußbericht (BT-Drs. 7/2068) lassen sich Anhaltspunkte dafür entnehmen, daß die Vorschriften des HeimG entgegen ihrem Wortlaut einschränkend nur auf solche Einrichtungen Anwendung finden sollen, die eine zahlenmäßige Mindestgröße aufweisen.

OLG Köln, Beschl. 13. 8. 1983, 3Ss 614-b 15/81

26.2 Für die Bestimmung einer **Einrichtung** als Alten- oder Pflegeheim kommt es nicht auf die Zahl der im Heim aufgenommenen Personen an. Zur Unterscheidung von Heimen im Sinne des § 1 Abs. 1 HeimG gegenüber den dem HeimG nicht unterliegenden Familienbetreuungs- oder -pflegeplätzen kann deshalb nicht allein auf die Zahl der Betreuten abgestellt werden. Es kommt vielmehr darauf an, ob die Einrichtung im wesentlichen gerade für die aufgenommenen Personen besteht, die betreut oder gepflegt werden, oder ob die Einrichtung unabhängig davon geführt wird, welche Personen jeweils betreut oder gepflegt werden.

OVG Lüneburg, Beschl. 19. 10. 1981, 90VG A 102/81; FEVS 32, 289)

26.3 Der **Begriff Heim** oder Einrichtung im Sinne des § 1 Abs. 1 HeimG ist zwar nicht normiert. Auf eine Legaldefinition wurde insoweit vom Gesetzgeber bewußt verzichtet, um einer Flexibilität des Gesetzes zur Anpassung an die jeweiligen Verhältnisse zu gewährleisten. Er ist aus dem allgemeinen Sprachgebrauch hinreichend bestimmt. Aus dem natürlichen Verständnis des Begriffs Heim folgt, daß es sich um eine

Institution handeln muß, die nicht etwa nur für einen bestimmten Menschen, sondern für eine Gruppe geschaffen sein muß und im Gegensatz zur Familie vom Bestand der Bewohner unabhängig ist.

Bayer. Oberstes Landesgericht, Beschl. 1. 7. 1983, 3OG OWi 86/83; in ZfSH/SBg 1983.419.

26.4 – Gegen die Ablehnung einer beantragten Heimerlaubnis ist die isolierte Anfechtungsklage in Verbindung mit der **Feststellungsklage** zulässig, wenn der Kläger eine Verletzung seiner Rechte durch den ablehnenden Verwaltungsakt behauptet und die Feststellung begehrt, daß er nun keiner Erlaubnis nach dem Heimgesetz mehr bedarf.

– Eine **Einrichtung** ist eine Organisationseinheit, die auf Dauer angelegt und deren Bestand von den jeweils in ihr lebenden Bewohnern und deren Aufenthaltsdauer unabhängig ist. Auf die Zahl der Bewohner kommt es nicht an. Nicht unter das Heimgesetz fallen solche Häuser, in denen ausschließlich Angehörige oder Freunde betreut werden und deren Betrieb mit dem Tode des letzten Begünstigten eingestellt wird.

– Alte Menschen werden dann **"nicht nur vorübergehend"** in eine Einrichtung aufgenommen und in ihr betreut, wenn der Vertrag mit dem Betreiber auf unbestimmte Zeit läuft und die Betreuung wesentlicher Bestandteil der vertraglichen Beziehungen ist. Dabei ist es unerheblich, ob über die Betreuung schriftliche Vereinbarungen abgeschlossen wurden.

– Eine **Wohngemeinschaft** ist eine sich selbst tragende und verwaltende Wohn- und Lebensform, deren Bestand, Zusammensetzung und Regelung des Zusammenlebens von außenstehenden Personen, insbesondere vom Vermieter, unabhängig sind. Wenn die Bewohner zwar kleinere Tätigkeiten im Haushalt verrichten, vom "Vermieter" aber die Wahrnehmung einer Auffangzuständigkeit für Betreuungs- und Versorgungsaufgaben erwarten, handelt es sich nicht um eine Wohngemeinschaft, sondern um eine Einrichtung, die nach dem Heimgesetz erlaubnispflichtig ist.

OVG Lüneburg, Urt. vom 25. Februar 1987 – 9OVG A63/85 – (veröffentlicht in RsDE Heft 1 (1988), 71 ff.) – Auszug vom Verf. –

26.5 – Bei der Frage, ob eine Einrichtung dem in § 1 Abs. 1 umschriebenen **Anwendungsbereich** des Heimgesetzes unterfällt, ist ein objektiver Beurteilungsmaßstab anzulegen, d. h. es ist im Rahmen einer Gesamtschau zu prüfen, ob die jeweilige Einrichtung bei Betrachtung ihres Zwecks und ihrer konkreten Betriebsform ihrem Charakter nach der Betreuung älterer oder wegen Krankheit, Gebrechlichkeit oder Behinderung pflegebedürftiger Menschen dient. Dieser Charakter muß prägend sein. Wird ein bisher dem Heimgesetz unterfallendes Altenwohnheim in eine Einrichtung für Personen mit besonderen sozialen Schwierigkeiten im Sinne des § 72 BSHG umgewandelt, so unterfällt das Heim nicht mehr dem Heimgesetz, auch wenn einige Bewohner des früheren Altenwohnheims dort bis zu ihrer Pflegebedürftigkeit bzw. bis zum Tod verbleiben dürfen.

VGH Kassel, Urt. vom 21. 9. 1989 – 121 UE 844/87 –, NDV 1990, 432.

27   **Aus dem Schrifttum:** (s. a. Einleitung RN 12)

Dahlem, Zum Anwendungsbereich des Heimgesetzes, ZfF 1976, 104 ff.; *Giese,* Aktuelle Fragen zum Heimgesetz, Blätter der Wohlfahrtspflege 1977, 62 f.; ders., Kurzzeitpflegeheime und die Weiterentwicklung des Heimgesetzes, ZfF 1989, 250 ff.;*Igl,* Entwicklungen und Probleme auf dem Gebiet des Heimgesetzes, RsDE Heft 3 (1988), 1 ff.; ders., Das Leid mit der Heimgesetz-Novellierung, RsDE Heft 7 (1989), 47 ff.; *Klein,* Heimgesetz und klosterinterne Altenheime, in Charitas-Korrespondenz 1975, Heft 6, unter C6; *Klie,* Heimaufsicht nach dem Heimgesetz – Zwischen Machtfülle und Ohnmacht, RsDE Heft 3 (1988), 27; ders., Freiheitsbeschränkende Maßnahmen in der Altenpflege, RsDE Heft 6 (1989), 67 ff.

§ 2 Zweck des Gesetzes

(1) Zweck des Gesetzes ist es,

1. die Interessen und Bedürfnisse der Heimbewohner und der Bewerber für die Aufnahme in ein Heim vor Beeinträchtigungen zu schützen, insbesondere die Selbständigkeit und Selbstverantwortung der Bewohner im Heim zu wahren,

2. die Beratung in Heimangelegenheiten zu fördern.

(2) Die Selbständigkeit der Träger der Heime in Zielsetzung und Durchführung ihrer Aufgaben bleibt unberührt.

Übersicht

Heimgesetz

1 **Zur geltenden Fassung**

Abs. 1 ist durch das 1. ÄG neu gefaßt worden. Dabei wurden die bisherigen Nr. 2 (Mißverhältnis von Leistung und Entgelt) und 4 (Sicherung zurückzahlender Leistungen) gestrichen. S. jetzt §§ 4; 4 d; 6 Abs. 3 Nr. 5 bzw. § 14.

Abs. 2 entspricht der Fassung von 1974.

2 **Aus den Gesetzesmaterialien**

Die Hervorhebungen und die Numerierung erfolgten durch den Verf.

2.1 **Zur Fassung von 1974**

2.1.1 – bezieht sich auf Abs. 1 Nr. 1. n. F. –

Aus Bericht und Antrag des BT-A JFG (BT-Drs. 7/2068, S. 5) "... Auf Bedenken stieß vor allem die im Entwurf vorgesehene Formulierung" ... sicherzustellen, daß in Einrichtungen ... das leibliche, geistige und seelische Wohl der Bewohner gewährleistet ist."

Vor allem bei der Anhörung der Trägerverbände waren Zweifel vorgetragen worden, ob ein Gesetz das leibliche, geistige und seelische Wohl **gewährleisten** könne. Der Ausschuß schloß sich diesen Bedenken an und folgte dem Antrag der CDU / CSU-Fraktion, im Gesetz die Fassung zu verwenden, "die Interessen und Bedürfnisse der Bewohner ... vor Beeinträchtigungen **zu schützen**".

2.1.2 – bezieht sich auf Abs. 2, der dem BR-Entw. 1973 entspricht. (BT-Drs. 7/180 – Aus der Begründung zu Abs. 2:

"Indem die grundsätzliche **Selbständigkeit der Träger** besonders unterstrichen wird, soll vor allem der Stellung Rechnung getragen werden, die den Verbänden der **Freien Wohlfahrtspflege** und deren Mitgliedern im sozialen und sozialpflegerischen Bereich zukommt ..."

2.2 Zur Neufassung 1990

2.2.1 Aus der **Amtl. Begründung** (BT-Drs. 11/5120, S. 9 f.):

Die Neufassung läßt den bisherigen sachlichen Inhalt als **Leitnorm** des Heimgesetzes unberührt. Zugleich werden eine Reihe textlicher Widersprüche ausgeräumt.

2.2.2 In Absatz 1 Nr. 1 ist die besondere Bedeutung der **Selbständigkeit** und **Selbstverantwortung** der Heimbewohner hervorgehoben worden. Verschiedentlich sehen Heime ihre Funktion noch immer vorwiegend in der Bewahrung alter oder behinderter Menschen. Diese vom reinen *Versorgungsdenken* geprägte Aufgabenstellung eines Heims ist jedoch zu eng und wird den heutigen Vorstellungen über eine sachgerechte Unterbringung des Mitbürgers in einem Heim nicht mehr gerecht. Gerade die *Entfaltung seiner Persönlichkeit* im Rahmen seiner körperlichen und geistigen Fähigkeiten und die *Aktivierung* noch vorhandener Kräfte bedingen wesentlich das Wohl und die Zufriedenheit eines Heimbewohners.

2.2.3 Auf die bisherigen Nummern 2 und 4 wird verzichtet. Ihre Regelungstatbestände werden bereits von Nummer 1 erfaßt. Das Verbot eines **Mißverhältnisses** zwischen Entgelt und Leistung und die Sicherung der zurückzuzahlenden Leistungen dienen ebenfalls dem Schutz der Interessen und Bedürfnissen der Bewohner und Bewerber vor Beeinträchtigungen. Zudem enthalten sie Maßnahmen, die in den folgenden §§ 4, 6, 12 und 14 näher geregelt werden. Ihre Voranstellung und ausdrückliche Hervorhebung erscheinen deshalb nicht mehr erforderlich.

2.2.4 Die bisherige Nummer 3 **(Beratung)** ist wegen ihrer umfassenden und die Kooperation der Beteiligten unterstreichenden Bedeutung in den Absatz 1 übernommen und zugleich redaktionell geändert worden. Die bisherige Fassung war insoweit zu eng, als Personen, die noch nicht in die Einrichtung aufgenommen worden sind oder eine Einrichtung erst betreiben wollen, nicht berücksichtigt waren.

Durch Neufassung des § 1 kann auch auf die Verweisung in dem bisherigen § 2 Abs. 1 Nr. 1 verzichtet werden.

2.2.5 ... In den *Schutzzweck* des § 2 werden die Bewerber um einen Heimplatz einbezogen.

3 Zweck des Gesetzes

Politisch besteht allgemein ein Interesse daran, daß Heime ordnungsgemäß geführt werden (s. u. a. § 17 SGB I). Darüber hinausgehend ist der Zweck des Gesetzes, die Interessen und Bedürfnisse der Bewohner insgesamt vor Beeinträchtigungen zu schützen. (So auch BVerwG, Urteil v. 18. 12. 1987 – zu Nr. 1 a. F. – C 57.85; RsDE 2 (1988) S. 67; Klie, ZfF 1988, S. 49; *a. A.* OVG Koblenz – Urt. v. 7. 10. 1986 – 7 A 48/86; NVwZ 1987, 425 mit der Feststellung, die Vorschriften dienten allein dem öffentlichen Interesse daran, daß Heime ordnungsgemäß und ordentlich geführt und Vernachlässigungen der Bewohner verhindert würden. Der Ansicht des OVG Koblenz kann nicht gefolgt werden. Die Bewohner haben einen Anspruch darauf, daß die zu ihren Gunsten erlassenen Bestimmungen auch gemäß ihren Interessen und Bedürfnissen vollzogen werden. (S. a. Dahlem / Giese, 13. Lfg. § 2 RN 5 u. G. Igl; Einl. RN 6.1). Das gilt nicht nur für deren Selbständigkeit und Selbstverantwortung. Die beiden Einzelaspekte werden beispielsweise ("insbesondere") genannt, als wichtige, bisher noch nicht verwirklichte, Interessen und Bedürfnisse. S. RN 8.3 u. Einleitung RN 6. Das HeimG gilt **für alle Bewohner / Bewerber** ohne Unterschied; z. B. für Selbstzahler und für andere gleichermaßen. – Zu der Frage, ob die Heimkosten für Selbstzahler und andere Bewohner unterschiedlich sein dürfen s. OVG Lüneburg Urteil v. 5. 10. 1987, RsDE Heft 3, S. 103 und § 6 RN 22.

4 § 2 ist die **Leitnorm** des Gesetzes. Sie schützt den Bewohner davor, daß er dem freien Gestaltungsrecht des Trägers unterworfen wird. "Hierbei handelt es sich keineswegs um einen bloßen Programmsatz. Vielmehr wird dem hier angegebenen Gesetzeszweck mit den Befugnissen und Eingriffsermächtigungen Geltung verschafft." (Begründung BR-Entw. 1973; BT-Drs. 7/180).

Zweck des Gesetzes ist der Schutz der Bewohner / Bewerber sowie die Förderung der Beratung in Heimangelegenheiten. Er ist auch gegen etwaige andere Interessen (z. B. die finanziellen der Kostenträger) zu erfüllen. Aber er begrenzt auch die Einwirkungsmöglichkeiten. Deshalb darf das HeimG nicht dazu benutzt werden (z. B. über die zust. Behörden), um eigene Heim- oder Betreuungskonzepte durchzusetzen bzw. das Angebot an Einrichtungen zu steuern. (S. zu Abs. 2, RN 11 u. § 18).

Zentrale Gestaltungsprinzipien für die Betreuung im Heim sind die Normalisierung des Alltags u. d. Tagesablaufs sowie die Individualisierung der Heimleistungen (s. DZA, Heimkonzepte der Zukunft,

1991, Berlin/Köln.) Erklärtes Ziel für den stationären Bereich muß es sein, die Elemente der Prophylaxe, eines günstigen Wohnmilieus mit Geborgenheit und Sicherheit zu realisieren. (DPWV-Gesamtverband 1984, AH 1985; S. 10). S. dazu auch MAGS, Ältere Menschen in NRW, S. 114 ff – Qualitative Aspekte der Heimversorgung.

Normadressat ist der jeweilige Heimträger und indirekt – hinsichtlich der Letztverantwortung für den Vollzug des Gesetzes – die zuständige Behörde (§§ 9, 18).

5 Die **institutionelle Absicherung** des Zweckes erfolgt zweigleisig:
- durch die Heimaufsicht (§§ 9, 18) und
- durch die Mitwirkung der Bewohner (HeimMitwV).

(S. a. Einl. RN 6-7).

Ergänzt wird sie durch Beratung (§§ 2 Abs. 1 Nr. 1; 11 HeimG).

6 **Gesetzliche Instrumente** zur Erreichung des Gesetzeszweckes sind vor allem:

§ 3	Gesetzliche Mindestanforderungen an die Räume sowie die Eignung des Leiters und der Beschäftigten
§§ 4 - 4d	gesetzliche Erfordernisse des Heimvertrages
§ 5	Mitwirkung der Heimbewohner / des Heimfürsprecher dies in Verb. mit der MitwirkungsV
§ 6	Erlaubnisvorbehalt für Heime
§§ 7, 8	Anzeige-, Aufzeichnungs- und Aufbewahrungspflicht
§ 9	Überwachung
§ 12	Auflagen und Anordnungen
§ 13	Beschäftigungsverbot für Leiter oder Beschäftigte bei fehlender Eignung i. Verb. mit HeimPersV.
§ 14	Leistungen an Träger und Beschäftigte i. Verb. mit HeimSicherungsV
§ 15	Rücknahme und Widerruf der Erlaubnis
§ 16	Untersagung des Heimbetriebs
§ 17	Bußgelder bei Ordnungswidrigkeiten

7 **Interessen und Bedürfnisse** sind als ein Begriffspaar zu verstehen, bei dem jedes Wort den Sinn des anderen verstärkt; wie das z. B. auch im BSHG mit dem Begriffspaar 'Wart und Pflege' erreicht wird. (s. Gottschick / Giese, BSHG 9. Aufl., § 68, RN 4) Die Bedürfnisse und Interessen der Bewohner sind auch unter den besonderen Bedingungen der Heimbetreuung zu schützen und vor Beeinträchtigungen zu bewahren. Bei ihnen handelt es sich überwiegend um Grundrechte. (Art. 1 ff GG)

Interessen und Bedürfnisse sind subjektiv. Es erscheint daher konsequent, daß das Gesetz sie weder aufzählt noch umschreibt. Das G bewertet und unterscheidet sie nicht. Eine Be-Wertung hat daher auch nicht durch andere – z. B. den (Kosten-)Träger – zu erfolgen. Bei einzelnen Bestimmungen werden Teil-Aspekte der Interessen und Bedürfnisse hervorgehoben. So z. B.:

im § 1: Unterbringung – Unterkunft – Verpflegung – Betreuung

im § 2: Selbständigkeit – Selbstverantwortung – Beratung (s. a. § 10)

im § 3: Mindestanforderungen für Räume und die Eignung des Leiters bzw. der Beschäftigten

im § 4: Rechtssicherheit durch schriftliche Informationen vor Vertragsabschluß und schriftlichen Heimvertrag gem. §§ 4 - 4d

im § 5: Mitwirkung der Bewohner in Angelegenheiten des Heimbetriebs

im § 6: Zuverlässigkeit des Heimes – ärztliche und gesundheitliche Betreuung –

im § 9: Überwachung der Heime gem. §§ 8, 12 - 17

im § 14: Beschränkung der Geld- und geldwerten Leistungen auf das vereinbarte Entgelt.

Hierzu wird auf die Erläuterungen bei den §§ verwiesen.

7.1 Die Bedürfnisforschung hat **Grundbedürfnisse des Menschen** herausgearbeitet. Nach Maslow sind dies:

– seine **physiologischen Bedürfnisse** (z. B. nach gesundem, schmackhaftem Essen, nach Trinken, Wohnen, Kleidung, Wärme, Betätigung der Körperkräfte, sexuellem Erleben, Linderung von Schmerzen, Anregung der Sinne usw.)

– **Bedürfnis nach Sicherheit** und **Geborgenheit:** Dazu gehören u. a. Schutz vor körperlichem und/oder anderem Leid, Nähe von Menschen, die auch im Notfall helfen; dazu gehört die Sicherheit und Beständigkeit der Unterkunft als dauerhafte Geborgenheit ("wohlbemerkt immer die gleiche Unterkunft, also möglichst wenig Heimwechsel", Franco Rest)

– **Bedürfnis nach Liebe und Zuneigung**

– **Bedürfnis nach Achtung, Ansehen und Geltung,** wozu auch Beachtetwerden gehört.

– **Bedürfnis nach Selbstverwirklichung.**

Für den Vollzug des HeimG ergibt sich daraus u. a., daß soziale Kontakte im Heim, emotionale Zuwendung, Herzlichkeit und persönliche Anerkennung sowie Aufmerksamkeit usw. Grundbedürfnisse sind wie Nahrung und Unterkunft. Auch was teilweise als Heilsbetreuung bezeichnet wird, **(seelsorgerische Hilfen** u. ä. – s. dazu Grond, Die Pflege verwirrter alter Menschen, S. 262 –) gehört zu den Bedürfnissen, die das G schützt. Seelsorgerische Hilfen sind durch die Kirchen zu erbringen. Sie können durch das G nicht gewährleistet werden, doch gibt es Verhaltensformen, durch die sie – unabhängig von der Einstellung des Trägers zur Religion – gefördert und nicht behindert werden (s. a. §§ 9, 11, 12, 15 ff sowie Geissler, Seelsorge in Einrichtungen der Altenhilfe, Impulse 5/93).

7.2 **Interessen** gehen über Bedürfnisse oder Grundbedürfnisse hinaus. Interesse ist der Wert und die Bedeutung, die der einzelne einer Sache beimißt, die dementsprechend sein Denken und Fühlen in Anspruch nimmt. (S. Schischkoff, Philosoph. Wörterbuch, 21. Aufl. Knauer, S. 321). Darunter ist alles zu erfassen, was geeignet ist, die Lebensqualität während der Heimbetreuung subjektiv zu verbessern oder zu fördern. Dazu gehören z. B. auch geistige Anregungen (s. dazu die Literatur zur Geragogik, z. B. D. Schießl in AH 2/91, 112 ff). Es gibt keinen Anhalt dafür, daß diese subjektive Sicht beim Vollzug des HeimG nicht gelten soll.

Zum Verhältnis des Abs. 1 zu Abs. 2 s. RN 12

7.3 **Bedürfnisse**: Als Bedürfnis wird das subjektive Gefühl eines Mangels bezeichnet, das mit dem Streben oder der Notwendigkeit verknüpft ist, ihn zu beheben. Das Gesetz geht von diesem subjektiven Charakter des Bedürfnis-Begriffs aus ("Interessen und Bedürfnisse der Heimbewohner und der Bewerber"). Der Mangel kann durch die Körperlichkeit des Menschen begründet sein und/oder durch die Tatsache, daß Menschen geistige und seelische Bedürfnisse haben. Das Gesetz unterscheidet hier nicht. S. RN 7. Es ist nicht zu übersehen, daß indirekt eine Bewertung der Bedürfnisse außerhalb des HeimG bei der Bedarfsplanung erfolgt.

7.4 **Psychophysisches Wohlbefinden:** In der Gerontologie ist der Begriff gebräuchlich. Auch er geht von Interessen und Bedürfnissen alter Menschen aus. Die Interventionsgerontologie hat einen umfangreichen Maßnahmenkatalog erarbeitet, um die Lebensverhältnisse alter Menschen zu stabilisieren bzw. zu verbessern. Insoweit enthält sie Beurteilungskriterien auch für die Erfüllung des Gesetzes. (Ursula Lehr –Hrsg.–, Interventionsgerontologie, Darmstadt 1979), N. Erlemeier, Soziale Kontakte von Heimbewohnern, AH 10/90. 494); E. Hammer, Sicherheit im Altenheim, Impulse 3/93. 15; U. Rathemann, Einflußmöglichkeiten AH 5/92. 234.

8 **Einzelne Aspekte**

8.1 **Kontinuität der Lebensführung** auch im Alter ist ein wesentliches Ziel der Altenpolitik. (BT-Drs. 10/2784, S. 2 f). Sie gehört zu den Bedürfnissen und den Persönlichkeitsrechten (Art. 2 GG) der Bewohner, die das HeimG schützen und bewahren soll. Das Heim als Lebensraum, der ein Leben und **Sterben in Würde** (s. Franco Rest, Sterbebeistand, Sterbebegleitung, Sterbegeleit, 2. Aufl. 1992, Berlin,

47

Köln, Stuttgart) ermöglicht. Unter dieser Vorgabe sind die Forderung nach **eigenen Möbeln,** selbständiger Gestaltung einer **Privatsphäre,** persönl. **Tagesrhythmus,** einer Betreuung, die sich an der **Biographie des Bewohners** ausrichtet u. v. a. zu beurteilen. Das KDA hat für das **Wohnen im Heim** Leitbilder veröffentlicht: Neue Konzepte für das Pflegeheim – auf der Suche nach mehr Wohnlichkeit, Reihe 'vorgestellt', Heft 46, Köln 1980.

Zur weitgehenden Sicherung der Lebenskontinuität gehört auch die **Sozialarbeit im Heim,** die u. a. die **personale Identität der Bewohner** soweit wie möglich wahren soll. Zu Zielen, Stellenplänen, Tätigkeiten u.a . s. Hans Brand, Altenhilfe als Verbundsystem, KDA, 1993, S. 192 f; F. Paratsch, AH 1/1993, 33 ff; Fred Karl, Sozialarbeit in der Altenhilfe, Freiburg i. Br. 1993.

Zum Problem **Gewalt im Heim** und zwar sowohl gegenüber Pflegebedürftigen als auch gegen Pflegende s. E. Grond in Evangelische Impulse 1/93, 7 ff sowie Dießenbacher / Schüller, Gewalt im Altenheim, Freiburg i. Br. 1993.

8.2 Die **Angehörigen – Mitarbeit** ist noch in vielen Heimen unerwünscht. Angehörige der Bewohner sind Teil ihres sozialen Umfeldes – und damit auch des Heimes. Die Einbeziehung der Angehörigen gehört, wenn sie vom Bewohner gewünscht wird, zur unverzichtbaren individuellen Betreuung. Nach dem Zweck des HeimG muß sie gefordert werden. (S. H. Brand, aaO –8.1– S. 195 f; G. Rogahn in AH 3/1991, S. 156 ff; S. Lind, AH 5/1991, 243 ff mit weiteren Fundstellen). Wünscht der Bewohner z. B. daß er in seinem Zimmer von Angehörigen versorgt wird, kann das Heim das grundsätzlich nicht verhindern, da der Bewohner für sein Zimmer das Hausrecht hat. Angehörige haben jedoch keine Mitsprache oder Beteiligungsrechte. Nach Ansicht des OLG Düsseldorf, Beschl. v. 28. 2. 1991 – 5 U 279/90 kann für Angehörige, die Arbeitsabläufe erheblich stören oder den Pflegebetrieb gefährden, ein zeitlich befristetes Hausverbot ausgesprochen werden. Dieser Beschl. erscheint sehr problematisch und begegnet auch rechtlichen Bedenken. S. Th. Klie, AH 5/1992, S. 232.

Zu **'Liebe-Intimität-Sinnlichkeit-Partnerschaft'** im Heim s. R. H. Geissler, Ev. Impulse, 2/1992, 16 ff), u. W. Fireling, Sonnenberg, Problemfeld Sexualität im Heim, AH 5/93 S. 398 ff zu **sozialintegrativen Belegungsstrukturen** R. Martin in AH 5/1991.

8.3 **Selbständigkeit und Selbstverantwortung** der Bewohner gehören zur freien Entfaltung der Persönlichkeit (Art. 2 ABs. 1 GG). Die Hervorhebung soll dazu beitragen, daß sie auch unter den besonderen Bedingungen des Heimlebens gewahrt werden. (S.1 a. RN 3.1) Damit wird auch unterstrichen, daß sie nicht durch Heimordnungen, die teilweise noch eine Anordnungsgewalt (z. B. durch Träger, bestimmte Beschäftigte, Hausmeister usw) gegenüber Bewohnern enthalten, oder anders beeinträchtigt werden darf. Völlige Unterordnung unter eine **Heimordnung** ist mit der Selbständigkeit der Bewohner nicht vereinbar. Ein Heimleiter hatte diese verlangt und bei Nichteinhaltung auch körperl. Gewalt eingesetzt, indem er gewaltsam Tee einflößte. Im Zusammenhang mit einem erheblichen Pflegefehler führte das zum Tode eines Bewohners. Das LG Mosbach verurteilte den Heimleiter (Urt. 18. 3. 1991 – 21 KLs 10/90; AH 2. 1992, S. 72) zu zwei Jahren Freiheitsstrafe. (Weitere Beispiele bei Klie, AH, 1986, S. 320 ff.) *Selbständigkeit heißt,* unabhängig, aus eigener Initiative und / oder Fähigkeit, ohne Anweisung durch andere handeln. Und dann allerdings auch selbst die Verantwortung dafür zu übernehmen.

Wer z. B. den Brotaufstrich nicht wählen kann, oder nicht wann er aufstehen, schlafen, im Rollstuhl herumfahren will, verfügt nicht über Selbständigkeit. Wer nicht nach seinem eigenen Tagesrhythmus leben kann, lebt unselbständig. Zur Selbständigkeit und Selbstverantwortung gehört der Hausschlüssel und das Recht, das Heim auch abends zu verlassen, Besuche – auch des anderen Geschlechts – zu empfangen usw. Selbständigkeit schließt jede übermäßige Strukturierung des Tagesablaufs aus. Auch hier stellt sich die Frage nach der Heimüberwachung (§ 9).

Zur **Selbstverantwortung** gehört es z. B., Tätigkeiten zu übernehmen oder abzulehnen; mit dem Arzt selbst über die Anwendung / Ablehnung eines Medikaments verhandeln zu können; selbst und ohne Beeinflussung zu entscheiden, welche Kontakte im und außerhalb des Heimes gesucht / aufrechterhalten werden.

8.4 Zu **Betreuung und Pflege** s. § 1 RN 14; zu **ärztl. und gesundheitl. Betreuung** § 6 RN 16.3 – 16.7.

8.5 **Aspekte gerontopsychiatrischer Betreuung:**

Die Leistungen des Heimes für psychisch gestörte oder kranke alte Menschen unterscheidet sich beträchtlich von den sonst üblichen Regelleistungen. Ihre Betreuung muß u. a. ein Instrumentarium anwenden, das auf Abrufbarkeit und Entwicklungsfähigkeit von Möglichkeiten und Fähigkeiten setzt, die der betroffene Mensch mitbringt oder über die er noch verfügt (so Klaus Oesterreich, in ARCHIV 1/1992). Die Betreuung erfolgt in dem Spannungsfeld von Schutz vor Schäden einerseits und Sicherung der Freiheits- und Persönlichkeitsrechte des Bewohners / Bewerbers andererseits. (S. dazu auch die strafrechtlichen Bestimmungen, z. B. über Körperverletzung, Mißhandlung von Schutzbefohlenen, Freiheitsberaubung, Nötigung usw. – §§ 223, 223 b, 239, 240 StGB – sowie über die zivilrechtliche Haftung und / oder den Schadensersatz, z. B. §§ 823 ff, 847 BGB.)

Der Schutzzweck des G erfordert für diesen Personenkreis besondere räumliche, sächliche und personelle Voraussetzungen, die laufend zu überwachen sind. (§§ 9, 18).

8.5.1 Dementiell erkrankte Bewohner verfügen idR nur über eine eingeschränkte Umweltkompetenz. Aufgabe der psychogeriatrischen Betreuung ist es, räumliche und konzeptionelle Voraussetzungen / Bedingungen für eine bedarfsgerechte (therapeutische) Pflege zu schaffen (S. Lind, AH, 11/1992, S. 616).

8.5.2 Bei dementen wie auch bei nicht-dementen Bewohnern kann es schwierig sein, ihre Wünsche, *Interessen, Bedürfnisse* usw. zu *erkennen.* Dennoch ist der Träger verpflichtet, seine Betreuung danach auszurichten. Es kommt nicht darauf an, ob z. B. Wünsche, Ängste, Abwehr usw. noch **sprachlich ausgedrückt** werden können. Jede Form der Äußerung (Gestik, Zeichen, Mimik, Körpersprache usw.) ist zu beachten. S. dazu auch § 6 Abs. 3 Nr. 2 u. 3.

8.5.3 Psychisch gestörte oder kranke alte Menschen sind in ihren **Freiheitsrechten** extrem gefährdet. Der DV führt dazu u. a. aus (Kleinere Schrift 70, S. 28 ff):

"Die Versorgung psychisch veränderter älterer Menschen wird in rechtlicher Sicht durch das Spannungsfeld von Schutz und Sicherung der Rechte der Freiheit der Person und der körperlichen Unversehrtheit des alten Menschen auf der einen Seite und der rechtlichen Sicherung notwendiger fürsorgender Eingriffsbefugnisse Dritter in diese Rechte auf der anderen Seite bestimmt. Auch der psychisch veränderte ältere Mensch genießt in vollem Umfang die verfassungsrechtlich garantierten Freiheitsrechte. Eingriffe in diese Rechte können nur unter Beachtung der strengen rechtlichen Sicherungen vorgenommen werden, die die Rechtsordnung zum Schutz der Freiheitsrechte vorsieht. Dem Schutz des Freiheitsraumes des psychisch veränderten Älteren kann jedoch gegenüberstehen, daß er aufgrund seiner Erkrankung der Hilfe und Unterstützung sowie des Schutzes in seiner persönlichen Lebensgestaltung bedarf. Diese Hilfe muß durch Dritte gewährleistet sein, die dann die Möglichkeit haben müssen, zur Hilfe und zum Schutz für den Betroffenen in dessen Lebensgestaltung einzugreifen. Eine solche Vorgehensweise wirft die Frage nach der rechtlichen Vereinbarkeit dieser fürsorgenden Eingriffe mit den Freiheitsrechten des einzelnen auf, insbesondere auch im Hinblick auf die Konsequenzen, die sich in der zivilrechtlichen Haftung beziehungsweise der strafrechtlichen Verantwortlichkeit ergeben.

Wegen der herausragenden Bedeutung der Freiheitsrechte des einzelnen gebührt der Vorrang grundsätzlich der Sicherung des persönlichen Freiraums des Betroffenen. Dies kann für den Personenkreis der psychisch veränderten älteren Menschen bei zu starker Zurückdrängung der fürsorgenden und helfenden Eingriffsmöglichkeiten aber bedeuten, daß diese Personen in eine

Lebenssituation geraten, in der ein Leben in Würde nicht mehr gewahrt ist. Eine zu starke Betonung des persönlichen Freiraums kann bedeuten, daß notwendige Schutz- und Hilfemaßnahmen nicht ergriffen werden ...

Die Erfüllung der aufgezeigten Verpflichtungen und die vielfältigen Hilfe-, Pflege- und Behandlungsmaßnahmen erfordern Eingriffe in die Rechte der Freiheit der Person und die Unverletzlichkeit des Körpers bei den betroffenen alten Menschen. In die höchstpersönlichen Rechtsgüter Freiheit und körperliche Unversehrtheit kann nur aufgrund Einwilligung des Betroffenen und / oder eines gesetzlichen Vertreters oder aufgrund hoheitlicher Befugnisse rechtmäßig eingegriffen werden. Rechtsgrundlage für Maßnahmen, die diese Rechtsgüter verletzen, können damit nur die Einwilligung des Betroffenen, die seines Pflegers oder Vormundes oder die Befugnisse sein, die die Unterbringungsgesetze der Länder einräumen. Für eine rechtlich wirksame Einwilligung in die Verletzung höchstpersönlicher Rechtsgüter wird verlangt, daß der Einwilligende eine natürliche Einsichtsfähigkeit, nicht die Geschäftsfähigkeit besitzt. Er muß in der Lage sein, die tatsächlichen Umstände und die Bedeutung des Eingriffs zu erkennen und zu würdigen. Die erklärte Einwilligung (ausdrücklich oder stillschweigend) bezieht sich in der Regel nur auf den konkreten Eingriff, der vorgenommen werden soll. Einwilligungen in zukünftig vorzunehmende Maßnahmen sind, wenn überhaupt, nur unter eng begrenzten Voraussetzungen wirksam.

Eine erklärte **Einwilligung** kann jederzeit ausdrücklich oder durch schlüssiges Handeln widerrufen werden. Da die Einwilligung in Behandlungs- und Versorgungsmaßnahmen im Ermessen des Betroffenen steht, kann hieraus für Heimträger, Pflegepersonal und andere helfende Personen eine erhebliche Rechtsunsicherheit entstehen, ob vorgenommene oder beabsichtigte Maßnahmen überhaupt rechtlich zulässig sind.

8.5.4 **Freiheitsberaubung** (§ 239 StGB) liegt unter anderem vor, wenn und solange eine Person – und sei es auch nur vorübergehend – durch Gewalt, List, Drohung, Betäubung, Wegnahme der Kleider u. ä. daran gehindert wird, ihren Aufenthaltsort frei zu verlassen. **Freiheitsentziehende Maßnahmen** (s. a. Kriterienkatalog – abgedr. i. Anhang sowie § 8 RN 2.4) sind solche, die den Betroffenen daran hindern sollen, seinen Aufenthaltsort zu ändert. Häufige Beispiele für derartige Maßnahmen im Heimbetrieb sind:

– Anlegen von Handfesseln, Fußfesseln, Körperfesseln.

– Anlegen von Bauchgurten, wenn keine Möglichkeit für Bewohner besteht, diese selbst zu lösen oder lösen zu lassen.

- Fixieren mit Pflegehemd.
- Aufstellen von Bettgittern (gilt nur in Kinder- und Jugendpsychiatrie als in dem Alter übliche Freiheitsbeschränkung).
- Sicherheitsgurt am Stuhl, wenn nicht die Möglichkeit besteht, diesen zu lösen oder unverzüglich lösen zu lassen.
- Abschließen des Zimmers.
- Abschließen der Station.
- Verriegelung der dem Betreuten bekannten und für ihn benutzbaren Ausgänge der Einrichtung.
- Täuschung über die Verriegelung (Tür angeblich abgeschlossen).
- Verwendung von Trickschlössern.
- Ausübung psychischen Drucks.
- Wegnahme von Schuhen und Kleidung.
- Verabreichen sedierender Medikamente oder von Psychopharmaka.

  (s. Th. Klie, Rechtskunde, Lehrbuch Altenpflege, 4. Aufl. Hannover 1991, S. 139; Einteilung der Psychopharmaka S. 145; ders. auch in AH, 3 / 1992, S. 144 ff).

8.5.5   Fehlt es an einer **wirksamen Einwilligung** des Betroffenen in der aktuellen Situation, und handelt es sich nicht um eine einmalige Notstandsmaßnahme gem. § 34 StGbB, durch die eine akute, nicht anders abzuwendende Selbstgefährdung abgewendet werden soll, so ist über den gesetzlichen Betreuer oder direkt beim Vormundschaftsgericht eine **Genehmigung** zu veranlassen. (s. a. LG Berlin i. RN 12; Urt. OVG Berlin in § 13 RN 14 und Th. Klie in AH 3/1992, S. 138 ff).

8.5.6   **Routinemäßige oder präventive Maßnahmen** (z. B. 'Fixieren zur Vorbeugung') ohne gegenwärtige Gefahr sind nicht durch § 34 StGB gedeckt. Auch **'soziale Fürsorglichkeit'** legitimiert keine einschränkenden Maßnahmen. In der Praxis ist anerkannt, daß sich Fixierungen fast immer durch entspr. Personaleinsatz vermeiden lassen. S. a. Igl in RsDE 3 S. 15.

8.5.7   Freiheitsentziehende Maßnahmen sind stets schriftlich zu **dokumentieren**. Nur so können Gericht, Arzt oder Aufsichtsbehörde die Erforderlichkeit beurteilen und über etwaige Maßnahmen entscheiden. S. a. § 18 u. den Kriterienkatalog abgedr. im Anhang. Weiterführend u. a. Th. Klie, a.a.O. 1991 S. 136 ff; ders. 'Freiheitsbeschränkende Maßnahmen in der Altenpflege', RsDE, Heft 6 S. 67 ff; ders. Recht auf Verwirrtheit, Vincentz 1993; Erich Grond, Die Pflege verwirrter alter Menschen, 6. Aufl. Freiburg 1991, Gitschmann, Stationäre Dementenbetreuung, Archiv 3/1992, 187 f. S. a. § 4 RN 19.

8.6 **Sterbebegleitung** als 'Hilfe beim Sterben' gehört zu den pflegerischen Aufgaben. Es ist eine Pflicht, dem Sterbenden auch durch pflegerische Hilfen beizustehen (s. Trube-Becker, Rechtsmedizinische Probleme zur Sterbehilfe bei alten Menschen, Zeitschr. f. Gerontologie 81, S. 284 ff u. G. Klausing, Sterbebegleitung im Heim? Ev. Impulse 4/93 – befaßt sich mit Sterbeproblemen – sowie BMFaS, Sterben und Sterbebegleitung, Schriftenreihe erscheint Frühjahr 94). Gefordert wird die Pflegefachkraft mit Kompetenz für die Sterbebegleitung. (S. R. Lamerton, Sterbenden Freund sein, Freiburg 1991). Von der 'Hilfe beim Sterben' ist jede Form der 'Hilfe zum Sterben', zu unterscheiden. Wegen 'Tötung auf Verlangen' s. § 216 StGB, wegen Unterlassener Hilfeleistung – etwa im Hinblick auf Nichtverhindern des Selbstmordes – § 323 c StGB (s. auch Böhme, AH 84, 22; Dölling, NJW 1986, 1011 ff, Rieger, DMW 84, 1738; Klie, a.a.O 1991, S. 123).

8.7 Der **Datenschutz** soll verhindern, daß Informationen über persönliche und sächliche Verhältnisse mißbräuchlich gespeichert und weitergeleitet werden. Er setzt das Vorliegen einer Datei voraus und gilt auch für Heimbewohner. Wegen Einzelheiten s. Bundesdatenschutzgesetz; zum Sozialgeheimnis § 35 SGB I sowie §§ 67 ff SGB X. Beim Datenschutz SGB I sowie §§ 67 ff SGB X. Beim Datenschutz wird zwischen öffentlichen, gewerblichen und kirchlichen Trägern unterschieden. Bei öffentlichen Trägern ist § 7 BDSG, bei kirchlichen Trägern Art. 140 GG i. V. m. Art. 137 WRV zu beachten; für die Letzteren mit der Folge, daß nicht das BDSG sondern die kirchlichen Bestimmungen gelten. (S. Kirchengesetz über den Datenschutz der evangel. Kirche v. 10. 11. 1977 – AB1. EKD 1977, 2 – sowie f. d. kath. Kirche, Anordnung über den Kirchlichen Datenschutz in den Diözesen (KDO). (S. a. Kunz / Ruf / Wiedemann, 4. Aufl. § 9 RN 18 ff.)

Auskünfte an Sozialhilfeträger über persönliche Angelegenheiten oder Daten der Bewohner darf das Heim nur erteilen, wenn dafür im **Einzelfall** das **vorherige Einverständnis** des Bewohners bzw. des gesetzl. Vertreters vorliegt. Wegen der Beweisführung erscheint die Schriftlichkeit der Einwilligung unerläßlich. Das gilt für alle personenbezogenen Angaben, z. B. auch über den Grad der Pflegebedürftigkeit, die Bargeldverwendung, die Höhe eventuell verwalteter Geldbeträge usw. Die dem widersprechende Praxis vieler Träger und Sozialhilfeträger ist nicht rechtens und nicht zu rechtfertigen. S. dazu u. a. Datenschutzbeauftragter Baden-W. AH 8/1991. 363; J. Fuchs, AH 9/1992. 472 ff; Th. Klie, Rechtskunde, S. 306; Niemann / Renn, RsDE 10. 39 ff; D. Schoch, Barbetrag zur persönlichen Verfügung oder Taschengeld? Baden-Baden 1993 rezensiert von Giese in NDV 7/1993 287.

Wegen der **Verletzung von Privatgeheimnissen** s. § 203 StGB und wegen der Heimüberwachung § 9 RN 10.

8.8 **Beeinträchtigung**

Die Beeinträchtigung kann vom Heim als Institution (z. B. Heimleiter, Personal, sächl. oder baul. Ausstattung) oder durch andere Bewohner erfolgen. Voraussetzung ist, daß Bewohner / Bewerber unmittelbar beeinträchtigt werden. Es genügt die Beeinträchtigung eines einzelnen. (S. a. Dahlem / Giese, § 2 RN 8.3, Korbmacher, Grundfragen des öffentlichen Heimrechts, Berlin 1989). Ob eine Beeinträchtigung vorliegt, ist unter Berücksichtigung aller Umstände (z. B. des Heimtyps, der Ausrichtung des Heimes, der Möglichkeit einen anderen Heimplatz zu wählen usw.) zu beurteilen. Die Interessen und Bedürfnisse der Bewohner sind unterschiedlich und stehen oft im Widerspruch zueinander. Es kann deshalb fraglich sein, ob auch unübliche Bedürfnisse von Bewohnern geschützt sind. Das wird bejaht, soweit dadurch nicht Bedürfnisse und Interessen anderer Bewohner nachhaltig und unvertretbar beeinträchtigt werden. S. a. RN 8.5 ff.

9 **Schützen und bewahren**

9.1 Neben der Abwehr unmittelbarer Gefahren oder Beeinträchtigungen gehört hierzu ein vorausschauendes, präventives Handeln des Trägers. Das ergibt sich schon aus dem Wortsinn (schützen = verteidigen, sichern). Es gehört zu den Pflichten der zust. Behörde (§§ 9, 18), dafür zu sorgen, daß die Träger die Interessen der Bewohner / Bewerber schützen und bewahren. Das ist bisher nur sehr begrenzt der Fall (s. KDA, Pressedienst, 1/1993, S. 9). Heimbewohner unterliegen immer noch vertraglichen und tatsächlichen Einschränkungen, die z. T. eine Verletzung der Menschenwürde und / oder der Persönlichkeitsrechte darstellen. Die Untersuchung des BMFuS 1992 zeigt das erschreckende Ausmaß der Beeinträchtigung von Bewohnerinteressen (s. A. Kruse et. al. Konflikt- und Belastungssituationen in stationären Einrichtungen der Altenhilfe, Bd. 2 BMFuS, 1992). Zur Letztverantwortung der zust. Behörden s. § 18 RN 8.

9.2 Zu **Gewalt** in Alten- und Pflegeheimen sowie aggressivem Verhalten von Bewohnern und Personal s. H.-D. Schneider, Gewaltfreiheit als Prozeß, AH 1/94, S. 8 ff.

10 **Bewohner und Bewerber**

Bewohner ist, wer nicht nur vorübergehend (z. B. beim Probewohnen oder während des Urlaubs der Pflegeperson) in einem Heim "untergebracht" ist (§ 1). Dabei ist es unerheblich, ob ein Heimvertrag abgeschlossen wurde. S. § 4 RN 2.2 u. 5 ff.

Mit der Neufassung erkennt der Gesetzgeber an, daß der Bewerber – in der Übergangsphase von Aufgabe der Wohnung bis zum Heimeintritt – eines besonderen Schutzes bedarf. Über 50 % der neuaufgenommenen Pflegeheimbewohner ziehen unmittelbar aus dem Krankenhaus zu. S. Einl. RN. 10. Wer zur Probe in einem Heim wohnt, kann Bewerber sein.

11 Selbständigkeit des Trägers

11.1 Eine pluralistische Gesellschaft bedarf auch der Pluralität der Träger, der Verschiedenartigkeit ihrer Ziele und ihrer unterschiedlichen Angebote und Durchführungen. Abs. 2 soll dem Rechnung tragen. Er ist Ausdruck der Neutralität des Staates gegenüber den unterschiedlichen Betreuungsformen und hebt das 'Persönlichkeitsrecht' der Träger, auch soweit es sich um juristische Personen handelt, hervor. Der Träger kann seine Ziele nach seinen Wertvorstellungen – auch religiöser oder weltanschaulicher Art – wählen und die Art und Weise der Aufgabenerfüllung selbst bestimmen, solange der Schutzzweck des HeimG erfüllt bleibt. Die zuständige Behörde (§ 18) muß dies bei ihrer Tätigkeit beachten. Soweit nicht der Schutzzweck des Gesetzes i. V. m. Einzelbestimmungen einen Eingriff erforderlich erscheinen läßt, wird sie davon abzusehen haben. Sie kann keine eigenen Heim- oder Betreuungskonzepte und nicht solche bestimmter Fachrichtungen durchzusetzen. S. a. §§ 11, 18. Konflikte durch die Neufassung des § 93 BSHG gem. 2. SKWPG sind absehbar.

Ausfluß dieser Selbständigkeit ist, daß **kein Kontrahierungszwang** für den Träger besteht. Das G schreibt ihn nicht vor, und er ist daher nicht verpflichtet, mit jedem Bewerber einen Heimvertrag abzuschließen. (so auch Igl in Dahlem / Giese, § 4 RN 11). S. dazu die Ansicht v. Giese bei § 4 RN 4 und hier RN 11.3.

11.2 Die Selbständigkeit der Träger wird allerdings durch die Praxis der Pflegesatzvereinbarungen so sehr eingeschränkt, daß schon von einer Gefährdung der freien Wohlfahrtspflege gesprochen wird. "Die Einrichtungen sind de facto nicht mehr autonom, sondern weitgehend durch die Behörden gesteuert." (Staiber / Kuhn in RsDE 17.65 ff). Die Ursachen liegen jedoch außerhalb des HeimG. Siehe Einl. RN 8.

11.3 Der Schutzzweck des Abs. 1 und die Selbständigkeit der Träger gem. Abs. 2 stehen in einem Spannungsverhältnis. Wertvorstellungen, Rechte und Zwänge (s. RN 11.2) der Träger stehen oft im Widerspruch zu Interessen und Bedürfnissen von Bewohnern / Bewerbern. Das ergäbe keine besonderen Probleme, wenn Bewohner / Bewerber aus einem ausreichenden Platzangebot beliebig auswählen könnten. Gerade das ist nicht der Fall. Das 'Wahlrecht' ist vom Grundsatz her schon erheblich eingeschränkt, und in nahezu allen Regionen besteht ein permanenter Mangel an Pflegeplätzen. Die Probleme dieses Mangels und des Wahlrechts sind mittels des HeimG nicht zu lösen. (S. Einl. RN 6 und 8). Diese Situation wirkt dennoch auf die Selbständigkeit der Träger zurück, mindestens soweit sie Zuschüsse, Förderungen, Belegungsgarantien oder andere Vorteile durch die öffentliche Hand erhalten. Es wird die Ansicht vertreten, daß die Selbständigkeit des Trägers dann enden muß, wenn sonst die notwendige Unterbringung eines Bewerbers nicht möglich ist, **oder** die Interessen und Bedürfnisse eines Bewohners beeinträchtigt werden. Wer de facto die Heimbetreuung für eine (Teil-)Region übernommen hat, kann sich nicht mehr nur an seinen Wertvorstellungen orientieren; er muß dann die Lebensqualität für alle Bewohner / Bewerber gewährleisten. Das ist, nach der hier vertretenen Ansicht, über §§ 16 i. V. m. 6 Abs. 3 Nr. 2 begrenzt durchsetzbar.

Eine uneingeschränkte Selbständigkeit, im Rahmen des HeimG, besteht für Träger, die keinerlei Vergünstigungen bzw. Förderungen durch die öffentliche Hand erhalten.

12 **Aus der Rechtsprechung:**

Die regelmäßige **Fixierung** eines Patienten am Stuhl tagsüber und die Eingitterung seines Bettes in einer offenen Einrichtung der Geriatrie bedürfen als freiheitsentziehende Unterbringungsmaßnahmen der vormundschaftlichen Genehmigung.

Die Genehmigung kann im Einzelfall zum Wohl des Betroffenen erforderlich sein, wenn sich freiheitsentziehende Maßnahmen im Vergleich mit den Betreuungsalternativen als das mildeste Mittel zur Abwehr einer Eigengefährdung erweisen.

(LG Berlin, Beschluß v. 27. 9. 1990, AZ: 83 T 265/90. – S. AH 2/1992, 136; AH 3/92. 136). – Der Beschluß setzt sich auch damit auseinander, wie Eingitterung und Fixierung vermieden werden könnten. (Der Verf.)

Zur **"gefährlichen Körperverletzung"** durch heimliches Verabreichen von Schlafmitteln s. BGH-Beschl. v. 24. 6. 1992, NStZ 92, S. 490 a. Klie AH 1/93, S. 7.

Postzustellung im Heim: Neben dem Heim als Postempfangsbeauftragten gemäß § 47 PostO bleibt auch der Bewohner empfangsberechtigt. Der Postzusteller kann grundsätzlich sowohl an den Empfänger persönlich als auch an das Heim aushändigen. Ihm ist hinsichtlich der Auslegungsmodalitäten Ermessen eingeräumt. (OVG Münster, Urt. 12. 12. 1988, 13 A 1987/88 – Tenor v. Verf. s. dazu auch AH 4/1992, S. 190 sowie Klie in AH 1990 S. 302.

13 **Aus dem Schrifttum:** S. a. die Hinweise im Text, bei Einl. und §§ 1 u. 6. RN13

Dahlem, Die Würde des Menschen und das Heimgesetz, Altenheim 6/1990;

ders., Qualitätssicherung der Pflege im Alter, sozialer Fortschritt 4/5 1993, S. 105

Deutsche Gesellschaft für Hauswirtschaft, Qualitätsmerkmale für Einrichtungen der Altenhilfe, s. NDV 11/93 S. 436.

DZA: gibt monatlich eine umfangreiche Zeitschriftenbibliographie Gerontologie heraus.

M. Eastmann, Gewalt gegen alte Menschen, 1991, Freiburg.

Evertz, Altersverwirrte Menschen in Heimen, NDV 1983 S. 200 ff;

Gastiger, Sigm., Freiheitsschutz und Haftungsrecht in der stationären und ambulanten Altenhilfe, Freiburg i. Br. 1993

Giese / Melzer, Die Beratung in der sozialen Arbeit, DV, Kleine Schrift Nr. 2, 1978

Goberg, Interessen und Bedürfnisse der Heimbewohner, AH 5/1990

Grüb, D., Ehrenamtliche Dienste in der stationären Altenhilfe, DV, 1988

Hamburg, Freie und Hansestadt, Fachliche Weisungen zum Heim-Gesetz

Heeg / Berger, Qualitätsbeurteilungen in Alten- und Pflegeheimen, AH 5/92

Igl, Gerhard, Entwicklungen und Probleme auf dem Gebiet des Heimgesetzes, RsDE Heft 3, 1988, S. 1

ders., Übertragung von Heimen in andere Trägerschaften ,KDA, Reihe: thema 1993

Klie, Thomas, Anordnungen des Heimarztes ist Folge zu leisten, Ergebnisse einer rechtstatsächlichen Untersuchung, in AH 1986, S. 320

ders., Verwaltungsverfahren Heimgesetz, ZfF 1988, S. 49

ders., Freiheitsbeschränkende Maßnahmen in der Altenpflege, RsDE Heft 6, 1989, S. 67

ders., Der neue Heimvertrag, 1991

ders. Recht auf Verwirrtheit, Vincentz-Verl. 1993;

C. Knobling, Konfliktsituationen im Altenheim, 4. Aufl. 1993, Freiburg;

Korbmacher, Andreas, Grundfragen des öffentlichen Heimrechts, Berlin, 1989

Kowalzik, Uwe, Gute Pflege AH 1/93. 22 ff

Krakau, Anne, Wohnraum ... über das Wohnen im Heim, AH 10/91. 484; M. Krause, Gestaltung v. Bewohnerzimmern, AH 12/93, s. § 71

Kunz, Zur Frage der Zulässigkeit der geschlossenen Unterbringung von Personen in Alten- und Pflegeheimen, ZfSH 1983, S. 63 ff;

Kuratorium Deutsche Altershilfe (KDA): Reihe "vorgestellt", Nr. 44 Empfehlungen zur Planung einer Pflegeabteilung, 1988; Nr. 45 Analyse stationärer Alteneinrichtungen, 1988; Nr. 46 Neue Konzepte für das Pflegeheim - auf der Suche nach Wohnlichkeit, 1988; Nr. 48,

Betreuungskonzepte für psychisch veränderte Bewohner im Altenpflegeheim, 1989; Nr. 54

Lehr, Ursula, Kompetenz im Alter in 3. Gerontologische Woche, Heidelberg, Bayer. Monatsspiegel Verlagsges. München 1989

Rupp, Beate, Hauswirtschaft in stationären Einrichtungen der Altenhilfe, KDA Forum Nr. 1; 1984

Volz, S. Brandschutz AH 19/92. 520, ders. Räumung u. Evakuierung im Brandfall, AH 10/92. 570

Wagner, Unterbringung von desorientierten alten Menschen (Beschützende Abteilungen), Bayer. Wohlfahrtsdienst 1983, S. 121 ff.

Wittig, H., Pflichtenheft für eine Pflegedokumentation, AH 3/92. 156 f.

§ 3 Mindestanforderungen

Zur Durchführung des § 2 kann der Bundesminister für Jugend, Familie, Frauen und Gesundheit im Einvernehmen mit dem Bundesminister für Wirtschaft und dem Bundesminister für Raumordnung, Bauwesen und Städtebau durch Rechtsverordnung mit Zustimmung des Bundesrates Mindestanforderungen festlegen

1. für die Räume, insbesondere die Wohn-, Aufenthalts-, Therapie- und Wirtschaftsräume sowie die Verkehrsflächen und die sanitären Anlagen.

2. für die Eignung des Leiters des Heims und der Beschäftigten.

1   **Zur geltenden Fassung**

Die Vorschrift wurde durch das 1. ÄG geändert. In der Fassung von 1974 bestand die Verpflichtung, Rechtsverordnungen mit Zustimmung des Bundesrates zu erlassen über

– Mindestanforderungen für die Räume und

– für die Eignung des Leiters und der Beschäftigten sowie für die Zahl der Beschäftigten.

Diese Verpflichtung ist nur hinsichtlich der Räume erfüllt worden. S. hierzu Einl. zur HeimMindBauV.

Im 1. ÄG wurde die Verpflichtung in eine Kannbestimmung umgewandelt; das Recht, die Mindestzahl der Beschäftigten zu bestimmen, wurde ersatzlos gestrichen.

Änderung von S. 1 ist geplant; s. Einl. RN 12 sowie Anhang (PflegeVG)

2 Aus den Gesetzesmaterialien

2.1 Zur Fassung 1974

- Begründung BRatE, BT-Drs. 7/180

  Entsprechend dem sozialpolitischen Anliegen des Gesetzes, wie es in § 2 definiert ist, ist es geboten, für Einrichtungen der in § 1 genannten Art einen **Mindeststandard** in sachlicher, insbesondere auch räumlicher und in personeller Hinsicht festzulegen. Es muß sichergestellt sein, daß die Einrichtungen zu einem Mindestmaß den Bedürfnissen alter oder pflegebedürftiger Menschen entsprechen. Des weiteren müssen die Eignung des Leiters und der Beschäftigten wie auch die zahlenmäßige Personalausstattung überhaupt Gewähr für eine der Art der Einrichtung entsprechende Betreuung und Versorgung bieten. Unter "Eignung" ist sowohl die fachliche Befähigung, als auch die persönliche Zuverlässigkeit zu verstehen.

- **Bericht des BTA - JFG,** BT-Drs. 7/2068

  Bei § 3 stand die Frage im Vordergrund, ob die Rechtsverordnung zur Festlegung der Mindestanforderungen vom Bund oder von den Ländern erlassen werden solle... Während § 3 in der ursprünglichen Fassung gemäß dem Antrag des Landes Berlin vom 16. März 1972 – BR-Drucksache 173/72 – die Ermächtigung auf den Bundesminister für Jugend, Familie und Gesundheit übertragen wollte, beschloß der Bundesrat eine Übertragung auf die Länder. Der Ausschuß entschied sich in Übereinstimmung mit dem Vorschlag der Bundesregierung für die **Zuständigkeit des Bundes.** Dabei war ausschlaggebend, daß nicht zuletzt im Interesse der Heimbewohner notwendig und trotz regionaler Unterschiede z. B. in den Ansprüchen an die Ausstattung eines Heimes auch möglich ist, einen Mindeststandard bundeseinheitlich zu konkretisieren.

  Demgegenüber vermochte das Argument des Bundesrates, die Länder verfügten wegen des engen Kontaktes zu den Heimen über umfassende Sachkenntnis, nicht zu überzeugen. Abgesehen davon, daß auch der Bundesminister für Jugend, Familie und Gesundheit über Kontakte zu den Heimträgern und die notwendige Sachkenntnis verfügt, besteht kein Hinderungsgrund, die möglichen speziellen Kenntnisse der Länder in die Verordnung einfließen zu lassen. Bestärkt wurde der Ausschuß in dieser Auffassung durch die Verbände und Sachverständigen selbst, die sich anläßlich der Anhörung am 23. Januar 1974 (siehe Protokoll des Ausschusses für Jugend, Familie und Gesundheit Nr. 24) in überwiegender Mehrheit und aus denselben Gründen für die Übertragung der Ermächtigung auf den Bund ausgesprochen haben, wobei sie vor allem auch den gleichzeitigen Erlaß der Verordnung mit dem Inkrafttreten des Gesetzes forderten.

Der Ausschuß hielt es im übrigen für erforderlich, Mindestanforderungen auch an **Therapieräume**, die zunehmend an Bedeutung gewinnen, festlegen zu lassen.

2.2 Zur Fassung 1990

– Begründung der BReg zur Neufassung, BT-Drs. 11/5120

Neben redaktionellen Änderungen enthält die Neufassung die Streichung der Ermächtigung, die Zahl der Beschäftigten durch Rechtsverordnung festzulegen.

Langjährige Diskussionen um eine **ausreichende Personalausstattung** in Heimen und die Erfahrungen der Praxis, insbesondere in Heimen mit Pflegebedürftigen, haben immer deutlicher werden lassen, daß die Einführung eines starren, für alle vom Heimgesetz erfaßten Einrichtungen geltenden Mindestpersonalschlüssels den Bedürfnissen und Interessen der Heimbewohner nur sehr bedingt gerecht wird. Es hat sich gezeigt, daß bei der unterschiedlichen Struktur stationärer Einrichtungen der Alten- und Behindertenhilfe und der heterogenen Zusammensetzung ihrer Bewohnerschaft letztlich nur eine flexible Regelung eine hinreichende Betreuung der Bewohner gewährleisten kann. Die unterschiedliche Bedarfslage der einzelnen Bewohner, vor allem Art und Umfang ihrer körperlichen und geistigen Beeinträchtigungen, aber auch die vorhandenen baulichen und technischen Ausstattungen eines Heims bestimmen wesentlich, welche Beschäftigungszahl erforderlich ist. Hinzu kommt, daß eine zufriedenstellende Unterbringung der Heimbewohner im Einzelfall wesentlich von der fachlichen und persönlichen Qualifikation des Personals und nicht allein von dessen Zahl abhängt. Demgegenüber würde die Festschreibung von Mindestschlüsseln in der Praxis regelmäßig den Verzicht auf spezifische Maßstäbe bedeuten. Vor allem dort, wo Sozialleistungsträger einen finanziellen Ausgleich schaffen müßten, würde die Neigung gering sein, im Interesse einer sachgerechten und besseren Pflege von gesetzlich vorgegebenen Mindestvoraussetzungen abzuweichen, insbesondere dann, wenn dies höhere finanzielle Aufwendungen erfordert. Zudem würden – wie die Praxis in gleichgelagerten Fällen immer wieder zeigt – Mindestanforderungen vielfach nicht als untere Grenze des noch Vertretbaren, sondern als Regelanforderung angesehen.

Die Praxis trägt dieser Entwicklung zu einer spezifischen, auf die jeweilige Einrichtung bezogene Personalzumessung bereits weitgehend Rechnung. Es erscheint daher gerechtfertigt, die in der Ermächtigung des § 3 Nr. 2 Heimgesetz vorgesehene Pauschalregelung insoweit aufzugeben, als auf die Festlegung einer Mindestzahl der Beschäftigten verzichtet wird. Damit wird die Bedeutung einer ausreichenden Personalausstattung für das Wohl des Heimbewohners nicht geschmälert. Durch ausdrückliche Aufnahme in die Prüfungsvoraussetzungen des geänderten § 6 Abs. 3 Nr. 3 Heimgesetz ... wird vielmehr unterstrichen, daß ohne eine ausreichende Zahl der Beschäftigten in der jeweiligen Einrichtung ein sachgerechter und ordnungsgemäßer Heimbetrieb nicht zulässig ist.

3   Die Änderung trägt der Tatsache Rechnung, daß es nicht gelang, im BR eine Mehrheit für die angestrebte MindestPersV zu erreichen. (S. BR-Drs 109/77 (Beschluß); BR-Drs. 240/79 v. 14. 5. 79 sowie Beschluß v. 22. 6. 1979; BR-Drs. 298/82 v. 20. 7. 1982 und v. 28. 9. 1982).

4   Sachlich kann der Begründung der BReg nicht gefolgt werden. Die Personalbemessung weist in den Bundesländern, auch bei vergleichbaren Tatbeständen erhebliche Unterschiede auf. Zu den Ursachen s. Einl. RN 6.3; 8; 8.1. In 'Heimaufsicht', Hannover 1989, hat Th. Klie (s. a. ders. RsDE, 3.27 ff) nachgewiesen, daß das Fehlen der PersV die Heimaufsicht erheblich behinderte. S. dazu a. BT-Protokoll v. 15. 3. 1990 und Wortprotokoll der Anhörung des BTA-JFFG v. 15. 11. 1989.

5   Die HeimPersV ist inzwischen verkündet worden. S. dort.

6   Das Fehlen der PersV berührte die Gültigkeit der des HeimG und von § 6 Abs. 3 Nr. 2 und 3 nicht.

7   Die Ermächtigung ist verfassungsgemäß und hinreichend bestimmt. S. RN 11

8   **Mindestanforderungen** entsprechen weder durchschnittlichen noch normalen fachlichen Anforderungen für die Betreuung von Heimbewohnern. Es ist eine unterste Grenze, bei der davon ausgegangen wird, daß es die Interessen und Bedürfnisse der Bewohner schädigt oder mindestens beeinträchtigt, wenn sie unterschritten wird. Mindestanforderungen erleichtern die rasche Durchsetzung von Anordnungen der Heimaufsicht. Aus finanziellen Erwägungen betrachten die Kostenträger sie als Norm. Mit dem HeimG ist das nicht vereinbar. S. RN 2.1 u. 11 und Einl. RN 8. Zur HeimMindBauV s. dort Einl. RN 3.

9   **Höhere Anforderungen** als sie in den MindestVO'en festgelegt sind, können durch die Heimaufsicht gestellt werden. § 6 Abs. 3 Nr. 2 HeimG stellt auf die Besonderheit des einzelnen Heimes ab ("insbesondere"). Die höheren Anforderungen müssen sich jedoch erkennbar aus den besonderen Bedingungen des Heimes ergeben. S. RN 12.

10   Die erlassenen MindestVOen sehen *Ausnahmen* von den Mindestanforderungen (s. z. B: §§ 30, 31 HeimMindBauV) vor. Das wider-

spricht grundsätzlich dem Sinn von Mindestvorschriften, und das begegnet auch hinsichtlich des Schutzzweckes des G und der Verfassungsmäßigkeit erheblichen Bedenken. Der Verordnungsgeber berücksichtigte dabei die tatsächliche Situation: die Daseinsvorsorge durch die Leistungsträger

– ist in den alten Bundesländern nicht erfüllt worden,

– konnte in den neuen Ländern noch nicht erfüllt werden.

Dennoch erscheint es bedenklich, daß ein Notstand – ohne bindende Verpflichtung der Leistungsträger – im Schutzgesetz für Heimbewohner / Bewerber durch Ausnahmeregelungen verwaltet wird.

11   Zu den einzelnen Bestimmungen wird auf die Erl. bei den VO'en verwiesen: HeimMindBauV u. HeimPersV.

12   **Aus der Rechtsprechung:**

– Auch gegen § 3 HeimG und die auf Grund dieser Vorschriften erlassenen Heimmindestbauverordnung bestehen keine verfassungsrechtlichen Bedenken. Art. 80 Abs. 1 Satz 2 GG ist beachtet worden. Die HeimMindBauV ist von der Ermächtigung des § 3 HeimG gedeckt, obwohl sie nur den in § 3 Nr. 1 HeimG aufgeführten Bereich der räumlichen Ausgestaltung betrifft, da der Verordnungsgeber von einer Regelung des in § 3 Nr. 2 HeimG genannten, das Personal betreffenden Aufgabenbereichs bisher abgesehen hat. Aus der Verordnungsermächtigung ist nämlich nicht zu entnehmen, daß beide Bereiche in einer Verordnung zu regeln sind. Hess. VerwGH, Urteil v. 10. 9. 1985, IX OE 45 / 81; NDV 1986. 186.

– Die Heimmindestbauverordnung besitzt im Heimgesetz eine dem verfassungsrechtlichen Bestimmtheitsgebot genügenden Ermächtigung. BVerwG Urteil v. 17. 3. 1989 – 4 C 41. 85 – (RsDE 7. 88)

– Die Einhaltung der Vorschriften der HeimMindBauV schließt darüber hinausgehende Anforderungen an die Räumlichkeiten durch die Heimaufsicht im Einzelfall nicht aus.

Erwägungen, in Pflegezimmern könnten BesucherInnen nur unzureichend beaufsichtigt werden und Fremde könnten die Zimmer unkontrolliert betreten, tragen grundsätzlich keine Forderung der Heimaufsicht nach über Anforderungen der HeimMindBauV hinausgehenden räumlichen Voraussetzungen.

OVG Münster, Urteil v. 28. 1. 1991, 4A 2678/89, zitiert nach AH 3/1992 S. 136.

– § 4 Entwurf einer HeimMindPersV, der sich auf die fachliche Eignung des Leiters einer Einrichtung bezieht, enthält Anforderungen, die als praxisnah und dem Sinn und Zweck des HeimG entsprechend angesehen werden können. Es ist nicht zu beanstanden, wenn sich die Behörde bei der Anwendung des unbestimmten Rechtsbegriffs Eignung an die Merkmale des § 4 Entw. hält.

Bayer. Verwaltungsgericht Regensburg, Beschluß vom 18. Februar 1988 – RO 55 880162.

§ 4 Heimvertrag

(1) Zwischen dem Träger und dem künftigen Bewohner ist ein Heimvertrag abzuschließen.

(2) Der Inhalt des Heimvertrags ist dem Bewohner unter Beifügung einer Ausfertigung des Vertrags schriftlich zu bestätigen. Insbesondere sind die in § 1 Abs. 1 Satz 3 genannten Leistungen des Trägers im einzelnen zu beschreiben und das dafür insgesamt zu entrichtende Entgelt anzugeben.

(3) Das Entgelt darf nicht in einem Mißverhältnis zu den Leistungen des Trägers stehen.

(4) Der Träger hat vor Abschluß des Heimvertrags den Bewerber schriftlich über den Vertragsinhalt, insbesondere über die Leistungen und die Ausstattung des Heims sowie die Rechte und Pflichten der Bewohner, zu informieren.

Erstes Gesetz zur Änderung des Heimgesetzes vom 23. 4. 1990 – GBBl. I S. 758

Artikel 4

Anwendung auf **bestehende Heimverhältnisse**

(1) Heimverhältnisse auf Grund von Verträgen, die vor dem Inkrafttreten des Gesetzes geschlossen worden sind, richten sich von diesem Zeitpunkt an nach dem neuen Recht.

(2) § 14 Abs. 3 Satz 2 ist nicht auf Leistungen auf Grund von Verträgen anzuwenden, die vor dem Inkrafttreten des Gesetzes abgeschlossen worden sind.

(3) § 14 Abs. 4 ist in bezug auf die Verzinsung nicht auf Heimverhältnisse anzuwenden, die vor dem Inkrafttreten des Gesetzes vereinbart worden sind, wenn der Ausschluß der Verzinsung ausdrücklich vereinbart worden ist.

Heimgesetz

1 **Zur geltenden Fassung**

Die Vorschrift wurde durch das 1. ÄG neu gefaßt. Der bisherige S. 1 wurde Abs. 1, ansonsten Neufassung. Die Bestimmungen zum Heimvertrag gelten ab 1. August 1990. Zur **Anwendung auf bestehende Heimverhältnisse** s. oben Art 4.

Zur ev. Änderung durch einen Abs. 5 (s. Anhang; 2 ÄG) sowie einen neuen § 4e s. Anhang (PflegeVG-E).

2 **Aus den Gesetzesmaterialien**

2.1 **Zur Fassung 1974** – Bericht und Antrag BTA (BT-Drs. 7/2068).

Mit ihr soll sichergestellt werden, daß derjenige, der sich um einen Heimplatz bewirbt, durch den obligatorischen Abschluß eines Heimvertrages in seiner rechtlichen Position gestärkt wird ... Zugleich sollen der Vertrag und die Information vor Abschluß des Vertrages dazu beitragen, den Bewerber über alle Bedingungen, insbesondere die Leistungen und Ausstattung des Heimes, in Kenntnis setzen.

2.2 **Zur Fassung 1990** – Begr. der BReg; BR-Drs. 203/89, S. 22 f

§ 4 legte bisher lediglich fest, daß ein Heimvertrag abzuschließen ist. Form und Inhalt des Vertrages bleiben jedoch offen. Dies hat in der Praxis zu erheblichen Schwierigkeiten geführt, deren Auswirkungen in vielen Fällen dem Heimbewohner als dem schwächeren und oft auch abhängigen Vertragspartner in unvertretbarer Weise zum Nachteil gereichten. Insbesondere unter dem Druck, im Falle einer Weigerung seinen Heimplatz zu verlieren, hat er Auffassungen des Heimträgers akzeptiert, die keineswegs immer seinen Interessen entsprachen. Auch die Rechtsprechung konnte diesem sozial- wie rechtspolitisch unbefriedigenden Zustand nicht hinreichend abhelfen. Zwar ist es weitgehend unstreitig, daß es sich bei dem Heimvertrag um einen sog. **gemischten Vertrag** mit miet-, dienst- und kaufvertragsrechtlichen Elementen handelt. Unklar ist indessen geblieben, welche Bestimmungen des bürgerlichen Rechts bei welcher Fallgestaltung anzuwenden sind ...

Mit der Neufassung des § 4 und den Ergänzungsregelungen der §§ 4a bis 4d sollen die wichtigsten Probleme gelöst und Lücken ausgeräumt werden. Dabei wird auf eine umfassende und abschließende gesetzliche **Regelung des Heimvertrages** verzichtet. Vielmehr sollen nur einzelne, sozialpolitisch dringend gebotene Schutzmaßnahmen für Heimbewohner mit zwingenden Normen des Zivilrechts durchgesetzt werden ... Im übrigen finden den zivilrechtliche Vorschriften auch weiterhin Anwendung, soweit nicht das Heimgesetz besondere Bestimmungen enthält. Dies gilt auch für andere die Interessen der Bewohner berührende Normen. So dürfen u.a . Vormünder, gesetzliche Vertreter und

Vormundschaftsrichter in der Ausübung ihrer gesetzlichen Funktion gegenüber den Heimbewohnern nicht beeinträchtigt werden ...

§ 4 bis 4d treffen eine einheitliche Regelung für alle vom Heimgesetz erfaßten Einrichtungen.

Um Unklarheiten und mögliche Streitigkeiten über den Abschluß des Heimvertrages und seinen Inhalt auszuschließen, den Bewohner vor übereilten Bindungen zu schützen und der zuständigen Behörde eine wirksamere Überwachung des Heims zu ermöglichen, ist der Abschluß eines schriftlichen Vertrages anzustreben. Durch die Verpflichtung des Trägers, dem Bewohner eine Ausfertigung des Vertrages auszuhändigen, wird dem Anliegen mittelbar Rechnung getragen. Die **Schriftform** als **Formerfordernis** wird nicht vorgeschrieben, da sie die Unwirksamkeit des Heimvertrages nach § 125 des Bürgerlichen Gesetzbuchs zur Folge haben würde. Ein vertragsloser Zustand würde aber dem Schutzbedürfnis des Heimbewohners nicht gerecht. Auch ein lediglich mündlich geschlossener Heimvertrag ist danach wirksam, sofern nicht andere Gründe seiner Wirksamkeit entgegenstehen. Die Verläßlichkeit und Klarheit eines schriftlichen Vertrages soll dadurch erreicht werden, daß der Heimträger verpflichtet wird, gegebenenfalls eine Ausfertigung und ihre Aushändigung an den Bewohner nachzuholen. Die zuständige Behörde kann hierzu entsprechende Auflagen nach § 12 Heimgesetz machen ...

Die Streichung des bisherigen Satzes 2 stellt klar, daß auch Heimverträge mit öffentlichen Trägern unterschiedslos dem **Zivilrecht** unterstellt werden. Für die Vertragsparteien in Heimen öffentlicher Träger gelten mithin gleiche Rechte und Pflichten wie in Heimverträgen mit anderen Heimträgern.

2.3 **Begründung der BReg** zu Artikel 4 (BT-Drs. 11/5120 S. 19):

– Anwendung auf bestehende Heimverhältnisse –

Artikel 4 regelt die Behandlung von Verträgen, die bereits bei Inkrafttreten des Gesetzes bestanden haben. Entsprechend der Zielsetzung der Novelle ... gilt die Neuregelung auch für bereits bestehende Verträge. Einer besonderen Regelung bedürften die Fälle des § 14 Abs. 3 und 4. Hier werden mit der Novelle neue Pflichten des Heimträgers begründet, die in dieser Form bisher nicht bestanden haben oder zumindest umstritten waren. Eine Verpflichtung zum Ausgleich von Vermögensvorteilen, die dem Heimträger durch die zinslose Überlassung von Finanzierungsbeiträgen des Bewohners oder Bewerbers erwachsen, galt nach dem bisherigen Recht; denn auch der bisherige § 14 Abs. 1 untersagt die Zuwendung von Vermögensvorteilen an den Heimträger, die über das vereinbarte Entgelt hinausgehen. Diese Verpflichtung bleibt auch durch die Neufassung des § 14 Abs. 1 unberührt. Sie wird jedoch inhaltlich insoweit neu gestaltet, als künftig ein Mindestzinssatz von 4 % zu zahlen ist.

3   Zur Notwendigkeit und den Ursachen der Vorschrift s. RN 2.1 u. 2.2. Die Vorschriften über Heimverträge (§§ 4 – 4d) sind Kernstück der Novelle. Sie tragen zur größeren Rechtssicherheit bei. Allerdings darf darüber nicht übersehen werden, daß – durch Ursachen außerhalb des HeimG – die Abhängigkeit der Bewohner (z. B. wegen des Mangels an Pflegeplätzen und der äußerst geringen Kenntnis der Marktchancen) in ihrer Lebenswirklichkeit dadurch allein nicht behoben wird. Zur Heimaufsicht s. §§ 9, 18.

4   Die Pflicht, einen Heimvertrag abzuschließen, beinhaltet für die Heimträger **keinen Kontrahierungszwang,** wie das aus dem Wortlaut geschlossen werden könnte. Sie müssen nicht mit jedem Bewerber einen Vertrag abschließen. Allerdings weist Giese in einem Gutachten darauf hin, daß die Rechtsprechung über die gesetzlich normierten Spezialtatbestände hinaus überall dort zu einer Kontrahierungspflicht gelangt, wo die Ablehnung eines Vertragsabschlusses als sittenwidrig anzusehen ist; z. B. bei lebenswichtigen Dienst- u. Versorgungsleistungen. Die Verpflichtung zum Vertragsabschluß kann ggfs. nur gegenüber dem Heimträger durchgesetzt werden.

5   Der Heimvertrag ist in der Regel schriftlich abzuschließen. Das ergibt sich aus dem Zusammenhang von Abs. 2 S. 1 mit § 6 Abs. 1 S. 3 (Mustervertrag). Die **Schriftform** ist jedoch kein gesetzliches Formerfordernis; auch ein mündlicher Heimvertrag ist gültig. S. dazu RN 2.2. Dies beeinträchtigt allerdings die Absicht des Gesetzgebers, durch §§ 4 – 4d Streitigkeiten über den Vertragsabschluß und den Vertragsinhalt möglichst auszuschließen. (S. a. Korbmacher, RsDE, 13. 45 ff). Ob die mündliche Abmachung ein Heimvertrag oder ein Vorvertrag ist, kommt auf deren Inhalt an. S. RN 6.

6   **Mündliche Abmachungen** werden idR getroffen, wenn eine Eilaufnahme in ein Heim erforderlich ist. Es kann sich bei solchen Abmachungen um einen **Vorvertrag** handeln, wenn Einigung über alle wesentlichen Punkte erreicht wurde; dies dann mit der Konsequenz, daß ein Hauptvertrag abzuschließen ist. (S. dazu Igl in Dahlem / Giese § 4 RN 13 und Palandt, 49. Aufl. Einf. zu § 145 Nr. 4). Der Vertrag muß der mündlichen Abmachung entsprechen. Durch eine spätere Aushändigung einer davon abweichenden Vertragsurkunde gem. dem Mustervertrag kann dieser **nicht einseitig** zur Vertragsgrundlage gemacht werden. So a. Korbmacher a.a.O.

7   Der **Heimvertrag** ist ein **privatrechtlicher Vertrag;** und zwar auch dann,wenn das Heim von einem öffentlich-rechtlichen Träger betrieben wird. (S. RN 2.2). Diese können zwar bei der Leistungsverwal-

tung die von ihnen geschaffenen und unterhaltenen Einrichtungen in der Form des öffentlichen Rechts oder des Privatrechts organisieren, doch berührt diese Rechtsform nicht den Charakter des Heimvertrages als privatrechtlichen Vertrag. (S. dazu ausführlicher Igl in Dahlem / Giese, § 4 RN 5 f). Für die **Erfüllung des Heimvertrages** gelten die zivilrechtlichen Bestimmungen; z. B. auch für die **Betreuungs- und Aufsichtspflicht.** Letztere verpflichtet die Träger u. a. dazu, Vorkehrungen zum Schutz für Dritte, d. s. auch Heimbewohner, zu treffen. Wird diese Pflicht verletzt, so kann das zu Haftungen aus unerlaubter Handlung führen (§ 823 BGB). S. dort und wegen der Aufsichtspflicht § 832 BGB. S. auch RN 19.

8   Ein Heimvertrag wird wegen der verschiedenen Leistungen, die zu erbringen sind, nur selten einem bestimmten **Vertragstypus** (z. B. Miet-, Dienstvertrag) zuzuordnen sein. IdR wird es sich um einen **gemischten Vertrag** handeln. Ob es sich um einen **Typenverschmelzungsvertrag** handelt, bei dem die von einer Vertragspartei zu erbringenden Leistungen untrennbar miteinander verbunden sind, kommt auf die konkrete Vertragsgestaltung an. (S. Igl a.a.O. § 4 RN 6). Bei einem Heimvertrag zur Pflege und Betreuung werden Unterkunft, Verpflegung und Betreuung nicht jeweils getrennt für sich denkbar sein; jedoch besteht eine solch untrennbare Verbindung z. B. nicht ohne weiteres bei Heimverträgen in Wohnheimen. Bei ihnen ist oft das Kennzeichnende, daß Verpflegung und Betreuung zunächst nur bereitgehalten werden, abgerufen und wieder abbestellt werden können. Zur Heranziehung des jeweilig einschlägigen Vertragsrecht bei Streitigkeiten s. Igl a.a.O. sowie Klie, Anmerkungen z. Urt. OLG Karlsruhe v. 22. 1. 1986 – 9 U 159. 83 RsDE 3. 99 ff.

9   Die Vorschriften des HeimG (§§ 4 – 4d) beschränken die **Vertragsfreiheit** zugunsten der Heimbewohner, lassen diese aber darüber hinaus unberührt. S. aber § 4d RN 2. Das gilt z. B. auch für die **Gültigkeit** und die **Auflösungsmöglichkeiten** des Heimvertrages. Sie richten sich für alle nach den Grundsätzen des bürgerlichen Vertragsrechtes, z. B. für Willenserklärungen, Einigungsmängel, Nichtigkeit und Unwirksamkeit, Anfechtbarkeit und Rücktritt; Willensmängel, Irrtum, arglistige Täuschung, Drohung u. a. Es wird verwiesen auf die §§ 104 – 142 BGB.

Die Auflösung des Heimvertrages durch den Träger kann durch eine **behördliche Maßnahme** erforderlich werden; z. B. Rücknahme oder Widerruf der Genehmigung. Untersagung des Heimbetriebs. Die Abwicklung des Heimvertrages richtet sich dann nach den Bestimmungen des BGB über die Unmöglichkeit der Leistung insb. § 325 BGB. (s. dazu auch § 15 RN 9 u. 10.

Die Mitwirkung des Heimbeirat beeinflußt die Pflicht zur Vertragserfüllung nicht. S. a. § 2 RN 2 HeimmitwV.

10 **Heimvertrag und Allgemeine Geschäftsbedingungen**

In der Regel werden Heimverträge nach vorformulierten Vertragsbedingungen abgeschlossen. Das HeimG geht davon auch aus. (§ 6 ABs. 1 S. 2 – Musterverträge –) Es handelt sich dann um Allgemeine Geschäftsbedingungen (AGB), die nach dem AGB-Ges. v. 9. 12. 1976, BGBl. I. 3317 zu beurteilen sind. Das AGBG enthält Regelungen, die der einseitigen Vertragsmacht der Verwender von AGB – hier also der Heimträger – Grenzen setzen (z. B. durch § 5 – Klarheit –, §§ 8-11 – Inhaltskontrolle / verbotene Klauseln, §§ 13, 14 Möglichkeit zu Verbandsklagen – auch durch Verbraucherverbände). Klauseln, die dem Träger das Recht zugestehen sollen, einseitig den Inhalt des Heimvertrages zu ändern, sind gemäß § 9 AGBG unwirksam. Beispiele für unwirksame Klauseln: s. RN 20

11 Die **Heimordnung** ist idR Bestandteil des Heimvertrages. Sie muß dem Schutzzweck des HeimG entsprechen. Anders kann die Anordnung in § 7 Abs. 1 S. 2 nicht verstanden werden. Ein einseitiges Dispositionsrecht des Trägers besteht insoweit nicht. Als Grundsatz gilt, daß eine einseitige Änderung nicht möglich ist, da sie einen Bestandteil des Vertrages bildet (s. RN 19). So a. Igl in Dahlem / Giese § 4 RN 9 ff. Zur ev. Mitwirkung der Bewohner bei Änderungen der Heimordnung s. § 26 HeimmitwV.

12 Abs. 2 verpflichtet den Träger, seine Leistungen im einzelnen zu beschreiben. Das ist in Zusammenhang mit seiner schriftl. Informationspflicht nach Abs. 4 zu sehen. Die detaillierte Leistungsbeschreibung der Unterbringung (§ 1) für Unterkunft, Verpflegung und Betreuung hat sich auch auf zunächst nur vorgehaltene Leistungen zu beziehen; z. B. wie ihre Erbringung gesichert ist, wie sie abgerufen werden können, usw. Das trägt zur Vertragsklarheit bei. Das zu **entrichtende Entgelt** muß dagegen nur insgesamt angegeben werden. Im GE der BReg (BT-Drs. 11/5120) war noch eine Aufteilung des Entgelts "für die wichtigsten Leistungsgruppen, nämlich Unterkunft, Verpflegung und Betreuung" (a.a.O. S. 11) vorgesehen, doch wurde dieser – nach dem Schutzgedanken sinnvolle und auch praktikable – Teil des E infolge der Beschlußempfehlung des BTA – JFFG (BT-Drs. 11/6622) gestrichen. Dadurch geht viel an Vertragsklarheit verloren. Im Streitfall müssen u. U. die Entgeltanteile durch das Gericht bestimmt werden.

13 Zwischen Entgelt und Leistung darf kein **Mißverhältnis** bestehen. **Entgelt** ist alles, was für irgendwelche Leistungen des Heimes erbracht wird. Wegen Geld oder geldwerten Leistungen s. a. RN 13 zu § 1. Abs. 3 ist eine Vorschrift, um Bewohner gegen eine Übervorteilung zu schützen (Bewohnerschutz). Sie reicht weiter als § 138 Abs. 2 BGB. (S. a. BT-Drs. 11/5120, S. 12, Nr. 5.) Es wird weder eine Ausnutzung der Zwangslage usw, noch ein **erhebliches** Mißverhältnis gefordert. (BGH, Urt. v. 9. 2. 1990, VZR 139. 88, RsDE, S. 61 ff).

Es genügt, daß zwischen Entgelt und Leistung ein Mißverhältnis besteht.

Die Vorschrift ermöglicht eine **staatliche Kontrolle** des Entgeltes, ist jedoch keine Ermächtigung für eine **Preisfestsetzung** etwa durch die Aufsichtsbehörde. Sie darf nicht als Mittel zur Kostensteuerung oder Kostensenkung im Interesse der Sozialleistungsträger angewendet werden. Die Heimaufsichtsbehörde hat jeden Preis, der kein Mißverhältnis zur Leistung ist, hinzunehmen. Die Höhe des Entgelts kann für Selbstzahler und für Bewohner, deren Kosten die Sozialhilfe trägt, unterschiedlich sein (s. OVG Lüneburg, Urt. v. 5. 10. 1987 – A9/87; Hamburger Heimspiegel S. 9,. S. a. RN 19 letztes BGH v. 7. 7. 92. Wegen des Verhältnisses zu den Pflegesatzvereinbarungen s. RN 15 und Einl. RN 8; wegen der **Mißbrauchsaufsicht** Igl in Dahlem / Giese, § 4 RN 14.5).

14   Die Prüfung, ob ein Mißverhältnis vorliegt, hat anhand von üblichen **Marktpreisen** zu erfolgen; ein Vergleich aufgrund von Selbstkosten erscheint nicht möglich. (S. dazu die Gegenäußerung der BReg zur Stellungnahme des BR – BT-Drs. 11/5120, S. 24 – sowie Igl i. Dahlem / Giese, § 4 RN 14.3 u. E. Schmidt, Kapitaldienst im Vergleich, AH 1992. 605).

Strittig ist, ob sich der **Vergleich der Entgelte** auf Leistungen von Heimen mit gleicher Trägerform beschränken muß. Die Preisgestaltung der öffentlich-rechtlichen Träger und (meist auch) der Freien Wohlfahrtspflege unterliegen nur sehr eingeschränkt den Gesetzen des Marktes (z. B. wegen der Zuschüsse für Investitionen, Verlagerung von Verwaltungskosten u. a.), denen gewerbliche Träger unterworfen sind. Das OVG Lüneburg hat im Urt. v. 5. 10. 1987 – 9A 9/87 (NJW 1988. 1341; RsDE Heft 3. 103) ausgeführt, daß zunächst das "wettbewerbsanaloge" Entgelt festzustellen ist und erst danach die Prüfung, ob ein Mißverhältnis zwischen Entgelt und Leistung besteht, zu erfolgen hat. Demnach ist es unzulässig, die Kostensätze nach der Pflegesatzvereinbarung ohne weiteres als verkehrsübliches Entgelt anzusehen. Folglich dürfen nur Entgelte und Leistungen der Heime verglichen werden, die gleichen Bedingungen der Preisgestaltung unterliegen. (S. a. Igl in Dahlem / Giese, § 4 RN 14.3 S. 13). Andererseits wirkt sich in der Praxis die Preisgestaltung durch die Pflegesatzvereinbarungen indirekt stark aus. (S. RN 15 und Gitter / Schmidt, § 6 Nr. 6). S. a. E. Schmidt, Kapitaldienst im Vergleich, AH 11/1992, S. 605 ff.

15   Strittig erscheint die Frage, ob im Heimvertrag das Entgelt nach dem Pflegesatz der Pflegesatzvereinbarung festgesetzt werden kann. Igl in Dahlem / Giese § 4 RN 13.1 hält das für zulässig, weil weder eine Bestimmung der Leistung durch Dritte (§ 317 BGB) noch eine Bestimmung durch eine Partei (§ 315 BGB) vorliege, vielmehr bestimmten die Vertragsparteien die Leistungen selbst; lediglich die

Berechnung und die Höhe der Leistung werde in Ansehung der Pflegesatzvereinbarung vorgenommen. Formal erscheint das richtig. Dennoch bleibt ein Widerspruch zum Zweck des Gesetzes. S. dazu § 2 RN 3, 7, 8.8 sowie Einl. RN 6.3 u. 8. Öffentlich-rechtliche Träger und Verbände der Freien Wohlfahrtspflege sind über ihre Organe Teile der Pflegesatzkommissionen, die nach fiskalischen Gesichtspunkten und nach Zweckmäßigkeit die Bestimmungen der Pflegesatzvereinbarung (PflSVbg) festsetzen. Diese sind in den Ländern sehr unterschiedlich. Das bewirkt, daß bei vergleichbarer Pflegebedürftigkeit in Ländern unterschiedliche Pflegestufen angewendet werden; d. h. auch unterschiedliche Tagessätze zu zahlen sind. Das kann nicht im Interesse der Bewohner liegen. Die in den PflSVen angestellten Erwägungen stehen teilweise im Widerspruch zum Text des HeimG, z. B. bei der Personalzumessung. S. dazu VGH Mannheim, Beschl. 14. 2. 1989 – 10 S 2605. 88; RsDE 14.94 ff sowie O. Dahlem in RsDE 15. Auch enthält das HeimG für die Erhöhung des Entgelts (§ 4c) eine eigene Vorschrift, die wegen § 4d auch nicht vertraglich geändert werden kann.

PflSVen schützen die Interessen der Kostenträger und der Verbände. Das darf nach dem HeimG nicht der maßgebliche Bestandteil des Heimvertrages sein. Denn der muß stets die Interessen und Bedürfnisse der Bewohner / Bewerber schützen und vor Beeinträchtigungen bewahren. Andernfalls muß die zuständige Behörde handeln: indem sie keine Erlaubnis nach § 6 HeimG erteilt; bzw. – wenn Auflagen und Anordnungen keinen Erfolg haben – gem. § 16 den Heimbetrieb untersagt. Die Tatsache, daß sich das Entgelt in den allermeisten Heimverträgen nach PflVbg'en richtet, vermag diese Beurteilung nicht zu ändern. Daß Kostenträger und Heimaufsicht vielfältig verflochten sind, verstärkt die Bedenken noch. Urteile, ob solche Vertragsklauseln unter das AGBG fallen, und ob sie ggfs. mit ihm vereinbar sind, wurden nicht bekannt. Zur Rechtsnatur einer PflSVbg s. u. a. RsDE 13 (1991) S. 87 f m. weiteren Nachw.

16   Die Frage, ob ein Mißverhältnis besteht, ergibt sich auch bei den sog. **Pflegeumlagen** bzw. **einrichtungsinternen Pflegeversicherungen,** bei denen die Bewohner im Pflegefall ganz oder teilweise von höheren Kosten verschont werden sollen. Mit Dahlem / Giese (RN 14.4 zu § 2, 13. Lieferg.) wird die Ansicht vertreten, daß solche Pflegeumlagen ein Mißverhältnis zwischen Leistung und Entgelt darstellen, wenn sie nicht versicherungsmathematisch kalkuliert und getrennt verwaltet werden. S. dazu die a. A. von Igl, der die "heimvertraglichen Pflegefallregelungen grundsätzlich zulässig" findet (RsDE 3.21).

17   Nur die **erforderlichen Kosten** können in das Entgelt aufgenommen werden. Es sind Leistungen anderer Kostenträger vom Heimträger in Anspruch zu nehmen. Das gilt z. B. für **Hilfsmittel** i. S. von SGB V

§ 33, die u. U. von der GKV zu zahlen sind. (S. Klie, AH, 5/1992. 270 ff). Zu den Kosten der Reinigung von Wäsche und Oberbekleidung s. AH 8/1992, S. 404 – Pflegesatzkomm. –.

18   Abs. 4 normiert eine umfassende **Informationspflicht** des Trägers, die **schriftlich** und **vor Abschluß des Heimvertrages** zu erfüllen ist. Zu informieren ist mindestens über die Leistungen – die Ausstattung – die Rechte und Pflichten der Bewohner. Diese Aufzählung ist nicht abschließend. Es sind alle zur Beurteilung des Vertrages erforderlichen Angaben zu machen, z. B. auch über Anpassungsleistungen. Es reicht dazu nicht aus, die Heim- und / oder Benutzungsordnung anläßlich des Vertragsabschlusses zu überreichen. Denn der Zweck der Vorschrift ist, dem Bewerber die Möglichkeit zu geben, den Vertrag und dessen Bedingungen möglichst unbeeinflußt **und** in Kenntnis aller wesentlichen Umstände (z. B. auch der des Umfeldes und dessen zu erwartenden Veränderungen) verständig zu würdigen. (Präventiver, individueller Schutz). Deshalb gehört z. B. zu der vorgeschriebenen Information auch die Mitteilung über beabsichtigte oder beschlossene Stadtplanungen, die das Leben im Heim betreffen können – etwa durch Lärm, Immissionen, Verkehrsveränderungen usw.

Ein **Verstoß gegen die Bestimmung** des Abs. 4 bedeutet keinen Formmangel i. S. von § 125 BGB, der zur Nichtigkeit des Heimvertrages führen würde. Jedoch kann eine Anfechtung des Vertrages nach § 119 BGB in Frage kommen. Zu den Rechtsfolgen eines Verstoßes s. im übrigen Dahlem / Giese § 4 RN 16.

19   **Der Einigungsvertrag** (s. Einl. RN 2.1) fingiert für die Heimverhältnisse, die beim Wirksamwerden des Beitritts bestehen, ein solches Vertragsverhältnis, das sich vom 3. Oktober 1990 an nach dem HeimG richtet. Es kann strittig sein, ob das juristisch unbedenklich ist. Es scheint jedoch bei der gegebenen Situation keine andere – praktisch zu vollziehende – Regelung zu geben. Daraus ist zu folgern, daß für die Bewohner, die am 3. 10. 1990 Heimbewohner waren, kein Heimvertrag im nachhinein abgeschlossen werden muß. Der Inhalt des Betreuungsverhältnisses und die Bedingungen sind jedoch dem Bewohner, entsprechend § 4 Abs. 2, schriftlich mitzuteilen, denn er hat in gleichem Maße, wie alle Bewohner außerhalb der ehem. DDR, ein Interesse und einen Anspruch auf Klarheit über seine Heimbetreuung.

20   **Aus der Rechtsprechung**

    –   Kann der Träger die vertraglichen Betreuungsleistungen zeitweise nicht erfüllen (z. B. wegen **Personalmangels**), so stellt das eine Vertragsverletzung dar, die Schadensersatzforderungen nach sich ziehen kann. AG Frankfurt / Main Urt. v. 12. 7. 1991 – 32 C 1485/48; RsDE 17. 111 ff – Entschieden wurde ein Fall in einem Kindergarten; der Grundtenor der Entscheidung dürfte auf Heimbetreuung analog anwendbar sein.

–   Das Risiko, daß das erforderliche Personal auf dem Arbeitsmarkt nicht verfügbar ist, geht zu Lasten des Betreibers und ist kein Kriterium für die Erstellung von **Personal**schlüsseln.

VGH Mannheim, Beschl. v. 14. 2. 1989 – 10S 2605. 88; RsDE 14. 94 ff.

–   Stürzt ein Patient im Krankenhaus bei einer Bewegungs- und Transportmaßnahme der ihn betreuenden Krankenschwester aus unerklärlichen Gründen, so ist es Sache des Krankenhausträgers, aufzuzeigen und nachzuweisen, daß der Vorfall nicht auf einem **pflichtwidrigen Verhalten** der Pflegekraft beruht.

"Ebenso, wie es in einem Krankenhaus nicht vorkommen darf, daß ein Desinfektionsmittel durch einen 'unglücklichen Zufall' verunreinigt wird (Senat, NJW 1978, 1683 = LM § 823 (Eh) BGB Nr. 37), so darf es auch nicht geschehen, daß ein Patient bei einer Pflegemaßnahme seitens der ihn betreuenden Krankenschwester aus nicht zu klärenden Gründen zu Fall kommt." BGH Urt. v. 18. 12. 1990 – VIZR 169/90; Altenpflege 9/1991 s. 546 ff

–   Die Entscheidung dürfte analog für die Betreuung in einem Heim gelten und verdeutlicht auch das Erfordernis einer Pflegedokumentation.

–   Pflegekräfte haben Patienten / Patientinnen auf besondere Kippgefahren von Duschstühlen hinzuweisen. BGH, Urt. v. 25. 6. 1991 – VI ZR 320/90 – Tenor in AH 2/1992, S. 72. – Das Urteil erinnert an die hohe **Sorgfaltspflicht** in der Pflege. S. dazu Klie AH 8/1992 S. 371 (Pflegefehler?)

–   Zu AGBG

Als unangemessene **Benachteiligung im Sinne von § 9 AGBG** sind folgende Klauseln in Allgemeinen Geschäftsbedingungen für Heimverträge zu werten:

a) Der Heimbewohner ist damit einverstanden, daß er bei Bedarf auf ärztliche Verordnung in ein Krankenhaus überwiesen wird.

b) Bei Pflegebedürftigkeit ist der Heimbewohner mit einer Verlegung auf die dem Heim angeschlossene Pflegestation einverstanden.

LG Düsseldorf, Urteil vom 22. August 1990 – 12 0 132. 90

(Zur Wirksamkeit von Allgemeinen Geschäftsbedingungen in Heimverträgen s. auch BGH, RsDE Heft 7/1989, S. 75 und LG Lübeck, RsDE Heft 6/1989, S. 95 mit Anmerkung *Klie*).

–   Aus LG Dortmund, Urt. v. 25. Juni 1987, – 80114/87 Kart.:

(...)

Die **Heimordnung** in der jeweils gültigen Fassung ist Bestandteil dieses Vertrages.

In einem Urteil des LG Dortmund (80249/87) werden auch Hinweise für eine den Vorschriften des **AGBG** entsprechende Gestaltung gegeben: (zitiert nach Dahlem / Giese 13. Lieferg. § 4/6f zu § 7 WoGV).

Gerügte Regelung:

> Die Aufrechnung anderer Forderungen gegen das Leistungsentgelt ist ausgeschlossen.

Vorgeschlagene Fassung:

> Die Aufrechnung anderer Forderungen gegen das Leistungsentgelt ist ausgeschlossen, sofern die Forderung nicht unbestritten oder rechtskräftig festgestellt ist.

Gerügte Regelung:

> Bewohner und Träger haften einander im Rahmen dieses Vertrages nur bei Vorsatz und grober Fahrlässigkeit.

Vorgeschlagene Fassung:

> Für Sachschäden haften Heimbewohner und Heim einander im Rahmen dieses Vertrages nur bei Vorsatz und grober Fahrlässigkeit.

Für Personenschäden gelten die gesetzlichen Bestimmungen.

Gerügte Regelung:

> Für Wertsachen oder Wertpapiere wird nur dann gehaftet, wenn sie der Verwaltung der Einrichtung zur besonderen Aufbewahrung gegen Quittung übergeben worden sind.

Vorgeschlagene Fassung:

> Bewohner wird auf die großen Risiken bei Einbringung von Wertsachen und Wertpapieren hingewiesen. Auch für Schäden und Verluste an derartigen Gegenständen haftet das Heim nur bei Vorsatz und grober Fahrlässigkeit. Werden derartige Gegenstände gegen Quittung der Heimleitung zur besonderen Aufbewahrung übergeben, haftet das Heim auch bei leichter Fahrlässigkeit. Die Heimleitung kann jedoch die Annahme zur Aufbewahrung ablehnen, wenn diese nach Umfang oder Höhe des Haftungsrisikos das übliche Maß überschreitet. (...)

zu § 7 WoGV

1. Sozialhilfeleistungen, die für die Heimunterbringung als Hilfe in besonderen Lebenslagen gewährt werden, sind einschließlich des Taschengeldes, jedoch abzüglich der zur Deckung der Kosten von Sonderleistungen sowie der als Unterkunftskosten bestimmten Teile eines Tagespflegesatzes bei der Ermittlung des für die Bemessung des **Wohngeldes** maßgebenden Jahreseinkommens zu berücksichtigen

(im Anschluß an ein Urteil vom 4. Juli 1979 – BVerwG 8 C 60.78 – Buchholz 454.71 § 10 II. WoGG Nr. 4 S. 2).

2. Für die Beantwortung der Frage, welcher Anteil eines Heimatpflegesatzes zur Deckung der Kosten für Sonderleistungen und welcher zur Deckung der Kosten für allgemeine Heimleistungen (laufende Leistungen für den Lebensunterhalt) bestimmt ist, gibt § 7 Abs. 1 WoGV nichts her.

3. § 7 Abs. 1 Satz 1 WoGV darf im Rahmen des § 14 Abs. 1 Nr. 18 WoGG herangezogen werden, um aus dem Anteil eines Tagespflegesatzes, der der Deckung der Kosten für die laufenden Leistungen des Lebensunterhalts dient, die Kosten für die Unterkunft herauszurechnen.

(BVerwG v. 12. 2. 1988, – 8 C 101/86 –, NVwZ 1988, S. 625 = DVBl. 1988, S. 751 = ZMR 1988, S. 315 = NJW 1988, S. 2058 = FEVS 37, 353).

– Die Heimaufsichtsbehörde kann gemäß § 36 Abs. 1 VwVfG einer Heimerlaubnis anstelle ihrer Versagung eine Nebenbestimmung beifügen, um sicherzustellen, daß die gesetzlichen Voraussetzungen der Erlaubnis erfüllt werden.

Das Verbot eines **Mißverhältnisses** zwischen Leistung und Entgelt rechtfertigt **keine staatliche Festsetzung** der Entgelte, sondern nur eine staatliche Aufsicht darüber, daß der Heimträger Einschränkungen eines funktionsfähigen Marktes bzw. Verzerrungen des Wettbewerbs nicht zu Lasten der Heimbewohner ausnutzt.

Die zwischen den Sozialhilfeträgern und den Trägern von Alten- und Pflegeheimen vereinbarten **Kostensätze** stellen nicht ohne weiteres das verkehrsübliche Entgelt für einen Heimplatz dar.

Nicht jede Überschreitung des verkehrsüblichen Entgelts führt zu einem Mißverhältnis zwischen Leistung und Entgelt, das ein Eingreifen der Heimaufsicht rechtfertigt.

Das Verlangen der Sozialhilfeträger nach einer Bindung des Entgelts der Selbstzahler an die Pflegesätze der Sozialhilfeempfänger findet im Heimgesetz keine Stütze und stellt einen schwerwiegenden Eingriff in die Privatautonomie dar.

OVG Lüneburg, Urteil vom 5. Oktober 1987 – 9 OVG A 9.87 – RsDE 3. 103 s. nachstehend a. BGH.

Der **BGH** hat mit Urteil vom 7. 7. 1992, AZKRZ 15/91, NJW 93. 789 zu Fragen der Pflegesatzvereinbarung u. a. entschieden (Formulierung d. Verf.):

– Gegen die Klausel in einer Pflegesatzvereinbarung, die die Preisgestaltung privater Heimträger auch bei Selbstzahlern an die Sätze der Träger der Sozialhilfe bindet, ist Unterlassungsklage bei den ordentlichen Gerichten zulässig;

– die Verwendung dieser Klausel ist kartellrechtlich unzulässig. (S. dazu auch Klie, AH 7/93. 546).

§ 4a Anpassungspflicht des Trägers

Der Träger hat seine Leistungen, soweit ihm dies möglich ist, einem verbesserten oder verschlechterten Gesundheitszustand des Bewohners anzupassen und die hierzu erforderlichen Änderungen des Heimvertrags anzubieten. Im Heimvertrag kann vereinbart werden, daß der Träger das Entgelt durch einseitige Erklärung in angemessenem Umfang entsprechend den angepaßten Leistungen zu senken verpflichtet ist und erhöhen darf.

1 **Zur geltenden Fassung:**

Die Vorschrift wurde durch das 1. ÄG neu eingefügt. Satz 2 entspricht der Stellungnahme des BRates (BT-Drs 11/5120, S. 21).

Änderung ist vorgesehen durch PflegeVG-E bezügl. S. 2; s. Einl. RN 12 u. Anhang.

2 **Aus den Gesetzesmaterialien**

2.1 Begründung der BReg – BT-Drs. 11/5120, S. 12 –

Der **Gesundheitszustand** des Bewohners wird während seines Heimaufenthaltes häufig Veränderungen unterliegen. Um eine sachgerechte Unterbringung für die Gesamtdauer des Heimaufenthaltes zu gewährleisten, sieht die Regelung eine Pflicht des Heimträgers zur Anpassung seiner Leistungen an die jeweilige Bedarfslage des Bewohners bei einer Verschlechterung oder Verbesserung seines Gesundheitszustandes vor. Diese Pflicht folgt aus der mit der Aufnahme in das Heim begründeten besonderen **Obhutspflicht** des Heimträgers, zu der insbesondere gehört, dem Bewohner diejenige Unterbringung zu gewähren, die er in Ansehung seiner jeweiligen körperlichen und geistigen Verfassung braucht. Sie umfaßt insoweit eine regelmäßige Beobachtung des Gesundheitszustandes des Bewohners und der danach erforderlichen Maßnahmen. Der Träger kann sich deshalb nicht auf solche Leistungen beschränken, die bei Aufnahme des Bewohners aufgrund des zu diesem Zeitpunkt bestehenden Gesundheitszustandes vereinbart worden waren.

Die Regelung betrifft sowohl eine Verschlechterung als auch eine Verbesserung des Gesundheitszustandes des Heimbewohners und erfaßt alle Phasen und Formen der Heimunterbringung. Sie gilt auch für die Fälle, in denen ein Pflegeplatz (Pflegeheim, Pflegeabteilung) für den Bewohner nicht mehr erforderlich ist ... Darin liegt einmal die Beachtung des gerade für die **Rehabilitation** des älteren Bewohners unverzichtbaren Gebots einer möglichst optimalen Nutzung seiner noch vorhandenen körperlichen und geistigen Fähigkeiten.

Die **Anpassungspflicht** des Heimträgers kann jedoch nicht unbegrenzt sein. Sie entfällt dort, wo dem Heimträger eine Anpassung nicht mehr möglich ist. Dies gilt insbesondere in den Fällen, in denen die Ausgestaltung des Heimes eine anderweitige sachgerechte Unterbringung des Bewohners nicht zuläßt oder der Bewohner eine Vertragsänderung ablehnt, die den für ihn erforderlichen Leistungen entspricht.

2.2 Begründung des BR zur Einfügung v. S. 2 s. RN 1.

Durch diese Regelung wird dafür Sorge getragen, daß der Träger aufgrund der erfolgten Leistungsanpassung bis zur vorgesehenen Vertragsanpassung (nur) das dem veränderten Leistungsumfang entsprechende Entgelt fordern kann. Diese Regelung trägt zur Rechtssicherheit bei. Sollten sich die Parteien über die nach § 4a vorgesehene Vertragsänderung nicht einigen oder sollte Uneinigkeit darüber bestehen, ob eine den Leistungsumfang beeinflussende Veränderung des Gesundheitszustandes eingetreten ist, so bleibt es dem jeweiligen Vertragteil unbenommen, hierüber eine gerichtliche Klärung herbeizuführen.

Nach der bisher vorgesehenen Fassung wäre bei erhöhtem Leistungsumfang der Träger bis zum Abschluß eines Änderungsvertrages zur Vorleistung verpflichtet, was letztendlich den Träger schon aus wirtschaftlichen Gründen zu einer Kündigung des Heimvertrages veranlassen könnte. Entsprechend wäre bei verringertem Leistungsumfang der Bewohner vorläufig zur Leistung eines überhöhten Entgelts verpflichtet.

Keine der Vertragsparteien kann dabei einseitig eine Rückwirkung der Vertragsänderung auf den Zeitpunkt der Leistungsanpassung bewirken. Insbesondere findet § 4c Abs. 2 keine Anwendung, da die dort vorgesehene einseitige Erhöhung des Entgelts nur bei unverändertem Leistungsumfang vorgesehen ist. Die vorgeschlagene Ergänzung entspricht somit sowohl dem berechtigten Interesse des Trägers als auch dem besonderen Schutzbedürfnis des Bewohners.

3 Der Heimvertrag ist ein längerfristiges Schuldverhältnis. Deshalb besteht ein Erfordernis vertraglicher Anpassungen bei Veränderung der Verhältnisse (s. RN 2.1). Die Regelung hat die Vertragsanpassung bei Wegfall der Geschäftsgrundlage zum Vorbild.

4 **Voraussetzung** ist stets die Veränderung des Gesundheitszustandes des Bewohners. S. RN 2.1 u. 2.2 § 4a betrifft zwei unterschiedliche Regelungen:

Satz 1 enthält die **Verpflichtung des Trägers**

– seine Leistungen dem Gesundheitszustand des Bewohners anzupassen und

– hierzu die erforderliche Vertragsänderung anzubieten.

Satz 2 **ermöglicht** es, durch eine Regelung im Heimvertrag, die Anpassung des Entgelts durch einseitige Erklärung des Trägers zuzulassen. Satz 2 betrifft nur die Änderungen des Entgelts auf Grund des veränderten Gesundheitszustandes.

Die **Verpflichtung** tritt sowohl bei einer Verbesserung (z. B. infolge von Reha- oder Betreuungsmaßnahmen) als auch bei Verschlechterung des Gesundheitszustandes ein. Sie betrifft alle Teilbereiche der Unterbringung (§ 1 Abs. 1 S. 3). Der Träger kann wegen des veränderten Gesundheitszustandes des Bewohners z. B. verpflichtet sein, ihn statt wie bisher im Zweibett- nun in einem Einbettzimmer zu betreuen, Therapien ärztl. Anordnung abzusetzen und andere neu zu beginnen, Schonkosten oder Diäten anzubieten usw. Sind deshalb Änderungen des Heimvertrages erforderlich, so hat er sie anzubieten (s, dazu auch RN 2.1 und 4 u. 6).

6   Die Anpassungspflicht gilt **nicht unbegrenzt.** Was dem Träger "möglich ist", wird sich einerseits nach dem Charakter des Heimes und seiner Ausstattung zu richten haben und andererseits nach dem Betreuungsbedarf des Bewohners. An die Anpassungspflicht der Träger sind hohe Anforderungen zu stellen. Jeder Träger kennt das Eintrittsalter und den Betreuungsbedarf des Bewerbers / Bewohners. Er kann den zukünftigen Betreuungsbedarf grundsätzlich abschätzen, und er muß Vorkehrungen treffen, damit er ihn möglichst in seinem Heim erfüllen kann. Dazu wird ihm u. U. auch zuzumuten sein, Leistungsangebote von außerhalb (z. B. Therapien) in Anspruch zu nehmen. Denn jeder Umzug in ein anderes Heim ist für Bewohner mit großen Gefahren und Belastungen verbunden. Zum Zweck des G s. § 2 RN 2 u. 7 ff; s. a. § 6 Abs. 3 Nr. 2 und 3. Wegen des Kündigungsrechts wird auf § 4 b Abs. 3 Nr. 2 verwiesen.

7   Satz 2 erleichtert den Trägern die Praxis. Voraussetzungen für eine einseitige **angemessene Entgelterhöhung** sind,

–   daß der Bewohner der Leistungsanpassung zugestimmt hat **und**

–   daß das Recht des Trägers zur Entgelterhöhung im Heimvertrag vereinbart wurde.

Sind diese Voraussetzungen nicht erfüllt, und verweigert der Bewohner seine Zustimmung zur Erhöhung, ergibt sich daraus kein Kündigungsrecht gem. § 4b Abs. 2 Nr. 3. Weiterführend z. Pflichten und Rechten des Trägers Igl in Dahlem / Giese, § 4a RN 4.

8   Das Gesetz regelt zwei wesentliche Fragen nicht:

–   die Feststellung über die Veränderung des Gesundheitszustandes sowie

–   das Verfahren über die Leistungsanpassung.

Um einen Streit zu vermeiden, erscheint es daher sinnvoll (oder erforderlich) im Heimvertrag die o. a. Feststellung (z. B. ärztl. Gutachten durch jeden Vertragspartner) und die Vorgehensweise zu regeln.

9   Der Hinweis des Bundesrates auf die **Klagemöglichkeit** ist, soweit
es die Bewohner betrifft, **wirklichkeitsfremd**. Das Angebot an
Heimplätzen deckt – vereinzelte Regionen ausgenommen – längst
nicht den Bedarf. Die Abhängigkeiten der Bewohner vom Träger /
Leiter sind allgemein bekannt. Kaum ein Bewohner kann, unter solchen Bedingungen, auf erweiterte Leistungen des Trägers klagen,
wenn sich sein Gesundheitszustand verschlechtert hat (zumal die
sofortige Kündigung drohen könnte n. § 4b Abs. 3 Nr. 2i. Verb. m.
Abs. 6). Keiner, der in dem Heim weiter leben möchte, wird wegen
Verbesserung seines Gesundheitszustandes auf Verminderung des
Entgelts klagen. S. 2 dient nicht den Interessen der Bewohner, son-
dern den Interessen der Träger. Die Bundesregierung begründet ihre
Zustimmung: "Diese Formulierung dient der Klarstellung des
Gewollten," (BT-Drs. 11/5120 S. 24). Bei dem Mangel an Heimplät-
zen ist zu erwarten, daß in allen Heimverträgen eine Bestimmung
gem. S. 2 aufgenommen werden wird. Hinsichtlich der Allgemeinen
Geschäftsbedingungen s. RN 10 zu § 4.

§ 4b Vertragsdauer

(1) Der Heimvertrag wird auf unbestimmte Zeit geschlossen,
soweit nicht im Einzelfall eine nur vorübergehende Aufnahme des
Bewohners beabsichtigt ist.

(2) Der Bewohner kann den Heimvertrag spätestens am dritten
Werktag eines Kalendermonats für den Ablauf des nächsten Monats
schriftlich kündigen. Er kann aus wichtigem Grund ohne Einhaltung
einer Kündigungsfrist kündigen, wenn ihm die Fortsetzung des
Heimvertrags bis zum Ablauf der Kündigungsfrist nicht zuzumuten
ist.

(3) Der Träger eines Heims kann den Heimvertrag nur aus wichtigem Grund kündigen. Ein wichtiger Grund liegt insbesondere vor,
wenn

1. der Betrieb des Heims eingestellt, wesentlich eingeschränkt oder
in seiner Art verändert wird und die Fortsetzung des Heimvertrags
für den Träger eine Härte bedeuten würde,

2. der Gesundheitszustand des Bewohners sich so verändert hat,
daß seine sachgerechte Betreuung in dem Heim nicht mehr möglich ist,

3. der Bewohner seine vertraglichen Pflichten schuldhaft so gröblich verletzt, daß dem Träger die Fortsetzung des Vertrags nicht
mehr zugemutet werden kann oder

4. der Bewohner

   a) für zwei aufeinanderfolgende Termine mit der Entrichtung des Entgelts oder eines Teils des Entgelts, der das Entgelt für einen Monat übersteigt, im Verzug ist oder

   b) in einem Zeitraum, der sich über mehr als zwei Termine erstreckt, mit der Entrichtung des Entgelts in Höhe eines Betrages in Verzug gekommen ist, der das Entgelt für zwei Monate erreicht.

(4) In den Fällen des Absatzes 3 Nr. 4 ist die Kündigung ausgeschlossen, wenn der Träger vorher befriedigt wird. Sie wird unwirksam, wenn bis zum Ablauf eines Monats nach Eintritt der Rechtshängigkeit des Räumungsanspruchs hinsichtlich des fälligen Entgelts der Träger befriedigt wird oder eine öffentliche Stelle sich zur Befriedigung verpflichtet.

(5) Die Kündigung durch den Träger eines Heims bedarf der schriftlichen Form; sie ist zu begründen.

(6) In den Fällen des Absatzes 3 Nr. 2 bis 4 kann der Träger den Vertrag ohne Einhaltung einer Frist kündigen. In den übrigen Fällen des Absatzes 3 ist die Kündigung spätestens am dritten Werktag eines Kalendermonats für den Ablauf des nächsten Monats zulässig.

(7) Hat der Träger nach Absatz 3 Nr. 1 und 2 gekündigt, so hat er dem Bewohner eine angemessene anderweitige Unterbringung zu zumutbaren Bedingungen nachzuweisen. In den Fällen des Absatzes 3 Nr. 1 hat der Träger eines Heims die Kosten des Umzugs in angemessenem Umfang zu tragen.

(8) Stirbt der Bewohner, so endet das Vertragsverhältnis mit dem Eintritt des Todes. Vereinbarungen über eine Fortgeltung des Vertrages sind zulässig, soweit ein Zeitraum bis zum Ende des Monats, der auf den Sterbemonat folgt, nicht überschritten wird. In diesen Fällen ermäßigt sich das nach § 4 Abs. 2 vereinbarte Entgelt um den Wert der von dem Träger ersparten Aufwendungen.

1   **Zur geltenden Fassung**

   Die Vorschrift wurde durch das 1. ÄG eingeführt. Sie entspricht in der geltenden Fassung nicht dem E der BReg. Die zitierten Gesetzesmaterialien beziehen sich auf die geltende Fassung.

   Die bisher erkennbaren **Änderungen** des HeimG durch das PflegeVG betreffen § 4b nicht, jedoch ist eine Ergänzung von Abs. 1 und neuer Abs. 9 geplant; s. Anhang (2. ÄG; Nr. 3).

Heimgesetz

2 **Aus den Gesetzesmaterialien**

2.1 Begründung BReg. – BT-Drs. 11/5120, S. 12 f –

Zu Abs. 1

Die Aufnahme in ein Heim bedeutet für den Bewohner regelmäßig die Aufgabe seines bisherigen und die dauerhafte Begründung eines neuen Lebensmittelpunktes. § 4b Abs. 1 schreibt daher vor, daß der Heimvertrag auf unbestimmte Zeit geschlossen wird. Verträge auf Zeit würden dem Interesse des Bewohners an einer möglichst umfassenden **Sicherung seines künftigen Domizils** nicht gerecht. Sie wären für ihn mit erheblichen Unsicherheiten und dem Risiko verbunden, nach Ablauf des Vertrages um einen anderen Heimplatz bemüht sein zu müssen oder aber den bisherigen Heimvertrag zu Bedingungen fortzusetzen, die seinen Vorstellungen und besonderen Bedürfnissen nicht entsprechen.

Gleichwohl werden – vor allem in letzter Zeit – in Heimen der stationären Altenhilfe häufiger auch Verträge abgeschlossen, die von ihrer Zielsetzung und von ihrem Leistungsinhalt her nur befristet werden können. Es handelt sich vor allem um Fälle des sog. **Probewohnens** und der **Kurzzeitpflege**. Es kann dahingestellt bleiben, ob es sich insoweit überhaupt um Heimverträge handelt, deren wesentliches Merkmal die Aufnahme des Bewohners auf Dauer ist. Auf jeden Fall wird mit dem Nachsatz, befristete Verträge seien dann zulässig, wenn damit eine nur vorübergehende Aufnahme beabsichtigt werde, klargestellt, daß in diesem Rahmen **Zeitverträge** abgeschlossen werden können. Um Umgehungen zu vermeiden, muß die Absicht der nur vorübergehenden Aufnahme aus dem jeweiligen Vertrag eindeutig und zweifelsfrei ersichtlich sein. Dies ist im übrigen auch mit der Neuregelung des § 4d vereinbar, wonach – im Umkehrschluß – Abweichungen zu den §§ 4 ff. dann zulässig sind, wenn sie dem Bewohner nicht zum Nachteil gereichen. Unberührt hiervon bleibt ferner die Möglichkeit der Vertragsparteien, im Wege eines **Auflösungsvertrages** einen Heimvertrag zu beenden.

Zu Absatz 2

Der Heimvertrag kann nach Absatz 2 sowohl vom Träger der Einrichtung als auch vom Heimbewohner gekündigt werden. Das besondere Interesse des Bewohners rechtfertigt es, daß ihm auch ein ordentliches **Kündigungsrecht** eingeräumt wird. Bei der Abwägung der Interessen des Bewohners an einer möglichst schnellen Auflösung des Heimvertrages und der des Heimträgers, einen Nachfolger für den Heimplatz zu finden, erscheint nach den Erfahrungen der Praxis eine Kündigungsfrist von zwei Monaten sachgerecht. Diese Frist braucht der Bewohner dann nicht zu beachten, wenn ihm ihre Einhaltung nicht zugemutet werden kann. Dies gilt vor allem für Fälle, in denen der Heimträger sich so vertragswidrig verhält, daß dem Bewohner ein Verweilen bis zum Ablauf der Frist nicht mehr zumutbar ist.

Zu Absatz 3

Nach Absatz 3 kann der Träger nur aus wichtigem Grund kündigen. Unter den Nummern 1 bis 4 sind die für die Praxis wichtigsten und **typischen Kündigungsgründe** aufgeführt worden. Es handelt sich nicht um eine abschließende Aufzählung. Der Träger kann auch andere Gründe von entsprechendem Gewicht für die Beendigung des Vertrages anführen. In den Fällen der Nummer 1 ist allerdings in Ansehung des besonderen Schutzbedürfnisses der betroffenen Heimbewohner die Wirksamkeit einer Kündigung an die weitere Voraussetzung geknüpft, daß die Fortsetzung des Heimvertrages für den Träger des Heimes eine Härte bedeuten würde. Eine **Härte** liegt dann vor, wenn nach Abwägung der Interessen beider Vertragsparteien eine weitere Bindung des Heimträgers an den Heimvertrag nicht mehr nachvollziehbar und ungerechtfertigt ist. Diese Regelung geht von der Überlegung aus, daß eine allein in der Interessensphäre des Heimträgers liegende Veränderung die Bindungswirkung des mit dem Bewohner bestehenden Heimvertrages nicht ohne weiteres aufheben kann. Der Heimträger weiß, daß der Bewohner mit der Aufnahme in ein Heim die Erwartung verbindet, dort in der Regel seinen Lebensabend zu verbringen und zu beschließen, und daß ihm eine Rückkehr in die aufgegebene eigene Wohnung meist nicht mehr möglich ist. Zudem bedeutet jeder **nochmalige Umzug** in eine andere Umgebung für alte Menschen vielfach eine erhebliche Belastung, die soweit wie möglich vermieden werden sollte.

Ein weiterer wichtiger Kündigungsgrund ist die **gröbliche Verletzung der vertraglichen Pflichten** durch den Bewohner. In diesen Fällen kann der Heimträger den Heimvertrag fristlos kündigen, wenn ihm eine Fortsetzung des Vertrages nicht mehr zugemutet werden kann und der Bewohner sich schuldhaft vertragswidrig verhalten hat (Absatz 3 Nr.3, Absatz 6 Satz 1).

In den Fällen der Nummer 4 ist bei **Zahlungsverzug** die Regelung des § 554 Abs. 1 des Bürgerlichen Gesetzbuches übernommen worden, da sie auch bei Heimverträgen den Interessen beider Vertragsparteien gerecht wird.

3   Die Vorschrift berücksichtigt, daß der Heimeintritt idR für den Rest des Lebens erfolgt. Das entspricht dem Bedürfnis der Bewohner nach dauerhafter Geborgenheit in dem (ausgewählten) Heim. Abs. 8 regelt das Vertragsende bei Tod des Bewohners.

§ 4b gilt einheitlich für alle Heime; es gibt keine Unterschiede für verschiedene Heimarten. Die Rechtslage ist dadurch übersichtlicher geworden. In Altenwohnheimen ist das Mietrecht des BGB nicht mehr anwendbar. Die bisherige Rechtsprechung dazu kann nicht mehr herangezogen werden.

4 **Übersicht** über die Vorschrift:

5 Der Heimvertrag ist auf unbestimmte Zeit abzuschließen. Von dieser Vorschrift darf nur abgewichen werden, wenn lediglich eine vorübergehende Aufnahme des Bewohners beabsichtigt ist. Das kommt z. B. in Frage, wenn nach einem Krankenhausaufenthalt oder beim Urlaub der Pflegeperson beim Abschluß des Vertrages feststeht, daß die Aufnahme nur vorübergehend sein wird. S. dazu RN 2.1 zu Abs. 1. – Für beide Vertragsformen gelten die Vorschriften des HeimG über den Heimvertrag. Das kann für die Kurzzeitpflege Schwierigkeiten ergeben. S. dazu Einl. RN 12 u. Anhang.

Eine **Änderung des Heimvertrages** ist durch einvernehmliche Regelung – auch hinsichtlich der Vertragsdauer – möglich (s. RN 2.1 zu Abs. 1); dabei ist allerdings § 4d zu beachten. Dem Bewohner darf kein Nachteil entstehen.

6 **Das Recht der Kündigung** ist ein **subjektives Recht.** Die Kündigung wirkt einseitig und unmittelbar auf den Heimvertrag. Deshalb ist sie regelmäßig unwiderruflich. Die Rechtsfolgen können einverständlich wieder beseitigt werden.

Zur Willenserklärung s. §§ 116 ff BGB, zum Wirksamwerden §§ 130 ff BGB. Die Heimaufsicht kann durch Auflagen die Zustellung an nicht vollgeschäftsfähige Bewohner immer untersagen s. § 131 Abs.

2 S. 2 BGB. Gegen die Kündigung des Bewohners wie des Trägers kann vor den ordentlichen Gerichten **geklagt werden** (z. B. weil kein wichtiger Grund vorliegt), und es kann auch ggf. eine einstweilige Verfügung beantragt werden (s. u. a. §§ 937, 942 ZPO).

7 Der **Bewohner** hat ein uneingeschränktes **Kündigungsrecht.** Die Kündigung muß immer schriftlich erfolgen; sie muß nicht begründet werden. Abs. 7 betrifft nur den Träger.

Die **ordentliche Kündigung** muß spätestens am dritten Werktag eines Monates für den Ablauf des nächsten Monats erfolgen; sie beträgt folglich praktisch 2 Monate.

Die **fristlose Kündigung** setzt voraus, daß

– ein wichtiger Grund vorliegt **und**

– die Fortsetzung des Heimvertrages bis zum Ablauf der normalen Kündigungsfrist nicht zumutbar ist.

Das Gesetz bestimmt nicht, was ein wichtiger Grund ist. Er wird dann vorliegen, wenn die Interessen des Bewohners so beeinträchtigt sind, daß ihm ein Verbleiben im Heim nicht zugemutet werden kann. – Die Unverträglichkeit mit einem Mitbewohner des Zimmers oder dem Stationspfleger kann solch ein wichtiger Grund sein, ob es dabei unzumutbar ist, die übliche Kündigungsfrist einzuhalten, hängt vom Einzelfall ab. – Ein wichtiger Grund wird auch gegeben sein, wenn nicht das erforderliche Personal arbeitet. Dem Bewohner ist es nicht zumutbar bei unzureichender oder eingeschränkter Betreuung im Heim zu bleiben. Dabei ist es unerheblich, ob der Zustand auf einem Verschulden des Trägers beruht. S. § 4 RN 20. Auch die fristlose Kündigung setzt kein Verschulden des Trägers voraus.

8 **Der Träger** kann **aus den im Gesetz genannten wichtigen Gründen** kündigen (Abs. 3 Nr. 1-4). Er muß seine schriftliche Kündigung begründen. (Abs. 5). Die Kündigungsfristen sind in Abs. 6 unterschiedlich geregelt; Abs. 7 regelt die Verpflichtung des Trägers bei einer Kündigung nach Abs. 3 Nr. 1 und Nr. 2. Die in Abs. 3 genannten vier Gründe schließen eine Kündigung aus einem anderen wichtigen Grund nicht aus ("insbesondere").

Der Gesetzgeber bestimmt auch hier nicht, was ein wichtiger Grund ist. Er wird dann anzunehmen sein, wenn unter Berücksichtigung der Eigenart des Vertrages, des gesamten Verhaltens und der Interessen beider Vertragsteile eine Fortsetzung des Vertrages nicht zugemutet werden kann. (S. a. § 626 BGB). Der Zweck des G ist der Schutz der Bewohner, und weil jeder Heimwechsel für den Bewohner eine außerordentlich schwere Belastung darstellt (s. RN 2.1 zu Abs. 3), werden an ein Kündigungsrecht des Trägers hohe Anforderungen zu stellen sein.

9 Die **betriebsbezogene Kündigung** gem. Abs. 3 Nr. 1 ist zulässig

bei Einstellung,

bei wesentlicher Einschränkung oder

bei wesentlicher Veränderung der Art des Heimes,

wenn die Fortsetzung des Heimvertrages für den Träger eine Härte bedeuten würde.

Es ist keine unzumutbare Härte gefordert. Voraussetzung ist aber stets, daß ein wichtiger Grund besteht. S. RN. 8. Die Gründe für Einstellung und Veränderung sind dann nicht begrenzt. Eine vorherige Zustimmung der Heimaufsicht ist nicht erforderlich.

Die Anzeigepflicht nach § 11 Abs. 2 beschränkt nicht das Recht aus Abs. 3 Nr. 1.

Ob die Fortsetzung des Heimvertrages für **öffentlich-rechtliche und freigemeinnützige Träger** eine Härte darstellt, muß unter Berücksichtigung ihrer besonderen Stellung in der Heimbetreuung (s. u. a. §§ 10, 93 BSHG; § 17 SGB I) entschieden werden. Dabei trifft den öffentlichen Träger außerhalb des HeimG idR die Pflicht der Daseinsvorsorge. Er wird die geeignete anderweitige Heimbetreuung zu sichern und für einen Umzug zu sorgen haben, der den Interessen und Bedürfnissen der Bewohner entspricht. S. RN 2.1 zu Abs. 3. Zu den Pflichten des Trägers s. a. Abs. 7.

10   Nach **Abs. 3 S. 2 Nr. 2** kann der Träger kündigen, wenn

–   der **Gesundheitszustand des Bewohners** sich so verändert hat, daß

–   eine "sachgerechte Betreuung" in dem Heim nicht mehr möglich ist. (Es wäre zu erwarten, daß der Gesetzgeber die Betreuung von Menschen bedarfsgerecht und nicht "sachgerecht" verlangt. Auch als Heimbewohner sind Menschen keine Sache.)

Der Gesetzgeber hat es unterlassen, das Verfahren zur Feststellung der gesundheitlichen Veränderung und ihrer Bewertung zu regeln. Das G fordert kein ärztliches Gutachten, enthält keine Regelungen, wie bei unterschiedlichen Ansichten zu verfahren ist usw. Eine auf den Einzelfall bezogene Regelung in den Heimverträgen erscheint deshalb erforderlich. Eine einseitige Feststellung des Trägers über einen veränderten Gesundheitszustand des Bewohners kann nicht hingenommen werden. Da es hier um die Wahrung der Interessen und Bedürfnisse der Bewohner geht (§ 6 Abs. 3 Nr. 2), werden grundsätzliche Auflagen und Anordnungen der Heimaufsicht für zulässig erachtet. (S. § 6 RN) – Hinsichtlich AGBG s. § 4 RN 10.

11   Von der Veränderung des Gesundheitszustandes ist der **Irrtum des Trägers** zu unterscheiden. Irrte er sich (z. B. bei unmittelbarer Aufnahme des Bewohners aus dem Krankenhaus) über Art und Umfang der erforderlichen Betreuung, so ist das kein Kündigungsgrund nach Abs. 3 Nr. 3. Zur Anfechtbarkeit wegen Irrtums s. § 119 BGB.

12 **"nicht mehr möglich ist":** Dies ist unter Berücksichtigung des Heimes, der Heimsituation und dem Zweck des G nach dem Vertragsrecht zu entscheiden (z. B. nicht zu vertretende Unmöglichkeit, § 275 BGB; Larenz, Lehrbuch des Schuldrechts, Palandt u.a.). Hat der Träger die Unmöglichkeit herbeigeführt, weil zum Beispiel eine erforderliche Therapie wegen Personalmangels unterblieb, so wird ihm ein Kündigungsrecht nicht zustehen. (S. § 157 BGB). Eine andere Frage ist, wie das Bedürfnis des Bewohners auf eine richtige und bedarfsgerechte Betreuung (u. U. in einem anderen Heim) dann befriedigt wird. S. a. § 18.

13 Es wird bezweifelt, ob eine **Kündigung ohne Frist** bei Nr. 2 dem Schutzzweck des Gesetzes entspricht und mit der Menschenwürde der Bewohner und ihren Freiheitsrechten (Art. 1 und 2 GG) vereinbar ist. Eine Erlaubnis für den Heimbetrieb setzt den Nachweis voraus, daß die Betreuung des Bewohners, auch soweit er pflegebedürftig ist, im Heim oder in angemessener anderer Weise **gewährleistet** ist (§ 6 Abs. 1 Nr. 3). Das fordert praktisch die Gewährleistung einer angemessenen Anschlußversorgung, über deren Formen der Bewerber vor Vertragsabschluß (§ 4 Abs. 4) schriftlich zu informieren ist. Es wird die Ansicht vertreten, daß die Anschlußbetreuung, weil sie Voraussetzung für die Erlaubnis ist, eine unabdingbare Leistung des Trägers zu sein hat. Über § 16 gilt das auch für solche Träger, die einer Erlaubnis nicht bedürfen. Die Bundesregierung sieht das nach dem Wortlaut der amtl. Begründung anders. Die Anschluß-Betreuung kann vertraglich – oder durch Auflagen – geregelt werden, z. B. weil die weitere Betreuung nur in einer speziellen Einrichtung bedarfsgerecht wäre.

14 Nach dem G ist der Träger erst nach der Kündigung (hat gekündigt) verpflichtet, den anderen Heimplatz "nachzuweisen". Wenn eine Kündigung ohne Einhaltung einer Frist (s. Nr. 24) überhaupt zulässig ist, wird dieser Nachweis unmittelbar nach der Kündigung zu erbringen sein.

15 Nachweisen heißt nach dem Wortsinn: beweisen, den Beleg dafür antreten, vermitteln. Bei Kündigungen nach Nr. 2 wird die Ansicht vertreten, daß eine Anschlußbetreuung, die der Bewohner genehmigt hat, unerläßlich ist. A. A. die BReg: (Begründung a.a.O. S. 14).

"Diese Verpflichtung bedeutet allerdings nicht, daß über den neuen Heimplatz auch ein wirksamer Vertrag zustande gekommen sein muß. Es genügt vielmehr, daß der Heimträger den Bewohner auf das Vorhandensein eines angemessenen, von ihm nutzbaren Heimplatzes zu zumutbaren Bedingungen verweisen kann, oder daß der Bewohner erklärt, seine anderweitige Unterbringung aufgrund eigener Bemühungen sei gesichert.

Die Nachweispflicht des Heimträgers entbindet nicht den Träger der Sozialhilfe von seiner Pflicht nach §§ 68 und 75 des Bundessozialhilfegesetzes, bei der Beschaffung eines anderen geeigneten Heimplatzes mitzuwirken".

Der amtl. Begründung wird nicht gefolgt. Verweisen, hinweisen bedeutet nur aufmerksam machen.

16 **Abs. 3 S. 2 Nr. 3:** Voraussetzungen für die Kündigung sind,

eine **schuldhafte** Vertragsverletzung,

die so **gröblich** ist,

daß dem Träger eine Fortsetzung des Vertrages nicht mehr zugemutet werden kann.

Ein Verhalten ist dann schuldhaft, wenn es dem Handelnden persönlich zum Vorwurf gereicht. (s. dazu u. a. Larenz, Lehrbuch des Schuldrechts, Verantwortlichkeit des Schuldner; §§ 276, 278, 823, 827 BGB). Unerhebliche Verstöße gegen den Heimvertrag reichen für eine Kündigung nicht aus. Die Vertragsverletzungen müssen so schwerwiegend sein, daß sie den Vertragszweck gefährden und dem Träger nach den Grundsätzen von Treu und Glauben die Fortsetzung des Vertrages nicht mehr zugemutet werden kann. Eine gewisse Analogie zu § 554a BGB scheint hinsichtlich der Unzumutbarkeit zu bestehen.

17 **Abs. 3 S. 2 Nr. 4** regelt die Kündigungsmöglichkeit bei **Verletzung der Zahlungsverpflichtung.** Sie wird – in Anlehnung an § 554 Abs. 2 BGB – durch Abs. 4 modifiziert. Die Kündigung ist **ausgeschlossen,** wenn der Träger vorher befriedigt wird. Die Verletzung der Zahlungsverpflichtung muß also bei der Kündigung noch bestehen. Die Kündigung wird **unwirksam** gemäß Abs. 4 S. 2.

Zur **Kündigungsfrist** Abs. 6 S. 1.

18 **Verpflichtungen des Trägers** gem. Abs. 7 ergeben sich nur bei Kündigungen nach Abs. 3 Nr. 1 und Nr. 2.

19 **Vertragsende durch Tod – Abs. 8 –:**

Nach S. 1 endet der Vertrag mit dem Tod des Bewohners; mit dem Tag des Todes endet damit auch die Zahlungsverpflichtung. S. 2 läßt jedoch Vereinbarungen über die Fortgeltung des Vertrages zu und zwar bis zum Ende des Monats, der auf den Sterbemonat folgt. Der Träger muß dann allerdings vom vereinbarten Entgelt die ersparten Aufwendungen abziehen. Strittig ist, wie der Wert der ersparten Aufwendung zu berechnen ist. S. dazu RN 20. Verfügt der Träger über den Heimplatz vor Ablauf der vereinbarten Frist, so endet die Zahlungspflicht mit dem vereinbarten Einzugstag des neuen Heimbewohners. Von der Regelung nach Abs. 8 ist der Fall zu unterscheiden, wenn der Heimbewohner vor Kostenübernahme durch den Träger der Sozialhilfe verstirbt. S. RN 21.

20   **Aus der Rechtsprechung:**

   – Eine Klausel im Heimvertrag, die bei einer Vertragsverlängerung über den Todestag hinaus nur eine zeitlich befristete Ermäßigung des Entgelts wegen ersparter Aufwendungen vorsieht, benachteiligt den Vertragspartner entgegen den Geboten von Treu und Glauben. Gegen eine Pauschalierung der ersparten Aufwendungen muß der Vertragspartner entsprechend den Wertungen des § 10 Nr. 7 AGBG den Nachweis führen können, daß diese unangemessen ist.

     LG Düsseldorf Urt. v. 17. 8. 1990 – 22 S 329/89; AH 9/1991, S. 443.

    – Um eine angemessene Regelung hinsichtlich der ersparten Aufwendungen handelt es sich nicht, wenn der Pflegekostensatz in voller Höhe abzüglich des üblichen Abwesenheitssatzes bezahlt werden muß. AG Peine, Urt. v. 5. 9. 1992 – 5 C 370/91; AH 6/1992 S. 292. Im Berufungsverfahren urteilte das LG Hildesheim – Urt. v. 27. 5. 1992 – 7 S 25/92; BPA-Informationsblatt 8/1992, S. 11 –: Bezüglich der Regelung über eine Aufwendungsersparnis des Heimträgers ergibt sich keine unangemessene Benachteiligung des Heimbewohners bzw. seines Rechtsnachfolgers, wenn von dem auf den Todestag folgenden Tag bis zur Beendigung des Vertrages die Abwesenheitsvergütung gewährt wird.

21   **Aus dem Schrifttum:**

    Th. Klie / M. Ruoff, Heimkostenübernahme nach Tod des Heimbewohners, AH 4/1993, S. 319 ff.

§ 4c Erhöhung des Entgelts

(1) Eine Erhöhung des nach § 4 Abs. 2 vereinbarten Entgelts ist nur zulässig, wenn sich seine bisherige Berechnungsgrundlage verändert hat und das erhöhte Entgelt angemessen ist.

(2) Die Erhöhung des Entgelts bedarf der Zustimmung des Bewohners. In dem Heimvertrag kann vereinbart werden, daß der Träger eines Heims berechtigt ist, das Entgelt durch einseitige Erklärung zu erhöhen.

(3) Der Träger eines Heims hat dem Bewohner gegenüber die Erhöhung des Entgelts spätestens vier Wochen vor dem Zeitpunkt, an dem sie wirksam werden soll, schriftlich geltend zu machen und zu begründen. Hierbei kann er auf die Höhe der Kosten Bezug nehmen, die der Träger der Sozialhilfe für vergleichbare Leistungen in dem Heim übernommen hat. In diesem Fall kann sich der Träger

eines Heims die Bezifferung des erhöhten Entgelts bis zur Erklärung der Kostenübernahme durch den Sozialhilfeträger vorbehalten.

(4) Eine Kündigung des Heimvertrags zum Zwecke der Erhöhung des Entgelts ist ausgeschlossen.

1   Zur geltenden Fassung

Die Vorschrift wurde durch das 1. ÄG eingefügt. Die geltende Fassung entspricht nicht dem GE der BReg. Dieser enthielt eine Bestimmung, wann Entgelte angemessen sind. (BT-Drs. 11/5120, S. 4). Der BR wollte dagegen das Entgelt an vergleichbare Leistungen nach § 93 BSHG knüpfen (BT-Dr. 11/5120, S. 21). S. dazu a. RN 2.2

Nach dem E zum PflegeVG soll § 4c für Heimverträge mit Versicherten der soz. PflegeV nicht gelten; s. Einl RN 12 u. Anhang (PflegeVG-E; Nr. 2).

2   Aus den Gesetzesmaterialien

2.1   Begründung des GE's der BReg – BT-Drs. 11/5120, S. 14 –

§ 4c regelt Voraussetzung und Inhalt der Erhöhung des Entgelts. Nach Absatz 1 ist zunächst Voraussetzung und auslösendes Moment für die Erhöhung, daß sich die Berechnungsgrundlage des in § 4 Abs. 2 ausgewiesenen Entgelts verändert hat. Damit soll erreicht werden, daß der Bewohner auf eine gewisse **Kontinuität des Heimentgelts** vertrauen kann und nicht willkürlich und ständigen Nachforderungen ausgesetzt wird. Eine Veränderung der Berrechnungsgrundlagen ist dann gegeben, wenn sich zumindest eine ihrer Positionen, insbesondere die Kosten für eine der in § 4 Abs. 2 aufgeführten Einzelleistungen, verändert hat. Der Heimträger muß die **konkrete Änderung** in seiner Berechnungsgrundlage angeben und erforderlichenfalls unter Vorlage der Unterlagen dem Bewohner darlegen. Der bloße Hinweis auf eine allgemeine Kostensteigerung reicht nicht aus. Eine Änderung liegt auch nicht vor, wenn der Mehrbetrag so gering ist, daß er unter dem Gesichtspunkt einer vernünftigen und wirtschaftlichen Kalkulation vernachlässigt werden kann und die Einleitung eines Erhöhungsverfahrens nicht rechtfertigt (**Bagatellbeiträge**).

Das erhöhte Entgelt muß angemessen sein. Es ist angemessen, wenn es dem Entgelt entspricht, das in der Gemeinde oder in vergleichbaren Gemeinden für Heimplätze vergleichbarer Art, Größe, Ausstattung, Beschaffenheit und Lage unter gewöhnlichen Umständen tatsächlich und üblicherweise gezahlt wird. Die Mehrforderung des Heimträgers muß also innerhalb eines Rahmens liegen, der sich aus einem Vergleich mit Entgelten anderer Einrichtungen ergibt. Insoweit ist nicht auf die dem Heimträger erwachsenen Kosten für die von ihm zu erbringenden Leistungen, sondern auf deren objektiven Wert (**Marktwert**) abzustellen. Der Vergleich bezieht sich auf die Gesamtentgelte für die in § 4 Abs. 2 aufgeführten Leistungen, nicht jedoch auf einen bestimmten Prozentsatz.

Das Erhöhungsverlangen soll eine Leistungsänderung bewirken, die nach Absatz 2 Satz 1 der Zustimmung des Bewohners bedarf. Allerdings räumt Absatz 2 Satz 2 dem Heimträger die Möglichkeit ein, sich beim Abschluß des Heimvertrags eine Erhöhung durch einseitige Erklärung vorzubehalten. Auch in diesen Fällen müssen jedoch die Voraussetzungen des Absatzes 1 erfüllt sein.

Absatz 3 verpflichtet den Träger, die Erhöhung spätestens vier Wochen vor dem Zeitpunkt an dem sie wirksam werden soll, **schriftlich geltend zu machen und zu begründen.** Damit soll dem Bewohner die Möglichkeit gegeben werden, sich rechtzeitig auf das Erhöhungsverlangen einzustellen und dessen Berechtigung zu überprüfen. Die Geltendmachung der Erhöhung erfordert ferner, daß das erhöhte Entgelt durch den verlangten Endbetrag oder durch den Differenzbetrag zwischen bisherigem und neuem Entgelt bezeichnet wird. Außerdem ist der Zeitpunkt anzugeben, an dem die Erhöhung wirksam werden soll.

Soweit die **Sozialhilfe** die Kosten vergleichbarer Leistungen in der Einrichtung übernommen hat, kann sich der Heimträger auf diese Kostenzusage beziehen. Dadurch wird ihm der Beweis für die Angemessenheit der Erhöhung in Höhe des Betrages erleichtert, den die Sozialhilfe übernommen hat. In der Praxis werden vielfach Kosten durch die Sozialhilfeträger rückwirkend nach Prüfung der Unterlagen übernommen. Um dem Heimträger auch in diesen Fällen die Beweiserleichterung zu sichern, kann er sich die Bezifferung des erhöhten Entgelts bis zur Erklärung der Kostenübernahme durch den Sozialhilfeträger vorbehalten.

Absatz 4 stellt klar, daß eine Kündigung des Heimvertrags zum Zwecke der Erhöhung des Entgelts keine zulässige Kündigung aus wichtigem Grund nach § 4b Abs. 3 ist.

2.2 Gegenäußerung der BReg zur Stellungnahme des BR BT-Drs. 11/5120, S. 24

"Wie bei der Frage des Mißverhältnisses erscheint auch bei der Bestimmung der **Angemessenheit des Entgelts** eine bindende Bezugnahme auf die jeweiligen Leistungen des Sozialhilfeträgers bedenklich. Die zulässige Höhe eines Entgelts sollte sich nach den Gesetzen des Marktes bestimmen. Grundlage ist daher der **Marktwert** der vom Heimträger zu erbringenden Leistung. Er ergibt sich aus dem Vergleich mit dem Entgelt vergleichbarer Leistungen anderer Heimträger. Dabei kann es nicht auf die Kostensituation des jeweiligen Heimträgers ankommen, die in der Praxis wesentliche Grundlage für die Bemessung der Sozialhilfe ist. Darüber hinaus sind bei der Gewährung von Sozialhilfe nach § 93 Abs. 2 BSHG Faktoren zu berücksichtigen, die nicht von den Grundsätzen des Marktes und des freien Wettbewerbs bestimmt werden. Der Heimträger würde insoweit in seiner wirtschaftlichen Disposition und gewerblichen Entfaltung eingeengt und auf Gegenleistungen bindend festgelegt, die u. U. nicht mehr marktgerecht sind. Insbesondere in Ansehung seiner Beziehungen zu Selbstzahlern würde hierdurch die Privatautonomie des Heimträgers in unzulässiger Weise eingeschränkt. Die Leistungen des Sozialhilfeträgers bei der Erhöhung des Entgelts sollten daher nicht als Fiktion, sondern lediglich im Rahmen des in Absatz 3 näher aufgeführten Verfahrens zur Beweiserleichterung berücksichtigt werden. Das schließt nicht aus, daß die Kostenübernahme durch den Träger der Sozialhilfe bei einer Vielzahl von Heimbewohnern die Höhe des Marktpreises insofern beeinflussen kann, als sich höhere Entgelte wirtschaftlich auf dem Markt nicht durchsetzen lassen.

Im übrigen bezieht sich der Vorschlag des Bundesrates nur auf solche Einrichtungen, die neben Selbstzahlern auch Sozialhilfeempfänger aufgenommen haben. Bei Heimen ohne Sozialhilfeempfänger könnte daher die vorgeschlagene Fiktion nicht angewendet werden. Dort müßte die Angemessenheit der Erhöhung des Entgelts nach den allgemeinen Kriterien des Marktgeschehens bestimmt werden. Diese Divergenz der Bemessungsgrundlagen erscheint nicht vertretbar.

3   Die Vorschrift regelt nur das Verhältnis zwischen Bewohner und Heimträger. Sie enthält keine Regelung für die Beziehungen zwischen Bewohner und Sozialhilfeträger oder Heimträger und Kostenträger.

§ 4c übernimmt Grundgedanken des sozialen Mietrechts:

–   Erhöhungen des Entgelts sind nur unter bestimmten Voraussetzungen möglich.

–   Die Kündigung des Heimvertrages soll zur Entgelterhöhung ausgeschlossen sein.

4   Die **Erhöhung** ist an zwei Voraussetzungen geknüpft:

–   die bisherige Berechnungsgrundlage muß sich verändert haben und

–   die Erhöhung muß angemessen sein.

Die Leistungen des Trägers sind im Heimvertrag einzeln zu beschreiben und schriftlich zu bestätigen; außerdem ist das insgesamt zu entrichtende Entgelt anzugeben (§ 4 Abs. 2). Dies ist die **Berechnungsgrundlage** des § 4c Abs. 1. Nur wenn diese sich verändert hat, ist eine angemessene Erhöhung des Entgelts zulässig.

Der Begr. der BReg. s. RN 2.1 Abs. 5, daß das "Erhöhungsverlangen ... eine Leistungsänderung bewirken soll", wird nicht gefolgt. Veränderungen des Leistungsumfangs können durch die Anpassungspflicht gem. § 4a ausgelöst werden; s. die dortigen Erl. Ansonsten bedürfen Leistungsänderungen einer Vertragsänderung.

5   Eine Veränderung der Berechnungsgrundlage liegt nur dann vor,
     wenn sich **die Kosten** mindestens für eine Position **verändert haben.**
     Das ist unstreitig, wenn die Veränderung durch Tarifverträge,
     Erhöhung gesetzl. Abgaben und Steuern usw. erfolgt. Sie dürfte auch
     ohne Probleme sein, wenn sie durch Auflagen und Anordnungen der
     Heimaufsicht erfolgt. Problematisch erscheint es, unter eine Verän-
     derung der Berechnungsgrundlage auch solche Kosten zu zählen, die
     vom Heimträger gewollt sind (s. § 2 Abs. 2): z. B. verbesserte psy-
     chosoziale Betreuung, erweitertes Freizeitangebot, verbesserte
     Raumverhältnisse, Kosten für die Umstellung der Organisations- und
     Verwaltungsstruktur usw. Bei solchen Veränderungen handelt es sich
     im engeren Sinne nicht um eine Veränderung der Berechnungs-
     grundlage, sondern um Leistungsänderungen. Das HeimG unter-
     scheidet jedoch nicht, wie etwa das soziale Mietrecht, unterschiedli-
     che Kosten. (S. z. endogenen und exogenen Kosten Dahlem / Giese,
     § 4c RN 2.) Es stellt auf das Entgelt insgesamt ab (§ 4 Abs. 2 S. 2).
     Deshalb können solche Entgelterhöhungen, die den Schutz der
     Bewohner betreffen, in § 4c erfaßt sein.

6   Das erhöhte Entgelt muß angemessen sein. S. RN 2.2. Die geltende
     Fassung enthält dazu keine Definition mehr. § 4 Abs. 3 verbietet ein
     Mißverhältnis zwischen Leistung und Entgelt. Eine Erhöhung kann
     nicht angemessen sein, wenn sie dagegen verstößt. Außerdem wird
     zu fordern sein, daß die Erhöhung des Entgelts, der Veränderung der
     Berechnungsgrundlage entspricht. Die Grundsätze von Treu und
     Glauben haben gerade für Dauerverträge eine besondere Bedeutung.

7   **Die Erhöhung des Entgelts** bedarf der Zustimmung des Bewohners,
     für die eine bestimmte Form nicht vorgeschrieben ist. Auch bei
     Zustimmung des Bewohners muß der Träger die materiellen und for-
     mellen Voraussetzungen für die Erhöhung erfüllen (Abs. 1 und 3).

8   **Die formellen Voraussetzungen** für eine Erhöhung des Entgelts
     bestimmt Abs. 3:

     –   Einhaltung einer Frist von mindestens vier Wochen
     –   Schriftform bei der Geltendmachung und der Begründung.

     Zur wirksamen Zustellung s. § 4b RN 6. Das G regelt nicht Form und
     Inhalt der Begründung. Da der Bewohner auch bei Zustimmung eine
     schriftliche Bestätigung über den geänderten Inhalt des Heimvertra-
     ges verlangen kann (§ 4 Abs. 2), sind mindestens eine Begründung
     für die einzelnen Leistungsgruppen (§ 1 Abs. 1 S. 3) sowie der Zeit-
     punkt der Erhöhung zu fordern. S. RN 2.1 zu Abs. 3. Angaben über
     prozentuale Erhöhungen erfüllen die formalen Voraussetzungen
     allein nicht.

9   Sind in dem Heim auch Bewohner auf Kosten der Sozialhilfe unter-
     gebracht, erleichtert Abs. 3 S. 3 dem Träger die Begründung und den
     Nachweis der Angemessenheit.

Auch in diesem Fall ist eine Aufteilung mindestens für die Leistungsgruppen zu fordern.

10 **Abs. 3 S. 3** erscheint rechtlich bedenklich.

Er ist nicht anwendbar, wenn in dem Heim ausschließlich Selbstzahler leben (Abs. 2 S. 2). Dies ist sehr selten. In anderen Heimen kann die Bestimmung ohne entsprechende vertragliche Regelung auch bei Selbstzahlern angewendet werden. Das erscheint mit deren Interessen nicht vereinbar. Der Heimvertrag hat die Leistungen des Trägers und das dafür insgesamt zu entrichtende Entgelt detailliert anzugeben (§ 4 Abs. 2). Der Gesetzgeber stellt es durch § 4c Abs. 3 S. 2 und 3 in das Belieben der Träger für die Vertragsabwicklung, Regelungen anzuwenden, die nicht im Vertrag stehen müssen, die nicht dem HeimG entnommen sind und die ausschließlich ihre Interessen berücksichtigen. S. dazu RN 2.1 und 2.2. Es erscheint deshalb zweifelhaft, ob § 4c Abs. 3 S. 3 als lex specialis dem § 4 Abs. 2 S. 2 vorgehen kann. Beide Vorschriften sind am § 2 zu messen. Den Trägern wird Selbständigkeit in Zielsetzung und Durchführung ihrer Aufgaben zugestanden. Darunter Abs. 3 S. 3 zu subsumieren, erscheint bedenklich.

Dagegen verstößt die Bestimmung gegen die **Interessen aller Bewohner**. Sie alle müssen rechtzeitig vor der Erhöhung des Entgelts wissen, worauf sie sich einzustellen haben, so Abs. 2 S. 1. Das gilt auch für Bewohner, deren Kosten (teilweise) von der Sozialhilfe übernommen werden, denn noch hängt bei vielen davon die Höhe der Unterhaltsbeiträge (§§ 1601 ff BGB, § 91 BSHG) ab.

Selbstzahler müssen u. U. ihre Lebensführung ändern. Es erscheint nicht mit ihren Interessen vereinbar, erst Monate später Kenntnis über die Höhe des laufenden Entgelts und der Nachforderungen zu erhalten. Der Selbstzahler hat keine Rechtsbeziehung zum Sozialhilfeträger und auch nicht zu dessen Pflegekostenregelung; er hat weder einen Einfluß auf die Höhe der Festsetzung noch auf deren Zeitpunkt, der fast immer von Unwägbarkeiten abhängt. Es besteht kein Grund, Selbstzahler in Heimen mit Sozialhilfeempfängern schlechter zu stellen; s. oben Abs. 1 dieser RN. Dabei ist zu berücksichtigen, daß der Träger bei der Beantragung des neuen Entgelts (bei der Pflegesatzkommission) eine Selbstkostenberechnung beifügen muß. – In der Bestimmung wird zwar kein Eingriff in die Vertragsfreiheit gesehen, (denn Selbstzahler könnten im Heimvertrag zu ihren Gunsten eine abweichende Regelung treffen, wenngleich das in der Praxis wegen des Mangels an geeigneten Heimplätzen kaum gelingen wird), jedoch eine Verletzung der Interessen.

Es bestehen daher erhebliche Zweifel, ob § 4c Abs. 3 S. 3 mit dem Zweck des HeimG vereinbar ist.

11 Die Vorschrift des **Abs. 4** hat ihr Vorbild im sozialen Mietrecht. Sie stellt klar, daß zum Zwecke der Erhöhung des Entgelts nicht gekün-

digt werden kann. Eine Verweigerung der Zustimmung zur Erhöhung des Entgelts ist keine gröbliche Vertragsverletzung. S. a. Dahlem / Giese § 4c RN. Die Bestimmung soll dem Bewohner die Wahrnehmung seiner Rechte ermöglichen, ohne Sorge um den Verlust des Heimplatzes.

§ 4d Abweichende Vereinbarungen

Vereinbarungen, die zum Nachteil des Bewohners von den §§ 4 bis 4c abweichen, sind unwirksam.

1 **Zur geltenden Fassung**

Die Vorschrift wurde durch das 1. ÄG eingefügt. Sie entspricht dem GE der BReg.

2 **Aus den Gesetzesmaterialien**

Begründung der BReg, BT-Drs. 11/5120 S. 15

Nach dieser Bestimmung sind die in §§ 4 bis 4c getroffenen Regelungen für alle Heimverträge verbindlich. Sie sind nur dann abdingbar, wenn abweichende Vereinbarungen die Bewohner nicht benachteiligen. Dies bedeutet umgekehrt, daß zwischen den Vertragsparteien vom Gesetz abweichende Regelungen getroffen werden können, wenn sie dem Bewohner eine rechtliche Besserstellung sichern. Unberührt hiervon bleiben Vereinbarungen zwischen den Vertragsparteien, die die inhaltliche Ausgestaltung des Heimvertrages nach Maßgabe der §§ 4 bis 4c nicht berühren. Dies gilt auch für Aufhebungsverträge zwischen dem Bewohner und dem Heimträger.

3 Die Vorschrift **beschränkt die Vertragsfreiheit** der Parteien, soweit es sich

— um Vereinbarungen handelt, die in §§ 4-4c geregelt sind **und**

— soweit sie zum Nachteil der Bewohner davon abweichen. **Vereinbarungen zu Gunsten** eines Bewohners / Bewerbers sind auch in den in §§ 4-4c geregelten Bereichen erlaubt. Abzustellen ist jeweils auf die konkrete Vereinbarung. Begünstigt eine den Bewohner, so ist das keine Berechtigung für einen Nachteil gegenüber einer anderen Regelung der §§ 4-4c. Eine Bewertung / Berechnung nach Vor- und Nachteilen ist nicht zulässig.

4 Vereinbarungen, die die Gegenstände, die in §§ 4-4c nicht geregelt sind, werden von der Veränderungssperre nicht betroffen.

5 Sind innerhalb einer Vereinbarung nur einzelne Teile unwirksam, stellt sich die Frage, ob die gesamte Vereinbarung oder der Heimvertrag insgesamt nichtig ist. S. dazu § 139 BGB, der die Nichtigkeit des ganzen Rechtsgeschäfts annimmt, "wenn nicht anzunehmen ist, daß es auch ohne den nichtigen Teil vorgenommen sein würde". Das ist aus der Sicht beider Vertragspartner zu beurteilen.

§ 4e

ist nach dem E zum PflegeVG vorgesehen; s. Einl. RN 12 und Anhang (PflegeVG-E).

§ 5 Mitwirkung der Heimbewohner

(1) Die Bewohner der in diesem Gesetz genannten Heime wirken durch einen Heimbeirat in Angelegenheiten des Heimbetriebes wie Unterbringung, Aufenthaltsbedingungen, Heimordnung, Verpflegung und Freizeitgestaltung mit. Die Mitwirkung ist auf die Verwaltung sowie die Geschäfts- und Wirtschaftsführung des Heims zu erstrecken, wenn Leistungen im Sinne des § 14 Abs. 2 Nr. 3 erbracht worden sind.

(2) Für die Zeit, in der ein Heimbeirat nicht gebildet werden kann, werden seine Aufgaben durch einen Heimfürsprecher wahrgenommen. Seine Tätigkeit ist unentgeltlich und ehrenamtlich. Der Heimfürsprecher wird im Benehmen mit dem Heimleiter von der zuständigen Behörde bestellt. Die Bewohner des Heims oder deren gesetzliche Vertreter können der zuständigen Behörde Vorschläge zur Auswahl des Heimfürsprechers unterbreiten. Die zuständige Behörde kann von der Bestellung eines Heimfürsprechers absehen, wenn die Mitwirkung der Bewohner auf andere Weise gewährleistet ist.

(3) Der Bundesminister für Jugend, Familie, Frauen und Gesundheit legt durch Rechtsverordnung mit Zustimmung des Bundesrates Vorschriften über die Wahl des Heimbeirats und die Bestellung des Heimfürsprechers sowie über Art, Umfang und Form ihrer Mitwirkung fest.

1 **Zur geltenden Fassung**

Der BRatE 1972 hatte nur eine "Beteiligung" der Bewohner in "Angelegenheiten des inneren Heimbetriebes, die ihre Persönlichkeitssphäre betreffen" vorgesehen. § 5 HeimG a. F. geht auf Initiativen des BTA zurück. Das 1. ÄG änderte Abs. 1 redaktionell, fügte Abs. 2 hinzu und ergänzte Abs. 3 bez. Vorschriften über den Heimfürsprecher. Zum **Inkrafttreten** s. Art. 5 abgedr. bei § 25.

Änderungvon Abs. 3 ist vorges. durch PflegeVG; s. dazu Anhang.

2 **Aus den Gesetzesmaterialien**

2.1 Aus Bericht BTA – BT-Drs. 7/2068

Allgemeiner Teil II, S. 4 a.a.O.

... Den Heimbewohnern das Recht einzuräumen, selbst an der **Gestaltung des Heimlebens** teilzunehmen und auf sie einzuwirken, war ein besonderes Anliegen des Ausschusses... Eine derartige Mitwirkung ist nach Überzeugung des Ausschusses geeignet, gerade älteren

Heimbewohnern Anreiz für eigene Initiativen und Gedanken zu geben, sie zu einer ihrem Alter und Gesundheitszustand entsprechenden Aktivität zu veranlassen und ihnen das Gefühl zu nehmen, nur noch betreut und verwaltet zu werden.

Allerdings bestand für den Ausschuß kein Zweifel daran, daß neben der Verankerung des Mitwirkungsrechts im Gesetz selbst die Ausgestaltung nur in Umrissen vorgenommen werden könne. Eine einheitliche, konkrete Regelung aller Einzelheiten für sämtliche Einrichtungen nach § 1 war wegen der offensichtlichen Unterschiede zwischen Art und Größe der verschiedenen Heime und der ebenso unterschiedlichen Mitwirkungsfähigkeit der Bewohner in den verschiedenartigen Einrichtungen nicht möglich. Im übrigen reichen nach Auffassung des Ausschusses die bisherigen praktischen Erfahrung mit Beteiligungs- und Mitwirkungsmodellen für eine ins einzelne gehende Regelung nicht aus... im einzelnen zu § 4, jetzt § 5, S. 6 a.a.O.

...Hervorzuheben ist hier noch, daß der Ausschuß anstelle des im Entwurf vorgesehenen Begriffs "Beteiligung" den Begriff **"Mitwirkung"** eingeführt hat, weil er der Auffassung ist, daß der Begriff "Mitwirkung" die notwendige graduelle Abstufung eher zuläßt als der ursprünglich vorgesehene Begriff.

Weiter hat der Ausschuß das Mitwirkungsrecht ausgedehnt auf die Verwaltung sowie die Geschäfts- und Wirtschaftsführung der Einrichtung im Falle der Leistung eines Finanzierungsbeitrages an den Träger. Es erscheint notwendig und gerechtfertigt, demjenigen, der sich mit einem **finanziellen Beitrag** an der Einrichtung beteiligt hat, ein Mitspracherecht einzuräumen hinsichtlich Verwaltung und Verwendung dieses Beitrags. Schließlich hielt der Ausschuß es für richtig, die Ermächtigung zum Erlaß einer RVO über die Regelungen betreffend Wahl des Heimbeirates sowie Art, Umfang und Form der Mitwirkung im einzelnen auf den Bundesminister für Jugend, Familie und Gesundheit zu übertragen. Einmal besteht nach Auffassung des Ausschusses auch hier ein Bedürfnis nach bundeseinheitlicher Regelung. Die Zuständigkeit des Bundes gewährleistet die gleichmäßige Ausgestaltung der Mitwirkung in allen Ländern und die Anpassung an Mitwirkungsregelungen in anderen Bereichen.

2.2 **Entschließung des Bundestages im Zusammenhang mit der Verabschiedung des HeimG am 11. Juni 1974, BT-Drs. 7/2068 S. 10:**

"Die Bundesregierung wird aufgefordert, drei Jahre nach Inkrafttreten des Gesetzes dem Bundestag einen **Erfahrungsbericht** über die Auswirkung der Mitwirkungsregelung des § 4 vorzulegen, insbesondere darüber zu berichten, wie z. B. in Heimen für geistig Behinderte oder psychisch Kranke, wo nach bisherigen Erfahrungen Mitwirkungsmöglichkeiten nur sehr begrenzt möglich sind, die Mitwirkungsrechte geregelt wurden und ob Alternativregelungen, wie z. B.

ein durch die Vertretungskörperschaft der zuständigen Behörde zu bestellender **Fürsprecher**, notwendig erscheinen."

2.3 **Beschluß des BT's** v. 18. 10. 1985, BT-Drs 10/4020 u. Plenarprotokoll 107166, S. 12484:

Das Heimgesetz ist der gesellschaftlichen Entwicklung gemäß anzupassen. Das gilt insbesondere hinsichtlich der Mitwirkungsrechte der Heimbewohner.

2.4 **Begründung BReg** zum 1. ÄG – BT-Drs. 11/5122, S. 15

...

b (zur Einfügung von Abs. 2)

Nach Absatz 1 sollen die Bewohner über die Bildung eines Heimbeirats in inneren Angelegenheiten des Heimbetriebs mitwirken. Diese Mitwirkung ist wichtig, um die Stellung der Heimbewohner und zugleich ihre Eigeninitiative und ihr Interesse an der Situation und weiteren Entwicklung des von ihnen bewohnten Heims zu stärken. Wie die Erfahrungen der letzten Jahre gezeigt haben, läßt sich die Bildung eines **Heimbeirats** jedoch **nicht in allen Heimen** verwirklichen. In etwa einem Viertel der Heime, für die das Heimgesetz gilt, können Heimbeiräte nicht gebildet werden, weil die Bewohner sich nicht mehr in der Lage sehen, ein aktives oder passives Wahlrecht wahrzunehmen. Dies ist insbesondere darauf zurückzuführen, daß der Anteil der Hochbetagten und Pflegebedürftigen in den letzten Jahren ständig zugenommen hat und noch weiter zunehmen dürfte. Damit wird auch die Zahl derjenigen Bewohner weiter steigen, denen wegen psychischer, physischer oder geistiger Behinderung die Wahrnehmung des Wahlrechts zur Bildung eines Heimbeirats verwehrt oder sehr erschwert ist. Um jedoch allen Bewohnern in den vom Heimgesetz erfaßten Einrichtungen die Möglichkeit zu geben, ihre Wünsche, Anliegen und besonderen Interessen in inneren Angelegenheiten des Heimbetriebs über ein eigenes Sprachrohr zu artikulieren und Mitwirkungsrechte wahrzunehmen, ist nach § 5 Abs. 2 die Bestellung eines Heimfürsprechers durch die zuständige Behörde für die Fälle vorgesehen, in denen die Bildung eines Heimbeirats gescheitert ist. Die Bestellung eines **Heimfürsprechers** ist jedoch nur eine Übergangsregelung. Sie gilt nur solange, wie ein Heimbeirat nicht gebildet werden kann und räumt dem Heimfürsprecher nur in dem Umfang Rechte ein, wie sie dem Heimbeirat nach der Heimmitwirkungsverordnung zustehen.

Die Bestellung des Heimfürsprechers durch die zuständige Behörde steht in engen sachlichen und organisatorischen Zusammenhang mit ihrer Aufgabenstellung in § 11 Abs. 1 Heimmitwirkungsverordnung. Danach hat der Heimträger die zuständige Behörde unverzüglich zu unterrichten, wenn ein **Heimbeirat** innerhalb der gesetzlich vorgeschriebenen Frist **nicht gebildet** werden kann. Die zuständige Behörde ist dann gehalten, zusammen mit dem Träger und dem Leiter des Heims auf die Bildung eines Heimbeirats hinzuwirken, sofern nicht ihre Prüfung ergibt, daß die besondere personelle Struktur der Bewohnerschaft der Bildung eines Heimbeirats entgegensteht. Sie hat festzustellen, ob ein Heimbeirat zu dem gegenwärtigen Zeitpunkt gebildet werden kann oder nicht. Daher erscheint es sachdienlich und zweckmäßig, der zuständigen Behörde auch diejenigen Maßnahmen zu übertragen, die der zeitlichen Überbrückung bei der Bewohnervertretung durch Einschaltung eines Heimfürsprechers dienen. Hierfür spricht auch, daß die zuständige Behörde die Bedarfslage des betroffenen Heims kennt und ohnehin darüber zu wachen hat, ob die Voraussetzungen für die Bildung eines Heimbeirats in dem Heim inzwischen gegeben sind.

In einigen Einrichtungen gibt es Gremien, die aufgrund von besonderen Vereinbarungen mit dem Heimträger schon jetzt Interessen der Bewohner wahrnehmen. Es handelt sich vor allem um sog. Beiräte des Heims, die durch Eltern und Vormünder gebildet worden sind. Für diese Fälle räumt § 5 Abs. 2 der zuständigen Behörde die Möglichkeit ein, von der Bestellung eines Heimfürsprechers abzusehen, da insoweit ein **Ersatzgremium** zur Wahrnehmung der Bewohnerinteressen bereits besteht. Die zuständige Behörde hat diese Entscheidung nach pflichtgemäßem Ermessen zu treffen. Hierbei wird sie insbesondere zu prüfen haben, ob diese Gremien aufgrund der Vereinbarungen mit dem Heimträger in der Lage sind, die Interessen der Heimbewohner so sachgerecht wahrzunehmen, daß es eines Heimfürsprechers nicht bedarf.

Im Hinblick auf mögliche Kostenfolgen wird im Gesetz klargestellt, daß die Tätigkeit des Heimfürsprechers **ehrenamtlich und unentgeltlich** ist. Seine notwendigen Auslagen werden ihm jedoch erstattet.

(S. a. Vorbem. zu §§ 25-28 HeimmitwV, RN 2).

3   **Zweck der Vorschrift** ist es, die Position der Heimbewohner zu stärken. Ihre Wünsche und Vorstellungen für den Heimbetrieb sollen eingebracht werden können, ihre Vorstellungen wenigstens im Rahmen einer Mitwirkung berücksichtigt werden. Bei den Beratungen im BTA 1974 herrschte die Vorstellung, dadurch könne auch ein demokratisches Element in dem Heimbetrieb gebracht werden. Die Mitwirkung soll ein wesentliches Instrument sein, um den Zweck des HeimG (§ 2 Abs. 1) zu verwirklichen. S. dazu Einl. z. HeimmitwV.

4   **Anzuwenden** ist die Vorschrift auf alle Heime i. S. v. § 1. Das Recht der Kirchen zur Ordnung und Verwaltung ihrer eigenen Angelegenheiten wird auch durch die Bestellung eines Heimfürsprechers nicht verletzt. Durchgreifende verfassungsrechtliche Bedenken bestehen nicht. S. a. Dahlem / Giese, § 5 RN 9.2; Klie in AH 11/91. 540 sowie

Einl. RN 3 und § 1 RN 20. "Kircheneigene Regelungen" sind durch das HeimG nicht gedeckt; s. Klie a.a.O.

5   Die gesetzliche **Mitwirkung** erfolgt nicht unmittelbar durch die Bewohner, sondern nur indirekt durch **Mitwirkungsorgane:** Heimbeirat, Heimfürsprecher oder ein sonstiges Mitwirkungsorgan (Abs. 2 S. 5). Sie erstreckt sich auf Angelegenheiten des Heimbetriebes (Abs. 1 S. 1) und als **erweiterte Mitwirkung** (gem. Abs. 1 S. 2) auch auf die Verwaltung sowie die Geschäfts- und Wirtschaftsführung.

6   Als **Angelegenheiten des Heimbetriebes** nennt die Vorschrift Unterbringungen, Aufenthaltsbedingungen, Heimordnung, Verpflegung und Freizeitgestaltung. Diese Aufzählung ist nicht erschöpfend ("wie"). S. dazu § 30 HeimMitwV.

7   Die **erweiterte Mitwirkung** setzt voraus, daß die Leistung von Finanzierungsbeiträgen i. S. von § 14 Abs. 2 Nr. 3 "erbracht worden" ist. Das Versprechen allein reicht nicht aus. Nicht erforderlich ist, daß der Bewohner / Bewerber selbst diese Leistungen erbringt; das kann für ihn auch durch Dritte (Verwandte, Freunde usw.) geschehen. Auch die erweiterte Mitwirkung ist zwingend vorgeschrieben; sie kann nicht ausgeschlossen werden (s. RN 2.) **Öffentliche Zuschüsse** an das Heim (z. B. für Investitionen o. a.) sind keine Leistungen gem. § 14 Abs. 2 Nr. 3. Auch die erweiterte Mitwirkung wird durch die Mitwirkungsorgane (RN 5) ausgeübt (s. RN 5 u. Dahlem / Giese § 5 RN 7).

8   **Grenzen der Mitwirkung:** Mitwirkung ist nicht Mitbestimmung. Die Entscheidungskompetenz bleibt letztendlich beim Träger. In Konfliktfällen ist u. U. die zust. Beh. verpflichtet, bei der Klärung streitiger Rechtsfragen zu raten und ggf. zu prüfen, ob die Entscheidung des Trägers mit dem HeimG (z. B. §§ 2 Abs. 1; 6 Abs. 3) vereinbar ist.

Die Mitwirkung erfaßt nicht die Selbständigkeit des Trägers nach § 2 Abs. 2.

Weitere Grenzen der Mitwirkung können sich aus Heimverträgen ergeben. Sie können nicht durch Beschlüsse des Mitwirkungsorgans einseitig verändert oder ausgehöhlt werden; z. B. wenn durch Heimvertrag ein bestimmter Wohnraum oder eine besondere Form der Betreuung vereinbart wurden.

9   Das Rechtsinstitut des **Heimfürsprechers** ist durch das 1. ÄG eingeführt worden. Es war im Gesetzgebungsverfahren umstritten, weil damit erstmals eine 'heimfremde Person' gesetzlich Rechte und Pflichten im Heimbetrieb erhält. (S. Kuper, NDV 1989, 261). Der Gesetzgeber hat die Aufrechterhaltung der Mitwirkung auch dann für unerläßlich gehalten, wenn ein Heimbeirat nicht gebildet werden kann.

Die Bestellung des Heimfürsprechers ist vom Grundsatz her eine Übergangsregelung. Er ist nur 'Statthalter' des Heimbeirates, zwar mit dessen vollen Rechten und Pflichten, muß aber seine Tätigkeit unverzüglich beenden, sobald wieder ein Heimbeirat gebildet werden kann (§ 5 Abs. 2 s. a. §§ 26 ff HeimMitwV).

10 Die **Bestellung des Heimfürsprechers** ist ein VA (dazu § 18 RN 10) mit Auswirkung auf alle Heimbewohner. Sie hat im Benehmen mit dem Heimleiter zu erfolgen. Das bedeutet zwar keine formelle Zustimmung des Heimleiters, ist aber eine wesentlich stärkere Beteiligung als eine Anhörung. Die Bewohner oder deren gesetzliche Vertreter können der zust. Beh. Vorschläge für einen Heimfürsprecher machen. Das G verlangt nicht, daß sie dazu aufgefordert werden. Aus dem Schutzzweck des G und dem Sinn von Abs. 2 S. 4 ist zu schließen, daß die Bewohner unterrichtet werden müssen, wenn ein Heimfürsprecher bestellt werden soll, weil Abs. 2 S. 4 sonst ins Leere läuft. Über das Vorschlagsrecht ist gem. § 4 Abs. 4 vor Vertragsabschluß schriftlich zu informieren. Zur Eignung § 25 Abs. 3 HeimMitwV. Für einen Konfliktfall, wenn ein 'Benehmen' mit dem Heimleiter nicht erreicht werden kann, sehen weder das G noch die HeimMitwV eine Regelung vor. Maßstab muß auch in diesem Fall der Zweck des Gesetzes sein, insbes. die Interessen und Bedürfnisse der Bewohner. Zu Einzelheiten §§ 25 ff HeimMitwV. Hinsichtlich des Kirchenrechts s. RN 4.

11 Eine **ehrenamtliche Tätigkeit** schließt den Ersatz erforderlicher Ausgaben nicht aus. (S. § 28 Abs. 3 HeimMitwV).

12 Wann **'die Mitwirkung der Bewohner auf andere Weise'** gewährleistet ist, wird weder durch das G noch die V geregelt. Der Umfang der Mitwirkung muß der des Heimbeirates entsprechen, und es muß im Interesse der Bewohner gewährleistet sein, daß auch dieses Mitwirkungsorgan dieselben Rechte und Pflichten wie ein Heimbeirat ausübt. Da auch keine ausdrücklichen Bestimmungen über Bestellung, Beendigung der Tätigkeit, Amtsführung usw. bestehen, ist davon auszugehen, daß die Bestimmungen für den Heimfürsprecher entsprechend anzuwenden sind.

Aus dem Wortlaut des G ("... kann von einer Bestellung abgesehen") kann geschlossen werden, daß ein Heimfürsprecher auch dann bestellt werden kann, wenn die Mitwirkung der Bewohner auf andere Weise bereits (teilweise) erfolgt. Dann muß die zust. Beh. Zusammenarbeit und Zuständigkeit bestimmen.

13 Die **Rechtsverordnung** gem. Abs. 3 wurde am 16. 7. 1992 verkündet (Neufassung: BGB1. I S. 1340).

§ 6 Erlaubnis

(1) Wer ein Heim im Sinne des § 1 betreiben will, bedarf der Erlaubnis. Dies gilt nicht für Heime, die von den Ländern, Gemeinden, Gemeindeverbänden, anderen juristischen Personen des öffentlichen Rechts oder den Trägern im Sinne des § 10 Abs. 1 des Bundessozialhilfegesetzes unterhalten werden. Dem Antrag auf Erlaubniserteilung sind insbesondere alle Musterverträge, die für die Verträge mit den Bewohnern, Bewerbern oder Leistenden im Sinne des § 14 Abs. 2 Nr. 3 verwendet werden sollen und die Satzung des Trägers beizufügen.

(2) Die Erlaubnis ist für eine bestimmte Art des Heims und für bestimmte Räume zu erteilen.

(3) Die Erlaubnis ist zu versagen, wenn

1. Tatsachen die Annahme rechtfertigen, daß der Antragsteller die für den Betrieb des Heims erforderliche Zuverlässigkeit, insbesondere die wirtschaftliche Leistungsfähigkeit zum Betrieb des Heims, nicht besitzt,

2. die Wahrung der Interessen und Bedürfnisse der Bewohner, insbesondere die ärztliche oder gesundheitliche Betreuung, nicht gesichert ist,

3. die Betreuung der Bewohner, auch soweit sie pflegebedürftig sind, in dem Heim selbst oder in angemessener anderer Weise nicht gewährleistet ist, insbesondere die Zahl der Beschäftigten und ihre persönliche und fachliche Eignung für die von ihnen ausgeübte Tätigkeit nicht ausreichen,

4. die Einhaltung der Mindestanforderungen nach den auf Grund des § 3 erlassenen Rechtsverordnungen nicht gewährleistet ist,

5. die Prüfung der einzureichenden Unterlagen ergibt, daß

   a) zwischen den gebotenen Leistungen und dem geforderten Entgelt ein Mißverhältnis besteht oder

   b) die Einhaltung der nach § 14 Abs. 7 erlassenen Vorschriften nicht gewährleistet ist.

1 **Zur geltenden Fassung**

Das 1. ÄG hat die Fassung von 1974 redaktionell geändert Abs. 1 S. 3 u. Abs. 3 Nr. 5. In Abs. 3 Nr. 1 sind die Worte "insbesondere die wirtschaftliche Leistungsfähigkeit zum Betrieb des Heimes" eingefügt und Abs. 3 Nr. 3 neugefaßt worden.

2 **Aus den Gesetzesmaterialien**

2.1 Aus **Begr. des BRatE** v. 7. 7. 1972 – BR-Drs. 173/72 (Beschluß) (= § 5 Entw.):

Mit Satz 1 enthält der Absatz 1 eine der bedeutsamsten Neuerungen gegenüber dem bisherigen Recht. Die **Erlaubnis** soll künftig die formelle Voraussetzung für den rechtmäßigen Betrieb einer Einrichtung der in § 1 genannten Art sein, sofern es sich um eine gewerblich betriebene Einrichtung handelt. Damit wird dem dringenden Bedürfnis nach einer Präventivkontrolle gewerblicher Altenheime, Altenwohnheime, Pflegeheime und ähnlichen Einrichtungen entsprochen. Der Erlaubnisvorbehalt ermöglicht es der zuständigen Behörde, vor Inbetriebnahme einer Einrichtung unter den Gesichtspunkten des Absatzes 3 zu prüfen, ob die Interessen der Bewohner hinreichend gewahrt sein werden. Die Formulierung des Erlaubnisvorbehalts stellt klar, daß bei einem **Inhaberwechsel** für den weiteren Betrieb der Einrichtung eine neue Erlaubnis erforderlich wird, da diese personengebunden ist. In Satz 2 ist festgelegt, daß die Länder, Gemeinden, Gemeindeverbände, andere juristische Personen des öffentlichen Rechts und die in § 10 des Bundessozialhilfegesetzes genannten Träger der Erlaubnispflicht nicht unterliegen. Bei ihnen kann davon ausgegangen werden, daß insbesondere die in Absatz 3 aufgeführten Versagungsgründe nicht vorliegen. Nach Absatz 2 ist die Erlaubnis über die Bindung **an eine bestimmte Person** hinaus **betriebs- und raumbezogen.** Im Falle einer Veränderung der Art der Einrichtung, der Erweiterung oder der Verlegung einer Einrichtung bzw. der Errichtung eines Zweigbetriebes ist eine Ergänzung der erteilten Erlaubnis erforderlich. Damit soll erreicht werden, daß der Träger einer Einrichtung sich nicht durch nachträgliche Veränderungen der staatlichen Aufsicht und seinen Verpflichtungen nach diesem Gesetz entziehen kann.

Absatz 3 zählt abschließend die Gründe auf, die einer Erlaubnis zwingend entgegenstehen. Liegt ein **Versagungsgrund** nach den Nummern 1 bis 3 nicht vor, so besteht ein Rechtsanspruch auf die Erteilung der Erlaubnis.

Die **Zuverlässigkeit** des Antragstellers im Sinne der Nummer 1 ist auf die jeweilige Einrichtung bezogen, die betrieben werden soll. Es wird davon abgesehen, das Fehlen der für den Betrieb der Einrichtung erforderlichen Mittel als besonderen Versagungsgrund zu normieren. Der Begriff der Zuverlässigkeit ist auf einen bestimmten Betrieb ausgerichtet und umfaßt daher auch die **wirtschaftliche Leistungsfähigkeit** des Trägers der Einrichtung, so z. B. Urteil des Bundesverwaltungsgerichts vom 5. August 1965 – 1 C 69.72 –, veröffentlicht in den Entscheidungen des Bundesverwaltungsgerichts Band 22, S. 16 ff. (23/24).

Mit den Versagungsgründen nach Nummer 2 wird dem in § 2 genannten Gesetzeszweck und den nach § 3 festzusetzenden Mindestanforderungen Geltung verschafft. Sie gestatten die Überprüfung einer Einrichtung bereits vor der Betriebsaufnahme, möglicherweise schon im Planungsstadium in sachlich-räumlicher Hinsicht und in bezug auf die erforderliche Personalausstattung. Hierbei erhält die für die Erlaubniserteilung zuständige Behörde zugleich die Möglichkeit, beratend tätig zu werden und dem Antragsteller Anregungen aus ihrer Erfahrung zu vermitteln, um das Wohl der Bewohner zu gewährleisten.

Die Tatbestände des Absatzes 3 sind im übrigen nicht nur für die Versagung der Erlaubnis bedeutsam, sondern sie bieten auf Grund der Verweisungen in § 13 Abs. 1 und 2 sowie in § 14 Abs. 1 zugleich die **Grundlage für eine spätere Rücknahme** oder einen späteren **Widerruf** der Erlaubnis bzw. eine spätere Untersagung des Betriebes der Einrichtung.

Hervorzuheben bleibt ferner, daß die Erteilung der Erlaubnis nach diesem Gesetz vor der Einholung weiterer Erlaubnisse, die nach **anderen gesetzlichen Vorschriften,** so insbesondere auch nach dem Gaststättengesetz vom 5. Mai 1970 (BGBl. I S. 465) erforderlich sind, ebensowenig entbindet, wie der Besitz solcher Erlaubnisse von der Erlaubnis nach diesem Gesetz. Dies folgt daraus, daß in den einzelnen Erlaubnisverfahren unterschiedliche Gesichtspunkte – hier: soziale / dort: gewerberechtliche oder andere – zu würdigen sind.

2.2 Schriftl. **Bericht des BTA** zu § 5 (BT-Drs. 7/2068, S. 6)

Die Vorschrift, die die Erlaubnispflicht für private Einrichtungen nach § 1 vorsieht, wurde vom Ausschuß in einigen Punkten ergänzt. Zum einen sollen dem Antrag auf Erlaubniserteilung **Musterverträge** und die **Satzung** des Trägers beigefügt werden – § 5 Abs. 1 Satz 3. Besonderen Wert legte der Ausschuß auf die Einfügung zweier weiterer Versagungsgründe in Absatz 3:

Nach Absatz 3 Nr. 2, die im übrigen an die Terminologie des § 2 Abs. 1 Nr. 1 angepaßt wurde, liegt ein Versagungsgrund insbesondere dann vor, wenn die ärztliche und **gesundheitliche Betreuung** der Bewohner nicht gesichert ist. Zu versagen ist die Erlaubnis außerdem, wenn die **Betreuung pflegebedürftiger Bewohner** nicht gewährleistet ist – Abs. 3 Nr. 3.

Ärztliche und gesundheitliche Betreuung und die Betreuung Pflegebedürftiger sind nach Auffassung des Ausschusses ganz wesentliche Aufgaben jeder Einrichtung nach § 1. Nach den Erfahrungen der Ausschußmitglieder ist eine angemessene Betreuung zur Zeit nicht immer und in allen Einrichtungen gewährleistet. Dies gilt insbesondere für Einrichtungen für geistig Behinderte. Der Ausschuß legt Wert darauf, daß insoweit ein Wandel eintritt und daß die zuständigen Behörden auf die Sicherstellung dieser Voraussetzung in Zukunft ihr besonderes Augenmerk richten.

Absatz 3 Nr. 5a entspricht Absatz 3 Nr. 3 des Entwurfs, Nummer 5b wurde eingefügt im Zusammenhang mit dem Bestreben, von Bewohnern geleistete Finanzierungsbeiträge so weit wie möglich zu sichern.

Wenn der Ausschuß auch insgesamt dafür eintritt, daß im Interesse der Heimbewohner die Einhaltung der **Mindestanforderungen** genau beachtet wird, so muß seiner Auffassung nach andererseits doch auch die unterschiedliche Größe und Leistungsfähigkeit der einzelnen Einrichtungen berücksichtigt werden. Der Ausschuß denkt dabei vor allem an kleine Heime mit bis zu 20 bis 25 Bewohnern, von denen es eine größere Anzahl gibt und geben wird, die aber nicht immer den materiellen Anforderungen nach § 3 entsprechen werden. Die Träger dieser Heime wären u. U. finanziell überfordert, würde man von ihnen verlangen, die Heime so umzugestalten, daß sie den Anforderungen buchstabengetreu entsprechen, zumal es sich bei diesen Heimen oft um ältere Privathäuser handelt, die sich kaum entsprechend umbauen ließen. Andererseits wäre es nicht zu verantworten, diese kleinen Heime, die in ihrem Rahmen eine wichtige Aufgabe erfüllen, ganz auszuschalten bzw. ihnen die Erlaubnis wegen geringer Mängel zu versagen. Das gilt besonders auch für die in § 5 Abs. 3 Nr. 3 geforderten Voraussetzungen. In diesen Fällen sollten deshalb die zuständigen Behörden die Regelungen der RVO nach § 3 nicht zu eng auslegen. Ggf. sollte dieser Gesichtspunkt auch schon beim Erlaß der Verordnungen berücksichtigt werden.

2.3 **Begr. der BReg zum 1. ÄG** (BT-Drs. 11/5120, S. 1)

Abs. 3 Nr. 1

Ein wesentliches Kriterium für die Zuverlässigkeit des Trägers ist seine **wirtschaftliche Leistungsfähigkeit** zum Betrieb der Einrichtung. Hierauf war bereits im Hinblick auf das besondere Interesse des Heimbewohners an der Erhaltung seines Heimplatzes in der Begründung des Bundesratsentwurfs zu § 6 Heimgesetz hingewiesen worden. Wegen seiner erheblichen praktischen Bedeutung wird dieser Gesichtspunkt nunmehr im Gesetz hervorgehoben und damit ausdrücklich in die Prüfung der zuständigen Behörde bei der Erlaubniserteilung und Überwachung einbezogen. Wirtschaftlich leistungsfähig ist ein Träger regelmäßig dann, wenn ihm die zum Betrieb erforderlichen Mittel zur Verfügung stehen und seine Vermögensverhältnisse geordnet sind. Dies dürfte in der Regel nicht mehr der Fall sein, wenn die finanzielle Grundlage und die Erträge der Einrichtung zur Erfüllung der Verpflichtungen aus den Heimverträgen nicht mehr ausreichen und die Schulden des Heimträgers so hoch sind, daß er seinen Zahlungsverpflichtungen nicht mehr nachkommen kann.

Abs. 3 Nr. 3

Die Neufassung dient der Klarstellung, daß eine ausreichende **Betreuung nicht nur für Pflegebedürftige,** sondern für alle Bewohner eines Heims gewährleistet sein muß. Nach Aufhebung der Ermächtigung zur Festlegung der Beschäftigungszahl in § 3 Nr. 2 zugunsten einer flexibleren, auf den individuellen Bedarf abgestimmten Praxis erscheint es zur besseren Durchsetzung dieses Ziels gerechtfertigt, über die allgemein formulierten Anforderungen in § 6 Abs. 3 Nr. 2 und 3 hinaus gesetzlich festzuschreiben, daß auch eine ausreichende **Zahl an Beschäftigten** vorhanden sein muß. Zugleich wird hierdurch die zuständige Behörde angehalten, sowohl bei der Erlaubniserteilung als auch bei der Überwachung der Heime zu prüfen, ob unter Berücksichtigung der Umstände des jeweiligen Einzelfalls die vorhandene Zahl der Beschäftigten eine angemessene Unterbringung der Bewohner gewährleistet. Da diese Prüfung auch die persönliche und fachliche Qualifikation des Personals erfaßt, ist das Erfordernis einer ausreichenden Qualifikation des Personals für die von ihm ausgeübte Tätigkeit aufgenommen worden. Die noch zu erlassende Heimmindestpersonalverordnung wird dazu detaillierte Regelungen treffen.

3   **Zweck der Bestimmung** ist eine allgemeine Erlaubnispflicht für den Betrieb eines Heimes i. S. v. § 1. Dadurch soll eine **Präventivkontrolle** ermöglicht werden. S. RN 2.1. Abs. 1 S. 2 bezeichnet die **Ausnahmen von der Erlaubnispflicht**. S. RN 2.1. Abs. 3 nennt Gründe für die **Versagung der Erlaubnis** und steckt damit auch einen Rahmen für einen ordnungsgemäßen, dem Gesetz entsprechenden Heimbetrieb ab.

Das Verbot mit Erlaubnisvorbehalt erscheint als ein geeignetes Mittel, das Ansehen der Heimbetreuung zu verbessern.

4   Die **Erlaubnis** ist die formelle **Voraussetzung für den Betrieb** eines Heimes. Die Erlaubnis nach § 6 **ersetzt nicht sonstige gesetzlich vorgeschriebene Erlaubnisse oder Genehmigungen** (z. B. nach dem Baurecht, Gesundheitsrecht usw.) Sie wird dem erteilt, der das Heim betreiben will und zwar für eine bestimmte Art des Heimes und für bestimmte Räume (Abs. 2) S. RN 9. **Änderungen** gegenüber der erteilten Erlaubnis s. RN 10 und 22.

Die Erlaubnis muß bei der Anzeige gem. § 7 bereits erteilt sein.

Die Erlaubnis wird dem **Betreiber** erteilt, das kann eine natürliche oder juristische Person sein. Die Voraussetzungen für die Erteilung der Erlaubnis sind dabei gleich. Betreiber ist, wem die Rechte und Pflichten aus dem Heimbetrieb zugeordnet werden, unabhängig davon, ob er durch Organe (bei juristischen Personen) handelt oder durch bestellte oder gesetzliche Vertreter. Zu **Strohmännern** s. RN 14.2 u. 14.3.

5   Die **Ausnahme von der Erlaubnispflicht** ergibt sich aus Abs. 1 S. 2. Es werden nur einige juristische Personen des öffentlichen Rechts genannt, weitere können u. a. Körperschaften, Stiftungen, Anstalten, Kirchen sein. S. dazu Dahlem / Giese § 5 RN 6.1.

Träger im Sinne des § 10 BSHG sind nach der jetzt herrschenden **formell-rechtlichen Auffassung** nur die Spitzenverbände der freien Wohlfahrtspflege (Arbeiterwohlfahrt, Caritas, Diakonisches Werk, Paritätischer Wohlfahrtsverband und Zentralwohlfahrtsstelle der Juden in Deutschland) und die ihnen angeschlossenen Verbände und Untergliederungen, sofern sie freie Wohlfahrtspflege betreiben. Voraussetzung für die Erlaubnisfreiheit ist, daß das Heim von einem solchen Träger "unterhalten wird". Spitzenverbände betreiben i.d.R. keine Heime. Es ist zweifelhaft, ob allein die Mitgliedschaft in einem dieser Spitzenverbände für eine Ausnahme gem. S. 2 ausreicht. **Bedenken dagegen** in Dahlem / Giese, § 6 RN 6.2. Diese Bedenken werden uneingeschränkt geteilt. Dazu auch V. Neumann, Der *Verband der freien Wohlfahrtspflege* als Rechtsbegriff, RsDE 4.1 ff. "Unabdingbare Voraussetzung jeder ausdehnenden Interpretation muß sein, daß der Verband der freien Wohlfahrtspflege einen qualitätssichernden Einfluß auf den Heimträger als seinem Mitglied besitzt..." (Gutachten DV in NDV 7/93 S. 273 f) und deshalb das Vertrauen des Gesetzgebers gerechtfertigt erscheint.

5.1 Wann ein Heim **'unterhalten'** wird, (Abs. 1 S. 2) ist im G nicht definiert, und es finden sich dazu in den Materialien keine Hinweise. Regelmäßig wird 'unterhalten' mit der Trägerschaft zusammenfallen. Zu Zweifelsfragen s. Dahlem / Giese, § 6 RN 6.3 u. NDV 7/93 a.a.O.

5.2 **Unterschiede zwischen erlaubnispflichtigen und -befreiten Betreibern** ergeben sich bei den heimaufsichtlichen Verfahren. Gegen erlaubnisbefreite Träger sind Anordnungen gem. § 12 S. 2 möglich, ggf. **ist** (§ 16 Abs. 1) bzw. **kann** (§ 16 Abs. 2) der Betrieb eingestellt werden. Bei erlaubnispflichtigen Trägern kann die Erlaubnis modifiziert werden durch Auflagen gem. § 12 S. 1; ggf. **ist** die Erlaubnis zurückzunehmen oder zu widerrufen § 15 Abs. 1 u. 2 oder sie **kann** widerrufen werden gem. § 15 Abs. 3. S. dazu a. Dahlem / Giese § 6 RN 6.5; Giese in RsDE 14.63 ff; Klie, RsDE 15.43 ff; Korbmacher, Grundfragen des öffentlichen Heimrechts, Diss. Freie Universität Berlin, 1989, S. 59 ff.

6 Die Erlaubnis ist schriftlich zu beantragen und dabei sind **insbesondere** Musterverträge und Satzung beizufügen (Abs. 1 S. 2). Was insges. vorzulegen ist, bestimmt nach dem Einzelfall die zust. Behörde. Die Antragstellung mit den erforderlichen Unterlagen zwingt einerseits den potentiellen Betreiber, sich mit der Heimbetreuung und dem Heimvertragsrecht zu befassen, und sie ermöglicht andererseits der Heimaufsicht durch die Musterverträge und die vorgesehene Heimordnung (s. dazu § 30 Nr. 1 HeimmitwV) eine erste Prüfung des Betreuungskonzepts.

Ist die juristische Person nicht verpflichtet eine **Satzung** zu erstellen, ist der **Gesellschaftsvertrag** vorzulegen.

7 Ein vollständiger Antrag verpflichtet die Behörde, darüber zu entscheiden. Anzuwenden sind dabei die **allgemeinen Verwaltungsgrundsätze.** Für das Verfahren gilt, soweit das HeimG nichts anderes bestimmt, das jeweilige Landesverwaltungsverfahrensgesetz, ergänzend das Verwaltungsverfahrensgesetz des Bundes (VwVfG). Zitate u. Hinweise in den Erl. beziehen sich auf das VwVfG, weil die Ländergesetze trotz verschiedener Unterschiede seinen Grundsätzen entsprechen.

Zusammenstellung der Länderges. in F. O. Kopp, VwVfG – VwGo, Beck-Texte im dtv; Stelkens / Bonk / Leonhardt, VwVfG, Komm. 3. Aufl.

Der **Beratungspflicht** der zust. Behörde kommt im gesamten Verfahren eine besondere Bedeutung zu. (§ 25 VwVfG; § 11 HeimG). Zur unterlassenen Beratung als Amtspflichtverletzung s. BGH NJW 1985. 1335; NVwZ 1987.258 und Jochum, Auskunfts- und Hinweispflichten bei der Wahrnehmung hoheitlicher Aufgaben, NVwZ 1987, 460.

8 Der Antragsteller hat im **Verfahren** eine **Mitwirkungspflicht.** (§ 26 Abs. 2 VwVfG) Er muß der zust. Behörde die erforderlichen Auskünfte, Mitteilungen und Unterlagen dafür geben, daß kein Versagungsgrund (Abs. 3) vorliegt. Unterläßt er dies, trägt er die Folgen, doch wird ihn die Behörde zuvor darüber belehren müssen. Zur Beratungspflicht s. RN 7. Die Entscheidung über den Antrag ist ein **Verwaltungsakt** (§§ 35 ff VwVfG). S. § 18 RN 10.

9 **Die Erlaubnis** ist gebunden
   – an eine bestimmte Person (nicht übertragbar)
   – an eine bestimmte Art des Heimes (s. unten) und
   – an bestimmte Räume.

Wegen der persönlichen Voraussetzungen s. RN 14.

Im HeimG a. F. waren in § 1 Arten der Heime genannt. Diese Unterscheidung ist durch das 1. ÄG weggefallen. In der HeimMindBau ist die Unterscheidung nach den Heimarten weiter ein wesentliches Kriterium für die Mindestanforderungen. Auch aus § 2 Abs. 2 ergibt sich, daß die schützenswerten Interessen und Bedürfnisse der Bewohner in den verschiedenen Arten der Heime unterschiedlich sind. Für die Erlaubnis ist eine Eingrenzung auf eine oder mehrere Betriebsarten (z. B. Altenwohnheim, Altenheim, Altenpflege bzw. Altenkrankenheim, mehrgliedrige Einrichtungen, u. ä.) zulässig, sie entspricht dem Zweck des Gesetzes. S. a. Korbmacher in RsDE 13.41 ff und Dahlem / Giese § 6 RN 14.2. Zur Definition der Heimarten, Kleine Schrift des DV Nr. 65, 1992, Nomenklatur der Altenhilfe, S. 12 ff.

Vorbescheide sind nach dem G nicht untersagt. S. dazu Dahlem / Giese § 6 RN 17. Die Erlaubnis kann auch mit **Auflagen** versehen werden (s. § 4 RN 19 – OVG Lüneburg v. 5. 10. 87) und auch **Nebenbedingungen** (z. B. aufschiebende Wirkung bis zur Erteilung der Baugenehmigung) enthalten. S. RN 22.

10 Weil die Erlaubnis auf bestimmte Räume beschränkt wird, sind die Größe des Heimes, seine Lage und indirekt (durch die HeimMindBauV) auch die Platzzahl bestimmt.

11 **Jede Änderung** gegenüber der Erlaubnis bedarf wiederum der vorherigen Erlaubnis. Dazu RN 22. Die zust. Behörde muß auch bei Veränderungen die Möglichkeit der Präventivkontrolle haben. Zu Verstößen s. § 15 Abs. 3 Nr. 1 und zur Mängelbeseitigung § 12.

12 Die **Umwandlung öffentlich-rechtlicher Heime** in gewerbliche Heime erfolgt in der letzten Zeit vermehrt. S. dazu DZA, Umwandlung der Rechtsform von Heimen in kommunaler Trägerschaft, Okt. 1992 und M. Beck, Privatisierung sozialer Einrichtungen, AH 4/1993. 323 ff. Der weitere Betrieb des Heimes bedarf dann einer vor-

herigen Erlaubnis, weil mit der Aufgabe des Heimbetriebes durch den privilegierten Träger die Erlaubnisfreiheit erlischt. Zur Rechtsnatur solcher Verträge OVG Münster, Urt. v. 22. 5. 1990 – 13 A 1342. 88, RsDE 14. 99 ff.

13 Die **Erlaubnis** ist zu versagen (Abs. 3), wenn einer der in Abs. 3 genannten Gründe zutrifft. Abs. 3 ist eine der zentralen Bestimmungen des HeimG, einerseits für den Schutz der Bewohner und andererseits auch in einem gewissen Umfang als Qualitätsgarantie für die Betreuungsleistung. S. dazu § 15 Abs. 1 und 2; § 16. Die Versagungsgründe sind zwingend. Es ist nicht zulässig, die Erlaubnis im Ermessenswege oder probeweise – zur Bewährung – zu erteilen. (BVerwG, VerwRspr. Bd. 17 Nr. 21). Während für Nr. 1 ausreicht, daß Tatsachen die **Annahme** rechtfertigen, bedarf es bei den Nr. 2-5 positiver **Feststellungen.** Wegen der Befreiung von Mindestanforderungen (Abs. 3 Nr. 4) s. § 31 HeimMindBauV bzw. § 11 HeimPersV.

14 Die **persönliche Zuverlässigkeit** zum Betrieb eines Heimes (Nr. 1) muß der zukünftige Betreiber erfüllen. Sie hat mehrere Aspekte:

1. die erforderlichen Kenntnisse und Erfahrungen, die für den Betrieb eines Heimes erforderlich sind;

2. die persönlichen Eigenschaften, die erwarten lassen, daß die gesetzlichen Bestimmungen eingehalten werden; der Heimbetrieb also darauf ausgerichtet sein wird, die Interessen und Bedürfnisse der Bewohner zu wahren (§ 2 Abs. 1 Nr. 1) und dazu schädliche Einflüsse Dritter auszuschalten; s. dazu § 15 RN 12.

3. die wirtschaftliche Leistungsfähigkeit zum Betrieb des Heimes vorhanden ist.

Rechtlich ist zwischen den persönlichen Voraussetzungen (Nr. 1 u. 2) und der wirtschaftlichen Leistungsfähigkeit (Nr. 3) als einer materiellen Voraussetzung zu unterscheiden. Die Beurteilung kann nach der Art des (beabsichtigten) Heimes unterschiedlich sein. So kann die pers. Eignung z. B. für ein kleines Altenheim gegeben sein, während sie für ein großes Heim oder ein Pflegeheim zu verneinen ist. Die Prüfung der Zuverlässigkeit hat das Gesamtbild der Persönlichkeit – unter Berücksichtigung auch bisheriger (Betreiber-)Tätigkeiten – zu berücksichtigen.

14.1 Nur **Tatsachen** rechtfertigen die Annahme, daß die persönliche Zuverlässigkeit nicht besteht. Vermutungen reichen nicht aus. Solche Tatsachen können z. B. sein, **Vorstrafen** (insbes. wegen Straftaten, die in § 3 Abs. 1 HeimPersV genannt werden), **Berufsverbote** oder **Gewerbeuntersagungen**, die im Gewerbezentralregister eingetragen sind (§§ 149 ff GewO). Aber auch alles, was auf einen Hang, Vorschriften und Pflichten nicht zu erfüllen oder zu Alkohol, Spiel, Jähzorn, leichtfertigen Geldausgaben usw. hindeutet, ist zu berücksichtigen. Sogar **Steuerschulden** (S. RN 22) können die erforderliche Zuverlässigkeit ausschließen.

14.2 Zur **Zuverlässigkeit** eines Betreibers gehört auch die sorgfältige Planung, Auswahl und Überwachung des **Personals**. Auch muß er geeignet sein, schädliche **Einflüsse** auf das Heim und den Heimbetrieb **durch Dritte** zu verhindern.

14.3 In nicht seltenen Fällen versuchen Personen, denen die persönlichen Voraussetzungen für die Erteilung der Erlaubnis fehlen, oder denen der Entzug der Erlaubnis droht, **Strohmänner** vorzuschieben, d. h. Personen, deren Verhalten und Entscheidungen sie maßgebend bestimmen. Häufig wird dazu eine GmbH gegründet. Es ist eine Aufgabe der zust. Behörde, die Erlaubnisse an Strohmänner zu verhindern.

15 **Wirtschaftliche Leistungsfähigkeit** ist Voraussetzung für die Wahrung des zentralen Bedürfnisses der Heimbewohner / Bewerber nach dauerhafter Geborgenheit und guter 'Unterbringung' (§ 1) in dem Heim. S. RN 2.2. Wirtsch. Leistungsfähigkeit erfordert mehr als solides wirtschaften. Ein besonderes Problem der wirtschaftlichen Leistungsfähigkeit für gewerbliche Träger sind die Vereinbarungen nach § 93 BSHG; s. dazu Einl. RN 8; § 4 RN 10 sowie Dahlem / Giese § 6 RN 21.4.

16 **Abs. 3 Nr. 2** betrifft die **Wahrung der Interessen und Bedürfnisse** als Bewohner und zwar als Gruppe wie auch als Individuum. Das G läßt offen, ob und inwieweit der Betreiber selbst tätig werden muß, um die Interessen und Bedürfnisse der Bewohner zu wahren oder ob es ausreicht, lediglich die Rahmenbedingungen zu schaffen, damit Bewohner – oder deren (gesetzliche) Vertreter – diese wahrnehmen können. Mit Giese (Dahlem / Giese, RN 22.2) wird die Ansicht vertreten, daß der Träger eine **Garantenstellung** und eine **Fürsorgepflicht** gegenüber dem einzelnen Bewohner hat, und daß sich seine Pflichten daraus und aus den individuellen Lebenssituationen der Bewohner ergeben. Das gilt insbesondere auch für die **Selbständigkeit** und Selbstverantwortung der Bewohner (§ 2 Abs. 1 Nr. 1), die nicht ungerechtfertigt beschränkt oder entzogen werden dürfen; z. B. auch nicht durch einen falschen oder inhumanen Tagesrhythmus bei der Heimbetreuung. S. dazu und zu **Freiheitsentziehungen** § 2 RN 8, bes. 8.54 und im Anhang 'Kriterienkatalog'.

16.1 Zu **Interessen und Bedürfnisse** s. Einl. RN 6.1, 10; § 2 RN 7-9.

16.2 Der Träger ist im Interesse der Bewohner verpflichtet, deren **Sozialleistungen**, z. B. gegenüber der GKV nach SGB V § 33 Abs. 1 (orthopäd. und andere Hilfsmittel in Anspruch zu nehmen, damit deren Kosten nicht in die Tagessätze eingehen. S. dazu Dahlem / Giese § 6 RN 22.5. sowie BSG v. 7. 3. 1990 (FEVS 41.86) u. v. 12. 10. 1988 (FEVS 41.437).

16.3 Die **Sicherung der ärztlichen und der gesundheitlichen Betreuung** ist eine zwingende Voraussetzung für die Erlaubnis. S. RN 16. Die **ärztliche Betreuung** der Bewohner ist durch Verträge mit niedergelassenen Ärzten oder die Anstellung eines **Heimarztes** zu sichern (s. dazu DZA, Heimkonzepte der Zukunft – 'Große Pflegeheime bedürfen zur Absicherung ihrer Leistungen des im Heim präsenten und verfügbaren Arztes.' – sowie die Diskussion im DV "Verhältnis von Altenhilfe und Medizin am Beispiel des Heimarztes"). Die Freiheit der Arztwahl des Bewohners bleibt dabei unberührt. Zur ärztl. und gesundheitl. Betreuung gehört auch die **zahnärztliche** und zahnprothetische Versorgung der Heimbewohner, die häufig sehr schlecht ist (s. dazu KDA, Infodienst 1 und 2/1992, S. 16 mit Kontaktadresse). Darüber hinaus muß gesichert sein, daß schon bei der Zielsetzung und der Durchführung der Heimunterbringung (§ 1) die ärztl. und gesundheitl. Interessen und Bedürfnisse der Bewohner durch eine **ärztl. Beratung des Trägers** gewährleistet werden. Die Kooperation zwischen Ärzten und Pflegepersonal muß gewährleistet sein.

16.4 Zur **Sicherung der gesundheitlichen Betreuung** gehört zunächst, daß für den Heimbetrieb die gesundheitlichen Vorschriften (z. B. SeuchG, Lebensmittelrecht, Hygienevorschriften, 3. DVO z. G über die Vereinheitlichung des Gesundheitswesens usw.) erfüllt werden. Ferner müssen mindestens die nach §§ 17,26 HeimMindBauV geforderten Therapieräume vorhanden sein. Zu Befreiungen s. § 31 HeimMindBauV. Inwieweit der Träger über die allgemeinen Rahmenbedingungen hinaus unmittelbar die gesundheitliche Betreuung sicherzustellen hat, richtet sich nach der Art des Heimes und den Heimverträgen sowie den konkreten Bedürfnissen des Bewohners. S. § 4a.

16.5 Bei **psychisch veränderten oder erkrankten Bewohnern** bedarf die Sicherung der ärztl. u. gesundh. Betreuung besonderer Hilfeformen, die ohne fachärztl. Behandlung und Unterstützung nicht zu erfüllen sind. 'Heime für alte Menschen, die psychisch erkrankte Menschen aufnehmen, müssen über eine psychiatrisch-fachliche Beratung verfügen...' (Expertenkommission Psychiatrie, zitiert nach MAGS 1989, Ältere Menschen in Nordrhein-Westfalen, S. 143). Zur **integrativen Versorgung, spezielle Heime für psychisch kranke Ältere** u. ä. siehe MAGS, a.a.O., S. 141 ff, G. Ulmar, AH 10/1992, S. 536 ff m. weiteren Fundstellen, Klaus Oesterreich, Aspekte der Versorgung psychisch kranker Älterer, Archiv 1/1992, S. 3 ff). Der DV (RN 23) hat festgestellt:

"Nachweislich übersteigt der Umfang der nötigen pflegerischen Zuwendung für psychisch veränderte Ältere den bei Personen mit körperlicher Hilflosigkeit ganz erheblich. Zumindest ist dies dann der Fall, wenn mehr als nur äußere und vordergründige Versorgung bezweckt wird. Ergänzend treten die auf die Gruppe der psychisch veränderten Älteren konzentrierten besonderen Leistungsziele hinzu. Dabei geht es um Beschreibung besonderer Methoden.

–   Gewährleistung der äußeren Voraussetzungen für angemessene Angebote (Baulichkeiten, Räume, Einrichtungen, Ausstattung, Bewegungsflächen, Wohnlichkeit und Sicherheit).

–   Finanzierung eines den Aufgaben entsprechenden Stellenplans (Altenpfleger, ergänzt von Sozialarbeiter, Bewegungstherapeut, Ergotherapeut, Psychologe, Logopäde, Seelsorger).

–   Einbindung der Mitarbeit in ein therapeutisches Team mit maßgebender fachärztlicher Beratung und Beteiligung.

–   Gerontologisch-gerontopsychiatrische Qualifizierung, ständige Fortbildung, wenn möglich einschließlich Supervision.

–   Verbesserung der persönlichen Kompetenz des kranken Älteren und Verminderung der Abhängigkeit von Hilfen als Zielsetzung.

–   Bei gleichzeitig vorhandener körperlicher Gebrechlichkeit bedarf das Behandlungs- und Betreuungskonzept einer auf den Einzelfall abgestellten Modifikation...

–   Zeitlicher und therapeutischer Umfang für psychisch veränderte Ältere in der stationären Altenhilfe sind unterschiedlich... Grundsätzlich muß die Einrichtung der stationären Altenhilfe ihr Konzept in qualitativer und quantitativer Hinsicht mit den Einrichtungen der Umgebung koordinieren (Verbundsystem). Auch das Heim selbst muß sich als ein nach beiden Seiten offenes und durchlässiges Glied einer Versorgungsstrategie verstehen."

Es wird die Ansicht vertreten, daß sich daraus auch Kriterien für die Erteilung einer Erlaubnis für Heime, die solche Menschen betreuen, ergeben.

16.6   **Prävention und Rehabilitation** gehören zur ärztlichen und gesundheitlichen Betreuung. Sie sind selbstverständlicher und unabdingbarer Teil jeder bedarfsgerechten Betreuung. Nur deshalb wurde der Antrag der SPD, diese Hilfen in die Mindestanforderungen aufzunehmen, abgelehnt. (S. dazu Plenarprotokoll 11/202, S. 15637 C u. 15671 C sowie BT-Drs. 11/6645). Es gilt der Grundsatz: Prävention und Reha vor Pflege. (BT-Drs. 12/3253 v. 15. 9. 91, S. 5).

Wesentliche Methoden geriatrischer und gerontopsychiatrischer Reha sind insbesondere:

–   aktivierende therapeutische Pflege;

–   Behandlungspflege mit Beginn unmittelbar nach Eintreten der krankhaften Störung;

–   kognitive Trainingsverfahren;

–   Bewegungstherapie einschließlich Selbstwahrnehmung der eigenen Körperlichkeit;

- Ergotherapie;
- Realitätsorientierungstraning / Milieutherapie;
- Logopädie;
- Partner- und Familientherapie;
- Unterstützung von Selbsthilfegruppen für Ältere und Angehörige;
- Alten- und Angehörigenberatung.

Ein solches Rehabilitationssystem muß die ärztliche Verantwortung für die medizinischen Aspekte der Rehabilitation einbinden und muß von qualifizierten therapeutischen und pflegerischen Fachkräften getragen werden.

(NDV, 1/1993, Positionspapier 'Rehabilitation älterer Menschen' mit den **rechtlichen Rahmenbedingungen**), s. a. DV, Kl. Schriften 65 (S. 34) und 70 sowie U. Lehr, Interventionsgerontologie, Darmstadt, 1979, E. Grond, Die Pflege verwirrter alter Menschen, Freiburg i. Br. 1991.

Wenn Prävention und Reha nicht im Heim geleistet werden können, muß durch entsprechende Vereinbarungen geregelt sein, wo und wie sie erfolgen sollen. Dabei sind ev. Belastungen der Betroffenen durch Wegstrecken zu beachten. S. a. Meier-Baumgartner, Möglichkeiten von Rehabilitation in Alten- und Pflegeheimen, BPA-Info, II/93, S. 9; sowie DZA, Expertise zum 1. Altenbericht, BdV, Nov. 1993, Ansätze der Rehabilitation.

16.7 Etwa 20 % der Bewohner **sterben** derzeit im Heim (s. Bickel / Jäger, ZGerontol 1986, S. 30 ff). Zur ärztl. Betreuung gehört es, daß alle Voraussetzungen für ein würdiges und humanes Sterben im Heim erfüllt sind. Ob hierzu die Mindestanforderungen nach der Heim-MindBauV ausreichen, hängt von den besonderen Umständen des Heimes ab.

17 Zur Neufassung von **Abs. 3 Nr. 3** s. RN 2.2. Die zentrale Bestimmung ist:

- die Betreuung der Bewohner (S. § 1 RN 14.1) muß gewährleistet sein
- auch soweit sie pflegebedürftig sind,
- einschließlich der Gesichtspunkte des Personals. S. RN 17.2. Nach dem G kann sie 'in dem Heim selbst oder in angemessener anderer Weise' gewährleistet werden. IdF von 1974 betraf Nr. 3 nur die Betreuung pflegebedürftiger Bewohner. (BT-Drs. 7/2068 S. 7 u. 13). Eine ges. Begründung für die erweiterte Fassung 1990 liegt nicht vor. Sie ermöglicht dem Träger eine größere Flexibilität bei der Gewährleistung der Betreuung z. B. durch Einbeziehung externer Einrichtungen – wie (geriatrische) Tageskliniken, Tagesstätten – oder Therapien u. ä. Andererseits ist er auch ver-

pflichtet, die angemessene andere Betreuung pflegebedürftiger Bewohner zu planen und durch Vereinbarungen zu gewährleisten, wenn später seine Anpassungspflicht (§ 4a) nicht ausreicht für eine Unterbringung, die den Interessen und Bedürfnissen dieser Bewohner entspricht. Es wird die Ansicht vertreten, daß derartige Vereinbarungen / Verträge Voraussetzung für die Erlaubniserteilung sind.

17.1 Der **Umfang der Betreuung** ist in § 1 HeimG nicht vorgeschrieben. Sie ergibt sich aus dem vertraglichen Leistungsangebot, der Art des Heimes und dem Betreuungsbedarf der Bewohner. (S. § 4a).

17.2 Zum **MindestpersonalV** s. § 3 RN 3-6. Es muß aufgrund der **Situation des einzelnen Heimes** entschieden werden, welches Personal nach Zahl und Qualifikation vorhanden sein muß. Zu den Schwierigkeiten dabei s. Th. Klie, Heimaufsicht, Hannover 1988, ders. Heimaufsicht nach dem Heimgesetz – Zwischen Machtfülle und Ohnmacht, RsDE 3, S. 27 ff sowie AH 9/1991. Kriterien für die Personalbemessung und deren Qualifikation ergeben sich u. a. aus der Zusammensetzung der Bewohner (durchschn. Alter, Zahl der Pflegebedürftigen und ihr individueller Bedarf, Zahl der Abhängigen, der Verwirrten, Gefährdeten usw.); dazu G. Rommel, Kongreßband Altenhilfe 1991, s. 62 f. **Zahl und Eignung des Personals** muß dem Zweck des Gesetzes (Einl. RN 6, 10 ff; § 2 RN 3 ff) entsprechen. Ist das nicht der Fall, so ist das ein Ablehnungsgrund.

17.3 Die **fachliche Eignung** bezieht sich auf die jeweils ausgeübte Tätigkeit und Funktion. Das ist auch bei wechselnder oder geänderter Tätigkeit v. Beschäftigten zu beachten. Zur Heimaufsicht dabei s. §§ 9, 12, 13, 15, 18 u. HeimPersV.

17.4 Das Risiko, daß das erforderliche **Personal auf dem Arbeitsmarkt** nicht verfügbar ist, geht zu Lasten des Betreibers und ist kein Kriterium für die Erstellung von Personalschlüsseln. Die nach dem HeimG notwendige Gewährleistung der pflegerischen Betreuung ist erfolgsbezogen. Beeinträchtigungen des Wohls von Heimbewohnern können auch dann nicht hingenommen werden, wenn der Betreiber zu einer bedarfsgerechten Betreuung auf Grund der Arbeitsmarktlage nicht in der Lage ist, oder weil er sich verkalkuliert oder finanziell übernommen hat. Der Antragsteller / Betreiber muß bestehenden Mängeln durch organisatorische Maßnahmen, notfalls auch durch Reduzierung der Belegung entgegenwirken. S. VG Mannheim, Beschl. 14. 2. 1989 – 10 S 2065.88 – RsDE 14.94 ff.

17.5 Den **Pflegesatzvereinbarungen** 'kommt für die Anwendung des HeimG keine normative Bindungswirkung zu' (VG Mannheim, RN 17.4). Sie werden jedoch als 'Ausdruck zentral ermittelten Sachverstandes' für die Personalbemessung gewertet. Andere Ansicht O. Dahlem, Personalbedarf nach dem Heimgesetz, RsDE 17 (1992) S.

36 ff u. a. weil die Personalschlüssel in den PflSVb'en nach fiskalischen Erwägungen der Kostenträger und nicht nach den Interessen und Bedürfnissen der Bewohner festgesetzt werden; und weil sie gerade auch die Arbeitsmarktlage berücksichtigen (S. Einl. RN 8).

18 Nach **Abs. 3 Nr. 4** ist eine Erlaubnis zu versagen, wenn nicht gewährleistet ist, daß die Mindestanforderungen nach § 3 eingehalten werden. § 3 ermächtigt zur HeimMindBauV und zur HeimPersV. Vor einer Versagung der Erlaubnis bzw. vor Rücknahme / Widerruf (§ 15) ist zu prüfen, ob Befreiung oder Fristen zur Angleichung einzuräumen sind. Wegen Einzelh. s. die Erl. der VO'en.

19 **Abs. 3 Nr. 5** schließt eine Erlaubnis aus, wenn

– ein **Mißverhältnis** zwischen Leistung und Entgelt besteht oder

– die Einhaltung der Vorschriften der **HeimsicherungsV** nicht gewährleistet ist. (S. dort). Zum **Mißverhältnis** s. § 4 RN 13-16; 19.

20 **Rechtsschutz** gegen eine Ablehnung der Erlaubnis ist nach §§ 40 ff VwGO gegeben. Vorverfahren: s. § 68 ff VwGO.

21 Zur Anwendung des § 6 sind in den meisten Ländern **Richtlinien** erlassen worden. S. dazu Dahlem / Giese, Bd. II D II 1.1 u. D Va.

22 **Aus der Rechtsprechung:** (Hervorhebungen v. Verf.)

– Die Erlaubnis nach § 6 HeimG bezweckt eine wirksame präventive Kontrolle. Dem genannten Zweck des § 6 HeimG entspricht es, wenn die zuständige Heimaufsichtsbehörde eine **strittige Erlaubnisbedürftigkeit** durch Verwaltungsakt feststellt, so daß der Träger der Einrichtung sich darauf einrichten kann.

BVerwG, Beschl. v. 2. 7. 1991 – 1 B 64.91 – AH 6/92, S. 232. (Das BVerwG bestätigt damit, daß im Zweifelsfall die Erlaubnisbedürftigkeit einer Einrichtung durch VA festgestellt werden kann. D. Verf.).

– Zur **Auskunftspflicht** nach § 9 s. dort RN 12.

– Zur Abgrenzung von erlaubnispflichtigem Heim und einer nicht unter das HeimG fallenden Familienbetreuung / Wohngemeinschaft s. OVG Lüneburg, Urt. v. 25. 2. 1987, 9 OVG A 63/85, RsDE 1.71 ff.

– Ein Altenheim wird auch dann **ohne Erlaubnis** betrieben, wenn der Betrieb auf Räume erstreckt wird, die von der Erlaubnis nicht erfaßt werden. BayObLG, Beschl. v. 15. 12. 1981 – 3 ObOW 207/81, NVwZ 1982.334.

– **Steuerrückstände** können einen Gewerbetreibenden als gewerberechtlich unzuverlässig erweisen. BVerwG, Beschl. v. 23. 9. 1991, AH 6/1992 S. 293. (Der Beschl. erging im Gaststättenbereich. Im HeimG gilt der gewerberechtl. Begriff der Unzuverlässigkeit auch. (S. BVerwGE 22.16). Für die gewerbl. Betreiber eines Heimes i. S. d. HeimG ist der Beschluß daher von Bedeutung. Das Gericht geht davon aus, daß ein zwingendes öffentl. Interesse daran besteht, steuerliche Daten den Gewerbebehörden weiterzuleiten, wenn diese die Unzuverlässigkeit des Gewerbetreibenden dartun. Ob das für die Weiterleitung solcher Daten an Ordnungsbehörden allerdings auch gilt, ist problematisch. S. Th. Klie, AH, a.a.O.; d. Verf.)

– Der Begriff der **Zuverlässigkeit** ist nach objektiven Maßstäben zu beurteilen. Die Feststellung der Unzuverlässigkeit setzt daher ein Verschulden des Antragstellers (bzw. des Betreibers) nicht voraus. OVG Berlin, Beschl. v. 14. 4. 1983 – OVG 1 S 59.82 in. Dahlem / Giese § 6 S. 28 d.

– Die **Aufnahme oder Fortsetzung** des erlaubnispflichtigen, **nicht erlaubten Betriebes** eines Altenpflegeheimes kann die Behörde polizeilich verhindern. Solange die materiellen Mindestvoraussetzungen nach dem HeimG nicht nachgewiesen und die näheren Umstände nicht geklärt sind, die Zweifel an der Zuverlässigkeit der Person des Antragstellers begründen, muß der Antragsteller seine Absicht, ein Pflegeheim zu betreiben, zurückstellen. Wirtschaftliche Einbußen muß er hinnehmen, denn der allgemeine Schutz der betroffenen Personen vor den besonderen Gefahren des Betreibens der fraglichen Einrichtung (§ 2 Abs. 1 HeimG) geht den privaten Interessen vor.

Auch zur Abwicklung der Einrichtung im einzelnen ist der Antragsteller grundsätzlich nicht befugt, denn hierbei handelt es sich regelmäßig um ein Betreiben im Sinne des § 6 HeimG. Ausnahmen gelten nur dann, wenn die Aufgabe der Einrichtung persönliche Handlungen ihres Trägers erfordert oder die Behörde in ihrer Verfügung dem Antragsteller einzelne Abwicklungsmaßnahmen ausdrücklich gestattet (OVG Berlin, Beschl. vom 30. 4. 1976 – OVG I – S 46.76).

– **Zuverlässigkeit** im Sinne des Heimrechts besitzt derjenige, der die Gewähr dafür bietet, daß er die betreffende Einrichtung ordnungsgemäß führen wird. Insoweit gilt derselbe Zuverlässigkeitsbegriff wie im Gewerberecht. Die Anforderungen sind dabei vor allem durch die Schutzziele des Heimgesetzes (§ 2 Abs. 1) bestimmt, das das Betreiben der in seinem § 1 aufgeführten Einrichtungen durch Private wegen der besonderen Schutzbedürftigkeit des aufzunehmenden Personenkreises der Erlaubnispflicht unterwirft und damit von Anfang an eine staatliche Überwachung sichert. Das Heimgesetz will dieses **"Ausgeliefertsein"** der Bewohner an den Träger verhindern. § 2 Abs. 1 Nr. 1 HeimG nennt daher an erster Stelle als Zweck des Gesetzes, die Interessen und Bedürfnisse der Bewohner in den betreffenden Einrichtungen vor Beeinträchtigungen zu schützen; dies vor allem muß, wie aus dem oben Gesagten folgt, in der Person des Betreibers eines Altenheims usw. gewährleistet sein, sei es daß er die Einrichtung selbst leitet, sei es daß er sich hierzu Dritter oder von ihm eingestellten Personals bedient. An seine Zuverlässigkeit, die in dieser Hinsicht erforderlich ist, muß wie bei allen Personen, die unmittelbaren Einfluß auf die Lebensverhältnisse Alter oder Kranker haben, ein strenger Maßstab angelegt werden (OVG Koblenz, Urteil vom 19. 10. 1982 – 7A 48/82 – und vom 7. 10. 1986 – 7a 48/86 –, NVwZ 1987 S. 425).

– Die Mißbrauchskontrolle hat nur dann einzugreifen, wenn der konkrete **Mißbrauch** im Einzelfall erkennbar wird. Sie hat zu beachten, daß der gewerbliche Betreiber eines Heims der Gewerbeordnung unterliegt, die Gewinnerzielung voraussetzt, so daß das **bloße** Bestreben nach **Gewinnmaximierung** noch **kein Mißbrauch** ist, also auch nicht die Annahme eines Mißverhältnisses begründet. Erst wenn die äußeren Grenzen im Einzelfall überschritten sind, ist eine Mißbrauchskontrolle gerechtfertigt. Von diesen Erwägungen ausgehend vermag die Kammer auch **nicht** der Auffassung zu folgen, daß ein Mißverhältnis **stets** dann vorliegt, **wenn** bei gleichen Leistungen von **Selbstzahlern** und von **Sozialhilfeempfängern** ein **unterschiedliches Entgelt** verlangt wird.

VG Hannover, Urt. vom 1. 12. 1986 – 10 VGA 34/85 –.

– Zur **Drittbetroffenheit** durch hoheitliche Verfügungen beim Vollzug des Heimgesetzes siehe OVG Koblenz, Urt. vom 7. 10. 1986 – 7A 48/86 – in NVwZ 1987, 425: Die Untersagung des Heimbetriebes gegenüber einer juristischen Person des Privatrechts berührt in der Regel den Schutzbereich aus Art. 12 Abs. 1 GG des vertretungsberechtigten Geschäftsführers.

– Zur **sozialrechtlichen Auswirkung unerlaubte Heimbetriebes** siehe VGH Kassel, Urt. vom 10. 5. 1988 – 9 UZE 2446/84 –, FEVS 38,9. Danach gelten Altenheime und Altenpflegeheime nur dann als Heime oder gleichartige Einrichtungen im Sinne des § 53 Abs. 1 Sätze 2 und 3 KFürsV und im Sine des § 103 Abs. 1 und 4 BSHG, wenn sie mit der nach dem Heimgesetz erforderlichen Erlaubnis betrieben werden.

– Die Heimaufsichtsbehörde kann gemäß § 36 Abs. 1 VwVfG einer Heimerlaubnis anstelle ihrer Versagung eine **Nebenbestimmung** beifügen, um sicherzustellen, daß die gesetzlichen Voraussetzungen der Erlaubnis erfüllt werden.

Das Verbot eines **Mißverhältnisses** zwischen Leistung und Entgelt rechtfertigt keine staatliche Festsetzung der Entgelte, sondern nur eine staatliche Aufsicht darüber, daß der Heimträger Einschränkungen eines funktionsfähigen Marktes bzw. Verzerrungen des Wettbewerbs nicht zu Lasten der Heimbewohner ausnutzt.

Die zwischen den Sozialhilfeträgern und den Trägern von Alten- und Pflegeheimen vereinbarten Kostensätze stellen nicht ohne weiteres das verkehrsübliche Entgelt für einen Heimplatz dar.

Nicht jede Überschreitung des verkehrsüblichen Entgelts führt zu einem Mißverhältnis zwischen Leistung und Entgelt, das ein Eingreifen der Heimaufsicht rechtfertigt.

Das Verlangen der Sozialhilfeträger nach einer Bindung des Entgelts der Selbstzahler an die Pflegesätze der Sozialhilfeempfänger findet im Heimgesetz keine Stütze und stellt einen schwerwiegenden Eingriff in die Privatautonomie dar.

OVG Lüneburg, Urteil vom 5. Oktober 1987 – 9 OVG A 9.87; RsDE 3. 103 ff

23 **Aus dem Schrifttum:** (S. a. bei Einl. §§ 1 u. 2).

O. Dahlem, Zum Personalnotstand in der stationären Altenhilfe, AH 10/89, S. 456 ff.; Drewes, Der kostendeckende Pflegesatz in der Sozial- und Jugendhilfe, RsDE 13. 17 ff; Grond, Die Pflege verwirrter alter Menschen, 6. Aufl., Freiburg i. Br. 1991; Hinschützer, Pflegesätze in stationären Einrichtungen der Altenhilfe, DZA Bd. 73/I u. II, Berlin 1988; Mybes / Rückert, Zur Organisation pflegerischer Dienste in Altenpflege-/Altenkrankenheimen, BMJFFG Bd. 82, Bonn 1980; Nokielski, Sozialmanagement ohne Manager?, Sozialer Fortschritt, 2/1992, S. 43 ff; Rückert, Personelle Rahmenbedingungen für eine angemessene Pflege von Heimbewohnern in Brandt / Dennebaum / Rückert, Stationäre Altenhilfe, Freiburg i. Br. 1987. Meier-Baumgartner et. al. Effektivität von Rehabilitation bei älteren Menschen, Bd. 12.2 BMFuS. Baden-Württemberg:

Städtetag, Personalschlüsselkonzept, Okt. 1988; Liga d. freien Wohlfahrtspflege, Zur Verbesserung der personellen Ausstattung der Alten- und Pflegeheime, 1988;

DV: Nomenklatur der Altenhilfe, 1992 (Bd. 65 Kl. Schrift), Aspekte der Versorgung psychisch veränderter älterer Menschen (Bd. 70 Kl. Schrift) Positionspapier: Rehabilitation älterer Menschen, NDV 1/1993, S. 1;

DZA: Heimkonzepte der Zukunft, Berlin 1991, Umwandlung der Rechtsform von Heimen in kommunaler Trägerschaft, Berlin 1992; Untersuchung zur ärztlichen Betreuung Pflegebedürftiger: Modellpraxis in einem Alten- und Pflegeheim (Diss. Renate Beckmann) Okt. 1992; Evangel. Impulse 4/1992, S. 20 f u. 22 ff.

KDA: Vorgestellt Folge 36 vom Januar 1987: Heimalltag als Qualitätsprüfstein, sowie Reihe "thema" Standardstellenbeschreibung und Aufgabenkatalog für die Mitarbeiter(innen) im stationären Altenhilfebereich. Pressedienst 1/1992 S. 8 ff; Besprechg. "Was ist Geriatrie?" – Reha spielt eine überragende Rolle.

§ 7 Anzeige

(1) Wer den Betrieb eines Heimes aufnimmt, hat dies gleichzeitig der zuständigen Stelle anzuzeigen. In der Anzeige sind Name und Anschrift des Trägers sowie Art, Standort und Zahl der Heimplätze sowie die berufliche Ausbildung und der berufliche Werdegang des Leiters anzugeben. Der Anzeige ist je ein Exemplar der Musterverträge, der Satzung des Trägers und der Heimordnung beizufügen.

(2) Ferner sind die Änderung der Art des Heims und der Zahl der Heimplätze, das Ausscheiden und die Neueinstellung des Leiters sowie der vertretungsberechtigten Personen des Trägers und die Verlegung des Heims anzuzeigen.

(3) Wer den Betrieb eines Heims ganz oder teilweise einzustellen oder wer die Vertragsbedingungen wesentlich zu ändern beabsichtigt, hat dies unverzüglich der zuständigen Behörde anzuzeigen. Mit der Anzeige sind Angaben über die geplante Unterbringung der Bewohner und die geplante ordnungsmäßige Abwicklung der Vertragsverhältnisse mit den Bewohnern zu verbinden.

1   **Zur geltenden Fassung**

§ 7 wurde durch das 1. ÄG neu gefaßt. Neben Klarstellungen wird die Pflicht zu Anzeigen nach Abs. 3 erweitert.

2   **Aus den Gesetzesmaterialien**

2.1   **Begründung BRatE** v. 14. 2. 1973; BT-Drs. 7/180, S. 10.

Die Vorschrift legt dem Träger einer Einrichtung im Sinne des § 1 Anzeigepflichten auf. Sie gilt im Interesse einer umfassenden Überwachung für sämtliche Träger, d. h. ohne Rücksicht darauf, ob es sich um gewerbliche, gemeinnützige oder öffentliche Einrichtungen handelt.

Der Absatz 1 regelt die Pflicht, die **Betriebsaufnahme** anzuzeigen. Dabei stellt die Fassung des Satzes 1 klar, daß die Pflicht zur Anzeige unabhängig von einer nach § 5 beantragten und erteilten Erlaubnis bestehen soll. Das Nebeneinander von Erlaubnis- und Anzeigepflicht erscheint sachgerecht und beruht nicht zuletzt auf folgender Erwägung: Bei Neu- oder Umbauten von Einrichtungen ist davon auszugehen, daß zwischen der Erteilung einer Erlaubnis – die in der Regel vor Baubeginn beantragt werden dürfte – und der tatsächlichen Betriebsaufnahme ein erheblicher Zeitraum liegt. Dies ist aus sonstigen Gründen auch in anderen Fällen denkbar. Die vorgeschlagene uneingeschränkte Anzeigepflicht entbindet die Aufsichtsbehörde davon, das weitere Schicksal einer erteilten Erlaubnis zu verfolgen, und gewährleistet dennoch das rechtzeitige Einsetzen von Kontrollmaßnahmen.

Die **Anzeigepflicht** bei Betriebsaufnahme **umfaßt** die Benennung des Trägers der Einrichtung sowie Angaben über Art, Standort und Bettenzahl der Einrichtung. Für den Leiter der Einrichtung sind der Anzeige Angaben über dessen berufliche Ausbildung und beruflichen Werdegang beizufügen. Daneben besteht eine Anzeigepflicht bei **nachträglichen Veränderungen**, die sich auf solche Umstände erstreckt, welche für den Betrieb der Einrichtung von besonderer Bedeutung sind.

Mit der in Absatz 3 normierten Pflicht, die Absicht einer **Betriebsein-stellung** unverzüglich anzuzeigen, wird einem besonderen Schutzbe-dürfnis der Bewohner der betreffenden Einrichtung entsprochen. Die Behörden sollen erforderlichenfalls rechtzeitige Maßnahmen treffen können, die eine anderweitige Unterbringung der Bewohner und die ordnungsgemäße Abwicklung der bestehenden Vertragsverhältnisse gewährleisten.

2.2 **Aus Bericht des BTA** – BT-Drs. 7/2068 S. 7

Auch der Anzeige über die Aufnahme des Betriebes einer Einrich-tung nach § 1 ist je ein Exemplar der **Musterverträge**, der **Satzung** und der Heimordnung beizufügen. Diese Ergänzung des § 6 ent-spricht der Ergänzung in § 5 Abs. 1. Der Ausschuß sprach sich außer-dem dafür aus, auch eine wesentliche Änderung der Vertragsbedin-gungen anzeigepflichtig zu machen – § 6 Abs. 3.

2.3 **Begründung der BReg** zum 1. ÄG – BT-Drs. 11/5120, S. 16

Nach der bisherigen Fassung hat der Heimträger u. a. den Wechsel des Leiters anzuzeigen. Die Ergänzung zu dieser Vorschrift stellt nun-mehr klar, daß damit sowohl das Ausscheiden wie die Neueinstellung des Leiters erfaßt werden. Hierdurch wird vermieden, daß u. U. für einen längeren Zeitraum ein **Leiter** nicht zur Verfügung steht und die Behörde aus Unkenntnis über diesen Umstand auf die Beseitigung des Mangels nicht hinwirken kann.

Durch die Einbeziehung der **vertretungsberechtigten Personen** in die Anzeigepflicht wird bei juristischen Personen eine Lücke in den Fällen ausgefüllt, in denen die vertretungsberechtigten Personen nach Anzeige der Betriebsaufnahme ausscheiden. Auf diese Weise soll ins-besondere verhindert werden, daß nach Erteilung der Erlaubnis nach § 6 Heimgesetz der Betrieb eines Heims von Personen fortgeführt wird, die die Voraussetzung für die Erlaubniserteilung wegen feh-lender Zuverlässigkeit nicht erfüllen.

3 Die **Pflicht zur Anzeige** besteht für alle Träger unabhängig von der Erlaubnispflicht (RN 2.1)

– gleichzeitig mit der Aufnahme des Heimbetriebs (Abs. 1),

– bei Veränderungen während des Heimbetriebs gem. Abs. 2,

    – sobald die Absicht besteht, den Heimbetrieb (teilweise) einzustellen oder die Vertragsbedingungen wesentlich zu verändern (Abs. 3).

Nach Abs. 1 und 2 sind die Tatsachen, nach Abs. 3 bereits die Absicht anzeigepflichtig. **Anzeigepflichtig** ist der Betreiber, auch wenn er im Innenverhältnis diese Aufgabe einem Angestellten übertragen hat.

Durch die Vorschrift soll die zust. Behörde fortlaufend über die Situation der Heime informiert werden.

4   Die Erteilung der **Erlaubnis** und die **Betriebsaufnahme** können zeitlich erheblich differieren. Gegenüber dem Erlaubnisantrag werden für die Anzeige ergänzend gefordert: berufliche Ausbildung und beruflicher Werdegang des Leiters sowie d. vorläufige Heimordnung (s. dazu RN 4 zu § 30 HeimMitwV).

5   Das HeimG unterscheiden zwischen **Träger und Leiter** des Heimes, bestimmt aber nicht, wie die Leitung sichergestellt werden muß. Leitungsteams, die es in vielen Heimen gibt, sind zulässig; s. dazu § 2 Abs. 3 HeimPersV. Bei **kollegialer Leitung** muß die Eignung für alle vorhanden und die gesamte Aufgabe der Leitung abgedeckt sein, wie beim Heimleiter. S. dazu §§ 2, 3 HeimPersV. Die Anzeige nach Abs. 1 hat die erforderlichen Angaben für jede dieser Personen zu enthalten. Eine Anzeige nach Abs. 2 ist erforderlich, wenn auch nur eine Person des Leitungsteams ausscheidet oder neu eingestellt wird. Ob durch ein Leitungsteam das gesamte Aufgabenspektrum kompetent abgedeckt wird, ergibt sich aus der Aufgabenverteilung. Wird diese verändert, so bedarf es nach dem Zweck der Bestimmung einer Anzeige.

6   Zu **Musterverträgen** und **Heimordnung** s. § 4 RN 10-12; zu **Satzung** § 6 RN 6.

7   **Anzeigepflicht während des Heimbetriebs** (Abs. 2): "Ferner" bedeutet, daß auch die in Abs. 1 S. 2 und 3 genannten Tatsachen bei Veränderungen anzuzeigen sind; z. B. Wechsel nicht erlaubnispflichtiger Träger, **Betriebsänderungen** u. ä. (S. dazu § 6 RN 9). Eine Betriebsänderung liegt u. a. vor, wenn die Erlaubnis für ein Altersheim erfolgte, tatsächlich aber nach der Zusammensetzung der Bewohner und der tatsächlichen Betreuung ein Pflegeheim betrieben wird. Aus einer solchen Nutzungsänderung ergeben sich andere Anforderungen an den Heimbetrieb, die einer neuen Erlaubnis bedürfen. Die Nutzung von Heimplätzen als **Kurzzeitpflegeplätze** erscheint anzeigepflichtig (s. Dahlem / Giese § 7 RN 7.)

8   Die Verpflichtungen zu Anzeigen nach Abs. 1 und 2 sind enumerativ. Anderes (z. B. freiwerdende Plätze, s. § 8 Abs. 1 Nr. 2) ist nicht anzeigepflichtig.

9   Nach **Abs. 3** ist anzeigepflichtig bereits die **Absicht**

a)   den Heimbetrieb ganz oder teilweise einzustellen oder

b)   die Vertragsbedingungen wesentlich zu verändern.

Die Stillegung nicht / oder nicht mehr genutzter Kapazitäten ist als teilweise Einstellung zu bewerten. A. A. Dahlem / Giese, § 7 RN 9, die dann Anzeigepflicht nach Abs. 2 annehmen. **Kapazitätseinschränkungen** können die Wirtschaftlichkeit eines Heimes und insoweit auch die wirtschaftliche Leistungsfähigkeit (§ 6 Abs. 3 Nr. 1) beeinflussen. So bereits die Anzeigepflicht nach Abs. 2. Eine teilweise Einstellung des Heimbetriebes wird immer dann vorliegen, wenn mehrere Heimverträge gekündigt oder nicht mehr erfüllt werden können.

Die Pflicht zur unverzüglichen Mitteilung nach Abs. 3 bezieht sich auf die Planung des Heimbetreibers, d. h. auf seine konkreten Vorstellungen und die bisher eingeleiteten Maßnahmen. Es besteht keine Pflicht die geplante Einstellung zu rechtfertigen und deren Unumgänglichkeit zu begründen. Die Einstellung des Heimbetriebes ist für sich weder genehmigungspflichtig noch eine Straftat oder Ordnungswidrigkeit. Dazu Gutachten DV in NDV 5/1993 S. 194.

Wegen ev. **Schadensersatzansprüche** der Bewohner / Bewerber vergl. auch § 325 BGB.

Wesentliche Änderungen der Vertragsbedingungen müssen §§ 4-4d beachten. Wesentliche Änderungen können sein: Veränderung von Regelleistungen, Verlagerung oder Einschränkung von Therapien oder Rehabilitation, Erweiterung des Leistungsangebots. Auch die nicht nur geringfügige Erhöhung von Entgelten ist anzeigepflichtig (s. auch Dahlem / Giese § 7 RN 10 und Gitter / Schmitt Anm. VI. 2).

10   **Aus der Rechtsprechung:**

Wird ein Heim von zwei Personen geleitet, muß das Ausscheiden einer dieser Personen als Wechsel in der Heimleitung gemäß § 7 Abs. 2 HeimG angezeigt werden. AG Saarbrücken, Beschl. v. 2. 8. 1982, 2-166/82 bestätigt durch OLG Saarbrücken, Beschl. v. 23. 3. 1983, 55 (B) 328/83; zitiert nach Dahlem / Giese RN 11.

11   **Aus dem Schrifttum:** Hoffmann / Klinger, Wer ist Heimleiter? AH 1987.126 ff, 151 ff.

§ 8 Aufzeichnungs- und Aufbewahrungspflicht

(1) Der Träger eines Heims hat nach den Grundsätzen einer ordnungsmäßigen Buchführung Aufzeichnungen über den Betrieb des Heims zu machen, aus denen insbesondere ersichtlich sind

1. die Geschäftsvorfälle und die Vermögenslage des Heims,

2. die Zahl und die Art der vorhandenen und der belegten Heimplätze,

3. Name, Vorname, Geburtstag, Anschrift und Ausbildung der Beschäftigten, deren regelmäßige Arbeitszeit, die von ihnen in dem Heim ausgeübte Tätigkeit und die Dauer des Beschäftigungsverhältnisses.

(2) Der Träger eines Heims hat Aufzeichnungen nach Absatz 1 sowie sonstige Unterlagen und Belege über den Betrieb eines Heims zur Einsichtnahme durch die zuständige Behörde fünf Jahre aufzubewahren.

(3) Der Bundesminister für Jugend, Familie, Frauen und Gesundheit legt durch Rechtsverordnung mit Zustimmung des Bundesrates Art und Umfang der in den Absätzen 1 und 2 genannten Pflichten und das einzuhaltende Verfahren näher fest.

(4) Weitergehende Pflichten des Trägers eines Heims nach anderen Vorschriften oder auf Grund von Pflegesatzvereinbarungen bleiben unberührt.

1 **Zur geltenden Fassung**

Die Vorschrift wurde durch das 1. ÄG neu gefaßt. Die Ermächtigung der a. F., in der RechtsVO Meldepflichten über den Personalstand, Sterbefälle u. a. zu erlassen, wurde gestrichen. Andererseits wurde die Ermächtigung nach Abs. 3 a. F. auf Grund der Stellungnahme des BR in der geltenden Fassung zu einer Verpflichtung (BT-Drs. 11/5120, S. 22 und S. 25). Zu beabs. Änderung des Abs. 3 s. Einl. RN 12 und Anhang (PflegeVG-E bei Nr.4).

2 **Aus den Gesetzesmaterialien**

2.1 **Aus Begründung d. BReg** zur n. F., BT-Drs. 11/5120, S. 16 f.

In der Vergangenheit, insbesondere bei den Bemühungen um den Erlaß einer Heimbuchführungsverordnung, blieb letztlich offen, was unter der in § 8 Abs. 1 aufgeführten Pflicht, Bücher zu führen, zu verstehen ist und wie weit der Rahmen der Ermächtigung zum Erlaß der genannten Verordnung gezogen ist. Insbesondere war umstritten, ob alle Heimträger neben einer kaufmännischen Buchführung auch andere Aufzeichnungen über den Betrieb der Einrichtung, wie dies die Länderverordnungen aufgrund des § 38 Satz 1 Nr. 10 der Gewerbeordnung vorsehen, zu machen haben. Die neue Fassung des § 8 stellt dies nunmehr klar und legt zwei Pflichten des Heimträgers fest: Einmal hat er **Aufzeichnungen** über den Betrieb des Heims zu machen. Zum anderen hat er diese **Aufzeichnungen** neben anderen den Betrieb der Einrichtung betreffenden Unterlagen und Belegen aufzubewahren, um der zuständigen Behörde im Rahmen ihrer Überwachungsaufgabe Einsichtnahme gewähren zu können. Auf eine detaillierte Regelung im Gesetz wird verzichtet. Sie bliebt aufgrund der Ermächtigung des Absatzes 3 einer später zu erlassenden Rechtsverordnung vorbehalten.

Gleichwohl erscheint es wegen ihrer erheblichen praktischen Bedeutung angezeigt, in drei Punkten den Inhalt der Aufzeichnungspflicht im Gesetz hervorzuheben:

Es müssen Aufzeichnungen gemacht werden, aus denen die **Geschäftsvorfälle** und die **Vermögenslage** des Heims hervorgeht. Das erfordert im Regelfall die doppelte kaufmännische oder eine zumindest entsprechend modifizierte kameralistische Buchführung. Allerdings gibt es Verpflichtungen zur Führung bestimmter kaufmännischer Bücher bereits aufgrund anderer Gesetze. Das sind vor allem steuerrechtliche (§§ 140 ff. Abgabenordnung, § 22 Umsatzsteuergesetz) und handelsrechtliche Bestimmungen (§§ 238 ff. Handelsgesetzbuch, §§ 148 ff. Aktiengesetz, §§ 41 ff. Gesetz betreffend die Handelsgesellschaft mit beschränkter Haftung, §§ 31 ff. Genossenschaftsgesetz). Soweit der Träger aufgrund dieser Bestimmungen Aufzeichnungen erstellt hat, kommt er seinen Pflichten nach § 8 nach. Weitergehende Pflichten des Trägers aufgrund dieser oder anderer gesetzlicher Bestimmungen oder aufgrund von Vereinbarungen bleiben durch die Regelung des § 8 unberührt (Absatz 4).

Für einen ordnungsmäßigen Heimbetrieb und eine sachgerechte Überwachung durch die zuständige Behörde ist es ferner unentbehrlich, daß die Zahl und die Art der vorhandenen und der belegten Heimplätze ersichtlich gemacht wird. Nach Absatz 1 Nr. 2 sind hierzu entsprechende Aufzeichnungen zu erstellen. Das gleiche gilt für die unter Nummer 3 vorgesehene Aufstellung über Beschäftigte, deren regelmäßige Arbeitszeit und die von ihnen in dem Heim ausgeübte Tätigkeit. Damit sollen zugleich **daten**schutzrechtliche Bedenken ausgeräumt werden, die ohne eine besondere gesetzliche Grundlage bei einer dateimäßigen Erfassung der Beschäftigten nach §§ 1, 2, 9 und 23 Bundesdatenschutzgesetz oder nach den ihnen entsprechenden datenschutzrechtlichen Vorschriften der Länder entstehen könnten.

Um die Verwertung der Aufzeichnungen, insbesondere durch **Einsichtnahme der zuständigen Behörde** bei der Überwachung, zu gewährleisten, müssen sie aufbewahrt werden. Dies gilt in gleicher Weise auch für andere den Heimbetrieb betreffende Unterlagen und

Belege des Heimträgers. Hierzu gehören auch Heimverträge, Heimordnungen sowie Unterlagen, die dem Heimträger als Werbematerial für potentielle Heimbewohner dienen.

Die bisherige Fassung des § 8 enthält in Absatz 2 Nr. 2 die Ermächtigung, durch **Rechtsverordnung** Vorschriften über die Meldepflichten des Heimträgers sowie über den Personalbestand, die Zahl der belegten Plätze, die Sterbefälle und besondere Vorkommnisse in einer Einrichtung zu erlassen. Auf die Aufnahme dieser in der Praxis umstrittenen Ermächtigung wird in der Neufassung des § 8 verzichtet, nachdem die für die Durchführung des Heimgesetzes zuständigen Länder ein gesetzliches Regelungsbedürfnis verneint haben. Soweit diese Angaben benötigt würden, bedürfe es keiner besonderen Meldepflicht. Die Behörde erhalte entsprechende Informationen bereits aufgrund der Anzeigepflicht nach § 7 oder im Rahmen der von ihr durchzuführenden Überwachung gemäß §§ 8 und 9 des Gesetzes.

2.3 **Begr. des BR für die Änderung**, BT-Drs. – 11/5120, S. 22.

Den in § 8 Abs. 1 und 2 normierten Aufzeichnungs- und Aufbewahrungspflichten kommt hinsichtlich der Überwachung einer **ordnungsgemäßen Wirtschaftsführung** besondere Bedeutung zu. Es ist daher erforderlich, die Durchführung dieser Vorschriften durch eine Rechtsverordnung bundeseinheitlich zu regeln und auf diesem Wege auch für den Träger eines Heims durch die nähere Bestimmung der in § 8 Abs. 1 und 2 genannten Pflichten einen Zustand weitestgehender Rechtssicherheit zu schaffen.

2.4 **Beschluß des Bundestages**, BT-Drs. 11/6622, S. 3, II.

Ebenfalls wird die Bundesregierung aufgefordert, im Rahmen der Rechtsverordnung zu § 8 Regelungen zur Aufzeichnungspflicht bei **freiheitsentziehenden** oder **freiheitsbeschränkenden Maßnahmen** gegenüber Heimbewohnern aufzunehmen.

3 **Zweck** der Vorschrift ist es, den zust. Behörden die Grundlagen für eine wirkungsvolle Überwachung zu geben.

– Es sind Aufzeichnungen zu machen (Abs. 1 Nr. 1-3),

– diese sind fünf Jahre aufzubewahren (Abs. 2),

– die zust. Behörde hat das Recht der Einsichtnahme.

4 Die **Art der Aufzeichnungen** wird nicht vorgeschrieben; sie müssen nach Art und Umfang dem Zweck der Vorschrift entsprechen. S. RN 2.3. Die Aufzählung in Abs. 1 Nr. 1 bis 3 ist nicht abschließend ('insbesondere'). Die zust. Behörde kann weitere erforderliche Aufzeichnungen verlangen.

5 Zu den **Geschäftsvorfällen**, die aufzuzeichnen sind gehören **zum Beispiel**

– Inseratensammlung, Werbematerial u. ä.,

– Abschluß von Heimverträgen und Vorverträgen,

- Entgegennahme von Bürgschaften für die Heimkosten,
- Maßnahmen zur Sicherung der ärztlichen und gesundheitlichen Betreuung (Verträge, Delegation ärztl. Tätigkeiten an nichtärztl. Fachpersonal, Therapie, Reha usw.),
- pflegerische Betreuung s. a. RN 2.4 und Pflegedokumentation,
- Wohnverhältnis der Bewohner und Brandschutz,
- Maßnahmen und Vorfälle zur Verkehrssicherungspflicht im Heim,
- Hygiene und Desinfektion,
- Verpflegung der Bewohner, Speisepläne und Essenszeiten,
- Veranstaltungen für Bewohner im Heim und außerhalb,
- Zusammenarbeit mit dem Heimbeirat,
- Schutz der Sozialdaten der Bewohner s. SGB X §§ 67 ff; zu Sozialgeheimnis s. SGB I § 35.

Die Konkretisierung, was Geschäftsvorfälle sind, wird von der RechtsVO abhängen. Daß sie noch nicht vorliegt, macht u. a. deutlich, wie stark die Widerstände gegen sie sind, obwohl BTag und BR die Pflicht zum Erlaß in Abs. 3 festlegten.

Abs. 3: Ein Versuch der BReg eine HeimBuchV zu erlassen (BR-Drs. 341/82 v. 27. 8. 82), führte nicht zum Erfolg; er wurde bisher nicht wiederholt.

Solange die VO nicht erlassen ist, geben die **Heimverordnungen der Länder** wichtige Hinweise; z. B. NRW v. 23. 8. 1968 (GVBl. S. 319):

§ 10 Buchführung

(1) Der Gewerbetreibende hat nach den Grundsätzen ordnungsmäßiger Buchführung Aufzeichnungen zu machen sowie Unterlagen und Belege übersichtlich zu sammeln. Die Aufzeichnungen sind unverzüglich und in deutscher Sprache vorzunehmen.

(2) Aus den Aufzeichnungen, Unterlagen und Belegen müssen ersichtlich sein:

1. Vor- und Zuname, Geburtsdatum, Geburtsort und letzte Wohnung der Heimbewohner, der Tag ihres Auszugs oder ihres Todes sowie Name und Anschrift eines der nächsten Angehörigen.

2. die hinsichtlich des Heimaufenthaltes getroffenen Vereinbarungen einschließlich nicht nur gelegentlicher Neben- oder Sonderleistungen sowie das hierfür vereinbarte Entgelt,

3. die Zahlungen auf die in Nr. 2 genannten Leistungen nach Art, Betrag und Datum,

4. die zur Verwahrung übergebenen Geldbeträge, Schmucksachen, Wertpapiere oder sonstigen Gegenstände sowie deren Verbleib,

5. Vor- und Zuname, Geburtsdatum, Geburtsort und Wohnung der im Heim Beschäftigten sowie der Ausbildungs- und Berufsweg des Pflegepersonals,

6. die auf Grund von Rechtsvorschriften erforderlichen Gesundheitszeugnisse der im Betrieb Beschäftigten,

7. die Heimordnung, soweit eine solche besteht.

§ 11 Inseratensammlung

Je ein Stück sämtlicher Veröffentlichungen und Werbeschriften, insbesondere der Inserate und Prospekte, in denen der Gewerbetreibende Leistungen der in § 1 bezeichneten Art ankündigt, ist in der Reihenfolge des Erscheinens übersichtlich zu verwahren. Die gesammelten Inserate müssen einen Hinweis auf die Bezeichnung der Druckschrift und den Tag ihres Erscheinens enthalten. Bei gleichlautenden Dauerinseraten genügt als Beleg die erstmalige Veröffentlichung mit einem Vermerk über alle weiteren Erscheinungstage.

§ 12 Aufbewahrung

(1) Die Geschäftsunterlagen im Sinne der §§ 10 und 11 sind bis zum Schluß des fünften auf den Zeitpunkt ihrer Entstehung folgenden Kalenderjahres aufzubewahren. Die Aufbewahrungsfrist endet hiervon abweichend...

6   Die Aufzeichnungen über die **Vermögenslage** müssen alles enthalten, was zur Beurteilung der wirtschaftlichen Leistungsfähigkeit des Heimes (§ 6 Abs. 3 Nr. 1) erforderlich ist. S. u. a. § 14 Abs. 2-4 u. § 5 HeimsicherungsV.

7   Bei den **Heimplätzen** haben die Aufzeichnungen zu trennen nach vorhandenen und belegten Plätzen.

8   Die Aufzeichnungen über die **Beschäftigten** hat im Hinblick auf § 6 Abs. 3 Nr. 3 und auch wegen der HeimPersV große Bedeutung. Nach der jetzigen Rechtslage (Abs. 1 Nr. 3) wird den zust. Behörden Einsichtnahme in die Personallisten gewährt.

9   **Abs. 4** stellt klar, daß weitergehende Pflichten unberührt bleiben. S. dazu RN 2.3.

126

§ 9 Überwachung

(1) Die Heime werden durch wiederkehrende Prüfungen der zuständigen Behörden überwacht. Der Träger und der Leiter des Heims haben den zuständigen Behörden die für die Durchführung dieses Gesetzes und der auf Grund dieses Gesetzes erlassenen Rechtsverordnungen erforderlichen mündlichen und schriftlichen Auskünfte innerhalb der gesetzten Frist und unentgeltlich zu erteilen.

(2) Die von der zuständigen Behörde mit der Überwachung des Heims beauftragten Personen sind befugt, die für das Heim benutzten Grundstücke und Räume, soweit diese nicht einem Hausrecht der Bewohner unterliegen, während der üblichen Geschäftszeit zu betreten, dort Prüfungen und Besichtigungen vorzunehmen, in die geschäftlichen Unterlagen des Auskunftpflichtigen Einsicht zu nehmen, sich mit den Bewohnern in Verbindung zu setzen und die Beschäftigten zu befragen. Zur Verhütung dringender Gefahren für die öffentliche Sicherheit und Ordnung können die Grundstücke und Räume auch außerhalb der in Satz 1 genannten Zeit und auch, wenn sie zugleich Wohnzwecken des Auskunftspflichtigen dienen, betreten werden. Der Auskunftspflichtige hat die Maßnahmen nach den Sätzen 1 und 2 zu dulden. Das Grundrecht der Unverletzlichkeit der Wohnung (Artikel 13 des Grundgesetzes) wird insoweit eingeschränkt.

(3) Der Auskunftspflichtige kann die Auskunft auf solche Fragen verweigern, deren Beantwortung ihn selbst oder einen der in § 383 Abs. 1 Nr. 1 bis 3 der Zivilprozeßordnung bezeichneten Angehörigen der Gefahr strafgerichtlicher Verfolgung oder eines Verfahrens nach dem Gesetz über Ordnungswidrigkeiten aussetzen würde.

1 **Zur geltenden Fassung**

Sie geht auf den § 8 im BRatE v. 7. 7. 1972 – BR-Drs. 173/72 (Beschluß) ≙ BT-Drs. 7/180 – zurück, der sie auch jetzt noch im wesentlichen entspricht. Die zeitl. Beschränkung des Betretungsrechtes und Abs. 2 S. 2 entsprechen einer Initiative des BTA. Abs. 1 S. 1 ist durch das 1. ÄG eingefügt. Zur Auseinandersetzung über die Vorschrift s. RN 2.1; 2.2; 2.4

Hinsichtlich der beabsichtigten Anfügung eines Abs. 4 s. Anhang (PflegeVG-E bei Nr.5).

2 **Aus den Gesetzesmaterialien**

2.1 Aus der **Begründung des BRatE** (BT-Drs. 7/180, S. 11).

Diese Vorschrift enthält über die auf Grund des § 7 zu begründenden Melde- und Buchführungspflichten hinausgehende **Auskunfts- und Duldungspflichten** sowohl des Trägers als auch des Leiters der Einrichtung. Sie sollen eine wirksame Überwachung der vom Gesetz erfaßten Einrichtungen gewährleisten. Mit Absatz 1 sollen alle Auskünfte sichergestellt werden, die zur Durchführung des Gesetzes und der hierzu erlassenen Rechtsverordnungen erforderlich sind. Die Auskünfte sind je nach Wunsch der zuständigen Behörde in mündlicher oder schriftlicher Form, und zwar innerhalb einer eventuell gesetzten Frist, zu erteilen. Eine Erstattung von Auslagen für die Übermittlung der Auskunft kommt ebensowenig in Betracht wie eine Erstattung von Aufwendungen und sonstigen **Kosten** für die evtl. notwendige Beschaffung von Informationen oder Unterlagen durch den Auskunftspflichtigen.

Der Absatz 2 ermöglicht die **Prüfung an Ort und Stelle,** ob die zu diesem Gesetz erlassenen Rechtsverordnungen eingehalten, etwa erteilte Auflagen oder Anordnungen befolgt werden und ob das Wohl der Bewohner nicht beeinträchtigt oder gefährdet wird. Die mit der Überwachung beauftragten Personen werden deshalb ermächtigt, unerwartet Kontrollen vorzunehmen und zu diesem Zweck die für die Einrichtung benutzten Grundstücke und Räume zu betreten. Die in diesem Zusammenhang verfügte Einschränkung des **Grundrechts** nach Artikel 13 des Grundgesetzes gilt, wie sich aus dem Wortlaut der Vorschrift ergibt, nur gegenüber dem Träger und dem Leiter einer Einrichtung. Ein eventuelles Hausrecht der Bewohner, das z. B. bei Altenwohnheimen regelmäßig gegeben sein dürfte, bleibt unberührt und auf jeden Fall zu respektieren, sofern nicht andere Rechtsgrundlagen für ein Eindringen, so insbesondere das Polizeirecht, in Betracht kommen. Die den mit der Überwachung betrauten Bediensteten ferner eingeräumte **Befugnis**, mit den Bewohnern und dem Personal einer Einrichtung Verbindung aufzunehmen, dient einem doppelten Zweck: einmal soll der unmittelbare Kontakt mit dem genannten Personenkreis dazu beitragen, etwaige Mißstände in der Führung einer Einrichtung aufzudecken. Zum anderen soll dadurch erreicht werden, daß unbegründete Beanstandungen an Ort und Stelle geklärt werden können.

Der Absatz 3 enthält die übliche Bestimmung, die den Auskunftspflichtigen von der Beantwortung einzelner Fragen unter den angeführten Voraussetzungen freistellt.

2.2 Aus dem **Bericht des BTA** – BT-Drs. 7/2068, S. 7.

Absatz 2 der Vorschrift war, nicht zuletzt im Hinblick auf die durchweg ablehnenden Stellungnahmen der betroffenen Verbände, Gegenstand der ausführlichen Diskussion im Ausschuß. Ohne Zweifel stellt die Regelung dieser Vorschrift den weitestgehenden Eingriff in Rechte des Heim-Trägers bzw. -Leiters dar, den das Gesetz vorsieht. Träger und Leiter haben das Betreten der Einrichtung und Kontrollen an Ort und Stelle zu dulden. Der Ausschuß war mit den Betroffenen der Auffassung, daß ein so intensives Kontrollrecht in bezug auf den weitaus größten Teil der Heime nicht erforderlich wäre. Dem steht jedoch das erklärte Ziel des Entwurfs und das ausdrückliche Anliegen des Ausschusses gegenüber, die Voraussetzung dafür zu schaffen, daß Mißstände dort, wo sie vorhanden sind, abgestellt werden können, und in Zukunft **Mißstände** von vornherein **verhindert** werden. Zu diesen Voraussetzungen gehört das Recht der zuständigen Behörde, falls erforderlich, an Ort und Stelle zu prüfen, ob die zu dem Gesetz erlassenen Rechtsverordnungen eingehalten, etwa erteilte Auflagen oder Anordnungen befolgt und ob insgesamt die Interessen und Bedürfnisse der Bewohner nicht beeinträchtigt oder gefährdet werden. Der Schutz der Bewohner gerade in kritischen Fällen rechtfertigt also nach übereinstimmender Auffassung des Ausschusses grundsätzlich Kontrollen. Keinesfalls wird damit ein generelles Mißtrauen gegen bestimmte Heime oder Träger zum Ausdruck gebracht. Wenn dann noch in Betracht gezogen wird, daß nach der Entscheidung des Ausschusses den Kontrollen grundsätzlich die beratende Aufsichtsführung vorauszugehen hat, können nach Meinung des Ausschusses die betroffenen Träger die vorgesehene Regelung nicht als diskriminierend ansehen.

Hervorzuheben ist bereits an dieser Stelle die übereinstimmende Forderung des Ausschusses, mit der Kontrolle und der Nachschau nur solche Personen zu beauftragen, die für diese Aufgabe qualifiziert sind. Dieses Anliegen hat der Ausschuß ausdrücklich in § 16 formuliert. Unterschiedliche Auffassungen wurden im Ausschuß hinsichtlich des Umfangs der Kontrollrechte vertrete. Die aus der Zusammenstellung ersichtliche, von der Mehrheit beschlossene Fassung beschränkt die **Kontrollrechte** gegenüber dem Entwurf zeitlich auf die übliche Geschäftszeit. Der Ausschuß ließ sich davon leiten, daß eine Prüfung zu anderen Zeiten im Normalfall nicht nur nicht erforderlich sein dürfte, sondern eine nicht zu vertretende Störung des Heimlebens und der Bewohner bedeuten würde. Gerade auch unter dem Gesichtspunkt, unnötige Unruhe von den Heimbewohnern fernzuhalten, würde es der Ausschuß für richtig halten, wenn die zuständige Behörde trotz der grundsätzlichen Berechtigung zu **unerwarteten Kontrollen** eine vorgesehene Prüfung der Heimleitung möglichst einen Tag vor dem Prüfungstermin ankündigen würde. Zweck und Erfolg der Kontrolle würden dadurch nicht beeinträchtigt.

Kontrollen außerhalb der üblichen Geschäftszeit sind nach Absatz 2 Satz 2 nur zur Verhütung dringender Gefahren für die öffentliche Sicherheit und Ordnung erlaubt. Nur unter dieser qualifizierten Voraussetzung dürfen auch Räume betreten werden, die zugleich Wohnzwecken des Auskunftspflichtigen, also im Normalfall des Heimleiters, dienen. Diese Sonderregelung schien der Mehrheit im Ausschuß erforderlich, weil der oder die Heimleiter häufig in der Einrichtung selbst wohnen und ihre geschäftlichen Unterlagen in der Wohnung aufbewahren. Die Unterlagen würden andernfalls nur mit Hilfe eines richterlichen Durchsuchungsbefehls greifbar werden. Die Fraktion der CDU/CSU hielt die von der Mehrheit im Ausschuß vertretene Regelung nicht mit der in § 2 Abs. 2 garantierten Selbständigkeit der Träger für vereinbar und nicht durch den Zweck des Gesetzes gedeckt. Ihr Antrag, das Kontrollrecht nach § 8 Abs. 2 im Normalfall auf das Recht zu beschränken, die für die Einrichtung benutzten Grundstücke und Räume zu betreten, dort Besichtigungen vorzunehmen und sich mit den Bewohnern in Verbindung zu setzen, die weitergehende Befugnis zur Vornahme von Prüfungen, Einsichtnahme in die geschäftlichen Unterlagen des Auskunftspflichtigen und Befragung von Beschäftigten demgegenüber nur einzuräumen, sofern Anhaltspunkte für Tatsachen vorlägen, die nach § 5 Abs. 3 die Versagung der Erlaubnis rechtfertigen könnten, fand jedoch keine Zustimmung. Die Mitglieder der Koalition traten diesem Vorschlag insbesondere mit dem Argument entgegen, daß die 2. Stufe der Kontrolle für den betroffenen Heimträger und -leiter stets mit dem Makel des Verdachts auf Vorliegen von Versagungsgründen behaftet sei und deshalb in jedem Falle diskriminierende Wirkung haben werde. Eine solche Regelung würde also den Interessen der Träger und Leiter selbst zuwiderlaufen.

2.3 Begründung der BReg zum 1. ÄG – BT-Drs. 11/5120, S. 17.

Die Verwirklichung der vom Heimgesetz angestrebten Ziele ist nicht allein eine Frage sachgerechter und eindeutiger Normierung. Ebenso wichtig ist es, daß die Bestimmungen in der Praxis auch voll durchgesetzt werden. Deshalb kommt der Überwachung erhebliche Bedeutung für die Situation der Bewohner in den einzelnen Heimen zu. Auch die bisherige Fassung des Gesetzes geht von einer Überwachung der Heime durch die zuständigen Behörden aus, ohne dies jedoch ausdrücklich zu erwähnen. Durch Änderung und Ergänzung des § 9 in Überschrift und Text wird die **Notwendigkeit der Überwachung** unterstrichen und zugleich verdeutlicht, daß sie in wiederkehrenden Prüfungen durch die zuständige Behörde besteht. Ihre Ausgestaltung bestimmt sich nach Lage des jeweiligen Einzelfalls. Sie können **regelmäßig oder unregelmäßig** und in längeren oder kürzeren Zeitabständen durchgeführt werden.

2.4 Beschluß des Bundestages zum 1. ÄG – BT-Drs 11/6622, S. 3. Zustimmung BT: Plenarprotokoll 11/202 S. 15651 D.

Die Bundesregierung wird aufgefordert, in Zusammenarbeit mit den Ländern auf eine **verbesserte Praxis** bei der Überwachung der Heime hinzuwirken. Hierbei ist insbesondere darauf zu achten, daß die Überwachung der Heime in zeitlich angemessenen Abständen, auch ohne vorherige Anmeldung, von der zuständigen Behörde durchgeführt wird.

3 **Zweck der Vorschrift** ist, den zust. Behörden (zus. mit den Vorschriften der §§ 6-8) eine sachgerechte Überwachung zu ermöglichen, um Mängel zu verhindern oder rechtzeitig abzustellen (§§ 11 ff). Die zust. Behörden können (und müssen u. U.) aus eigener Initiative tätig werden. Überwachung und Beratung nach § 11 sind im Zusammenhang zu sehen. Gemäß § 2 Abs. 2 erfordert das von den zust. Behörden eine kooperative Zusammenarbeit mit den Trägern – sofern dadurch nicht die Interessen und Bedürfnisse der Bewohner beeinträchtigt werden (§ 2 Abs. 1). Die **Qualitätssicherung** fällt in die Verantwortung der Träger, ihre wiederkehrende Prüfung in die der zust. Behörden.

4 Die Vorschrift gilt **für alle Träger**; auch für Heime in kirchlicher Trägerschaft. S. a. Dahlem / Giese, § 9 RN 3 unter Hinweis auf OVG Koblenz, Urt. v. 6. 12. 1988, AH 1989. 218 ff; s. a. Einl. 3.1 u. § 1 RN 20.

5 Die **Überwachung** erfolgt durch wiederkehrende Prüfungen (RN 2.4). Zu prüfen ist nur, was heimrechtlich von Bedeutung ist. Anderes ist den zust. Beh. verwehrt. Sie dürfen nicht für andere Behörden oder Stellen Kontroll- oder Aufsichtsfunktionen ausführen. S. a. § 2 RN 8.7. Der Umfang der Überwachung wird durch die Interessen und Bedürfnisse der Bewohner bestimmt. Diese sind vollständig, gründlich und sachkundig zu überwachen; z. B. die Unterbringung (§ 1 Abs. 1 S. 2), die Vertragserfüllung (§§ 4-4d), die Mitwirkung der Bewohner (§ 5) und alles was in §§ 6-8 als Voraussetzung für die Erlaubnis oder als Pflicht vorgeschrieben ist. Dabei ist das Prinzip der **Verhältnismäßigkeit** und **Zweckmäßigkeit** zu beachten. Zur ev. Amtshaftung s. § 18 RN 9.

6 **Rechte der zust. Behörden:** Sie können

– fristgerechte mündl. oder schriftl. **Auskünfte** unentgeltlich verlangen (Abs. 1 S. 2), und sie haben ein

– **Betretungs-, Prüfungs- und Besichtigungsrecht** der für zu das Heim genutzten Grundstücke und Räume während der üblichen Geschäftszeit (Abs. 2 S. 1); zum erweiterten Betretungsrecht s. Abs. 2 S. 2.

– Sie haben das Recht der **Einsichtnahme** in die geschäftlichen Unterlagen des Auskunftspflichtigen und

– das **Kontaktrecht zu den Bewohnern** (Abs. 2 S. 2) sowie

– das **Befragungsrecht der Beschäftigten** (Abs. 2 S. 2).

7 **Zu einzelnen Rechten:**

7.1 Es sind **wiederkehrende Prüfungen** vorgeschrieben. Das G schreibt über ihre Durchführung (s. dazu RN 2.2 Abs. 2 sowie 2.4) und ihre Häufigkeit nichts vor. Zur Beteiligung s. § 10 und zur Prüfung ohne Anmeldung RN 2.4. Werden gebotene Überprüfungen unterlassen, können Amtspflichtverletzungen vorliegen mit der Folge von Amtshaftungen (§ 839 BGB i. V. mit Art. 34 GG).

7.2 Die **Überwachung** erfolgt durch die zust. Behörde und / oder **beauftragte Personen.** Letztere können Angehörige der Behörde oder, unter der Voraussetzung einer ausdrücklichen Beauftragung (s. a. Kunz / Ruf / Wiedemann, Rz. 8 und Dahlem / Giese RN 14), andere Behörden im Wege der Amtshilfe oder Sachverständige (Wirtschaftsprüfer, Pflegefachkräfte u. a.) sein.

7.3 **Auskunftspflichtig** sind der Träger und der Leiter (Abs. 1 S. 2), nicht andere Personen; auch nicht solche, deren sich die Auskunftspflichtigen für den Betrieb des Heimes bedienen wie Buchführungsinstitute, Reinigungsbetriebe u. a. Im Rahmen der Überwachung besteht für die Auskunftspflichtigen eine **Duldungspflicht** (Abs. 2 S. 3.); sie müssen jeden aktiven oder passiven Widerstand unterlassen. Ihnen obliegt sogar eine Mitwirkungspflicht. Sie haben die erforderlichen Auskünfte zu erteilen, die geschäftlichen Unterlagen zur Einsichtnahme vorzulegen und ggfs. zu beschaffen; z. B. wenn sie sich bei einer zentralen Buchungsstelle befinden. S. a. Dahlem / Giese Nr. 15.

7.4 **In der üblichen Geschäftszeit:** Dabei kann nicht nur auf die Ladenschlußzeiten abgestellt werden. Überwachungen sollen so erfolgen, daß nicht zu vertretende Störungen des Heimlebens und der Bewohner vermieden werden (RN 2.2 Abs. 2). Zur **öffentlichen Sicherheit und Ordnung** s. u. a. Fachlexikon, 3. Aufl., Stichwort Polizeirecht; Creifelds, Rechtswörterbuch, Sicherheit und Ordnung. Eine Gefahr für sie liegt vor, wenn eine Beeinträchtigung zu befürchten ist

7.5 Das **Betretungsrecht** ist auf 'die für das Heim benutzten Grundstücke und Räume' beschränkt (s. a. RN 2.1 u. 2.2). Das sind auch die Geschäftsstelle des Trägers sowie Räume, die für den Heimbetrieb außerhalb des Kernbereichs angemietet sind (z. B. Lebensmittel- oder Materiallager, Gymnastikhalle u. ä.). Es erstreckt sich nicht auf Büros oder Räume anderer Firmen, die z. B. mit der Buchführung des Heimes beauftragt sind, weil diese keine Duldungspflicht haben. (RN 5) A. A. Gössling / Knopp, § 9 Rz. 35 und soweit erkennbar Dahlem / Giese RN 15. Wenn dies zur sachgemäßen Überwachung des Heimes erforderlich ist, hat der Auskunftspflichtige ein Zutrittsrecht zu veranlassen, und er muß u. U. die Nachteile (§§ 12 ff) trage, wenn dies nicht gelingt. – Zur Unverletzlichkeit der Wohnung Abs. 2.4 und RN 7.6; 7.7.

7.6 Das Betretungsrecht besteht nicht für Räume, die einem **Hausrecht** der Bewohner unterliegen. Bewohner sind bei dieser Bestimmung auch der Leiter sowie andere Personen (Personal u. a.), die im Heim wohnen; d. i. eine weitere Fassung als in § 1 Abs. 1 S. 1 u. § 2 Abs. 1 Nr. 1. Das Hausrecht haben **alle Bewohner** an den Räumen, die ihnen zum Wohnen oder Schlafen dienen. Das gilt auch für Bewohner von Altenpflege-/Altenkrankenheimen (S. a. Dahlem / Giese, RN 17, Gössling / Knopp Rz. 29, Kunz / Ruf / Wiedemann Rz. 9). Auch diese nutzen die Zimmer auf Dauer. Die Tatsache, daß bei Ihnen nicht 'Wohnen' sondern 'Pflege' im Vordergrund steht, ändert nichts daran, daß auch sie im Heim ihre (oft letzte) Wohnung haben. S. dazu die Programme der BReg und des KDA 'Wohnen im Pflegeheim'.

Bei **Mehrbettzimmern** üben die Bewohner das Hausrecht gemeinsam aus.

7.7 In der Praxis bedeutet dies, daß die zust. Beh. nur bei Gefahr im Verzug ohne Einwilligung bzw. richterl. Anordnung die Räume, die dem Hausrecht unterliegen, betreten darf. Zur Unverletzlichkeit der Wohnung Art 13 GG; zum Schutz gemischtgenutzter Räume BVerfGE 31.268 ff; 32.54 ff.

7.8 Die Nachschau kann **auch unangemeldet** erfolgen. S. RN 2.4. Dies wird sogar einen eindrucksvolleren, ungeschönteren Einblick in den Heimbetrieb ermöglichen, weil Überbelegungen, unzulässige Fixierungen, der übliche Zustand von Fluren, Sanitärräumen uva. dann nicht so leicht vertuscht werden können. Zu Vorbereitungen bei angekündigten Heimbesichtigungen s. Klie, Heimaufsicht, S. 120 ff. Bei Beschwerden ist unangemeldete Nachschau angezeigt.

In der Praxis erfolgt die Nachschau meist angemeldet auf Grund fachlicher Weisungen der Länder. Als Beispiel ist der Kriterienkatalog von Baden-Württemberg im Anhang abgedruckt. Bei der Nachschau werden idR. Checklisten, Gesprächsanleitungen, Vordrucke u. ä. verwendet. Beispiel einer Absprache unter 7.9. S. dazu Klie a.a.O. S. 185 ff. Zur Beteiligung bei der Nachschau s. § 10.

7.9 **Absprachen zur Anwendung des Heimgesetzes**

Regierungspräsidien und Verbände der Heimträger in Baden-Württemberg haben bezüglich der Durchführung der Heimaufsicht folgende Besprechungsergebnisse erzielt:

1. Einsicht in Pflegedokumentationen

Die Einsichtnahme in die Pflegedokumentationen steht der Heimaufsichtsbehörde, ggf. unter Hinzuziehung eines Arztes des Gesundheitsamtes als Fachberater, zu.

2. Pflegeschlüssel

Es ist nicht Aufgabe der Heimaufsichtsbehörde, die Einhaltung der mit den Kostenträgern der Sozialhilfe vereinbarten Pflegepersonalschlüssel zu überwachen.

3. Ärztliche Verordnungen

Sie sind schriftlich niederzulegen, dies gilt auch für Betreuungsmaßnahmen durch das Heim.

4. Krankenhaushygienerichtlinien

Krankenhaushygienerichtlinien sind auf Heime nicht unmittelbar anwendbar.

5. Kurzzeitpflege und Anwendung des Heimgesetzes

Eine vorübergehende Aufnahme liegt in der Regel nur vor, wenn bei der Aufnahme eines Bewohners durch Vorlage einer Bestätigung eines Dauerpflegeheimes, eines Familienangehörigen oder eines für die Personensorge Verantwortlichen bereits der weitere Aufenthaltsort feststeht.

6. Betreute Altenwohnungen

Betreute Altenwohnungen gleichen von ihrer Organisationsstruktur her dann Heimen und unterliegen der Heimaufsicht, wenn die Inanspruchnahme des abrufbaren Zusatzservices kraft ausdrücklicher Vereinbarung oder im Hinblick auf die Höhe der vereinbarten Grundpauschale bei wirtschaftlicher Betrachtung nicht freiwillig ist.

7. Spenden nach § 14 HeimG

Die Annahme von Spenden aus der Sonntagskollekte bedarf grundsätzlich keiner vorherigen Zustimmung durch die Heimaufsichtsbehörde.

Quelle: Dimensionen 1-2/92, S. 7 f und AH 4/1992 S. 190.

7.10 Zu den **Geschäftlichen Unterlagen** gehören alle Aufzeichnungen zum Betrieb des Heimes, seiner Einrichtung und Finanzierung. Das sind z. B. Selbstkostenblätter, Heimverträge, Heimordnung, Personallisten und Aufzeichnungen über Abwesenheit und den Einsatz des Personals, Dienstpläne, gerichtliche Unterlagen etwa über Anordnungen nach dem Betreuungsrecht (s. Klie, Altenpflege, 1986, 584. ff), freiheitsentziehende Maßnahmen, Pflegedokumentation, die Verwaltung von Barbeträgen nach § 21 BSHG, Organisations- und Strukturpläne der Verwaltung, des Küchen- und des Wirtschaftsbetriebs, Lebensmittelrechnungen usw. – s. a. Dahlem / Giese § 9 RN 20 u. 21. In den Ländern werden idR Prüflisten verwendet.

7.11 Das Recht, sich **mit den Bewohnern in Verbindung** zu setzen (RN 2.1 u. 2.2), kann nicht durch Träger / Leiter etwa unter Berufung auf das Hausrecht untersagt werden (s. Kunz / Ruf / Wiedemann, Rz. 14, Dahlem / Giese RN 22). Es ist kein Recht zur Befragung.

7.12 Das Recht, die **Bediensteten zu befragen,** dient dem Ziel durch persönliche Kontakte mit dem Personal die Interessen und Bedürfnisse der Bewohner besser zu wahren. Allerdings besteht für das Personal keine Duldungspflicht. Sie können die Befragung oder die Beantwortung von Fragen ablehnen. Zur Schweigepflicht s. § 9 BAT u. Sonderregelung 2a Nr. 4.

8   Das Verlangen von Auskünften (Abs. 1 S. 2) und die Nachschau sind **Verwaltungsakte**. S. hierzu VWGO z. B. für Widerspruch (§ 68), Klage, sofortige Vollziehbarkeit (§ 80 Abs. 2 Ziff. 4) usw. u. § 18 RN 10.

9   Die Auskunftspflichtigen können unter den Voraussetzungen des Abs. 3 **Auskünfte verweigern;** s. RN 2.1 u. 12.

10 **Heimaufsicht und Datenschutz:** Heimaufsicht erfordert Informationen, Auskünfte und Einsichtnahme in Unterlagen, die datenrechtlich geschützt sind. § 9 ist eine 'andere Rechtsvorschrift' iS § 3 BDSG. Grundsätzlich gilt, daß – soweit dies zur Erfüllung der Heimaufsicht erforderlich ist – § 9 dem Verbot nach § 45 BDSG vorgeht. Eine Weiterleitung der gewonnenen Erkenntnisse an andere Behörden oder Stellen ist, wegen der Zweckbindung des § 9, nicht zulässig, ausgenommen, wenn die Mitteilungen an die Staatsanwaltschaft oder das Gesundheitsamt erforderlich sind. Zum Datenschutz und zu Auskünften an Sozialhilfeträger s. a. § 2 RN 8.7.

    Andere Vorschriften zur Überwachung oder Kontrolle der Heime (z. B. nach SeuchenG, Brandschutz, Baurecht usw) werden durch § 9 nicht berührt. S. a. Dahlem / Giese, RN 30.

12 **Aus der Rechtsprechung:**

    – Die Auskunftspflicht nach § 9 Abs. 1 S. 2 HeimG besteht auch dann, wenn gewichtige Anhaltspunkte vorhanden sind, daß die Einrichtung unter § 1 HeimG fällt, und das Auskunftsverlangen die einzige oder die am wenigsten einschneidende Maßnahme zur Klärung ist. 'Es ist zudem in einigen Rechtsbereichen anerkannt, daß Auskunftspflichten auch dann bestehen, wenn mit den erforderlichen Auskünften erst geprüft werden soll, ob die zu beurteilenden Betriebe oder Anlagen dem Regelungsbereich der entsprechenden Gesetze unterfallen oder nicht.'

    "Die Meinung des Senats verstößt auch nicht gegen den Grundsatz, daß behördliche Maßnahmen nicht lediglich den Zweck haben dürfen, die den Behörden obliegende Aufsicht zu erleichtern (vgl. dazu BVerwGE 32, 204/206). Durch die Auskunftspflicht wird die Aufsicht über Heime nicht nur erleichtert, sondern gerade in bezug auf die Frage, ob Personen 'nicht nur vorübergehend' aufgenommen werden, erst ermöglicht. Alle anderen Maßnahmen, etwa die unmittelbare Befragung der Heiminsassen oder deren Betreuer oder von Hinterbliebenen, würden derart in das Vertrauensverhältnis zwischen Leitung und Bewohnern der Einrichtung eingreifen, daß sie im allgemeinen zumindest als erste Maßnahme unzulässig wären."

    "Durch das Bestehen eines Auskunftsverweigerungsrechts hinsichtlich einzelner Fragen wird aber die Rechtmäßigkeit des Auskunftsverlangens an sich nicht berührt (vgl. etwa *Jarass* a.a.O.

§ 52 Rn. 25; *Kunig / Schwärmer / Versteyl,* AbfG, 1988, § 11 RN. 26 f). Eine andere Frage ist es, ob die Behörde von Zwangsmitteln Gebrauch machen darf, wenn sich der Betroffene hinsichtlich einer oder aller Fragen zu Recht auf sein Auskunftsverweigerungsrecht berufen kann und auch beruft; selbst bei einem Auskunftsverweigerungsrecht hinsichtlich aller Fragen wird aber das Auskunftsverlangen selbst nicht rechtswidrig."

"Das Auskunftsverlangen nach § 9 Abs. 1 HeimG verstößt nicht gegen Datenschutzbestimmungen, weil die Heimaufsichtsbehörde insoweit im Rahmen ihrer Zuständigkeiten tätig werden, weil die Daten bei den Heimaufsichtsbehörden vertraulich zu behandeln sind und insbesondere weil auch das Heimgesetz ein Schutzgesetz zugunsten der Bewohner einer Einrichtung ist und datenschutzrechtliche Bestimmungen nicht dazu dienen, andere Schutzvorschriften zugunsten des betroffenen Personenkreises zu entwerten (vgl. *Kunz / Ruf / Wiedemann* a.a.O. § 9 Rn. 18 ff)."

VGH München, Urt. 16. 5. 1991 – 12 B 90. 842; RsDE 18.70 ff.

– Zur **Präventivkontrolle** s. a. § 6 RN 22.

13 Aus dem **Schrifttum:**

Heeg / Berger, Qualitätsbeurteilungen von Alten- und Pflegeheimen, AH 5/1992 S. 254 ff; Igl, Entwicklung und Probleme des Heimgesetzes RsDE 3.13 f; Klie, Heimaufsicht, Praxis, Probleme, Perspektiven, Eine rechtstatsächliche Untersuchung, Hannover 1988; ders. Heimaufsicht zwischen Machtfülle und Ohnmacht, RsDE 3.27 ff; Heimaufsicht als Ritual, AH 9/1991, S. 420 ff; Klie/Titz, Aufbruchstimmung in der Heimaufsicht, NDV 1993; Merck, Wie sinnvoll ist Heimaufsicht?, AH 12/1992 s. 659 ff.

§ 10 Beteiligung an der Überwachung

Die Landesverbände der Freien Wohlfahrtspflege im Sinne des § 10 Abs. 1 des Bundessozialhilfegesetzes, die Kommunalen Spitzenverbände und sonstige Vereinigungen auf Landesebene sind auf Antrag an der behördlichen Überwachung der ihnen angehörenden Träger angemessen zu beteiligen, wenn der jeweilige Träger zustimmt. Ist eine Beteiligung an einer Überwachungsmaßnahme nicht möglich, so sind sie unverzüglich von dem Ergebnis zu unterrichten.

1 **Zur geltenden Fassung:**

Durch das 1. ÄG wurde Abs. 2, der die Ermächtigung zum Erlaß einer RechtsVO enthielt, gestrichen.

2 **Aus den Gesetzesmaterialien:**

2.1 Wegen der Diskussion über den Erl. der RechtsVO s. BT-Drs. 7/2068 S. 8 z. damaligen § 9.

2.2 Aus der **Begr. der BReg z. 1. ÄG** – BT-Drs. 11/5120, S. 17.

Die bisherige Fassung enthält in Absatz 2 eine Ermächtigung des Bundesministers für Jugend, Familie, Frauen und Gesundheit, durch Rechtsverordnungen Vorschriften über die Beteiligung an der Überwachung zu erlassen. Eine solche Ermächtigung ist inzwischen entbehrlich geworden, nachdem bereits 1976 aus Gründen einer flexibleren und praktikableren Durchführung des § 10 die Länder bundesweit abgestimmte Verwaltungsvorschriften zu diesem Komplex erlassen haben. Diese Regelungen haben sich bewährt und als ausreichend erwiesen. (S. dazu RN 10.)

3 Zweck der Vorschrift ist es primär, die partnerschaftliche **Zusammenarbeit der Heimaufsicht** mit den Verbänden der Träger zu fördern. Der Sachverstand innerhalb der Verbände könnte so auch für die zuständigen Behörden genutzt werden. Andererseits können die Trägerverbände bei der Beratung ihrer Mitglieder die Ansichten der Heimüberwachung geltend machen. Eine solche fruchtbare Partnerschaft kann allerdings nur erreicht werden, wenn auf beiden Seiten eine fachliche Qualifikation **und** Unabhängigkeit vorhanden ist. Es ist nicht zu verkennen, daß durch die Beteiligung der Trägerverbände die Interessen der Träger bisher besonders berücksichtigt wurden. Das war nicht der Zweck der Vorschrift. S. auch § 18. Schwierig wird eine Heimüberwachung, die sich nur an den Interessen und Bedürfnissen der Heimbewohner ausrichtet, wenn die Heimaufsicht bei der Kommune geführt wird, die zugleich Träger des Heimes ist.

4 Die **Beteiligung** ist nur mitberatend und umfaßt keine Entscheidungsbefugnisse. Die Verantwortung für die Überwachung und die dabei ev. zu treffenden Entscheidungen bleibt uneingeschränkt bei der zust. Beh. Die Überwachung kann nicht – auch nicht vorübergehend, widerruflich oder teilweise – an Verbände delegiert werden.

5 Zu beteiligen sind die Landesverbände (z. B. Hessischer Städtetag, Niedersächsischer Landkreistag, Landesverband des DRK usw.) und nicht die Bundesverbände der Träger. Letztere sind nicht beteiligungsfähig. Zu Träger i. S. v. § 10 BSHG s. § 6, RN 5.

6 Die **Beteiligung setzt voraus,**

   – einen Antrag des jeweiligen Landesverbandes **und**
   – die Zustimmung des Trägers.

Die Zustimmung kann auf bestimmte Maßnahmen eingeschränkt und / oder zeitlich befristet werden und ist jederzeit frei und mit sofortiger Wirkung widerruflich.

7 **Die Beteiligung umfaßt** die Teilnahme, Unterrichtung und Mitberatung in allen wesentlichen Angelegenheiten der Überwachung; also z. B. auch Akteneinsicht, Angabe der festgestellten Mängel bzw. der beabsichtigten Entscheidungen.

8   Es kann geboten sein, **von einer Beteiligung abzusehen**, wenn das den Zweck der Nachschau gefährden würde; z. B. wenn eine unangemeldete Nachschau erforderlich erscheint. Davon und vom Ergebnis ist der Verband unverzüglich zu unterrichten. (s. Satz 2)

9   Die Beteiligung eines Verbandes ist in Erfüllung ordnungsbehördlicher Aufgaben eine Besonderheit. Es handelt sich dabei um einen mitwirkungsbedürftigen VA. S. dazu §§ 35 ff VwVfG. Es kann nicht übersehen werden, daß § 10 den Besonderheiten der Träger und der Sonderstellung der freien Wohlfahrtspflege Rechnung trägt und nicht in jedem Fall den Interessen und Bedürfnissen der Bewohner entspricht.

10   In einem Arbeitskreis "Heimgesetz" der zuständigen obersten Landesbehörden wurde der Musterentwurf s. RN 2 erarbeitet. Inhaltlich **weitgehend** übereinstimmende Verwaltungsvorschriften wurden daraufhin in den Ländern erlassen. Hier als Beispiel der Erlaß des Sozialministers in Hessen vom 4. 1. 1977 Az. II A 4a-5093601:

Verwaltungsvorschriften zu § 10 Abs. 1 Heimgesetz

1.   Allgemeines

1.1 Nach § 10 Abs. 1 des Heimgesetzes sind die Landesverbände der freien Wohlfahrtspflege im Sinne des § 10 Abs. 1 des Bundessozialhilfegesetzes, die kommunalen Spitzenverbände und die sonstigen Vereinigungen auf Landesebene auf Antrag an der Überwachung der ihnen angehörenden Träger angemessen zu beteiligen, wenn der jeweilige Träger zustimmt.

1.2 Soweit Verbände der freien Wohlfahrtspflege nicht als Landesverbände organisiert sind, gelten als Verbände auf Landesebene im Sinne des § 10 Heimgesetz auch die in der Liga der freien Wohlfahrtspflege in Hessen zusammengeschlossenen selbständigen Verbände.

1.3 Die Beteiligung der Verbände und sonstigen Vereinigungen auf Landesebene dient der vertrauensvollen Zusammenarbeit zwischen den zuständigen Behörden, den Verbänden und sonstigen Vereinigungen auf Landesebene und den ihnen angehörenden Heimträgern im Interesse der Heimbewohner, hierbei soll die Sachkunde der Verbände und Vereinigungen genutzt werden.

2.   Voraussetzungen für die Beteiligung

2.1 Die Beteiligung setzt einen Antrag des Landesverbandes oder der sonstigen Vereinigung auf Landesebene und die Zustimmung des Trägers voraus.

2.2 Die Beteiligung ist von dem Landesverband oder der sonstigen Vereinigung schriftlich beim Landesversorgungsamt Hessen (Es ist Hessen zust. Beh.; d. Verf.) zu beantragen; dem Antrag darf nur stattgegeben werden, wenn die schriftliche Zustimmung des Heimträgers bei dieser Behörde vorliegt.

2.3 Der Heimträger kann seine Zustimmung nicht auf einzelne Überwachungshandlungen beschränken; er darf seine Zustimmung jederzeit schriftlich widerrufen.

2.4 Das Landesversorgungsamt Hessen teilt dem Antragsteller schriftlich mit, ob die Voraussetzungen für eine Beteiligung vorliegen.

3. Umfang der Beteiligung

3.1 Der Vertreter des Verbandes oder der sonstigen Vereinigung ist berechtigt, an der Nachschau durch die zuständige Behörde (§ 9 Abs. 2 Heimgesetz) und an der Erörterung des Ergebnisses der Nachschau mit dem Heimträger und dem Heimleiter teilzunehmen.

3.2 Von Maßnahmen nach den §§ 12, 13, 15 und 16 des Heimgesetzes ist der Verband oder die sonstige Vereinigung in der Regel zu unterrichten.

3.3 Aus der Beteiligung an der Überwachung erwächst den Verbänden und Vereinigungen nicht das Recht, bestimmte behördliche Maßnahmen zu verlangen.

3.4 Das Recht der Vertreter der zuständigen Behörde zu Einzelgesprächen mit den Heimbewohnern, dem Heimträger, dem Heimleiter und den Beschäftigten bleibt unberührt.

3.5 Die Beteiligung erstreckt sich nicht auf Amtshandlungen, die auf anderen Rechtsgrundlagen als dem Heimgesetz (z. B. der Hessischen Bauordnung) beruhen. Dies gilt auch für gelegentliche Besuche und Besichtigungen von Vertretern der für die Durchführung des Heimgesetzes zuständigen Behörden, die nicht der Nachschau nach § 9 Abs. 2 Heimgesetz dienen.

3.6 Aus Gründen der Zweckmäßigkeit kann es sich empfehlen, die Beteiligung an der Beratung nach § 11 Abs. 2 Heimgesetz mit der Nachschau zu verbinden.

4. Verfahren der Beteiligung

4.1 Beabsichtigt die Behörde eine Nachschau durchzuführen, benachrichtigt sie den Verband oder die sonstige Vereinigung in der Regel zwei Wochen vorher.

4.2 Von einer vorherigen Benachrichtigung kann abgesehen werden, wenn besondere Gründe ein sofortiges oder unvermutetes Handeln der zuständigen Behörde erfordern. In diesen Fällen ist der Verband oder die sonstige Vereinigung unverzüglich zu unterrichten.

§ 11 Beratung

(1) Die zuständigen Behörden sollen auf Antrag

1. Personen, die ein berechtigtes Interesse haben, über Heime im Sinne des § 1 und über die Rechte und Pflichten der Bewohner solcher Heime informieren und

2. Personen und Träger, die die Schaffung von Heimen im Sinne des § 1 anstreben oder derartige Heime betreiben, bei der Planung und dem Betrieb der Heime beraten.

(2) Sind in einem Heim Mängel festgestellt worden, so soll die zuständige Behörde zunächst den Träger unter Beteiligung seines Verbandes über die Möglichkeiten zur Abstellung der Mängel beraten.

(3) Besteht im Bereich der zuständigen Behörde eine Arbeitsgemeinschaft im Sinne des § 95 Bundessozialhilfegesetz, so sind im Rahmen dieser Arbeitsgemeinschaft Fragen der bedarfsgerechten Planung zur Erhaltung und Schaffung der in § 1 genannten Heime in partnerschaftlicher Zusammenarbeit zu beraten.

1   **Zur geltenden Fassung**

Die Vorschrift entspricht der seit 1974 gültigen Fassung. Diese wurde durch Initiativen des BTA bewirkt. S. dazu BT-Drs. 7/180, S. 11 bei § 10; 7/2068 S. 15 und RN 2.2. Bei der Veränderung durch das 1. ÄG "handelt (es) sich um eine redaktionelle Änderung, die durch die Änderung des § 1 bedingt ist" (BT-Drs. 11/5120, S. 17).

2   **Aus den Gesetzesmaterialien**

2.1   Aus **Bericht und Antrag des BTA** – BT-Drs. 7/2068: – Allgemeiner Teil: "... setzte sich die Auffassung durch, daß es weder zweckmäßig noch angemessen wäre, das Gesetz als reines Kontroll- und Aufsichtsinstrument zu konzipieren. Einmal ist nach Meinung des Ausschusses die staatliche Aufsicht allein nicht geeignet, bestehende Mißstände zu beseitigen oder zu mildern. Ihre präventive Wirkung ist meist unzureichend. Außerdem greift die Aufsicht – abgesehen von der **Präventivkontrolle** durch die Erlaubnispflicht – im allgemeinen erst dann ein, wenn ein Mißstand existent oder ein Schaden bereits entstanden ist. Demgegenüber muß es nach Auffassung des Ausschusses darauf ankommen, durch gesetzliche Regelungen die Voraussetzungen dafür zu schaffen, daß Mißstände möglichst gar nicht erst auftreten...

Nicht zuletzt unter dem Eindruck dieser Bedenken, die auch anläßlich der Anhörung noch einmal vorgetragen wurden und die zum Teil der Grund für eine gänzliche Ablehnung des Gesetzes durch einige der genannten Verbände waren, entschied sich der Ausschuß dafür, die Beratung der Träger und Heimleiter über Betrieb und Planung der in § 1 genannten Einrichtungen in den Vordergrund zu stellen und die zuständigen Behörden zu einer ständigen, vorausschauenden Zusammenarbeit mit Trägern und Heimleitern zu veranlassen. Dieses Konzept kommt in den §§ 2 und 10 in der vom Ausschuß beschlossenen Fassung zum Ausdruck. Beratung und partnerschaftliches Zusammenwirken zwischen Trägern, Heimen und Behörden sind in der Sicht des Ausschusses die geeigneten Instrumente, um Mängel von vornherein auszuschließen, und eine positive Entwicklung zu fördern. Erst dann, wenn ein Träger von dieser Möglichkeit zur Zusammenarbeit keinen Gebrauch macht oder Bemühungen auf dieser Ebene nicht zum Ziele führen, soll die Behörde nach den Vorstellungen des Ausschusses als Aufsichtsorgan mit entsprechenden Maßnahmen eingreifen.

Dem Ausschuß lag weiter daran, **die Position der Heimbewohner** zu stärken. Dieses Ziel kann einmal dadurch erreicht werden, daß Bewohner und solche Personen, die an der Aufnahme in ein Heim interessiert sind, über ihre Rechte und Pflichten im Heim informiert und beraten werden. In § 2 des Entwurfs wird deshalb die Forderung der Beratung von Bewohnern als ein Zweck des Gesetzes bezeichnet. § 10 verpflichtet die zuständigen Behörden zu einer solchen Beratung, § 3 a verpflichtet die Träger zu einer genauen Information der Bewerber über Leistungen und Ausstattung der Einrichtung und die Rechte und Pflichten der Bewohner vor Abschluß des obligatorischen Heimvertrages. Schließlich sieht § 12 Abs. 4 eine entsprechende Verpflichtung hinsichtlich der Rückzahlungsansprüche im Falle der Gewährung von Darlehen etc. vor.

– Zum seinerzeitigen § 10 – a.a.O. S. 8 f –

Die gegenüber dem Entwurf neu formulierte Vorschrift konkretisierte die in § 2 Abs. 1 Nr. 3 als Zweck des Gesetzes festgelegte Förderung der **Beratung**. Durch Absatz 1 der Vorschrift werden die zuständigen Behörden verpflichtet, Heimbewohner und Personen, die in ein Heim aufgenommen werden möchten, über derartige Einrichtungen allgemein und über die Rechte und Pflichten der Bewohner zu informieren, und die Träger bei der Planung und dem Betrieb der Einrichtung zu beraten. Da weder Information noch Beratung aufgezwungen, vielmehr nur freiwillig entgegengenommen werden können, sollen sie ausschließlich auf Antrag erteilt werden. Besonderen Wert legt der Ausschuß auf die Feststellung, daß die Beratung der Träger auch Fragen der Finanzierung umfassen soll.

Absatz 2 entspricht im wesentlichen dem Absatz 1 in der Fassung des Entwurfs. Dieser Vorschrift mißt der Ausschuß große Bedeutung bei, da sie noch einmal konkret das Ziel zum Ausdruck bringt, auch bei der Feststellung von Mängeln nicht sofort mit obrigkeitlichen Maßnahmen einzugreifen, sondern in partnerschaftlicher Zusammenarbeit die Abstellung der Mängel zu erreichen bzw. zu versuchen.

Um jedoch den einmütigen Anliegen Ausdruck zu verleihen, Behörden und Heimträger zu einer angemessenen Zusammenarbeit zu veranlassen, sprach sich die Mehrheit im Ausschuß für die Regelung des Absatzes 3 aus, die diese gewünschte **Zusammenarbeit** unter Betonung der Beratung zugleich in die bestehende Regelung des § 95 BSHG einbindet. Die Opposition hielt dagegen die jetzt gefundene Regelung für nicht ausreichend.

3   Die Vorschrift ist Ausdruck eines neuen Verständnisses der Verwaltungstätigkeit: Vollzug der Bestimmungen aber schon im Vorfeld des Normvollzugs unterstützende und beratende Tätigkeit. Die **Beratung in Heimangelegenheiten** ist ein Zweck des HeimG (§ 2 Abs. 2 Nr. 2). § 11 ist damit ein Kernstück des G. Bei den Abs. 1 und 2 handelt es sich um Soll-, bei Abs. 3 um eine Muß-Vorschrift. Auch bei Soll-Bestimmungen besteht grundsätzlich die Verpflichtung, danach zu verfahren. Die Pflichten hat stets die zust. Beh. zu erfüllen (Normadressat).

§ 11 lehnt sich an die im § 14 SGB I verankerte Beratungspflicht und an § 8 Abs. 2 BSHG (Beratung in Fragen der Sozialhilfe) an.

4   Die Vorschrift statuiert:

– eine **Informationspflicht** gem. Abs. 1 Nr. 1,

– eine **Beratungspflicht** gem. Abs. 1 Nr. 2,

– eine **Beratungspflicht bei festgestellten Mängeln** gem. Abs. 2 und

– eine **beratende Zusammenarbeit** gem. Abs. 3.

5   Die **Information** nach Abs. 1 Nr. 1 erfolgt

– nur auf Antrag,

– über Heime sowie Rechte und Pflichten der Bewohner,

– wenn ein berechtigtes Interesse besteht.

Die **Form des Antrags** wird im G nicht bestimmt. Dahlem / Giese sind (RN 5) der Ansicht, die zust. Beh. könne grundsätzlich Schriftlichkeit verlangen. Dem kann nur bedingt zugestimmt werden. Es muß berücksichtigt werden, daß gerade der Personenkreis, der die Information benötigt, oft im Schreiben ungewandt oder verängstigt ist, und deshalb bei Schriftlichkeit auf Information verzichtet. Gerade diese Schwierigkeiten haben zur Entwicklung einer aufsuchenden – auch informierenden – Sozialarbeit in vielen Kommunen geführt. Außerdem wird die Information, wegen der besonderen Lebenssituation, oft sofort benötigt, was Schriftlichkeit ausschließt. Ein verständnisvolles und entgegenkommendes Verhalten der zust. Beh. ist deshalb bei mündl. Anfragen notwendig.

Ob ein **berechtigtes Interesse** an der Information besteht, ergibt sich aus dem Schutzzweck des HeimG. Es wird anzuerkennen sein, wenn erkennbar ist oder behauptet wird, die Information sei (für sich oder einen anderen) erforderlich, um Bewerber / Bewohner eines Heimes zu werden.

Der **Umfang der Information** ist begrenzt auf Heime sowie die Rechte und Pflichten der Heimbewohner. Der Antrag kann gezielt auf Informationen über ein oder mehrere benannte Heime gerichtet sein, oder auch auf die Möglichkeiten einer bestimmten Heimbetreuung in einem Ort oder einer Region. Zu informieren ist über alles, was im Hinblick auf den Zweck des Gesetzes bedeutsam ist: über Verkehrsanbindung ebenso wie über konfessionelle Bindung des Trägers, Art des Heimes, Personalsituation, Ausstattung uva. Rechte und Pflichten der Bewohner ergeben sich einmal aus dem HeimG und dazu erlassenen RechtsVO'en aber auch der Heimordnung, dem Vertragsrecht, dem Unterhaltsrecht (z. B. im Hinblick auf § 91 BSHG) usw.

Die zust. Beh. ist jedoch **keine Heimvermittlung**. Nicht zu ihren Aufgaben gehört es, zu prüfen, ob die Heimaufnahme notwendig oder zweckmäßig ist. **(Begrenzung der Information)**.

Erkennt oder befürchtet die zust. Beh. infolge der Informationstätigkeit **Hilflosigkeit** oder eine **Notlage d. Ratsuchenden,** so hat sie davon den Träger der Sozialhilfe zu verständigen.

6   Die **Beratung nach Abs. 1 Nr. 2** erfolgt

    –   auf Antrag

    –   an Personen oder Träger,

die ein Heim schaffen wollen für dessen Planung, oder

die bereits ein Heim betreiben für dessen Betrieb.

6.1   Die **Beratungspflicht** hat in einem sozialen Rechtsstaat einen hohen Stellenwert. "Sie ermöglicht es, die rechtsstaatlich garantierte Freiheit des Einzelnen mit der Fürsorgepflicht des Sozialstaates ... zu verknüpfen und im Hinblick auf die Integration in wirkungsvoller Weise zu vereinen." (Giese / Melzer, Beratung in der sozialen Arbeit, 1974, DV-Kl. Schrift Nr. 52, S. 27).

6.2   **Beratung** trägt einen gegenseitigen und einen prozeßhaften Charakter. Sie ist "die erschöpfende Orientierung über Mittel und Wege zur Erreichung eines Zieles, das entweder vom Ratsuchenden angegeben oder für ihn oder zusammen mit ihm ... ermittelt worden ist" (Giese / Melzer, a.a.O.). Beratung i. S. von § 11 ist mehr als Information über gesetzliche Bestimmungen. Auch ihr Umfang ergibt sich aus der Verknüpfung mit dem Zweck des Gesetzes. Durch rechtzeitige Beratung sollen Mißstände von vornherein vermieden werden; sie dient in erster Linie der Verwirklichung des Gesetzeszweckes (§ 2 Abs. 1).

6.3   Wer die Schaffung eines Heimes **'anstrebt'**, hat bereits einen Beratungsanspruch; eine konkrete Planung ist dazu nicht erforderlich. Eine solche Beratung wird u. a. die Voraussetzungen für den Betrieb eines Heimes, für eine Erlaubniserteilung, die Praxis der Kostenträger beim Abschluß von Vereinbarungen mit gewerblichen Trägern, bekannte oder diskutierte Verkehrsplanungen oder andere Beeinträchtigungen eines ev. Heimbetriebs z. B. durch Lärm, Immissionen usw. beinhalten müssen. S. a. RN 6.2.

Der Ratsuchende muß damit rechnen können, daß er bei Befolgung der Ratschläge und Hinweise mit einer Erlaubnis zum Betrieb – ohne besondere Auflagen; s. § 6 RN 7 u. 22 – wird rechnen können. Beratung ist allerdings keine Zusage, die nach § 38 VwVfG der Schriftform bedarf.

6.4 Beratung nach Abs. 1 Nr. 2 erfolgt unabhängig von festgestellten Mängeln (dazu Abs. 2). Es handelt sich jedoch nicht um eine Planungs-, Bau-, Betriebs- und Wirtschaftlichkeitsberatung. Die Beratung nach § 11 kann nicht das allgemeine Planungs- und Betriebsrisiko des Trägers auf die zust. Behörde verlagern. S. a. BMJFFG, Bd. 158: G. Lenz, Planungshilfen f. Nutzungsänderung.

7 Die **Beratungspflicht nach Abs. 2** erfolgt ohne Antrag, wenn in einem Heim Mängel festgestellt worden sind. Abs. 2 legt den Grundsatz fest, daß vor hoheitlichen Eingriffen (z. B. §§ 12, 15, 16) zunächst beraten werden soll. Auch dies ist eine Soll-Vorschrift, und die zuständige Behörde muß entscheiden, ob die Mängel so groß und die Gefährdung der Interessen der Bewohner so akut ist, daß auf Beratung verzichtet werden muß, weil gleich hoheitliche Eingriffe unerläßlich sind. Die Beteiligung des (Landes)-Verbandes (s. § 10 RN 5 u. 10) erfolgt ohne Antrag von amtswegen. Das G regelt nicht, ob und unter welchen Voraussetzungen der Träger die Beteiligung des Verbandes ablehnen kann. Im Hinblick auf § 2 Abs. 2 wird ihm ein Ablehnungsrecht zuzugestehen sein. Das G enthält auch keine Bestimmungen, daß sich die Verbände an der Beratung beteiligen müssen; s. RN 2.1.

8 **Normadressat für Abs. 3** ist die zust. Beh. Die Vorschrift blieb bisher weitgehend wirkungslos.

9 Information und Beratung erfordern spezielle Kenntnisse und Erfahrungen. Das setzt entsprechend **qualifiziertes Personal** voraus. S. dazu § 18 Abs. 2.

10 Gegen eine unbegründete Verweigerung der Information / Beratung kann ohne Vorverfahren beim Verwaltungsgericht Leistungsklage erhoben werden (§§ 68 ff VwGO).

11 **Information und Beratung sind keine VAe;** aber sie sind **Amtspflichten,** die die zuständige Behörde zu erfüllen hat. Werden diese Amtspflichten verletzt, kann das zur Schadensersatzpflicht des Landes oder der Körperschaft, für die die zust. Behörde tätig ist (s. dazu RN 9 zu § 18 u. RN 11 zu § 11), führen (§ 839 BGB i.V.m. Art. 34 (GG)). Voraussetzung für eine Schadensersatzpflicht ist, daß die Amtspflichtverletzung vorsätzlich oder fahrlässig begangen wurde.

Nicht erforderlich ist Vorsatz oder Fahrlässigkeit auch im Hinblick auf die Vorhersehbarkeit des Schadens. Ist durch nicht fachgerechte Beratung ein Schaden entstanden, kommt es nicht auf die Fähigkeit der Person an, die die Beratung erteilte; entscheidend ist, die für die Führung des Amtes jeweils erforderliche Eignung und Befähigung (s. hierzu u. a. BGH NJW 65, S. 963; BGH NJW 55, S. 1835; BGH VersR 64, S. 919).

12 **Aus dem Schrifttum:** G. Lenz, Planungshilfen zur Nutzungsänderung von Alten- zu Pflegeheimen, 1989 KDA, Bd. 158 des BMJFFG.

§ 12 Auflagen und Anordnungen

Werden festgestellte Mängel nicht abgestellt, so können den Trägern von Heimen, die einer Erlaubnis nach § 6 bedürfen, Auflagen erteilt werden, die zur Beseitigung einer eingetretenen oder Abwendung einer drohenden Beeinträchtigung oder Gefährdung des Wohls der Bewohner oder zur Vermeidung eines Mißverhältnisses zwischen dem Entgelt und der Leistung des Heims erforderlich sind. Gegenüber Trägern von Heimen, die einer Erlaubnis nach § 6 nicht bedürfen, können entsprechende Anordnungen erlassen werden.

1 **Zur geltenden Fassung**

Die Vorschrift entspricht im wesentlichen dem § 10 Abs. 2 des BRatE v. 7. 7. 1972 – BR-Drs. 173/72 (Beschluß) S. 9 –, der hinsichtlich des Mißverhältnisses durch den BTA modifiziert wurde (s. RN 2.2.). Das 1. ÄG brachte nur eine redaktionelle Änderung (Heim anstelle v. Einrichtung). BT-Drs. 11/5120, S. 6 bei Nr. 18.

2 **Aus den Gesetzesmaterialien**

Begr. BRatsE; – BR-Drs. 173/72 (Beschluß), S. 34 –

Mit dieser Vorschrift wird eine Rechtsgrundlage für Auflagen und Anordnungen geschaffen. Beide Mittel ermöglichen der für die Heimaufsicht zuständigen Behörde ein Vorgehen, das auf die besonderen Umstände des Einzelfalls abgestellt ist. Auflagen und Anordnungen sind nur zulässig, soweit Maßnahmen erforderlich sind, um eine Beeinträchtigung oder Gefährdung des Wohles der Bewohner einer Einrichtung abzuwenden oder sie vor Übervorteilung zu schützen. Über den Erlaß einer Auflage bzw. Anordnung und über deren Inhalt ist nach pflichtgemäßem Ermessen zu entscheiden. Hierbei sind die jeweils berührten Interessen abzuwägen und der Grundsatz der **Verhältnismäßigkeit** zu beachten. Da eine Auflage begrifflich das Vorliegen eines anderen Verwaltungsaktes voraussetzt, ist diese Maßnahme gegenüber solchen Trägern, die keiner Erlaubnis nach § 5 bedürfen, als **Anordnung** bezeichnet worden.

3   Die Vorschrift ist ein Instrument, um den Schutzzweck des G zu ver-
     wirklichen; s. Einl. RN 7. Eine **Auflage** ist eine Nebenbestimmung zu
     einem VA; hier der Erlaubnis. Und sie ist auch mit ihr verbunden, da
     sie nur auf die Abstellung von Mängeln abzielen darf, die eine Erlaub-
     nis verhindert bzw. schon bei der Erteilung zur Auflage geführt hätte
     (s. § 6 RN 9 u. 22). Auflagen dürfen nicht erteilt werden, um die Vor-
     stellungen der zust. Beh. über den Heimbetrieb durchzusetzen. Kei-
     ne dirigistischen Weisungen. Im Wege der Auflage kann daher z. B.
     dem Träger nicht vorgeschrieben werden, die Art der Einrichtung zu
     ändern; s. dazu auch § 2 Abs. 2.

4   **Auflagen / Anordnungen** können erlassen werden, wenn ein Man-
     gel festgestellt worden ist, aber nicht abgestellt wurde, und zwar

     –   zur Beseitigung einer eingetretenen Beeinträchtigung,

     –   zur Abwendung einer drohenden Beeinträchtigung,

     –   zur Abwendung einer Gefährdung des Wohles der Bewohner
          sowie

     –   zur Vermeidung eines Mißverhältnisses zwischen Entgelt und
          Leistung des Heimes.

     Sie müssen geeignet und erforderlich (Grundsatz der Verhältnis-
     mäßigkeit) sein, um den Mangel abzustellen. Reichen sie nicht aus,
     sind andere Maßnahmen (z. B. §§ 13, 15, 16) durchzuführen.

5   Der Gesetzgeber verwendet – im Unterschied zu § 2 Abs. 1 Nr. 1
     (Interessen und Bedürfnisse) – im § 12 "des Wohls der Bewohner";
     definiert allerdings nicht, was er darunter verstanden wissen will.
     Sprachlich wird zum Wohl alles gezählt, was zum Wohlbefinden und
     Gedeihen gehört. Das wird sich i.d.R. mit den Interessen und Bedürf-
     nissen decken (psycho-physisches Wohlbefinden).

6   Eine drohende **Beeinträchtigung** oder die **Gefährdung des Wohls**
     der Bewohner muß erkennbar zu befürchten sein. Dazu wird die
     Erfahrung über die Lebensverhältnisse in derartigen Heimen und die
     Wahrscheinlichkeit ihres Eintritts genügen. Nicht ausreichend ist nur
     eine theoretische Möglichkeit.

7   Eingetretene Beeinträchtigungen müssen nicht unbedingt schwer-
     wiegend sein. Auch die Beeinträchtigung von Rechtsgütern, die im
     Einzelfall geringfügig sind, können bei Wiederholungen das Wohl
     erheblich beeinträchtigen (z. B. Belästigungen, die längere Zeit
     andauern). Die Beeinträchtigung muß nicht schuldhaft vom Träger /
     Heimleiter veranlaßt sein oder hingenommen werden.

8   Eine **Anordnung** ist hier eine behördliche Verfügung an einen Trä-
     ger, der keiner Erlaubnis bedarf; s. RN 2.1.

9   Auflagen und Anordnungen sind **Verwaltungsakte;** s. dazu § 18 RN
     10.

§ 13 Beschäftigungsverbot

Dem Träger eines Heims kann die weitere Beschäftigung des Leiters, eines Beschäftigten oder sonstigen Mitarbeiters ganz oder für bestimmte Funktionen oder Tätigkeiten untersagt werden, wenn Tatsachen die Annahme rechtfertigen, daß sie die für ihre Tätigkeit erforderliche Eignung nicht besitzen.

1 **Zur geltenden Fassung:**

Die Vorschrift geht auf den BRatE v. 7. 7. 1972 zurück, die durch die Initiative des BTA hinsichtlich der Mitarbeiter konkretisiert wurde. (BT-Drs. 7/2068, S. 16) Das 1. ÄG veränderte sie nicht.

2 **Aus den Gesetzesmaterialien**

2.1 Aus Begr. des BRatE – BR-Drs. 173/72 (Beschluß), S. 34 –

Diese Vorschrift gestattet der zuständigen Behörde die Verhängung eines **Beschäftigungsverbotes,** falls das Wohl der Bewohner oder ihre finanziellen Verhältnisse durch Beschäftigte einer Einrichtung beeinträchtigt oder gefährdet werden. Zu den Beschäftigten gehört auch der angestellte Leiter der Einrichtung. Unter **"Eignung"** im Sinne der Vorschrift ist sowohl die fachliche Qualifikation als auch die persönliche Zuverlässigkeit zu verstehen. Im übrigen ist die Eignung nach den Erfordernissen der jeweils ausgeübten Tätigkeit zu beurteilen. Das Verbot ist nicht gegenüber dem ungeeigneten Beschäftigten auszusprechen und stellt sich damit nicht als ein allgemein wirkendes Tätigkeitsverbot dar. Es richtet sich vielmehr gegen den Träger einer Einrichtung und hat die **Untersagung der Weiterbeschäftigung** einer Person in seiner Einrichtung zum Gegenstand. Wird ein ausgesprochenes Verbot nicht befolgt, so kann dies gemäß § 15 Abs. 3 Nr. 3[x] zum Widerruf der Erlaubnis bzw. nach § 16 Abs. 2 Nr. 2[x] zur Untersagung des Betriebes führen (x jetzige Numerierung; d. Verf.).

2.2 Aus dem **Bericht des BTA** – BT-Drs. 7/2068, S. 9.

Die beschlossene Ergänzung dient der Konkretisierung der Vorschrift.

3 Um die Interessen und Bedürfnisse der Bewohner vor Beeinträchtigungen zu schützen (§ 2 Abs. 1 Nr. 1), ist geeignetes Personal erforderlich. Die Vorschrift gibt der zust. Beh. die Möglichkeit, unabhängig von Dienst- oder Beschäftigungsverträgen, ungeeignete Personen von bestimmten Tätigkeiten und Funktionen im Heimbetrieb auszuschließen.

4 **Voraussetzung für ein Beschäftigungsverbot** sind Tatsachen, die die Annahme rechtfertigen, daß die erforderliche Eignung für die ausgeübte Tätigkeit nicht vorhanden ist. Das Verbot betrifft nur die weitere Tätigkeit; es kann nicht vorbeugend verhängt werden. Allerdings kann mit der Erlaubnis als Auflage ein Beschäftigungsverbot ausgesprochen werden; s. § 6 RN 9 und 22 sowie HeimPersV.

5 **Tatsachen** müssen die Annahme rechtfertigen; das sind im juristischen Sprachgebrauch sinnlich wahrnehmbare oder feststellbare Zustände bzw. Vorgänge; (z. B. Handlungen; geistige oder seelische Zustände; der Wille zu bestimmten Handlungen usw). Sie bilden die Grundlage(n) für eine Bewertung, die sich am Zweck des HeimG orientiert. Wodurch die Tatsachen bekannt werden, ist nicht von Bedeutung. Sie können z. B. auch durch Anzeigen nach § 7, durch Aufzeichnungen nach § 8 oder Gerichtsbeschlüsse, Zeitungen oder in anderer Weise bekannt werden. Ihre Auswertung ist von der Sache her eine Überwachung mit Feststellung eines Mangels. Folglich hat die Behörde zu prüfen, ob nicht zuvor eine Beratung gem. § 11 Abs. 2 zu erfolgen hat.

6 Das Verbot wirkt unmittelbar nur gegen den Träger. Es enthält kein allgemeines Berufsverbot für den Betroffenen. Es beendet nicht unmittelbar das Beschäftigungsverhältnis für den, auf den sich das Verbot bezieht. Die arbeitsrechtlichen, beamtenrechtlichen oder sonstigen vertraglichen Beziehungen zwischen dem Träger und dem Betroffenen werden nicht unmittelbar berührt. Die Rechte des Betriebsrates / der Personalvertretung usw. richten sich nach dem jeweiligen Recht (Arbeitsrecht, Beamtenrecht usw). Das Beschäftigungs- und Vertragsrisiko bleibt auch nach einem Beschäftigungsverbot beim Träger.

7 Für die Tätigkeit im Heim werden die **fachliche und die persönliche Eignung** für die ausgeübte Funktion und Tätigkeit gefordert; s. dazu RN 2.1 sowie HeimPersV.

8 **Betroffen vom Beschäftigungsverbot** können sein:

– der **Leiter des Heimes,** gleichgültig ob er Angestellter oder bei öffentlich-rechtlichen Trägern Beamter ist. Bei gewerblich betriebenen Heimen kann der Träger zugleich Leiter des Heimes sein. Wird diesem die Heimleitung verboten, muß geprüft werden, ob das ausreicht, um die Interessen und Bedürfnisse der Bewohner zu schützen, oder ob eine Rücknahme oder ein Widerruf der Erlaubnis (§ 15) erfolgen muß. S. a. §§ 4 - 6 HeimPersV.

– **Beschäftigte;** darunter sind alle Personen zu verstehen, die in einem Arbeits- oder Dienstverhältnis zum Träger des Heimes stehen und seiner Weisung hinsichtlich ihrer Tätigkeit unterworfen sind.

– **sonstige Mitarbeiter;** dies sind alle Personen, die "ehrenamtlich" oder auf Grund eines Vertrages im Heim eine Tätigkeit ausüben. Das können z. B. auf Grund von Werkverträgen Ärzte, Masseure, Logopäden sein oder auch freiwillige Helfer. Strittig könnte sein, ob **Zivildienstleistende** und Absolventen eines freiwilligen sozialen Jahres Beschäftigte oder sonstige Mitarbeiter sind; auch für sie kann, wenn die Voraussetzungen erfüllt sind, ein Beschäftigungsverbot ausgesprochen werden. S. a. §§ 4 - 6 HeimPersV.

9 **Voraussetzung für das Verbot** s. RN 5. Die **erforderliche Eignung** ist nach der ausgeübten Tätigkeit (für ihre Tätigkeit) zu bestimmen (wer als Pfleger ungeeignet ist, kann z. B. für Wäscherei oder Gartenarbeit geeignet sein). Das gilt analog auch für die persönliche Eignung. So kann z. B. die Verurteilung wegen Betrugs bei einem Heimleiter die Annahme fehlender Eignung rechtfertigen, währen das bei untergeordneten Funktionen – je nach der Art der Tätigkeit u. U. anders zu bewerten ist. S. dazu a. HeimPersV §§ 2-7.

10 Der **Umfang des Verbots** – ganz oder für bestimmte Funktionen oder Tätigkeiten – wird von der zuständigen Behörde nach dem Einzelfall und den Umständen bestimmt. Eine sachliche und auch zeitliche Differenzierung ist nach dem Wortlaut des Gesetzes und dem Zweck der Vorschrift möglich.

11 Das Beschäftigungsverbot kann nur gegen die **weitere** Beschäftigung in der bisherigen Funktion / Tätigkeit ausgesprochen werden. Ein **präventives Beschäftigungsverbot** ist nicht möglich. Zulässig ist dagegen die vorsorgliche Mitteilung der Behörde, bei Einstellung einer best. Pers. müsse mit der Verhängung eines Beschäftigungsverbotes gerechnet werden.

Das Beschäftigungsverbot ist keine Strafnorm, sondern nur ein Instrument zur Erfüllung des Gesetzeszweckes nach § 2. Eine vorherige Anhörung des Betroffenen vor Ausspruch des Beschäftigungsverbotes ist im G nicht vorgeschrieben.

Das Beschäftigungsverbot kann ohne besonderes Vorverfahren ausgesprochen werden.

13 Das Beschäftigungsverbot ist ein **VA**. Parteien in einem verwaltungsgerichtlichen Verfahren sind die Behörde und der Träger. Zum VA s. a. RN 10 zu § 18. Wegen eines etwaigen Schadensersatzes aus **Amtshaftung** s. RN 11 zu § 11.

14 Aus der Rechtsprechung:

Ein Heimleiter, der die Bewohner eines Pflegeheimes ständig einschließt, um die Aufsicht zu erleichtern und Personalkosten einzusparen, besitzt nicht die nach § 13 erforderliche Eignung, so daß dem Heimträger seine weitere Beschäftigung untersagt werden kann, denn das **Einschließen der Bewohner** eines Pflegeheimes gefährdet ihr Wohl und beeinträchtigt ihre Rechte. Eine Unterbringung in einem geschlossenen Raum kommt grundsätzlich nur in Betracht, wenn diese Maßnahme als letztes Mittel zur Vermeidung wesentlicher Nachteile oder Schädigungen unumgänglich ist. Handelt es sich bei den Unterzubringenden um Personen mit Psychosen oder psychischen Störungen, bei denen die Unterbringung in einem normalen Pflegeheim nicht ausreicht, so kommt – außer der Unterbringung in einer Krankenanstalt – allenfalls die Unterbringung auf Grund richterlicher Anordnung in einer besonders konzessionierten geschlossenen Abteilung eines Pflegeheimes in Betracht (Verwaltungsgericht Berlin, Beschluß vom 22. Juni 1982 – VB 14 A 131.82 –, bestätigt durch OVG Berlin, Beschluß vom 7. Sept. 1982 – OVG 1 S 36.82 –).

§ 14 Leistungen an Träger und Beschäftigte

(1) Dem Träger eines Heims ist es untersagt, sich von oder zugunsten von Bewohnern Geld- oder geldwerte Leistungen über das nach § 4 vereinbarte Entgelt hinaus versprechen oder gewähren zu lassen.

(2) Dies gilt nicht, wenn

1. andere als die in § 4 aufgeführten Leistungen des Trägers abgegolten werden,

2. geringwertige Aufmerksamkeiten versprochen oder gewährt werden,

3. Leistungen im Hinblick auf die Überlassung eines Heimplatzes zum Bau, zum Erwerb, zur Instandsetzung, zur Ausstattung oder zum Betrieb des Heims versprochen oder gewährt werden,

4. Sicherheiten für die Erfüllung der Verpflichtungen aus dem Heimvertrag geleistet werden und diese Leistungen das Doppelte des auf einen Monat entfallenden Entgelts nicht übersteigen.

(3) Leistungen im Sinne des Absatzes 2 Nr. 3 sind zurückzugewähren, soweit sie nicht mit dem Entgelt verrechnet worden sind. Sie sind vom Zeitpunkt ihrer Gewährung an mit mindestens vier von Hundert für das Jahr zu verzinsen, soweit der Vorteil der Kapitalnutzung bei der Bemessung des Entgelts nicht berücksichtigt worden ist. Die Sätze 1 und 2 gelten auch für Leistungen, die von oder zugunsten von Bewerbern erbracht worden sind.

(4) Ist nach Absatz 2 Nr. 4 als Sicherheit eine Geldsumme bereitzustellen, so ist der Bewohner zu drei gleichen monatlichen Teilleistungen berechtigt; die erste Teilleistung ist zu Beginn des Vertragsverhältnisses fällig. Der Träger hat die Geldsumme von seinem Vermögen getrennt bei einer öffentlichen Sparkasse oder einer Bank zu dem für Spareinlagen mit gesetzlicher Kündigungsfrist üblichen Zinssatz anzulegen. Die Zinsen stehen dem Bewohner zu. Sie erhöhen die Sicherheit.

(5) Dem Leiter, den Beschäftigten oder sonstigen Mitarbeitern des Heims ist es untersagt, sich von oder zugunsten von Bewohnern neben der vom Träger erbrachten Vergütung Geld- oder geldwerte

§ 14 Leistungen an Träger und Beschäftigte

Leistungen für die Erfüllung der Pflichten aus dem Heimvertrag versprechen oder gewähren zu lassen. Dies gilt nicht, soweit es sich um geringwertige Aufmerksamkeiten handelt.

(6) Die zuständige Behörde kann in Einzelfällen Ausnahmen von den Verboten der Absätze 1 und 5 zulassen, soweit der Schutz der Bewohner die Aufrechterhaltung der Verbote nicht erfordert und die Leistungen noch nicht versprochen oder gewährt worden sind.

(7) Der Bundesminister für Jugend, Familie, Frauen und Gesundheit kann im Einvernehmen mit dem Bundesminister für Wirtschaft und mit Zustimmung des Bundesrates durch Rechtsverordnung Vorschriften über die Pflichten des Trägers im Falle der Entgegennahme von Leistungen im Sinne des Absatzes 2 Nr. 3 erlassen, insbesondere über die Pflichten

1. ausreichende Sicherheiten für die Erfüllung der Rückzahlungsansprüche zu erbringen,

2. die erhaltenen Vermögenswerte getrennt zu verwalten,

3. dem Leistenden vor Abschluß des Vertrages die für die Beurteilung des Vertrages erforderlichen Angaben, insbesondere über die Sicherung der Rückzahlungsansprüche in schriftlicher Form auszuhändigen.

In der Rechtsverordnung kann ferner die Befugnis des Trägers zur Entgegennahme und Verwendung der Leistungen im Sinne des Absatzes 2 Nr. 3 beschränkt werden sowie Art, Umfang und Zeitpunkt der Rückzahlungspflicht näher geregelt werden. Außerdem kann in der Rechtsverordnung der Träger verpflichtet werden, die Einhaltung seiner Pflichten nach Absatz 3 und der nach den Sätzen 1 und 2 erlassenen Vorschriften auf seine Kosten regelmäßig sowie aus besonderem Anlaß prüfen zu lassen und den Prüfungsbericht der zuständigen Behörde vorzulegen, soweit es zu einer wirksamen Überwachung erforderlich ist; hierbei können die Einzelheiten der Prüfung, insbesondere deren Anlaß, Zeitpunkt und Häufigkeit, die Auswahl, Bestellung und Abberufung der Prüfer, deren Rechte, Pflichten und Verantwortlichkeit, der Inhalt des Prüfungsberichts, die Verpflichtungen des Trägers gegenüber dem Prüfer sowie das Verfahren bei Meinungsverschiedenheiten zwischen dem Prüfer und dem Träger geregelt werden.

1   **Zur geltenden Fassung**

Der BRatE (BR-Drs. 173/72) wurde durch BTA erheblich verändert (BT-Drs. 7/2068, S. 16), um den Schutz zu verstärken. Die Fassung des § 14 v. 1974 ist durch das 1. ÄG überarbeitet worden (BT-Drs. 11/5120, S. 17). S. a. Art. 4 1. ÄG - abgedruckt bei § 4 HeimG - bez. Abs. 3 u. 4.

Zur beabsichtigten **Änderung** des Abs. 7 S. 1 und Anfügung eines Abs. 8 s. Anhang (PflegeVG-E bei Nr.6).

2 **Aus den Gesetzesmaterialien**

2.1 Aus **Begr. zum BRatE** – BR-Drs. 173/72 (Beschluß), S. 35. Die Bestimmung enthält zwei Verbote. Sie sollen verhindern, daß alte und pflegebedürftige Menschen, die sich einer Einrichtung im Sinne des § 1 anvertrauen, in ihrer Hilf- oder Arglosigkeit ausgenutzt werden können.

Das in Absatz 1 vorgesehene Verbot richtet sich gegen die Betreiber von Einrichtungen. Es soll ihnen untersagt sein, neben dem üblichen Entgelt für die Unterbringung, Beköstigung und Pflege noch Zuwendungen anzunehmen. Damit soll verhindert werden, daß unterschiedliche Vermögensverhältnisse der Bewohner mit **unterschiedlicher Behandlung,** Beachtung oder sonstiger Bevorzugung bzw. Benachteiligung verknüpft werden. Derartige Unterscheidungen können das seelische Wohl der Bewohner erheblich beeinflussen ...

2.2 Aus dem **Bericht des BTA** – BT-Drs. 7/2068, S. 4 – Schließlich legte der Ausschuß großen Wert auf eine weitestgehende **Sicherung** der zurückzuzahlenden Leistungen, die im Hinblick auf die Unterbringung in einer Einrichtung von oder zugunsten von Bewohnern oder Bewerbern erbracht werden ...

2.3 Aus der **Begr. der BReg zum 1. ÄG** – BT-Drs. 11/5120, S. 17 ff –

Ziel des § 14 ist es, eine unterschiedliche (privilegierende oder benachteiligende), sachlich nicht gerechtfertigte Behandlung der Bewohner zu verhindern und die Bewohner vor finanzieller Ausnutzung oder Benachteiligung, insbesondere durch die nochmalige Abgeltung einer Leistung des Trägers zu schützen sowie die Testierfreiheit der Bewohner zu sichern.

Entsprechend dieser Zielsetzung ist die bisherige Fassung des § 14 überarbeitet worden. Neben redaktionellen Änderungen sollen Unklarheiten, Streitpunkte und Lücken, die sich bei der Durchführung des Gesetzes ergeben haben, beseitigt werden ...

1. In **Absatz 1** wird wie bisher festgelegt, daß das Versprechen und die Gewährung von Geld- und geldwerten Leistungen von Bewohnern oder zu deren Gunsten an den Heimträger unzulässig ist, soweit diese Leistungen über das im Heimvertrag vereinbarte Entgelt hinausgehen. Dieses Verbot wird durch **Absatz 2** für die unter Nummern 1 bis 4 aufgeführten Leistungen aufgehoben:

– Bewohnern können andere als die in § 4 aufgeführten Leistungen in Rechnung gestellt werden.

– Geringwertige Aufmerksamkeiten sind – wie bisher in Absatz 1 Satz 1 letzter Halbsatz – erlaubt.

— Leistungen, die im Hinblick auf die Überlassung eines Heimplatzes zum Bau, zum Erwerb, zur Instandsetzung, zur Ausstattung oder zum Betrieb des Heims versprochen oder gewährt werden, sind zulässig.

Sicherheiten für die Erfüllung der Verpflichtungen aus dem Heimgesetz sind ebenfalls zulässig ...

Neben der Rückzahlungspflicht ist die Verpflichtung zur **Verzinsung** derartiger Leistungen (Abs. 3 u. Abs. 2 Nr. 3) aufgenommen worden. Diese Regelung entspricht den berechtigten Interessen des Bewohners und des Bewerbers, für eine Kapitalüberlassung an den Träger eine entsprechende Gegenleistung zu erhalten. Hierbei ist die höchstrichterliche Rechtsprechung berücksichtigt worden, die in der Hingabe zinsloser Darlehen regelmäßig die Gewährung eines Vermögensvorteils sieht. Die Verpflichtung zur Verzinsung besteht jedoch nicht, wenn der Träger den Vorteil der Kapitalnutzung bei der Bemessung des Entgelts bereits berücksichtigt und so einen finanziellen Ausgleich geschaffen hat. Die Gewährung eines Mindestzinses in Höhe des gesetzlichen Zinssatzes von 4 v. H. erscheint als Ausgleich für die Kapitalnutzung angemessen.

Leistungen nach Absatz 2 Nr. 3 werden vielfach von oder zugunsten von Bewohnern bereits vor ihrer Aufnahme in das Heim erbracht. Sie sind Voraussetzung für den erst später folgenden Abschluß eines Heimvertrags. Entsprechend ... finden die Sätze 1 und 2 auch auf Leistungen von Bewerbern Anwendung.

2. **Kautionen,** die bisher unzulässig waren, werden künftig gestattet, um einem Bedürfnis der Praxis zu entsprechen (Absatz 2 Nr. 4). Allerdings sollen den Bewohnern aus dem Sicherungsbedürfnis des Heimträgers keine überhöhten Anforderungen und wirtschaftlichen Nachteile erwachsen. Sicherheiten für die Erfüllung der Verpflichtungen aus dem Heimvertrag dürfen deshalb das Doppelte des auf einen Monat entfallenden Entgelts nicht übersteigen. Außerdem kann der Bewohner die vereinbarte Kaution zu drei gleichen monatlichen Teilleistungen erbringen, wobei die erste Teilleistung mit der Aufnahme in das Heim fällig wird. Entsprechend § 550 b Abs. 2 BGB hat der Heimträger ferner die Kautionen getrennt von seinem Vermögen bei einer öffentlichen Sparkasse oder bei einer Bank zu dem für Spareinlagen mit gesetzlicher Kündigungsfrist üblichen Zinssatz anzulegen und diese Zinsen im Rahmen der Erhöhung der Sicherheitsleistungen gutzubringen (Absatz 4).

3. Das **Verbot für Bedienstete** des Heims, sich Geld- und geldwerte Leistungen versprechen zu lassen oder anzunehmen, wird ... übernommen. Unter diese Bestimmung fallen wie bisher alle Leistungen, die Bedienstete von Heimbewohnern für die Erfüllung der Pflichten aus dem Heimvertrag erhalten. Zur Klarstellung wird ferner darauf

hingewiesen, daß sich das Verbot nicht – wie bisher – nur auf zu erbringende, also künftige, sondern auch auf bereits erbrachte Leistungen des Personals bezieht.

4. Nach Absatz 6 kann die zuständige Behörde im Einzelfall **Ausnahmen** von den Verboten der Absätze 1 und 5 zulassen. Die Ausnahmeregelung wird hierbei gegenüber der bisherigen Fassung auch auf Leistungen an den Leiter, die Beschäftigten oder sonstigen Mitarbeiter des Heimes ausgedehnt. Allerdings muß die Ausnahme vor dem Versprechen oder Gewähren der Leistungen erteilt werden, da nach dem Tod des leistenden Heimbewohners kaum noch festzustellen ist, ob dieser seine Leistung freiwillig und ohne Druck oder mit dem Ziel seiner Besserbehandlung gegenüber anderen Bewohnern erbracht hat. Nur eine **vorherige Überprüfung** der Absichten des Heimbewohners durch die zuständige Behörde erlaubt die Feststellung, daß die Leistungen und die Verfügungen zugunsten des Trägers oder der Beschäftigten des Heimes nach dem Schutzzweck des Gesetzes unbedenklich sind ...

3   **Zweck der Vorschrift** ist es,

– die Bewohner / Bewerber vor finanzieller Ausnutzung oder Benachteiligung in offener oder versteckter Form zu schützen und außerdem

– den sozialen Frieden im Heim zu schützen durch eine möglichst gleiche Betreuung, die unabhängig von den finanziellen Verhältnissen der Bewohner bzw. deren Freigebigkeit geleistet wird. (Vermeidung sozialschädlicher Einflüsse; s. RN 2.1 und 16).

§ 14 konkretisiert den Schutzzweck des § 2 Abs. 1 Nr. 1 und nimmt den Rechtsgedanken der Nichtigkeit sittenwidriger Geschäfte (§ 138 BGB) ausdrücklich in das öffentlich-rechtl. Recht des HeimG. S. a. RN 2.1 und 2.3

4   Die Vorschrift enthält **zwei Annahmeverbote:**

– nach Abs. 1, gerichtet an den Träger,

– nach Abs. 5 gerichtet an den Leiter, die Beschäftigten und sonstigen Mitarbeiter des Heimes.

Die **Nichtgeltung des Verbots nach Abs. 1** (s. RN 2.3.1) regeln die Bestimmungen der Abs. 2 u. 6. Wegen der dann entstehenden Verpflichtungen s. Abs. 3 u. 4. **Die Ausnahmen** von den Verboten nach Abs. 1 bzw. Abs. 5 regeln die Bestimmungen v. Abs. 5 S. 2 u. Abs. 6.

5   Das **Inkrafttreten der Vorschriften:** Heimverhältnisse auf Grund von Verträgen, die vor dem Inkrafttreten des Gesetzes abgeschlossen worden sind, richten sich von diesem Zeitpunkt an nach dem neuen Recht. **Art. 4 Abs. 1 des 1. ÄG;** abgedruckt im Anschluß von § 4 HeimG.

Sonderregelungen gelten, wenn die Verträge vor dem 1. 8. 1990 abgeschlossen worden sind,

– für die Verzinsung von Leistungen nach § 14 Abs. 3 S. 2 und
– bei den Kautionen nach Abs. 4, falls die Verzinsung vertraglich ausgeschlossen wurde.

S. dazu Art. 4 Abs. 2 und 3 des 1. ÄG.

6 Die Vorschrift greift in die Handlungs- und Vertragsfreiheit der Bewohner und Bewerber sowie der Träger, Leiter, Beschäftigten und sonstigen Mitarbeiter ein. Die Grundrechtsbeschränkungen sind durch ihren sozialen Schutzzweck gerechtfertigt. Gegen die jetzt geltende Fassung erscheinen durchgreifende Einwendungen zur **Verfassungsmäßigkeit** nicht gegeben (s. dazu a. Klie in Dahlem / Giese § 14 RN 5; A. Korbmacher; Einl. RN 3.3 sowie Einl. RN 3.1-3.3).

7 **Annahmeverbote nach Abs. 1**

Abs. 1 schützt **nur den Bewohner,** nicht den Bewerber. Das ist bei dem Mangel an Heimplätzen eine Lücke, die finanziell gut gestellte Bewerber bei der Beschaffung eines Heimplatzes nützt. (Zu deren Leistungen s. Abs. 3 S. 3). Zum **Austauschvertrag** s. RN 15. Das Verbot gilt auch für das **Versprechen und Gewähren** durch Dritte (z. B. Angehörige, Freunde d. Bewohners), was die n. F. klarstellt ('von oder zugunsten'). Im Heimvertrag sind die Leistungen im einzelnen zu beschreiben und das dafür insgesamt zu entrichtende **Entgelt** anzugeben (§ 4 Abs. 2 S. 2). Für **Sonderleistungen,** die darüber hinausgehen, kann der Träger ein besonderes Entgelt fordern. Abs. 1 verbietet nur eine doppelte Bezahlung; s. dazu a. Abs. 2 Nr. 1 und RN 2.1. Eine **geldwerte Leistung** ist alles, was in Geld berechnet werden kann. Das können u. a. Dienste, sonstige Sachen, Verzicht auf Rechte (z. B. auf Schadensersatz) oder Ersparnisse (z. B. Verzicht des Bewohners auf vertraglich zustehende Leistungen) sein; auch Darlehen, die zinslos oder mit einem unüblich niedrigen Zinssatz gewährt werden, gehören dazu. **Heimaufnahmegebühren** sind im G nicht genannt. Problematisch ist, ob und wie sie rechtlich zu bewerten sind. S. dazu Korbmacher, S. 141 ff; Dahlem / Giese RN 9; Kunz / Ruf / Wiedemann, 5. Aufl. Rz. 9).

Versprechen lassen bedeutet die Annahme eines Angebots auf einen zukünftigen Vermögensvorteil. Das Einvernehmen bedarf keiner ausdrücklichen Erklärung (BVerwG v. 26. 1. 1990, NJW 1990.2268). Auch der Abschluß eines Erbvertrages zwischen Bewohner und Träger fällt unter das Verbot v. Abs. 1. **Gewähren lassen** ist willentliche Annahme eines Vorteils und setzt eine ausdrückliche oder stillschweigende Annahmeerklärung des Annehmenden voraus. Sie liegt z. B. nicht vor, wenn jemand ohne sein Wissen von einem Heimbewohner zum Erben eingesetzt worden ist. S. dazu Bayer. OblG v.

28. 6. 1991, FamRZ 1991, S. 1354; DV-Gutachten– in NDV 1991,
S. 434; Dahlem / Giese § 14 RN 10.

8   **Absatz 2** bestimmt abschließend die Ausnahmen von Abs. 1.

8.1   Zu Sonderleistungen s. RN 7. Zur einrichtungsinternen Pflegefallversicherung s. RN 16 zu § 4 u. Igl ZfsH / SGB 1988.617 ff.

8.2   **Geringwertige Aufmerksamkeiten** sind Ausdruck von Verbunden-
heit, Höflichkeit, Zugehörigkeit. Solch selbstverständliche und oft
übliche Äußerungen will das Gesetz nicht unterbinden. Die Abgrenzung zwischen solchen Aufmerksamkeiten und Vermögensvorteilen
kann im Einzelfall schwierig sein. Eine Aufmerksamkeit wird nur
dann anzunehmen sein, wenn ihr Wert nach objektiver Feststellung
und der allgemeinen Verkehrsauffassung unerheblich ist. Der Ansicht
von Dahlem / Giese, 14. Lfg. RN 13 zu § 14, daß eine geringfügige
Aufmerksamkeit dann anzunehmen sei, wenn "die Vermögenslage
des Empfängers weder nennenswert verbessert noch die des Gebers
nennenswert verschlechtert werde", kann nur sehr eingeschränkt
gefolgt werden. Setzte man diese Auslegung absolut, wären z. B. in
Seniorenstiften Aufmerksamkeiten von erheblichem Wert zulässig.
Das aber würde den Schutzzweck unterlaufen. Nach dem Erlaß des
Sozialmin. Baden-Württemberg v. 19. 2. 1990 (s. AH 10/1991 S. 459)
ist eine Geringfügigkeitsgrenze von 50,- DM für einmalige und von
100,- DM für mehrmalige Zuwendungen im Jahr eingeführt.

8.3   **Leistungen nach Nr. 3** entsprechen denen von § 1 Abs. 2 HeimsicherungsV (s. dort). Es muß sich nicht um Geldleistungen handeln;
es können auch Sachen z. B. Grundstücke, Rechte u. a. sein. Unter die
Ausnahmebestimmung fallen sie nur, wenn sie für die genannten
Zwecke versprochen oder gewährt werden.

8.4   **Sicherheiten (Kautionen)** – Abs. 2 Nr. 4; Abs. 4 – waren nach
Ansicht der BReg (s. RN 2.3) unzulässig. In der Literatur (teilweise)
und im Urt. des VGH Kassel ESVGH 34.74 wurden sie für zulässig
erachtet, und sie hatten sich eingebürgert. Der Mangel an Heimplätzen, der ein Versagen der Leistungsträger ist (§ 17 SGB I), hat dabei
eine Rolle gespielt. Nun wird die Zahlung von Kautionen legalisiert.
Es wird bezweifelt, ob das mit dem Schutzzweck des Gesetzes vereinbar ist. Das doppelte Monatsentgelt für einen Pflegeplatz beträgt
z. Zt. fast immer über 7 000,- DM. Solche Beträge sind von vielen
alten Menschen nicht aufzubringen, auch nicht in drei gleichen
monatlichen Teilleistungen (Abs. 4 S. 1). Die Bestimmung legalisiert
damit unterschiedliche Chancen für eine Heimbetreuung. Über 80 %
der Pflegebedürftigen in Heimen müssen Sozialhilfe in Anspruch
nehmen. – Der Beginn des Vertragsverhältnisses muß nicht mit dem
Heimeintritt identisch sein; er muß im Vertrag festgelegt werden.
Hins. der Sicherung s. Abs. 4 S. 2. Zinsen für Kautionen (s. dazu a.

RN 5) werden nicht an den Bewohner ausgezahlt; sie erhöhen die Sicherheit und sind dieser gutzuschreiben.

Zu Kautionen s. a. § 15 RN 2.2.

9 **Absatz 3** regelt die **Rückzahlungspflicht** für Leistungen, soweit sie nicht mit dem Entgelt verrechnet worden sind, sowie ihre Verzinsung.

10 **Annahmeverbot nach Abs. 5.**

Die Vorschrift schützt die Bewohner, nicht die Bewerber ('von oder zugunsten von Bewohnern'). Zwischen dem Bewohner und den in Abs. 5 genannten Personen besteht kein unmittelbares Vertragsverhältnis, aber diese haben idR den unmittelbaren Kontakt; vom Verhalten der genannten Personen hängt weitgehend das Wohlbefinden im Heim ab. Nach dem Schutzzweck des G muß verhindert werden, daß sich Bewohner das Wohlwollen der Bediensteten durch zusätzliche Entgelte erkaufen müssen oder erkaufen können. S. RN 2.1 u. 15. Das Verbot erstreckt sich auch auf das Versprechenlassen von Leistungen für bereits erbrachte und nicht nur für zukünftige Leistungen (s. schon BGH v. 9. 2. 1990, NJW 1990. 1603).

Die Vorschrift läßt **nur eine Ausnahme** zu, bei geringwertigen Aufmerksamkeiten (s. dazu RN 5).

Öffentlichen Bediensteten kann schon durch dienstrechtliche Vorschriften die Annahme von Vermögensvorteilen untersagt sein. S. dazu § 10 BAT; BAG v. 17. 4. 1984, NVwZ 1985.142 ff sowie Stach, NJW 1988. 943 ff.

11 **Ausnahmen vom Annahmeverbot (Abs. 6)**

11.1 **Nur in Einzelfällen** dürfen die zust. Beh. Ausnahmen vom Annahmeverbot der Abs. 1 und 5 zulassen,

– soweit der Schutz der Bewohner die Aufrechterhaltung der Verbote nicht erfordert **und**

– die Leistungen noch nicht versprochen oder gewährt worden sind.

Beide Voraussetzungen müssen erfüllt sein. Andernfalls ist keine Genehmigung einer Ausnahme zulässig. Eine allgemeine Erlaubnis für bestimmte Geldleistungen, oder für bestimmte Bewohner oder bestimmte Heime / Träger ist ausgeschlossen.

11.2 **Schutz der Bewohner,** das ist der Schutz des einzelnen Bewohners, der Leistungen versprechen oder gewähren will, und es ist zugleich der Schutz der Bewohnerschaft insgesamt. Der Schutz der Bewohner i. S. dieser Vorschrift muß beide Gesichtspunkte unter den besonderen Gegebenheiten der Heimsituation berücksichtigen. Es kann sein, daß eine Ausnahmegenehmigung zwar nicht den Schutz des versprechenden / gewährenden Bewohners beeinträchtigen würde, wohl aber den Schutz der Bewohnerschaft insgesamt; auch dann ist keine Ausnahme zulässig. Die zust. Beh. muß den Sachverhalt von amtswegen ermitteln (§ 24 VwVfG), und sie muß dabei auch zu diesem Gesichtspunkt ermitteln. Die Bedenken von G. Igl (RsDE 3.17) gegen die Ausnahmeregelung werden geteilt. Es scheint geboten, sie als **Ausnahme** äußerst restriktiv zu handhaben.

11.3 Eine Ausnahmegenehmigung bedarf immer **der vorherigen Genehmigung.** Ist die Leistung bereits versprochen oder gewährt, darf eine nachträgliche Genehmigung nicht mehr – auch nicht ausnahmsweise – erteilt werden. Wird z. B. zwischen dem Bewohner und dem Träger oder einer in Abs. 5 genannten Person ein Erbvertrag abgeschlossen, so darf eine nachträgliche Ausnahmegenehmigung nicht erteilt werden. Zur Frage der Nichtigkeit von Versprechen oder Leistungen ohne vorherige Ausnahme s. RN 11.6.

11.4 Die Entscheidung, ob eine Ausnahme zugelassen oder abgelehnt werden soll, ist ein **VA** (§ 35 ff VwVfG). Der Sachverhalt ist **von amtswegen zu ermitteln.** An die Ermittlungspflicht der Beh. sind hohe Anforderungen zu stellen. (S. dazu BVerwGE 78.357). Die Ermittlungen zum Schutz der Bewohner insgesamt (RN 11.2) sind u. U. sehr schwierig. Ein Gespräch mit dem Bewohner erscheint unerläßlich, u. a. um festzustellen, ob nicht ein vorheriges Versprechen gegeben wurde. Zu den Beteiligten des Verwaltungsverfahrens s. § 13 VwVfG; Klie, ZfF, 1988.49 ff. Es gelten die Regeln der materiellen **Beweislast.** Kann der Antragsteller die für ihn günstigen Tatsachen nicht beweisen, kommt eine Ausnahmegenehmigung nicht in Frage. S. a. Igl in Dahlem / Giese, § 14 RN 25; dort auch zu **§ 14 im Verhältnis zu Erben.**

11.5 Der zust. Beh. steht bei ihrer Entscheidung ein **Ermessen** zu. Sie hat dabei die (Grund-)Rechte der Beteiligten und den Grundsatz der Verhältnismäßigkeit, gemessen am Zweck der Vorschrift, zu beachten. Sind die Tatbestandsmerkmale für eine Ausnahmegenehmigung erfüllt, wird diese in der Regel erteilt werden. Ein Anspruch auf Erteilung besteht jedoch auch dann nicht; doch muß die zust. Beh. dann begründete Ermessenserwägungen aktenkundig machen. Es wird der Ansicht von Igl (in Dahlem / Giese, § 14 RN 23) gefolgt. A. A: Kunz / Ruf / Wiedemann, 5. Aufl. § 14 Rz. 27 u. Korbmacher, S. 186 f.

11.6 Die Bestimmungen von Abs. 1 und Abs. 5 sind **gesetzliche Annahmeverbote** (§ 134 BGB). Ohne vorherige Zulassung einer Ausnahme sind Vereinbarungen, die unter diese Verbote fallen, nichtig. Da das G eine nachträgliche Ausnahmegenehmigung nicht erlaubt, bleibt das Rechtsgeschäft selbst dann nichtig, wenn rechtswidrig noch eine Ausnahmegenehmigung erteilt werden würde. (S. a. Dahlem / Giese, § 14 RN 26).

12 Von der **Ermächtigung nach Abs. 7** hat das BMJFFG Gebrauch gemacht; s. HeimsicherungsV.

13   **Ordnungswidrigkeiten** können Verstöße gegen § 14 Abs. 1 sowie Abs. 5 S. 1 und Abs. 7 sein; s. dazu § 17 Abs. 1 Nr. 3 u. Abs. 2 Nr. 6.

14   Das **Gesetz über das Kreditwesen** kann u. U. neben § 14 anzuwenden sein, weil z. B. Leistungen nach § 1 Abs. 1 oder § 12 HeimsicherungsV idR Einlage- bzw. Garantiegeschäfte sind, die der Erlaubnis des Bundesamtes für das Kreditwesen bedürfen. S. dazu insbes. § 1 Abs. 1 KWG und Kunz / Ruf / Wiedemann, § 14, RZ. 18.

15   **Aus der Rechtsprechung**

    –   § 14 Abs. 1 stellt eine Bestimmung dar, die nicht nur dem wirtschaftlichen Schutz der Heimbewohner dient und ihre materielle Stellung gegenüber dem Heimträger stärkt. Sie will daneben die Heimbewohner im übrigen von **sozialschädlichen Einflüssen** freihalten. Es soll vor allem verhindert werden, daß ein Verhältnis der Heimbewohner untereinander ein Konkurrenzdruck entsteht, sich die materielle und ideelle Zuwendung des Heimträgers (und seines Dienstpersonals) mit besonderen Freigebigkeiten zusätzlich zu "erkaufen". Das Interessen- und Beziehungsgeflecht zwischen den Heimbewohnern soll in deren wohlverstandenem Interesse nicht von einem unerwünschten Wettbewerb um die Gunst des Heimträgers gestört werden. Begüterte oder freigebigere Heimbewohner sollen sich nicht durch besondere Leistungen eine bessere Behandlung verschaffen können, und dem Heimträger soll es verboten sein, durch das Fordern oder die Annahme von Vermögensvorteilen eine Vorzugsbehandlung in Aussicht zu stellen oder zu gewähren.

       Bayer. VGH Urt. v. 24. 5. 1985 – 9 B 81 A 2249; bestätigt durch BVerwG, Urt. v. 18. 12. 87 – 7 C 57/85 –, NJW 1988.984.

    –   Der Begriff "Sich-gewähren-lassen" ist nicht bereits bei einseitiger Willenserklärung oder Willensbestätigung des Gebers erfüllt, es muß eine ausdrückliche oder stillschweigende Annahmeerklärung des Empfängers oder ein entsprechendes Verlangen vorangegangen sein. Dies liegt nicht vor, wenn eine in Abs. 2 a.a.O. bezeichnete Person ohne ihr Wissen von einem Heimbewohner zum **Erben** eingesetzt ist und die ihr zugefallene Erbschaft nicht ausschlägt. Kammergericht Berlin, Beschl. vom 29. Okt. 1979 – AR (B) 103/79 – 2 Ws (B) 121/79.

    –   1. Die nach § 14 Abs. 2 HeimG untersagten Verträge zwischen Heimpersonal und Heiminsassen sind nichtig. Auch in einem **Austauschvertrag** kann ein verbotswidriger Vermögensvorteil liegen, wenn Leistung und Gegenleistung in einem Mißverhältnis stehen.

       2. Das Verbot des § 14 Abs. 2 HeimG besteht nicht nur im Hinblick auf künftige Leistungen, sondern bezieht sich allgemein auf die nach dem Heimvertrag geschuldeten Leistungen.

3. Für die in Verträgen zwischen Heimpersonal und Heiminsassen versprochenen oder gewährten Vermögensvorteile wird bis zum Beweis des Gegenteils vermutet, daß sie in Zusammenhang mit Heimleistungen stehen.

BGH, Urteil vom 9. Februar 1990 – V ZR 139.88 – betrifft noch die a.F. –, RsDE 13.61 (1991).

– HeimG §§ 14 Abs. 1 a.F. 17 Abs. 1, Nr. 3.

Dem Verbot der Annahme von Vermögensvorteilen nach § 14 Abs. 1 HeimG kann auch ein **Testament** unterliegen, das der Heimbewohner mit dem Einverständnis des Heimträgers zu dessen Gunsten errichtet.

BVerwG, Beschluß vom 26. Januar 1990 – 7 B 86.89.

– Das in § 14 Abs. 1 Satz 1 HeimG normierte und an den Heimträger gerichtete Verbot der Annahme von Vermögensvorteilen, von dem die Heimaufsichtsbehörde gemäß § 14 Abs. 1 Satz 2 HeimG unter bestimmten Voraussetzungen Ausnahmen zulassen kann, dient dem Schutz der wegen ihrer besonderen Lebenssituation und der daraus folgenden persönlichen Abhängigkeit staatlicher Fürsorge bedürftigen Heimbewohner. Diese sollen vor finanzieller Ausbeutung durch den Heimträger bewahrt werden. Zudem soll, auch unabhängig von möglichen **unlauteren Willensbeeinflussungen**, verhindert werden, daß der Heimträger mit Rücksicht auf empfangene oder versprochene Zuwendung einzelne Heimbewohner bevorzugt behandelt oder die anderen Bewohner benachteiligt. Nicht gänzlich ausschließen läßt sich ferner, daß ein unseriöser Heimträger im Falle einer Zuwendung, die erst mit dem Tod des Heimbewohners wirksam wird, am vorzeitigen Eintritt dieses Todes materiell interessiert sein kann; auch vor den damit möglicherweise verbundenen Risiken müssen Heimbewohner geschützt werden.

BVerwG, Beschl. v. 26. 1. 1990 a.a.O. (RsDE 13.65 f).

– Der Schutzzweck des Gesetzes betrifft nicht allein Zuwendungen an den Heimträger unter Lebenden. Vielmehr sind die Gefahren, denen das Gesetz begegnen will, in gleicher Weise – soweit es sich um die Gefahr eines vorzeitigen Todes des Heimbewohners handelt, sogar in erster Linie – mit **letztwilligen Verfügungen** zugunsten des Heimträgers verbunden. Das gilt für letztwillige Verfügungen jeder Art, also nicht nur für Erbverträge zwischen dem Heimbewohner und dem Heimträger, sondern auch für Testamente und Vermächtnisse, an denen der Heimträger rechtsgeschäftlich nicht beteiligt ist. Diese Auslegung des § 14 Abs. 1 HeimG ist mit dem Verfassungsrecht vereinbar, denn die Grundrechtsbeschränkungen, die die Vorschrift dem Heimbewohner und dem Heimträger auferlegt, sind, wie der Senat gleichfalls bereits in seinem Urteil vom 18. Dezember 1987 (a.a.O., S. 362) festgestellt hat, durch ihren sozialen Schutzzweck hinreichend gerechtfertigt.

BVerwG, Beschl. v. 26. 1. 1990 a.a.O.

16 **Aus dem Schrifttum:**

Igl, Einrichtungsinterne Pflegefallversicherung im Heimvertrag? ZfSH / SGB 1988, 617 ff; *Klie*, Verwaltungsverfahren Heimgesetz – Beteiligung von Heimbewohnern und Heimbeirat beim Verwaltungsverfahren nach dem HeimG –, ZfF 1988, 49 ff; *Korbmacher*, Grundfragen des öffentlichen Heimrechts, Diss. Berlin 1989; *Kunz*, Zur Frage der Zulässigkeit von Finanzierungsbeiträgen nach dem Heimgesetz, ZfSH 1977, 103 ff; *Schelter*, Das Tarifrecht der Angestellten im Pflegedienst, ÖTV, Stuttgart 1991; *Stach*, Nichtigkeit letztwilliger Verfügungen zugunsten Bediensteter staatlicher Altenpflegeeinrichtungen?, NJW 1988, 943 ff; *Staehle*, Die Sicherungspflicht für Bewohnerleistungen nach dem Heimgesetz, NJW 1977, 1230 f; *Wickenhagen*, Pflegekostenabsicherung durch Selbsthilfe, AH 7/1992, S. 350 f.

§ 15 Rücknahme und Widerruf der Erlaubnis

(1) Die Erlaubnis zum Betrieb eines Heims ist zurückzunehmen, wenn bekannt wird, daß bei ihrer Erteilung Versagungsgründe nach § 6 Abs. 3 vorgelegen haben.

(2) Die Erlaubnis ist zu widerrufen, wenn nachträglich Tatsachen eintreten, die die Versagung der Erlaubnis nach § 6 Abs. 3 gerechtfertigt hätten.

(3) Die Erlaubnis kann widerrufen werden, wenn der Träger des Heims

1. die Art des Heims, für die die Erlaubnis erteilt worden ist, unbefugt ändert oder andere als die zugelassenen Räume zum Betrieb verwendet,

2. Auflagen nach § 12 nicht innerhalb der gesetzten Frist erfüllt,

3. Personen entgegen einem nach § 13 ergangenen Verbot beschäftigt,

4. gegen § 14 Abs. 1, 3 oder 4 oder eine nach § 14 Abs. 7 erlassene Rechtsverordnung verstößt.

1 **Zur geltenden Fassung**

Die Vorschrift entspricht dem BRatE v. 7. 7. 1972 zu § 13 – BR-Drs. 173/72 (Beschluß) –; lediglich Abs. 3 Nr. 4 wurde "wegen Änderungen und Ergänzungen in anderen Vorschriften" (BT-Drs. 7/2068, S. 9) redaktionell geändert.

2 **Aus den Gesetzesmaterialien**

2.1 Aus der **Begründung BRatE** – BR-Drs. 173/72, S. 37:

Diese Vorschrift behandelt die Entziehung der Erlaubnis. Sie enthält damit die weitestgehende Eingriffsermächtigung ... Im übrigen unterscheidet der Entwurf zwischen Gründen, bei deren Vorliegen die Erlaubnis zum Betrieb der vom Gesetz erfaßten Einrichtung zwingend zurückzunehmen oder zu widerrufen ist (Absatz 1 und 2) und solchen, bei deren Vorliegen der Widerruf in das Ermessen der Erlaubnisbehörde gestellt ist (Absatz 3). Diese hat bei einer Ermessensentscheidung unter Berücksichtigung der Gegebenheiten und der Besonderheiten des Einzelfalles zu prüfen, ob eine Rücknahme der Erlaubnis gerechtfertigt ist oder ob unter Umständen durch andere weniger einschneidende Maßnahmen etwaige Mißstände beseitigt werden können.

2.2 Aus der **Begr. der BReg zum 1. ÄG** – BT-Drs. 11/5120, S. 19 –

In § 14 Abs. 4 sind zum Schutz des Bewohners entsprechend den Regelungen des Bürgerlichen Gesetzbuchs bei Mietkautionen (§ 550 b Abs. 1 Satz 3 und Abs. 2) besondere Verpflichtungen des Heimträgers bei Sicherheitsleistungen der Bewohner aufgenommen worden. Die Verletzung dieser Pflichten (getrennte Verwaltung, Verzinsung) sollen wie die Verletzung anderer Pflichten nach § 14 den Widerruf der Erlaubnis durch die zuständige Behörde rechtfertigen können.

3 **Zweck der Vorschrift** ist, daß alle erlaubnispflichtigen Heime während des gesamten Betriebs – und nicht nur bei Beginn – die Anforderungen des § 6 erfüllen. Ihr **Anwendungsbereich** ist auf die Träger beschränkt, die einer Erlaubnis nach § 6 bedürfen; s. dazu § 6 RN 3 ff. Für andere Träger gilt § 16. S. auch RN 2.1.

4 Beim **Vollzug** ist der Grundsatz des § 11 Abs. 2 zu beachten. Rücknahme und Widerruf dürfen, außer bei Gefahr im Verzuge (insbes. für Leib, Gesundheit oder Eigentum der Bewohner), nur ausgesprochen werden, wenn trotz Beratung die Mängel nicht abgestellt werden. S. Dahlem / Giese § 15 RN 4. Dies widerspricht scheinbar dem Text der Abs. 1 u. 2, die bei Erfüllung des Tatbestandes zwingend Rücknahme oder Widerruf verlangen, ergibt sich jedoch aus dem Sinn der Vorschrift. Es wäre für Träger und Bewohner von Nachteil, wenn das Heim zunächst geschlossen und dann, nach Beratung u. Erfüllung von Auflagen / Anordnungen eine Erlaubnis erteilt werden müßte. Eine vergleichbare Erwägung enthält auch, allerdings für nicht begünstigende VAe, § 49 Abs. 1 letzter Halbsatz VwVfG. S. a. RN 2.1.

5 Rücknahme und Widerruf sind gefestigte Begriffe im Verwaltungsverfahren (§§ 48, 49 VwVfG). **Rücknahme** ist die Aufhebung eines

rechtswidrigen VA (§ 48 VwVfG); sie kann rückwirkend erfolgen oder für die Zukunft. **Widerruf** (§ 49 VwVfG) ist die Aufhebung eines rechtmäßigen VA. Die Erlaubnis ist ein begünstigendes VA (s. § 49 Abs. 2 VwVfG); sie wird mit dem Wirksamwerden des Widerrufs unwirksam, wenn die zust. Beh. keinen späteren Zeitpunkt bestimmt (§ 49 Abs. 3 VwVfG). Für Rücknahme / Widerruf kann die sofortige Vollziehbarkeit angeordnet werden; s. dazu § 80 Abs. 2 und 3 VwGO. Wegen etwaiger Amtspflichtverletzung s. § 839 BGB.

6 **Voraussetzung einer Rücknahme nach Abs. 1** ist, daß mindestens einer der Versagungsgründe nach § 6 Abs. 3 bei der Erteilung der Erlaubnis vorlag, dies aber nicht bekannt war. Die Anwendung des Abs. 1 setzt kein Verschulden des Antragstellers voraus. Es ist auch unerheblich, ob der Antragsteller den Versagungsgrund kannte. Der Versagungsgrund darf der zust. Behörde bei der Erteilung der Erlaubnis nicht bekannt gewesen sein. Kannte sie bei der Erteilung der Erlaubnis, gleichgültig woher, die nach § 6 Abs. 3 erheblichen Tatsachen, würdigte sie diese aber falsch, oder übersah sie das bei der Entscheidung, so liegen die Voraussetzungen für eine Rücknahme nach Abs. 1 nicht vor. In einem solchen Fall kann die Erlaubnis nur nach den allgemeinen Grundsätzen des Verwaltungsrechts über die Rücknahme von VAen erfolgen. Zur ev. Amtshaftung gegenüber Träger und Bewohner s. a. BGH Verw. Rsp. Bd. 25 Nr. 74; BVerwGE Bd. 16.116. Sind die Voraussetzungen nach Abs. 1 erfüllt, muß die zust. Behörde die Rücknahme verfügen. Sie hat **keinen Ermessensspielraum**. S. a. RN 3 u. 4.

7 **Abs. 2: Zum Widerruf** ist die zust. Beh. zwingend verpflichtet, wenn die Erlaubnis zwar rechtmäßig erteilt wurde, nachher aber die Voraussetzung für eine Versagung (§ 6 Abs. 3) eingetreten ist und durch Beratung (s. RN 3) die Mißstände nicht behoben werden konnten. Zu den Versagungsgründen s. § 6 RN 13 ff. Die Erlaubnis wird mit dem Wirksamwerden des Widerrufs unwirksam, wenn die zust. Beh. keinen späteren Zeitpunkt bestimmt (§ 49 Abs. 3 VwVfG). Zur Anordnung der sofortigen Vollziehbarkeit s. RN 4.

8 Die zust. Beh. hat tätig zu werden, sobald ihr Tatsachen für eine Rücknahme bzw. einen Widerruf bekannt werden. Diese sind zwar nach dem HeimG nicht an eine Frist gebunden, doch ergibt sich die Pflicht zu sofortigem Handeln aus dem Schutzzweck des G. Kunz / Ruf / Wiedemann (4. Aufl. RN 3) sind der Ansicht, durch ungebührliches Zögern der Behörde könne das Recht zu Rücknahme / Widerruf verwirkt werden. Nach § 48 Abs. 4 bzw. § 49 Abs. 2 S. 2 VwVfG sind Rücknahme und Widerruf nur innerhalb eines Jahres seit dem Zeitpunkt der Kenntnisnahme zulässig; bei Rechtsbehelfsverfahren s. § 50 VwVfG.

9 Sind die Voraussetzungen nach **Abs. 3 Nr. 1-4** erfüllt, so liegt es im **pflichtgemäßen Ermessen** der zust. Behörde, ob sie die Erlaubnis

widerruft. Sie hat ihr Ermessen am Zweck des Gesetzes auszurichten und dabei den Grundsatz der Verhältnismäßigkeit zu beachten (z. B. zu prüfen, ob der gesetzmäßige Zustand nicht durch geringere Eingriffe erreicht werden kann).

10 Rücknahme und Widerruf sind **belastende Verwaltungsakte.** Widerspruch und Anfechtungsklage dagegen haben grundsätzlich aufschiebende Wirkung. Doch kann die zust. Beh. die sofortige Vollziehung anordnen (s. dazu § 80 VwGO); z. B. wegen drohender Gefahr für Leben, Gesundheit oder Eigentum der Bewohner.

11 Rücknahme oder Widerruf der Erlaubnis und die damit verbundene Schließung des Heimes stellen auch die Heimaufsicht vor erhebliche Probleme. Der Träger ist nicht zu einer 'Verlegung' der Bewohner verpflichtet, und diese sehen ihr idR mit großer Angst entgegen. Sie haben bei dem Mangel an Heimplätzen praktisch keine freie Entscheidung über ihre weitere 'Unterbringung' (§ 1). Auch die Öffentlichkeit fragt nach milderen, die Bewohner weniger belastenden Maßnahmen. Eine **Zwangsverwaltung** kann gem. § 12 nicht angeordnet werden. Klie vertritt allerdings die Ansicht, daß "die **kommissarische Heimleitung** als Gefahrenabwehr gegenüber dem Heimträger grundsätzlich in Betracht" kommt; s. Klie in RsdE 15. S. 43 ff. Die Zuständigkeit der zust. Beh. wird aus der polizeil. Generalklausel abgeleitet. Dieser Ansicht wird zugestimmt.

12 **Aus der Rechtsprechung:**

Ein Betreiber verliert dann die nach § 6 Abs. 3 Nr. 1 HeimG erforderliche **Zuverlässigkeit**, so daß die Erlaubnis nach § 15 Abs. 2 HeimG zu widerrufen ist, wenn er zwar persönlich lauter ist, aber **unzuverlässigen Dritten** einen maßgeblichen Einfluß auf die Führung der Einrichtung einräumt, über Jahre hin tatenlos dem Wirken unzuverlässiger, die Rechte der Heimbewohner mißachtender Mitarbeiter zusieht und auf diese Weise anhaltend seine Pflichten verletzt. Verwaltungsgericht Berlin, Beschluß vom 8. Nov. 1982 – VG 14 A 131.82.

An die **Zuverlässigkeit** eines Heimbetreibers sind im Hinblick auf den Zweck des Heimgesetzes, die Interessen und Bedürfnisse der Heimbewohner vor Beeinträchtigung zu schützen, hohe Anforderungen zu stellen. Dies gilt vor allem dann, wenn in einem Pflegeheim im wesentlichen Bewohner aufgenommen werden, die wegen psychischer Ausfallerscheinungen und Verhaltensabwegigkeiten nicht mehr tragbar, wegen ihrer Leiden also nicht in der Lage sind, ihre Interessen gegenüber dem Heimbetreiber selbst wahrzunehmen. – Zur Zuverlässigkeit eines Heimbetreibers gehört vor allem, daß er seine **Aufsichts- und Kontrollpflichten** erfüllt, also darüber wacht, daß der Betrieb im ganzen ordnungsgemäß geführt wird. Dem Betreiber sind also solche Mißstände in dem von ihm betriebenen Heim zuzurechnen, die bei gebotener Aufsicht nicht hätten vorkommen dürfen. So Oberverwaltungsgericht Berlin, Beschluß vom 14. April 1983 – OVG 1 S. 59.82. –

§ 16 Untersagung

(1) Der Betrieb eines Heims, für das eine Erlaubnis nach § 6 Abs. 1 nicht erforderlich ist, ist zu untersagen, wenn Tatsachen bekannt werden, die nach § 6 Abs. 3 die Versagung einer Erlaubnis gerechtfertigt hätten.

(2) Der Betrieb kann untersagt werden, wenn

1. der Träger des Heims eine Anordnung nach § 12 nicht befolgt,

2. die Voraussetzungen für den Widerruf einer Erlaubnis nach § 15 Abs. 3 Nr. 3 oder 4 vorliegen.

1   **Zur geltenden Fassung:** Sie entspricht bis auf redaktionelle Änderungen – wegen Änderung der Numerierung und der Bezeichnungen; z. B. Heim statt Einrichtung – der Fassung im BRatE vom 7. 7. 1972.

2   **Aus den Gesetzesmaterialien –**

Begr. des BRatE, – BR-Drs. 173/72 (Beschluß), S. 15.

Diese Vorschrift steht neben der Rücknahme bzw. dem Widerruf und sieht die Möglichkeit einer **Untersagung des Betriebes** einer Einrichtung vor. Eine derartige Möglichkeit muß vorbehalten bleiben, weil sowohl gemeinnützige als auch öffentliche Einrichtungen von der Erlaubnispflicht gemäß § 5 Abs. 1 Satz 2 ausgenommen sind. Die Untersagung ist entsprechend § 13 Abs. 1 und 2 zwingend, vorgeschrieben bei Vorliegen der in § 5 Abs. 3 aufgeführten Tatbestände. Im übrigen ist sie als Ermessensentscheidung ausgestaltet und unter den gleichen Umständen zulässig wie der Widerruf der Erlaubnis gemäß § 13 Abs. 3. Für die letztgenannte Maßnahme ist im Rahmen der Ermessensausübung der Grundsatz der **Verhältnismäßigkeit** besonders zu beachten. Bei einer Untersagung kann die Fortführung des **Betriebes** notfalls mit den Mitteln der landesrechtlichen Verwaltungsvollstreckungsgesetze **verhindert werden.**

3   Der **Zweck der Vorschrift** entspricht in Ziel und Inhalt weitgehend § 15. Auch in Heimen, für deren Betrieb keine Erlaubnis erforderlich ist, müssen die Interessen und Bedürfnisse der Bewohner geschützt werden (s. § 1 RN 2.1). Um das zu erreichen, bedurfte es der besonderen Rechtsgrundlage des § 16. Die **Unterschiede** zu § 15 ergeben sich teils aus der Sache (§ 15 Abs. 3 Nr. 1 nicht anwendbar), teils sind sie unerheblich. Es heißt im § 15: 'nicht innerhalb der gesetzten Frist erfüllt', dagegen steht im § 16: 'nicht befolgt'. Es ergibt sich aus dem Schutzzweck des G, daß für die Befolgung einer Anordnung nach § 12 auch den gemeinnützigen und öffentlichen Trägern eine Frist

gesetzt werden muß. Da die zust. Beh. die 'Letztverantwortung' (Klie) für den Schutz der Bewohner hat, und nicht Sachwalter für die Interessen der Träger ist, müßten beide Fassungen zum gleichen Ergebnis führen.

4   Zum **Vollzug** gelten RN 4-7 zu § 15 entsprechend. Eine kommissarische Heimleitung bei öffentlichen Trägern (§ 15 RN 11) wird allerdings nicht durchführbar sein.

5   Abs. 1 stellt klar, daß alle Heime erlaubnispflichtige und andere hinsichtlich der Anforderungen an den Betrieb und den Schutz der Bewohner / Bewerber gleich zu beurteilen sind. Nichterlaubnisbedürftige Träger sind nicht in einem Vorverfahren geprüft und beraten worden. Die Beratung der zuständigen Behörden nach § 11 Abs. 1 Nr. 2 hat deshalb besondere Bedeutung. Ist der Tatbestand des Abs. 1 erfüllt, ist der Betrieb zwingend zu untersagen.

6   Beim Vollzug von **Absatz 2** hat die zust. Beh. einen Ermessensspielraum. Es wird auf die RN 8 u. 9 zu § 15 verwiesen.

Werden die **Räume** im Verlauf des Betriebes anders genutzt, als es angezeigt wurde (§ 7), rechtfertigt dies zwar keine Untersagung, doch kann ein solches Verhalten eine Ordnungswidrigkeit (§ 17 Abs. 2 Nr. 2 i. V. m. § 7 Abs. 2 u. 3) sein. Geschieht das wiederholt, dürfte das ein Indiz für mangelnde Zuverlässigkeit sein.

7   Die Untersagung ist ein **belastender Verwaltungsakt,** bei dem u. a. das Gebot der Verhältnismäßigkeit zu berücksichtigen ist. S. a. § 15 RN 2.1 u. RN 11.

§ 17 Ordnungswidrigkeiten

(1) Ordnungswidrig handelt, wer vorsätzlich oder fahrlässig

1. entgegen § 6 Abs. 1 Satz 1 ohne Erlaubnis ein Heim betreibt,

2. ein Heim betreibt ,obwohl ihm dies durch vollziehbare Verfügung nach § 16 untersagt worden ist,

3. entgegen § 14 Abs. 1 sich Geld- oder geldwerte Leistungen versprechen oder gewähren läßt oder einer nach § 14 Abs. 7 erlassenen Rechtsverordnung zuwiderhandelt, soweit diese für einen bestimmten Tatbestand auf diese Bußgeldvorschrift verweist.

(2) Ordnungswidrig handelt auch, wer vorsätzlich oder fahrlässig

1. einer Rechtsverordnung nach § 3, § 5 Abs. 2 oder § 8 Abs. 3 zuwiderhandelt, soweit sie für einen bestimmten Tatbestand auf diese Bußgeldvorschrift verweist,

2. entgegen § 7 eine Anzeige nicht, nicht richtig, nicht vollständig oder nicht rechtzeitig erstattet,

3. entgegen § 9 Abs. 1, Satz 2 eine Auskunft nicht, nicht richtig, nicht vollständig oder nicht rechtzeitig erteilt oder entgegen § 9 Abs. 2 Satz 3 eine Maßnahme zur Überwachung (§ 9 Abs. 2 Satz 1 oder 2) nicht duldet,

4. einer vollziehbaren Auflage oder Anordnung nach § 12 nicht, nicht richtig, nicht vollständig oder nicht rechtzeitig nachkommt,

5. Personen entgegen einem vollziehbaren Verbot nach § 13 beschäftigt,

6. entgegen § 14 Abs. 5 Satz 1 sich Geld- oder geldwerte Leistungen versprechen oder gewähren läßt.

(3) Die Ordnungswidrigkeit kann in den Fällen des Absatzes 1 mit einer Geldbuße bis zu zehntausend Deutsche Mark, in den Fällen des Absatzes 2 mit einer Geldbuße bis zu fünftausend Deutsche Mark geahndet werden.

1 Die **geltende Fassung** entspricht im wesentlichen dem BRatE von 1972, der nur redaktionell und zur Anpassung an Änderungen und Ergänzungen in anderen Vorschriften geändert wurde. (BR-Drs. 173/72 und BT-Drs. 7/2068 S. 9). Durch das 1. ÄG sind Abs. 1 Nr. 3 und Abs. 2 Nr. 6 neu gefaßt worden.

Zur ev. Änderung v. Abs. 2 Nr. 1 s. Anhang (2. ÄG bei Nr.4).

2 **Aus den Gesetzesmaterialien**

2.1 Begründung BRatE – BT-Drs. 173/72 (Beschluß), S. 38. Diese Vorschrift enthält die üblichen Bußgeldvorschriften, die mit denen anderer gesetzlicher Regelungen vergleichbar sind.

2.2 Begründung der BReg zum 1. ÄG – BT-Drs. 11/5120, S. 19 –

Die Bestimmung ist infolge der Neufassung des § 14 geändert und der heutigen Bewehrungspraxis angepaßt worden. Hierbei ist das Rückzahlungsgebot des § 14 Abs. 3 aus der Bewehrung ausgenommen worden. Die Bewehrung eines solchen Anspruchs würde den Leitsätzen zur Ausgestaltung von Straf- und Bußgeldvorschriften im Nebenstrafrecht widersprechen, die mit dem Rechtsausschuß des Bundesrats abgestimmt worden sind. Danach sollen gesetzliche Verpflichtungen zur Erfüllung von Geldforderungen nicht mit einer Bußgeldbewehrung versehen werden.

3 Zweck der Vorschrift ist, den in Abs. 1 und 2 genannten Schutzbestimmungen größeres Gewicht zu geben.

4 Eine **Ordnungswidrigkeit** ist eine rechtswidrige und vorwerfbare Handlung, deren Ahndung mit Geldbuße im Gesetz zugelassen ist. S. ergänzend dazu Gesetz über Ordnungswidrigkeiten (OWiG) i. F. v.

19. 2. 1987 (BGB1. I S. 1602) mit späteren Änderungen. Die **Höhe der Geldbuße** legt § 17 Abs. 3 fest.

5   Was **Vorsatz** ist, regelt weder das HeimG noch das OWiG. Darunter ist der wissentliche und gewollte Verstoß gegen eine der in Abs. 17 genannten Bestimmungen zu verstehen (Vorwerfbarkeit der Handlung). Bedingter Vorsatz ist ebenfalls Vorsatz.

6   **Fahrlässig** handelt, wer die in § 17 genannten Tatbestände pflichtwidrig verwirklicht, ohne daß Vorsatz besteht. Fahrlässig handelt auch, wer die erforderliche Sorgfalt außer acht läßt. Zu dieser erforderlichen Sorgfalt gehört es, daß sich Träger, Leiter, Bedienstete über die für ihre Tätigkeit geltenden Bestimmungen gründlich unterrichten; z. B. auch über die Vorschriften des § 14 HeimG (s. dazu BGH NJW 53 S. 1151).

7   Nur natürliche Personen können Ordnungswidrigkeiten begehen. Wird das Heim von einer juristischen Person betrieben, so sind dies die Personen, die als vertretungsbefugtes Organ oder als Mitglied eines solchen Organs für die jur. Person handeln. Zu Geldbußen gegen jur. Personen s. § 26 OWiG.

8   **Zuständig** für den Erlaß des **Bußgeldbescheides** ist nach § 36 Abs. 1 Nr. 1 OWiG die Verwaltungsbehörde, die durch das HeimG bestimmt wird. Zuständig für die Durchführung des HeimG sind die nach § 18 von den Ländern bestimmten Behörden (s. § 18 RN 4) sofern in den landesrechtlichen VOen nach § 18 nichts anderes bestimmt wird (z. B. in NRW gem. VO vom 16. 9. 1975). Örtlich zuständig ist nach § 37 Abs. 1 OWiG die Verwaltungsbehörde, in deren Bezirk die Ordnungswidrigkeit begangen oder entdeckt wurde bzw. der Betroffene zur Zeit der Einleitung des Bußgeldverfahrens seinen Wohnsitz hat.

Gegen den Bußgeldbescheid kann **Einspruch** (§ 67 OWiG) und ggf. **Klage** beim Amtsgericht (§ 68 Abs. 1 OWiG) erhoben werden.

9   Die **Verfolgungsverjährung** ist im OWiG nach der Höhe der angedrohten Geldbuße abgestuft; bei Geldbußen von 3 000 DM bis zu 30 000 DM sind es zwei Jahre. Vergl. hierzu und zur Vollstreckungsverjährung §§ 31; 34 OWiG.

10   Aus der **Rechtsprechung:** Ein Alten- und Pflegeheim wird auch dann ohne Erlaubnis betrieben, wenn der Träger seinen Betrieb auf Räume erstreckt, die von der Erlaubnis nicht erfaßt sind (Bayer. OLG Beschl. v. 15. 12. 1981 – 3 OG OWi 267/81).

§ 18 Zuständigkeit und Durchführung des Gesetzes

(1) Die Landesregierungen bestimmen die für die Durchführung dieses Gesetzes zuständigen Behörden.

(2) Mit der Durchführung dieses Gesetzes sollen Personen betraut werden, die sich hierfür nach ihrer Persönlichkeit eignen und in der Regel entweder eine ihren Aufgaben entsprechende Ausbildung erhalten haben oder besondere berufliche Erfahrung besitzen.

1   Die **geltende Fassung** entspricht den Initiativen des BTA, der den Abs. 2 formulierte (BT-Drs. 7/2068). Sie wurde durch das 1. ÄG nicht verändert.

2   **Aus den Gesetzesmaterialien**

2.1 **Begründung BR-E** – BT-Drs. 7/2068, S. 9. –

Durch diese Vorschrift werden die Landesregierungen ermächtigt, die Behörden zu bestimmen, die für die Ausführung dieses Gesetzes zuständig sind. Diese Zuständigkeit der Länder entspricht dem bisherigen Rechtszustand. Sie ergibt sich auch aus Artikel 84 Abs. 1 des Grundgesetzes, wonach die Länder, die Bundesgesetze als eigene Angelegenheiten ausführen ...

2.2 Aus dem **Schriftlichen Bericht des BTA** (BT-Drs. 7/2068 v. 9. 5. 74):

In ... Abs. 2 der Vorschrift wird eine Forderung zum Ausdruck gebracht, die im Ausschuß einhellig und mit Nachdruck erhoben wurde. Das Gesetz wird insgesamt seinen Zweck nur dann erfüllen, wenn auf Seiten der zuständigen Behörden mit der Durchführung Personen betraut werden, die **mit dem Heimwesen vertraut** sind und die die Besonderheiten und speziellen Belange des Heimbetriebes aus eigener Anschauung kennen. Zur Beurteilung der Verhältnisse gerade in Altersheimen und Pflegeheimen ist neben **Berufserfahrung** auch ein gewisses **Einfühlungsvermögen** erforderlich, sollen vorschnelle und nicht angemessene Entscheidungen vermieden werden. Für Beratung und Aufsichtsführung ist deshalb der Einsatz geeigneten **Fachpersonals** unabdingbar. Die Formulierung des Absatzes 2 entspricht im übrigen den Regelungen im Bundessozialhilfegesetz.

Nach den Erfahrungen des Ausschusses sind solche Fachkräfte auf örtlicher Ebene nicht immer vorhanden. Auch diese Gesichtspunkte sollten von den Landesregierungen bei der Bestimmung der für die Durchführung zuständigen Behörden berücksichtigt werden ...

2.3 **Beschluß BTA v. 6. 3. 1990** – BT-Drs. 11/6622, S. 3; Zustimmung BT: Plenarprotokoll 11/202, S. 15651 D. Die Bundesregierung wird aufgefordert, in Zusammenarbeit mit den Ländern auf eine **verbesserte Praxis** bei der Überwachung der Heime hinzuwirken. Hierbei ist insbesondere darauf zu achten, daß die Überwachung der Heime in zeitlich angemessenen Abständen, auch ohne vorherige Anmeldung, von der zuständigen Behörde durchgeführt wird.

3   Der **Zweck** des HeimG (§ 2 Abs. 1b) kann nur erreicht werden, wenn Behörden mit qualifiziertem Personal in ausreichender Zahl die Aufgaben (RN 8) bei der Durchführung des G erfüllen. Dem soll § 18 dienen. Normadressat sind die Länder.

Diese Behörden tragen die 'Letztverantwortung' (Th. Klie) für die Erfüllung des Gesetzes: mit dem zentralen Ziel, die Interessen und Bedürfnisse der Bewohner / Bewerber vor Beeinträchtigungen zu schützen. Es ist festzustellen, daß die zust. Beh. zu oft, wie ein Erfüllungsgehilfe der Kostenträger, den Schutz der Interessen und Bedürfnisse der Bewohner / Bewerber vernachlässigen – zugunsten der Leistungsträger. S. dazu Klie, s. RN 12; § 9 RN 12 und zur Amtshaftung RN 9.

4   Abs. 1 entspricht dem Gebot des Art. 84 GG.

Überblick über die von den Ländern bestimmten Behörden nach § 18:

–   Baden-Württemberg: Landratsämter bzw. in kreisfreien Städten die Gemeinde als untere Verwaltungsbehörde (VO vom 15. 4. 1975 – GVBl. S. 285);

–   Bayern: die Bezirksregierungen für Einrichtungen der freien Wohlfahrtspflege und der öffentlichen Träger, im übrigen die Kreisverwaltungsbehörden (VO vom 28. 1. 1975 – GVBl. S. 15);

–   Berlin: Senator für Arbeit und Soziales, für Krankenheime jedoch Senator für Gesundheit und Umweltschutz (VO i.d.F. vom 3. 2. 1975 – GVBl. S. 783);

–   Brandenburg: Landesamt für Soziales und Versorgung, Cottbus, Erlaß v. 25. 3. 1991;

–   Bremen: in Bremen Senator für Soziales, Jugend und Sport; in Bremerhaven der Magistrat (Bek. vom 10. 12. 1974 – GVBl. S. 339) für §§ 7 Abs. 1 u. 3; 9 Abs. 1 u. 2, 11, 14 Abs. 1 u. 4 u. 23;

–   Hamburg: Arbeits- und Sozialbehörde für staatliche Alten- und Pflegeheime sowie Behinderteneinrichtungen, im übrigen die Bezirksämter (Anordnung vom 14. 9. 1976 – Amtl. Anz. S. 951);

–   Hessen: Sozialminister, Landesversorgungsamt und Versorgungsämter (VO vom 17. 3. 1975 – GVBl. S. 50);

–   Mecklenburg-Vorpommern: Landräte und Oberbürgermeister (Bürgermeister) der kreisfreien Städte. VO vom 17. 12. 1992 GVBl. 1993 S. 23;

–   Niedersachsen: Landkreise, kreisfreie Städte, Regierungspräsidenten; für Einrichtungen für Behinderte und der beruflichen Rehabilitation das Landessozialamt (VO vom 25. 6. 1975 – GVBl. S. 214);

- Nordrhein-Westfalen: kreisfreie Städte und Kreise, ausgenommen Einrichtungen des überörtlichen Trägers (VO vom 16. 9. 1975 – GV NRW S. 548);

- Rheinland-Pfalz: Landessozialamt und Bezirksregierungen; für Altenheime, Altenwohnheime, Altenpflegeheime und gleichartige Einrichtungen die Bezirksregierungen, im übrigen das Landesamt für Jugend und Soziales (Anordnung vom 2. 1. 1975 – GVBl. S. 10);

- Saarland: Minister für Familie, Gesundheit und Sozialordnung (VO vom 21. 1. 1975 – Amtsbl. S. 273);

- Sachsen: örtl. und überörtl. Träger der Sozialhilfe, VO v.l 5. 12. 1991, GVBl. S. 394;

- Sachsen-Anhalt: bisher nicht;

- Schleswig-Holstein: Landräte und in kreisfreien Städten Bürgermeister (VO v. 31. 10. 1981 – GVBl. S. 333);

- Thüringen: Landesamt für Soziales und Familie, Anordnung v. 13. 5. 1991, GVBl. S. 102;

Nähere Einzelheiten sind dem jeweiligen Landesgesetz zu entnehmen.

5 Abs. 2 ist die Parallele zu § 6 Abs. 3 Nr. 3 und der HeimPersV. Der Gesetzeszweck läßt für das gebundene Ermessen in Abs. 2 nur hinsichtlich der Ausbildung und der beruflichen Erfahrung – durch die Worte 'in der Regel' – einen gewissen Spielraum zu, sieht sonst aber keine Ausnahmen vor. (S. § 40 VwVfG). Auch hier ist festzustellen, daß die Länder ihren Verpflichtungen aus § 18 Abs. 2 meist nur unzulänglich gerecht werden.

6 Die **persönliche Eignung** erfordert Fachwissen und Charaktereigenschaften, wie z. B. Verständnis und Einfühlungsvermögen für menschliche und soziale Probleme, Aufgeschlossenheit gerade für die Ängste und Sorgen alter, pflegebedürftiger und behinderter Menschen, Geschick im Umgang mit Menschen und Institutionen, Bereitschaft zur Zusammenarbeit uva.

7 Die personelle Zusammensetzung der zuständigen Behörde muß hinsichtlich der fachlichen Qualität mindestens den Grad erreichen, der vom Heimleiter und Fachpersonal in den Heimen verlangt wird. Anders sind eine sinnvolle Überwachung der Heime und die Beratung im Sinne des HeimG nicht möglich. Die zuständigen Behörden müssen alle Aufgaben erfüllen können, wobei sie sich auch externen Sachverstands bedienen können (Wirtschaftsprüfungsinstitut u.a. – s.a. § 16, 18 HeimsicherungsV), allerdings muß dabei die Amtsverschwiegenheit gewährleistet bleiben.

8 **Aufgaben und Pflichten** der zuständigen Behörden (im Überblick) sind:

8.1 ohne besonderen Auftrag kraft Gesetzes:

– Heimgesetz –

1. Die Interessen und Bedürfnisse der Bewohner / Bewerber vor Beeinträchtigungen zu schützen (§ 2);

2. die Beratung in Heimangelegenheiten fördern (§§ 2, 11);

3. die Einhaltung der Mindestanforderungen zu überwachen (§ 3, HeimMindBauV, HeimPersV);

4. darauf zu achten, daß Heimverträge abgeschlossen werden gemäß § 4, und

5. daß kein Mißverhältnis zwischen Entgelt und Leistung besteht (§ 4 Abs. 3), und

6. daß Bewerber vor Abschluß des Heimvertrages schriftlich informiert werden gem. § 4 Abs. 4, sowie

7. daß die Bestimmungen über Heimverträge insgesamt eingehalten werden (§§ 4-4d);

8. die Mitwirkung der Heimbewohner zu fördern und ev. durchzusetzen (§ 5 i. Verb. m. HeimmitwV); (zur Bestellung eines Heimfürsprechers s. a. § 5 HeimG RN 10);

9. die Erlaubnis zu erteilen bzw. zu versagen (§ 6);

10. darauf zu achten, daß ständig die Voraussetzungen für die Erlaubnis erfüllt bleiben (§ 6 Abs. 2 u. 3);

11. Anzeigen entgegen zu nehmen, auszuwerten und im Falle der (teilweisen) Einstellung den Sozialhilfeträger zu verständigen und bei der neuen 'Unterbringung' der Bewohner mitzuwirken (§ 7);

12. die Einhaltung der Aufzeichnungs- und Aufbewahrungspflicht zu überwachen (§ 8);

13. die erforderlichen Auskünfte regelmäßig und rechtzeitig einzuholen (§ 9 Abs. 1);

14. wiederkehrende Überwachungen vorzubereiten und ggf. unter Beteiligung der Verbände durchzuführen sowie die dadurch erforderl. Entscheidungen zu treffen (§§ 9, 10);

14. Beratungen durchzuführen gem. § 11 Abs. 1 u. 2;

15. an Arbeitsgmeinschaften nach § 95 BSHG gem. § 11 Abs. 3 mitzuwirken;

16. Auflagen und Anordnungen (§ 12) sowie

17. Beschäftigungsverbote zu erlassen (§ 13);

18. die Leistungen an Träger und Beschäftigte zu überwachen und zu kontrollieren gem. § 14 und HeimsicherungsV und

19. ev. im Einzelfall über eine Ausnahmegenehmigung gem. § 14 Abs. 6 zu entscheiden;

§ 18 Zuständigkeit und Durchführung des Gesetzes

20. Rücknahme und Widerruf gem. § 15 zu veranlassen;

21. ev. bei einer kommissarischen Heimleitung (s. § 15 RN 10) mitzuwirken;

22. den Betrieb eines Heimes gem. § 16 zu untersagen;

23. Ordnungswidrigkeiten zu ahnden gem. § 17;

24. die Fortführung eines nicht gewerbsmäßig betriebenen erlaubnispflichtigen Heimes gem. § 20 zu verhindern

– nach HeimsicherungsV –

25. Entscheidung über Ausnahmegenehmigung gem. §§ 1 und 7 zu treffen;

26. Anzeigen über die Entgegennahme von Leistungen gem. §§ 1, 7 entgegen zu nehmen, auswerten und ev. Entscheidungen zu treffen;

27. Prüfberichte auswerten § 19

– allgemein –

28. Bewohner, Heimbeirat und etwaige sonstige Personen am Verwaltungsverfahren beteiligen (§§ 13, 28 VwVfG);

29. Zum Vollzug der HeimPersV und der HeimmitwirkungsV das Erforderliche durchführen.

8.2 **Tätigkeiten auf Antrag** sind:

1. Beratung von Personen und Trägern gem. § 11 Abs. 1 u. 2;

2. Entscheidungen über Befreiungen gem. § 21 Abs. 2 HeimsicherungsV, § 31 HeimMindBauV oder Anpassungsfristen gem. § 30 HeimMindBauV;

3. Entscheidung über sonstige Anträge und Eingaben. Hierzu gehören auch Beschwerden über Heimverhältnisse durch Bewohner, (s. a. Dahlem / Giese § 18 RN 4 bei Nr. 26).

Siehe ergänzend **'Kriterienkatalog'** abgedr. i. Anhang.

9 **Das Instrumentarium der zuständigen Behörden** zur Einhaltung und Durchsetzung der Vorschriften des HeimG ist ordnungsbehördlich verhältnismäßig breit angelegt. Grundlagen sind der Erlaubnisvorbehalt nach § 6 sowie die Anzeigepflicht nach § 7. Neben diesen präventiven Kontrollmöglichkeiten und der Überwachung, kommen dann repressive Eingriffsrechte, falls die Beratung zur Abstellung der Mängel erfolglos blieb; s. dazu §§ 12; 13; 15-17.

Bei **Amtspflichtverletzungen** (§ 839 BGB) kann eine Schadensersatzpflicht bestehen. Das BGH hat im Jugendrecht (Urt. v. 2. 4. 1992 – AZ. II ZR 102/91; s. AH 12/1992.645) ausgeführt, die Pflicht der Heimaufsicht sei, darauf zu achten, daß die Ausstattung kindgerecht und frei von Gefahren, die Betreuung durch geeignete Kräfte gesichert und das leibliche, geistige und seelische Wohl gewährleistet ist. Die grundsätzl. Ausführungen dürften analog für das HeimG gelten.

10 Jede Verfügung, Entscheidung oder eine andere hoheitliche Maß-
nahme der zust. Beh. zur Regelung eines Einzelfalles – bei der Durch-
führung des HeimG – ist idR ein **Verwaltungsakt** (VA). Beispiele:
Erteilung oder Versagung bzw. Rücknahme oder Widerruf der
Erlaubnis, Auflagen und Anordnungen, Beschäftigungsverbote,
Untersagungen, Ahndung von Ordnungswidrigkeiten, Entscheidun-
gen über Anpassungsfristen, Befreiungen oder Ausnahmen gem. der
RechtsVO'en usw. Nicht alle Handlungen der zust. Beh. sind jedoch
VA; das trifft z. B. auf Beratungen, Auskunftsersuchen zu. (Anders
der Fall § 9 RN 12, bei dem eine Pflicht zur Auskunft verfügt wurde.)

VA'e zum HeimG, die den Träger zum unmittelbaren Adressaten
haben, können **Drittwirkungen** gegenüber Heimbewohnern (z. B.
bei Befreiungen von Verpflichtungen nach den VO'en) oder anderen
Personen (z. B. bei Beschäftigungsverboten) haben und deren 'rechtliche Interessen' berühren. Das kann dazu führen, daß sie Beteiligte i.
S. des § 13 Abs. 2 VwVfG sind. Aus der Tatsache, daß § 2 Abs. 1 die
Interessen und Bedürfnisse der Bewohner schützen will, ist zu
schließen, daß es sich dabei um ihre 'rechtlichen Interessen' handelt
(so a. – ausführlicher – Dahlem / Giese § 18 RN 5). Die zust. Beh.
kann von amtswegen oder auf Antrag diejenigen, deren rechtliche
Interessen berührt werden können, als Beteiligte hinzuziehen (§ 13
Abs. 2 VwVfG). Sie können dadurch schon vor Erlaß des VA ihre
Interessen im Verwaltungsverfahren wahrnehmen und geltend
machen. Zur Bekanntgabe des VA und zur rechtsgestaltenden Wirkung s. §§ 41 ff VwVfG.

Aufschiebende Wirkung: Widerspruch und / oder Erhebung einer
Klage gegen einen belastenden VA haben i.d.R. aufschiebende Wir-
kung. Das bedeutet: Der Inhalt der Entscheidung wird noch nicht
wirksam oder die Entscheidung kann noch nicht vollzogen werden.
Bei Gefahr im Verzuge (z. B. für Leben, Gesundheit, Freiheit, Ver-
mögen der Bewohner) kann die erlassende Behörde die **sofortige
Vollziehbarkeit** des VA anordnen (Vergl. § 80 VwGo). Dies hat die
Behörde nach dem jeweiligen Einzelfall zu begründen. Formular-
mäßige Begründung reicht regelmäßig nicht aus. Ist die sofortige
Vollziehbarkeit angeordnet, haben Rechtsmittel keine aufschiebende
Wirkung.

Einstweilige Anordnung: Besteht die Gefahr, daß sich andernfalls
wesentliche Nachteile für den Betroffenen (z. B. auch den Bewohner,
der durch die Drittwirkung eines VA beeinträchtigt wird) nicht mehr
abwenden lassen oder die Verwirklichung des Rechtes vereitelt oder
wesentlich erschwert werden würde, kann eine einstweilige Anordnung beim Verwaltungsgericht beantragt werden (Vergl. § 123
VwGO). Ein solcher Antrag kommt auch in Betracht, wenn ein
Anspruch gegenüber der Behörde unverzüglich geltend gemacht werden muß, weil sonst erhebliche Nachteile in Kauf genommen werden

müßten. Diese Möglichkeiten kann der Träger und – wegen einer ev. Drittwirkung (s. RN 10) – auch der betroffene Bewohner wahrnehmen.

Zu **"Besonderheiten des verwaltungsrechtlichen Verfahrens im Sozialrecht"** s. P. Schmidt in NDV 8/93, S. 306 ff.

11 **Aus der Rechtsprechung**

Die Heimaufsicht ist nach dem Zweck des Gesetzes zum Einschreiten gegen pflegerische Versäumnisse schon dann verpflichtet, wenn die Interessen und Bedürfnisse vor Beeinträchtigungen zu schützen sind und nicht nur bei akuter oder latenter Gefährdung.

Das besondere Schutzbedürfnis der Heimbewohner kann die Anordnung sofortiger Vollziehung rechtfertigen. VGH Mannheim, Beschl. v. 14. 2. 1989 – 10 S 2605.88; RsDE 14.

12 Zum **Schrifttum** s. § 9 RN 12

Obermayer / Ehlers / Link, Verwaltungsverfahrensgesetz, Kommentar, 2. Aufl. Luchterhand; F. O. Kopp, VwVfG – VwGO, 13. Aufl. Beck-Texte-5526.

§ 19 Anwendbarkeit der Gewerbeordnung

Auf die den Vorschriften dieses Gesetzes unterliegenden Heime, die gewerblich betrieben werden, finden die Vorschriften der Gewerbeordnung Anwendung, soweit nicht dieses Gesetz besondere Bestimmungen enthält.

1 Die **geltende Fassung** entspricht § 17 BRatE vom 7. 7. 1972; keine Änderung durch 1. ÄG.

2 **Gesetzesmaterial** – Begr. BRatE: BR-Drs. 173/72, S. 39 –

Der Gesetzesentwurf ist, soweit er die gewerbsmäßig betriebenen Heime erfaßt, ein Sondergesetz der Gewerbeordnung. Deshalb ist deren ergänzende Anwendung vorgesehen. Als ergänzend anwendbare Bestimmungen kommen insbesondere in Betracht § 14 und § 15 Abs. 2 Gewerbeordnung.

3 Die Vorschrift stellt klar, daß für gewerbsmäßig betriebene Heime die Bestimmungen der GewO gelten; widersprechen diese dem HeimG, gilt das HeimG. Ob ein Heim gewerblich betrieben wird, richtet sich nach dem Gewerberecht. Ein Gewerbe ist danach die erlaubte, selbständige und nach außen in Erscheinung tretende Tätigkeit, die in der Absicht erfolgt, planmäßig und dauernd Gewinn zu erzielen. Heimträger, die ausschließlich und unmittelbar gemeinnützige Zwecke verfolgen und auf Gewinn verzichten, sind keine gewerblich betrie-

benen Heime; sie bedürfen zwar der Erlaubnis nach § 6 HeimG, doch gilt für sie nicht § 19, s. a. § 20.

Praktische Bedeutung haben besonders § 14 GewO (Anzeigepflicht) und § 15 GewO – Beginn ohne Genehmigung (Betrieb ohne Zulassung), doch sind insbesondere noch § 46 (Fortführung des Gewerbes beim Tod des Gewerbetreibenden) und die Bestimmungen über das Gewerbezentralregister zu beachten. Einzelh. s. GewO und Finkelnburg, NJW 1976, S. 1478. Bei der Fortführung des Heimes ist zu fordern, daß die Voraussetzungen nach § 6 Abs. 3 HeimG erfüllt werden (z. B. durch Leiter / Leitungsteam).

4   Die Vorschriften über das Gewerbezentralregister gelten nach § 19 auch für die eintragungspflichtigen Verwaltungs- und Bußgeldentscheidungen, vollziehbare und nicht mehr anfechtbare Entscheidungen einer Verwaltungsbehörde u. ä. Wegen der Einzelheiten s. § 149 GewO sowie hinsichtlich Auskunft an Behörden § 150 GewO, Eintragung in besonderen Fällen § 151 GewO, Entfernung / Tilgung von Eintragungen §§ 152, 153 GewO und auch Knopp, Heimgesetz und Gewerbezentralregister, AH 1979, S. 255.

5   Zur Fortgeltung von Rechtsvorschriften s. a. § 22 HeimG.

§ 20 Nicht gewerbsmäßig betriebene, erlaubnispflichtige Heime

Die Fortführung eines nicht gewerbsmäßig betriebenen Heims, für das der Träger einer Erlaubnis nach § 6 Abs. 1 Satz 1 bedarf, kann verhindert werden, wenn die Erlaubnis nicht erteilt, zurückgenommen oder widerrufen ist.

1   Die **geltende Fassung** entspricht § 18 BRatE. Sie wurde durch das 1. ÄG nicht geändert.

2   Aus der **Begründung des BRatE** (BRat-Drs. 172/72 vom 16. 3. 1972): Nicht in allen Bundesländern wäre es bei Fehlen dieser Bestimmung möglich, die Fortführung einer nicht erlaubten derartigen Einrichtung zu verhindern.

3   Von der Vorschrift werden insbesondere solche gemeinnützigen Träger erfaßt, die auf Grund ihres genossenschaftlichen Charakters nicht als Träger der Freien Wohlfahrtspflege (siehe Randnote 5 zu § 6) anzusehen sind.

§ 21 Aufhebung von Vorschriften

§ 38 Satz 1 Nr. 10 sowie die Sätze 2 und 3 der Gewerbeordnung werden aufgehoben.

1   Die Vorschrift wurde durch das 1. ÄG nicht geändert.

2   Aus der **Begründung des BRatE** zu §§ 15, 20 (BRat-Drs. 173/72 v. 16. 3. 1972):

§ 38 Satz 1 Nr. 10, Sätze 2 bis 4 der Gewerbeordnung war bisher die Rechtsgrundlage für die von den Ländern erlassenen Heimverordnungen. Da jetzt die §§ 3 und 7 dieses Gesetzes neue Ermächtigungen zum Erlaß von Rechtsverordnungen enthalten, bedarf es der bisherigen Rechtsgrundlage mit Ausnahme des Satzes 4, der für Satz 1 Nr. 1 bis 9 ebenfalls gilt, nicht mehr. § 38 Satz 1 Nr. 10 sowie Sätze 2 und 3 GewO können deshalb aufgehoben werden. Die von den Ländern bis zum Inkrafttreten dieses Gesetzes bereits erlassenen **Heim-Verordnungen** gelten jedoch so lange fort, bis sie durch entsprechende Rechtsverordnungen gemäß § 3 oder § 7 aufgehoben werden. Diese Regelung ist notwendig, um einen kontinuierlichen Übergang auf das neue Recht zu gewährleisten.

3   Die HeimPersV ist erlassen worden. Zur Streichung von Vorschriften s. dort § 12. Die Heimverordnungen der Länder gelten weiter soweit sie den Bereich des § 8 HeimG betreffen.

§ 22 Fortgeltung von Rechtsverordnungen

Rechtsverordnungen, die vor Inkrafttreten dieses Gesetzes auf Grund von § 38 Satz 1 Nr. 10 und Sätze 2 bis 4 der Gewerbeordnung erlassen worden sind, gelten bis zu ihrer Aufhebung durch die Rechtsverordnungen nach den §§ 3 und 8 fort, soweit sie nicht den Vorschriften dieses Gesetzes widersprechen.

1   Die Vorschrift entspricht § 20 BRatE; sie wurde durch das 1. ÄG nicht geändert.

2   Zur Begründung siehe RN 2 zu § 21.

3   Wegen der noch fortgeltenden Heimverordnungen der Länder s. RN 3 zu § 8 u. § 21 RN 3.

4   Im **Gebiet der ehem. DDR** sind auf Grund des § 38 GewO keine Rechtsverordnungen erlassen worden. Dort ist § 22 gegenstandslos.

§ 23 Übergangsvorschriften

(1) Wer bei Inkrafttreten dieses Gesetzes ein Heim im Sinne des § 1 betreibt, hat den Betrieb innerhalb von drei Monaten nach Inkrafttreten dieses Gesetzes der zuständigen Behörde anzuzeigen. § 7 gilt entsprechend.

(2) Soweit nach diesem Gesetz eine Erlaubnis erforderlich ist, gilt sie demjenigen als erteilt, der bei Inkrafttreten dieses Gesetzes ein nach § 6 erlaubnisbedürftiges Heim befugt betreibt. Die Erlaubnisbehörde bestätigt dem Träger kostenfrei und schriftlich, daß er zum Betrieb des Heims berechtigt ist. Die Bestätigung muß die Art und Räume des Heims bezeichnen. Wird die Anzeige nach Absatz 1 nicht fristgerecht erstattet, erlischt die Berechtigung zum Betrieb.

1   Die **geltende Fassung** wurde nur redaktionell geändert. **Streichung** ist vorgesehen; s. Anhang (2. ÄG bei Nr. 5).

2   Aus dem **Gesetzesmaterial** – Begr. BRatE (BT-Drucks. 7/180).

"Die Vorschrift enthält die erforderliche Übergangsregelung. Die vorgesehene Anzeigepflicht soll den zuständigen Behörden einen genauen Überblick über die vorhandenen Einrichtungen verschaffen. Die Fassung des Absatzes 2 entspricht den Vorschriften, wie sie auch in andere Zulassungsgesetze aufgenommen worden sind ..."

3   Ziele der Bestimmung

Die Übergangsvorschrift stellt sicher, daß auch solche Einrichtungen, die am 1. 1. 1975 bzw. in der ehemaligen DDR vor dem 3. 10. 1990 (s. a. RN 2 zu § 25 HeimG) ihren Betrieb bereits aufgenommen hatten, für die vorgesehene Überwachung erfaßt werden. Der Inhalt der vom Träger zu erstattenden Anzeige muß dem Inhalt der Anzeige entsprechen, die sonst bei der Aufnahme des Betriebes gemäß § 7 Abs. 1 zu erstatten ist.

Außerdem soll solchen Einrichtungen, die nach dem Inkrafttreten des HeimG einer Erlaubnis bedurft hätten, seitens der Behörde die Betriebsberechtigung und damit die Zuordnung zu § 6 Abs. 1 bestätigt werden.

"Befugt betreibt": Maßgebend ist das Recht vor Inkrafttreten des HeimG.

4   Abgrenzung des Anwendungsbereiches

Die Anzeigepflicht nach **§ 23 Abs. 1** gilt für alle Einrichtungen im Sinne des § 1 ohne Rücksicht auf Trägerschaft oder Erlaubnispflicht.

Die Regelungen nach **§ 23 Abs. 2** gelten nur für erlaubnispflichtige Einrichtungen im Sinne des § 6 Abs. 1.

5   Fristablauf

Die Frist zur Anzeige bestehender Einrichtungen war im **Gebiet der ehem. BRD** am 31. 3. 1975 abgelaufen und in den neuen Ländern am

2. 1. 1991. Für nach § 6 Abs. 1 erlaubnispflichtige Einrichtungen erlosch am gleichen Tag die Berechtigung zum Betrieb, wenn sie die Anzeige nicht fristgerecht erstattet hatten. Sie bedürfen für die Weiterführung des Betriebes einer Erlaubnis der zust. Behörde.

6   Eine nach § 6 erforderliche Erlaubnis gilt als erteilt, wenn

a) der Träger am 31. 12. 1974 bzw. 3. 10. 1990 zum Betrieb der Einrichtung befugt war und

b) die Anzeige fristgerecht (RN 5) erstattet wurde.

Die darauf beruhende Betriebsberechtigung wird von der Behörde dem Träger kostenfrei und schriftlich bestätigt.

7   **Aus der Stellungnahme des BRates** zum E. des 1. ÄG (BT-Drs. 11/5120 S. 22f:

Zu Artikel 1 Nr. 17 (§ 23):

"Der Bundesrat bittet, im weiteren Gesetzgebungsverfahren zu prüfen, ob Artikel 1 Nr. 17 zu streichen ist." Die Bundesregierung erklärte zwar: "Der Prüfungsbitte wird entsprochen." (11/5120 S. 25).

Eine Streichung ist jedoch nicht erfolgt. Das weitere Erfordernis dieser Vorschrift ergibt sich aus der Anwendung des HeimG in den neuen Ländern.

§ 24 Berlin-Klausel

Dieses Gesetz gilt nach Maßgabe des § 13 Abs. 1 des Dritten Überleitungsgesetzes auch im Land Berlin. Rechtsverordnungen, die auf Grund dieses Gesetzes erlassen werden, gelten im Land Berlin nach § 14 des Dritten Überleitungsgesetzes.

1   Die Berlin-Klausel des § 24 ist bereits im HeimG ... vom 7. August 1974 in dem vorstehenden Wortlaut enthalten. **Streichung** ist vorgesehen; s. Anhang (2. ÄG bei Nr. 5).

§ 25 Inkrafttreten

Gesetz über Altenheime, Altenwohnheime und Pflegeheime für Volljährige vom 7. August 1974:

Das Gesetz tritt am 1. Januar 1975 in Kraft. Die Vorschriften, die zum Erlaß von Rechtsverordnungen ermächtigen, treten am Tage nach der Verkündung in Kraft.

Artikel 5: Erstes Gesetz zur Änderung des Heimgesetzes.

Dieses Gesetz tritt am ersten Tag des auf die Verkündung folgenden vierten Kalendermonats in Kraft. Artikel 1 Nr. 7 Buchstabe b tritt am 1. April 1991 in Kraft.

1   Das Heimgesetz vom 7. August 1974 (BGBl. I S. 1873) trat am 1. Januar 1975 in Kraft; die Ermächtigung Rechtsverordnungen zu erlassen jedoch bereits am 8. August 1974.

Das 1. ÄG wurde im Bundesgesetzblatt I vom 27. April 1990 verkündet. Es tritt daher am 1. August 1990 in Kraft, ausgenommen (gem. Artikel 1 Nr. 7 Buchstabe 6) die Neufassung von § 5 Abs. 2 HeimG (Heimfürsprecher). Diese Bestimmungen treten erst am 1. April 1991 in Kraft.

2   Für das **Gebiet der ehemaligen DDR** gilt:

"Mit dem Wirksamwerden des Beitritts tritt in dem in Artikel 3 genannten Gebiet (Das ist die ehem. DDR; d. Verf.) Bundesrecht in Kraft, soweit es nicht in seinem Geltungsbereich auf bestimmte Länder oder Landesteile der Bundesrepublik Deutschland beschränkt ist und soweit durch diesen Vertrag, insbesondere dessen Anlage I, nichts anderes bestimmt wird." Artikel 8 Einigungsvertrag (s. dazu auch **Einigungsvertragsgesetz** vom 23. September 1990 – BGBl. II S. 885 – mit Einigungsvertrag und Anlagen.)

In Anlage I, Kapitel X, Sachgebiet H: Familie und Soziales, Abschnitt III (BGBl. II S. 1096) heißt es:

"Bundesrecht tritt in dem in Artikel 3 des Vertrages genannten Gebiet mit nachfolgenden Maßnahmen in Kraft ...

12. Heimgesetz in der Fassung der Bekanntmachung vom 23. April 1990 (BGBl. I S. 763, 1069) mit folgender Maßgabe:

Heimverhältnisse, die beim Wirksamwerden des Beitritts bestehen, richten sich von diesem Zeitpunkt an nach dem neuen Recht.

13. Heimmindestbauverordnung in der Fassung der Bekanntmachung vom 3. Mai 1983 (BGBl. I S. 550) mit folgender Maßgabe:

Für die Berechnung der Frist in § 30 Abs. 1 Satz 2 als Zeitpunkt für das Inkrafttreten der Verordnung gilt der Tag des Wirksamwerdens des Beitritts.

14. Verordnung über die Mitwirkung der Bewohner von Altenheimen, Altenwohnheimen und Pflegeheimen für Volljährige in Angelegenheiten des Heimbetriebs vom 19. Juli 1976 (BGBl. I S. 1819) mit folgender Maßgabe:

Heimausschüsse nach der Verordnung über Feierabend- und Pflegeheime vom 1. März 1978 (GBl. I Nr. 10 S. 128) gelten als Heimbeiräte im Sinne der Verordnung."

3   Daraus folgt: Mit der Maßgabe nach den o. a. Nr. 12-14 gelten das Heimgesetz und die dazu erlassenen Rechtsverordnungen seit dem 3. Oktober 1990 ohne Einschränkungen.

4   In Anlage II – a.a.O. – wird bestimmt: "...

16. § 6 Abs. 1 und 19 Abs. 2 der Verordnung über Feierabend- und Pflegeheime vom 1. März 1978 (GBl. I Nr. 10 S. 125) mit folgender Maßgabe: Sie gelten bis zum 31. Dezember 1990."

(Dies betrifft jedoch nicht das HeimG, sondern die Finanzierung der Heime in der ehem. DDR und den Unterhaltskostenbeitrag der Bewohner. D. Verf.)

Heimmindestbauverordnung (HeimMindBauV)

Verordnung über bauliche Mindestanforderungen für Altenheime, Altenwohnheime und Pflegeheime für Volljährige (HeimMindBauV)

in der Neufassung vom 3. Mai 1983 (BGBl. I S. 551)

Inhaltsübersicht

Einleitung

1 Gesetzliche Ermächtigung und Verpflichtung

Nach § 3 Nr. 1 HeimG i. d. Fassung vom 7. August 1974 (BGBl. I S. 1873) war der BMJFFG – im Einvernehmen mit dem BMBau und dem BMWi – verpflichtet, durch Rechtsverordnung mit Zustimmung des Bundesrates Mindestanforderungen festzulegen u. a. für

Räume, insbesondere die Wohn-, Aufenthalts-, Therapie- und Wirtschaftsräume sowie die Verkehrsflächen und die sanitären Anlagen.

Diese Verpflichtung wird durch das 1. ÄG in eine Kannbestimmung umgewandelt (s. a. HeimPersV – Einleitung, RN 1).

2 Erlaß der Verordnung

12. 11. 1974   Verordnung über Mindestanforderungen für Altenheime, Altenwohnheime und Pflegeheime für Volljährige (HeimMindVO)' wird dem BR zur Zustimmung zugeleitet (BR-Drs. 760/74). Der zweite Teil enthält die Mindestanforderungen für Räume, Verkehrsflächen und sanitäre Anlagen

21. 02. 1975   der BR beschließt Vertagung; es sind die Kostenfolgen "detailliert zu ermitteln" (BR-Drs. 760/74 –Beschluß–)

04. 11. 1977   der BR stimmt der HeimMindV in einer geänderten Fassung zu (BR-Drs. 109/77 –Beschluß–)

02. 02. 1978   die HeimMindBauV vom 27. 1. 1978 wird verkündet (BGBl. I S. 189)

10. 01. 1983   Erste Verordnung zur Änderung der HeimMindBauV wird dem BR zur Zustimmung zugeleitet (BR-Drs. 23/83)

29. 04. 1983   Der BR stimmt der HeimMindBauV mit der Maßgabe umfangreicher Änderungen zu (BR-Drs. 23/83 –Beschluß–.

Die Konzipierung und der Erlaß der V standen immer unter einem starken Kostendiktat. Der BR hatte 1974 bei der Zustimmung zum Erlaß des HeimG eine Entschließung gefaßt, in der die BReg gebeten wurde – weil sich die "räumliche Ausstattung der Heime ...nicht nur auf die Kosten der Neubauten auswirke, sondern auch Aufwendungen für die Modernisierung bestehender Heime verursache" – die Mindestanforderungen gering zu halten, d. h.: für bestehende Heime großzügige "Ausnahmeregelungen auf Dauer" und "angemessene" Anpassungszeiträume vorzusehen (BR-Drs. 445/1/74). Die Materialien sind gespickt mit Bemühungen, die Kostenfolgen der Mindestanforderungen immer stärker zu reduzieren. Der JFG-Aussch. des

BR'es hatte bereits 1977 festgestellt, daß eine "drastische Herabsetzung der Mindestanforderungen bis an die Grenze des den Heimbewohnern Zumutbaren" erfolgt sei (s. dazu Dahlem /Giese, 4. Lfg, C II 1, S. 6). Dennoch setzte die 1. ÄnderungsV 1983 die zuvor geltenden Anforderungen noch einmal herab. Sie erweiterte u.a . die Möglichkeiten für Anpassungsfristen und Befreiungen; z. B. auch auf Umwidmungen und Umbauten. Darin liegt die Gefahr, daß auch bei aufgelassenen Krankenhäusern, unrentablen Kurkliniken oder -pensionen, deren Baustruktur für Heime im Sinne des § 1 HeimG meist nicht geeignet ist, großzügig von §§ 30, 31 Gebrauch gemacht wird; unter anderem um den akuten Mangel an Pflegeplätzen zu mildern. Und das zum unabsehbaren Nachteil späterer Heimbewohner.

3 Zum Charakter von Mindestanforderungen

In gesetzlichen Mindestanforderungen spiegelt sich wider, welche Verhältnisse der Gesetzgeber unter den – zeitbedingten – Gegebenheiten gerade noch für menschenwürdig erachtet. Der Reg.-Entw. (BR-Drs. 760/74) begründete: "Die Mindestanforderungen orientieren sich an einer unteren Grenze, die unter Abwägung aller Interessen noch vertretbar ist (s. a. RN 2 sowie § 3 HeimG RN 8 u. 9).

Mindestanforderungen werden beeinflußt durch die Gesamtsituation des Staates. Was in einem reichen Staat gerade noch vertretbar ist, kann in einem anderen Land mittlerer oder guter Standard sein. Ein Vergleich zeigt aber, daß entscheidend das Bild des Gesetzgebers ist von der Würde des Menschen bei Behinderungen und Notlagen und der staatlichen Solidarität mit den Betroffenen. Gemessen am Wohlstand im Geltungsbereich des HeimG und der V gelten Alte und pflegebedürftige Volljährige nicht viel. Die baulichen Standards werden in einem Bericht an den Landtag in Baden-Württemberg (s. AH 7/1991 S. 343) als veraltet und völlig unzureichend bezeichnet.

Mindestanforderungen haben in der Praxis die Tendenz, Regelanforderungen zu werden. Diese gefährliche Entwicklung hat § 93 BSHG massiv beschleunigt und dann verfestigt. Nur was den Vorstellungen der Kostenträger entspricht, ist in den Verhandlungen noch durchzusetzen. Die Vorstellung der Kostenträger widersprechen meist dem Zweck des HeimG (§ 2 Abs. 1 Nr. 1). Die Mindestanforderungen entsprechen nicht den Anforderungen, die nach der **Wohnforschung** an das **Wohnen** der Heimbewohner zu stellen sind (s. HeimG-Einl. RN 8). Dies zeigt ein Vergleich zwischen den Entw. der V, den vorher bestehenden Vorschriften der Heimverordnungen der Länder und dem gültigen Verordnungstext.

Heimmindestbauverordnung

	Alten- wohnheime	Alten- heime	Pflege- heime
Einbettzimmer			
Verordnung	12 m²	12 m²	12 m²
Entwurf	18m² + Nebenräume	16 m²	14 m²
Länder-VOen	12 m²	12 m²	12 m²
Zweibettzimmer			
Verordnung	18 m² + Nebenräume	18 m²	18 m²
Entwurf	20 m² + Nebenräume	18 m² + Nebenräume	20 m²
Länder-VOen	18 m²	18 m²	16 m²
Dreibettzimmer			
Verordnung	24 m² + Nebenräume	24 m²	24 m²
Entwurf	32 m² + Nebenräume	30 m² + Nebenräume	24 m²
Länder-VOen	27 m²	27 m²	24 m²
Vierbettzimmer			
Verordnung	30 m²	30 m²	30 m²
Entwurf	44 m²	42 m² + Nebenräume	32 m²
Länder-VOen	36 m²	36 m²	36 m²

Ob im Einzelfall durch die Erfüllung der Mindestanforderungen, die Interessen und Bedürfnisse der Bewohner vor Beeinträchtigungen geschützt sind, muß die zuständige Behörde im Rahmen der Überwachung entscheiden (§§ 12; 15, 16 HeimG, s. dazu auch § 3 HeimG RN 9).

Bei der Festsetzung des Bedarfs an Wohnflächen ist zu berücksichtigen, daß zu kleine Flächen und / oder unzureichende Ausstattung physische und psychische Krankheiten verursachen (können). Hierzu wird auf die Wohnforschung verwiesen. "Man kann einen Menschen mit einer Wohnung genauso töten wie mit einer Axt" (Heinrich Zille). Der Abstand der Mindestanforderungen zum normalen Bedarf wird – für einen Teilbereich – durch die nachstehende Ausarbeitung des KDA deutlich:

Anforderungen an die räumliche Ausstattung von Heimen mit psychisch veränderten Bewohnern

- Standort der Einrichtung in der Nähe des bisherigen sozialen Umfeldes, um Wege nach draußen sowie Besuche im Heim zu fördern
- in unmittelbarer Nähe geschützte Außenräume mit möglichst wenig Gefährdung durch den Straßenverkehr
- vorrangig Erdgeschoßlage, maximal 2-3 geschossiges Wohnen
- "Gebrauchs"-Garten mit Winkeln, Hecken, Gartengeräten, Nutzpflanzen anstelle parkähnlicher Anlagen
- größere Terrassen anstelle Einzelbalkonen
- maximale Größe der Pflegeeinheit 25 Betten
- innerhalb der Pflegeeinheit Gruppen von 8-12 Personen im Pflegekonzept ebenso wie im räumlichen Konzept, gemeinsame Wohn- und Eßräume für kleinere Gruppen; Flurnischen, eventuell vor den Bewohnerzimmern als halböffentlicher Bereich
- wohnliche Umgebung in den Bewohnerzimmern, Fluren, Bädern und Gemeinschaftsräumen aus humanitären Gründen und zur Förderung der örtlichen, zeitlichen und personalen Orientierung
- weitestgehende Verwirklichung eines eigenen Möblierungskonzeptes (Ermunterung dazu beim Einzug, auch bei zögernden Angehörigen) in den Bewohnerzimmern, den Fluren und Gemeinschaftsräumen
- Orientierungsunterstützung durch "natürliche" Merkmale wie eigene Möbelstücke, Standuhr, Vogelkäfig, Spiegel oder anderes
- Einzelzimmer für mindestens 50 % der Bewohner, wenn Zweibettzimmer dann mit eindeutig erkennbaren persönlichen Territorien (breites Achsmaß), Vermeidung der Verwechslungsgefahr von Betten, Schränken, Schubladen usw.
- Ausstattung der Zimmer mit Merkmalen eigener Wohnungen, insbesondere mit eigenen Naßzellen mit leicht auffindbarem WC
- keine langen schmalen Flure, da gleichzeitige Nutzung als sekundärer Wohnbereich und als Verkehrsfläche
- keine Beeinträchtigung des Wohnbereichs durch stark frequentierte Verkehrszonen und Nähe zu vertikalen Ver-und Entsorgungstrassen
- Bewegungsmöglichkeiten ebenso wie Möglichkeiten zu Ruhe und Rückzug
- Realisierung der jeweils vorhandenen Möglichkeiten der Interaktion bei unterschiedlichen Graden der Pflegebedürftigkeit, z. B. Platz zum Rollstuhlfahren, Handläufe an den Wänden, Sitzmöglichkeiten auf dem Flur, Blickmöglichkeiten nach draußen und anderes

(Ausarbeitung des Instituts für Altenwohnbau des Kuratoriums Deutsche Altershilfe e. V.)

4   Für **Heimbeiräte / Heimfürsprecher** ergeben sich bei der Durchführung der HeimMindBauV Aufgaben und Mitwirkungsmöglichkeiten gem. §§ 29; 30; z. B. § 29 Nr. 1 u. 2, § 30 Nr. 2 u. 6 HeimMitwirkungsV. Auf die Erl. dieser Bestimmungen wird verwiesen.

5   Verhältnis zum Baurecht

Die V enthält keine baurechtlichen Bestimmungen. Die landesrechtlichen Bestimmungen des Baurechts sind außerdem zu erfüllen (z. B. Brand- und Katastrophenschutz, Schall- und Wärmedämmung, Belüftung, Sonnenschutz usw.). Der Träger hat die Pflicht, sich genau darüber zu informieren, welche baurechtlichen Bestimmungen zusätzlich erfüllt werden müssen (s. u. a. S. Volz, Brandschutz im Altenheim, AH 2/91 97 ff.)

6   Geltende Fassung und Gesetzesmaterialien

Die Materialien sind so umfangreich, daß sie in einem Taschenkommentar, auch wegen der niedergelegten unterschiedlichen Ansichten, nicht vollständig abgedruckt werden können. Entgegen dem hier sonst üblichen Verfahren werden nur die wichtigen Materialien zur geltenden Fassung abgedruckt.

7   Inkrafttreten

Die Verordnung i. d. F. vom 27. 1. 1978 ist am 2. 2. 1978 verkündet worden und am 1. August 1978 in Kraft getreten. Die 1. ÄnderungsV ist am 11. 5. 1983 in Kraft getreten.

8   Innerhalb der HeimMindBauV gelten

§§ 1-13   für alle Heime

§§ 14-18   für Altenheime und gleichartige Einrichtungen

§§ 19-22   für Altenwohnheime und gleichartige Einrichtungen

§§ 23-27   für Pflegeheime f. Volljährige und gleichartige Einrichtungen

§ 28   für Einrichtungen mit Mischcharakter

§ 30-32   für alle Heime.

Die Aufteilung nach bestimmten Heimarten ist im HeimG n. F. nicht mehr vorhanden; in dieser V jedoch nicht geändert.

Erster Teil
Gemeinsame Vorschriften

§ 1 Anwendungsbereich

Einrichtungen im Sinne des § 1 Abs. 1 des Heimgesetzes, die in der Regel mindestens sechs Personen aufnehmen, dürfen nur betrieben werden, wenn sie die Mindestanforderungen der §§ 2 bis 29 erfüllen, soweit nicht nach den §§ 30 und 31 etwas anderes bestimmt wird.

1   Aus der Begründung E 1974 zu § 1 (BR-Drs. 760/74, Begr. S. 4):

Das Heimgesetz ist für alle im § 1 HeimG genannten Heime und gleichartigen Einrichtungen anzuwenden. Eine Beschränkung auf Einrichtungen mit einer Mindestgröße ist nicht vorgesehen. Einrichtungen mit weniger als insgesamt 5 Personen nähern sich oft in der Art der Versorgung den Formen familiärer Betreuung. Es erschien deshalb nicht angezeigt, jetzt schon für sie Mindestanforderungen festzulegen. Ihre Einbeziehung in den Geltungsbereich des Heimgesetzes wird dadurch nicht berührt.

2   Das HeimG gilt auch für Heime, die weniger als 6 Bewohner aufnehmen. Für die Anwendung der V kommt es auf die Gesamtzahl an, nicht auf eine Aufteilung in einzelne Häuser oder Abteilungen (s. a. RN 5 zu § 1 HeimMitwV).

3   Die V geht als Bundesrecht gleichartigen landesrechtlichen Vorschriften vor. Sie stützt sich auf die Ermächtigung in § 3 HeimG und erfaßt deshalb nicht andere baurechtliche Vorschriften, die für Heime gelten. Diese **anderen Vorschriften** können bundesrechtlich oder landesrechtlich sein (s. a. Einleitung RN 4).

4   Die **Mindestanforderungen** nach dieser Verordnung sind eine untere Grenze (s. RN 3 Einl.), die grundsätzlich keine Toleranz zuläßt. Sonst werden Interessen und Bedürfnisse der Bewohner nicht mehr ausreichend geschützt. Sie sind aus finanziellen Gründen sehr niedrig angesetzt. In vielen Heimen werden sie nicht ausreichen, um die Interessen und Bedürfnisse der Bewohner zu wahren (z. B. bei hoher Zahl Inkontinenter hinsichtlich der sanitären Einrichtungen). S. Vorbemerkung von §§ 30, 31.

5   Für **Heimbeiräte / Heimfürsprecher** ergeben sich bei der Durchführung der HeimMindBauV Aufgaben und Mitwirkungsmöglichkeiten gem. §§ 29, 30 HeimMitwV. Das betrifft die Beschwerden gegen den baulichen Zustand, Vorschläge zur Verbesserung (§ 29 Nr. 1 u. 2) ebenso wie die Mitwirkung gem. § 30 insbs. Nr. 2 und 6. (S. die dort. Erl.).

§ 2 Wohn- und Pflegeplätze

Wohnplätze (§§ 14, 19) und Pflegeplätze (§ 23) müssen unmittelbar von einem Flur erreichbar sein, der den Heimbewohnern, dem Personal und den Besuchern allgemein zugänglich ist.

1   Die V geht noch von der 1. Fassung des HeimG aus. Wohnplätze befinden sich in Altenwohnheimen und Altenheimen; Pflegeplätze in Pflegeheimen. Zum Wohn-/Pflegeplatz gehören auch Bad, Toilette und eventuell Nebenräume wie Küche u. a.

2   Der Zugang zu ihnen muß unmittelbar sein. In Zimmern, die nur durch einen anderen Raum (z. B. Kammer, Abstellraum, anderer Wohnraum) oder über einen Hintereingang, der keine allgemeine Verkehrsfläche für das Heim ist, betreten werden können, dürfen keine Wohn- bzw. Pflegeplätze sein.

3   Als gemeinsame Vorschrift gilt § 2 für alle Heimarten. In Einrichtungen für Behinderte und in Pflegeheimen haben sich Wohngruppen oder Gruppenwohnungen entwickelt, in denen die Bewohner ihr Zimmer bzw. ihren Wohn-/Pflegeplatz von einem Gemeinschaftsraum aus erreichen. Solche Wohn- und Betreuungsformen haben sich teilweise als wirksames therapeutisches Mittel z. B. zur Erhaltung und Verbesserung der Selbständigkeit erwiesen (s. hierzu: Kuratorium Deutsche Altershilfe; Entwicklungen im Pflegeheimbau; Empfehlungen zur Planung einer Pflegeabteilung; Analyse stationärer Alteneinrichtungen). Solche Konzepte sollen nicht unterbunden werden. Es bedarf jedoch einer Befreiung nach § 31.

4   Zur Befreiungsmöglichkeit und Angleichungsfrist s. §§ 30, 31.

5   Ein Verstoß gegen § 2 ist eine **Ordnungswidrigkeit** i. S. von § 32 Nr. 1.

§ 3 Flure und Treppen

(1) Flure, die von Heimbewohnern benutzt werden, dürfen innerhalb eines Geschosses keine oder nur solche Stufen haben, die zusammen mit einer geeigneten Rampe angeordnet sind.

(2) In Pflegeheimen und Pflegeabteilungen müssen die Flure zu den Pflegeplätzen so bemessen sein, daß auf ihnen bettlägerige Bewohner transportiert werden können.

(3) Flure und Treppen sind an beiden Seiten mit festen Handläufen versehen.

1 **Begründung:** (1. ÄnderungsV) – BR-Drs. 23/83, S. 12.

Die bisherige Fassung des § 3 Abs. 2 setzt voraus, daß in jedem Pflegeheim oder jeder Pflegeabteilung fahrbare Betten vorhanden sind. Dies entspricht jedoch nicht der bestehenden Praxis. Fahrbare Betten sollten auch nicht vorgeschrieben werden. Um bettlägerige Bewohner über Flure zu führen, können daher auch Tragen, Rollstühle oder ähnliche Transportmittel genügen. Hierbei müssen die Flure in ihren Abmessungen einen Transport jederzeit und ungehindert zulassen.

2 Absatz 1 und 3 gelten als gemeinsame Vorschriften für alle Einrichtungen nach § 1 Abs. 1 HeimG; Abs. 2 gilt für Pflegeheime und Pflegeabteilungen, jedoch u. U. nicht in Einrichtungen für Volljährige Behinderte (§ 29). Flure können unter den besonderen Voraussetzungen (§§ 16, 17, 20 und 25) auf die Nutzfläche der Gemeinschafts- und Therapieräume angerechnet werden; derartige Räume sind jedoch keine Flure.

3 Wer ein Grundstück, eine bauliche Anlage oder Räume dem Verkehr zugänglich macht, hat bereits nach den Bestimmungen des BGB (§§ 823 ff; 839) eine **Verkehrssicherungspflicht**. Er muß diese Anlagen in einem sicheren und ordnungsgemäßen Zustand halten und die nötigen Vorkehrungen zum Schutz Dritter schaffen. Er muß berücksichtigen, welche Personen Grundstück, Wege, Gebäude und Räume benutzen und wie das geschieht (z. B. mit Gehilfen, im Rollstuhl).

4 Eine **Rampe** muß der DIN entsprechen (Steigung 6 % und – falls im Hinblick auf die Interessen und Bedürfnisse der Bewohner, die Art ihrer Nutzung vertretbar – 10 %). Sie soll auch Rollstuhlfahrern und sonstigen Behinderten möglichst ungehinderte Bewegung und damit Kontakte auf der Etage ermöglichen.

5 Nach Abs. 2 genügt es, daß bettlägerige Bewohner **transportiert** werden können. Was für bettlägerige Pflegebedürftige geeignet ist, kann nur aufgrund der Situation des einzelnen Pflegebedürftigen beurteilt werden. Häufiges Umbetten von Bettlägerigen, damit das Zimmer wegen der engen Flure bzw. Türen verlassen werden kann, führt in aller Regel zu einer unzumutbaren und unvertretbaren Belastung. Außerdem erschwert oder schließt es unter Umständen auch ihre Teilnahme an Gemeinschaftsveranstaltungen (siehe § 25 HeimMindBauV) aus. Die Neufassung des Abs. 2 kann nur als Konzession an bestehende veraltete Einrichtungen, die einem funktional betriebenen Heim nicht entsprechen, angesehen werden. Die Bestimmung gilt allerdings für alle Einrichtungen im Sinne des § 1 und genügt auch bei der Umwandlung von bisher anders genutzten Gebäuden zu Einrichtungen im Sinne des § 1 und bei Neubauten. Es muß deshalb von der zuständigen Behörde in jedem Einzelfall geprüft werden, ob sie dem Schutzzweck (§ 2 Abs. 1 Nr. 1) entspricht. S. dazu Einl. zur V. RN 3 und § 2 HeimG. Die Vorschrift des Abs. 2 muß in

Verbindung mit dem landesrechtlichen Baurecht gesehen werden, wonach z. B. die **nutzbare** Flurbreite für den größten zu erwartenden Verkehr ausgerichtet sein muß.

6　Seile, die in Halterungen befestigt sind, sind keine **festen Handläufe.** Handläufe müssen auch an Rampen vorhanden sein.

7　Für die Anwendung der §§ 30, 31 s. die dortigen Erläuterungen.

§ 4 Aufzüge

In Einrichtungen, in denen bei regelmäßiger Benutzung durch die Bewohner mehr als eine Geschoßhöhe zu überwinden ist oder in denen Rollstuhlbenutzer in nicht stufenlos zugänglichen Geschossen untergebracht sind, muß mindestens ein Aufzug vorhanden sein. Art, Größe und Ausstattung des Aufzugs müssen den Bedürfnissen der Bewohner entsprechen.

1　**Begründung** (1. ÄnderungsV) – BR-Drs. 23/83, S. 12

Die Vorschrift stellt klar, daß den Bewohnern einer Einrichtung in der Regel nur die Überwindung einer Geschoßhöhe ohne Aufzug zuzumuten ist. Außerdem muß die Aufzugsanlage so ausgestattet sein, daß sie von den jeweiligen Bewohnern der Einrichtung in Ansehung ihres körperlichen Zustandes auch **benutzt werden** kann. Maßstab hierfür ist das **Beförderungsinteresse** der Bewohner. Die bisherige Regelung, die auf den Betrieb der Einrichtung abgestellt ist, also auch die Benutzung durch das Personal und den Transport von Gegenständen erfaßt, wird insoweit eingeengt.

2　Ein Aufzug ist – um die Beweglichkeit der Rollstuhlfahrer und anderer Gehbehinderter zu verbessern, erforderlich, wenn

　　–　sich der Heimbetrieb auf mehr als zwei Geschosse erstreckt ("mehr als eine Geschoßhöhe") oder

　　–　Rollstuhlfahrer in Geschossen untergebracht sind, die nicht stufenlos zugänglich sind.

Rollstuhlfahrer sind nicht nur in ihrem Wohnschlafraum untergebracht. **Unterbringung** (§ 1 Abs. 1 S. 2 HeimG) umfaßt Unterkunft, Verpflegung und Betreuung. Auch die Speiseräume, Gemeinschaftsräume, ev. Dachterrasse, Therapie- Sanitärräume, Bäder sind Räume, in denen der Rollstuhlfahrer "untergebracht" ist, und die **regelmäßig** benutzt werden.

3　Es muß ein bedarfsgerechter Personenaufzug sein, der z. B. von Rollstuhlfahrern im Rollstuhl sitzend bedient werden kann und auch die Beförderung von Bettlägerigen – wenn auch nicht zwingend im Bett – ermöglicht.

Es sind ferner weitere Vorschriften (z. B. § 23 Abs. 2 GewO, das Landesbaurecht, die VO über Aufzugsanlagen v. 27. 2. 80 (BGBl. I S. 173) zu beachten.

4 **Befreiung** sowie die Einräumung von **Anpassungsfristen** (§§ 30, 31) s. Erl. dort. Dabei ist zu beachten, daß das Eintrittsalter der Bewohner von Pflegeheimen derzeit bereits bei über 84 Jahren liegt.

5 Ein Verstoß gegen diese Vorschrift ist keine Ordnungswidrigkeit. S. jedoch §§ 12, 15, 16 HeimG.

§ 5 Fußböden

Fußbodenbeläge der von Heimbewohnern benutzten Räume und Verkehrsflächen müssen rutschfest sein.

1 Die Verpflichtung ergibt sich bereits aus der **Verkehrssicherungspflicht** (s. RN 3 zu § 3 der VO). Wegen der Häufigkeit der Sturzunfälle und der schwerwiegenden Folgen für Heimbewohner werden zwei Gefahrenquellen in den §§ 5 und 6 besonders hervorgehoben. Dies darf nicht dazu verleiten, anderen Gefahrenquellen weniger Aufmerksamkeit zu widmen. Die Verkehrrsicherungspflicht ist umfassend und nicht allein durch Beachtung der §§ 5 und 6 der V erfüllt. Die Vorschrift gilt für alle Heime nach § 1 Abs. 1 HeimG und für alle Räume und Verkehrsflächen, die von Heimbewohnern benutzt werden, also beispielsweise auch Treppen, Flure und Rampen.

2 Bestimmte Bodenbeläge sind nicht vorgeschrieben. Der Begriff **"rutschfest"** wird bei der Materialprüfung verwendet. Im Sinne der V wird er als sicher begehbar und gleitsicher verstanden; das bezieht sich auch auf das verwendete Reinigungs- und Pflegematerial. Die Ansprüche an die Rutschfestigkeit sind je nach dem üblichen Gebrauch teilweise unterschiedlich. Im allgemeinen wird unterschieden zwischen trockenen, nassen und naßverschmutzten Belägen sowie bekleideten und unbekleideten sowie nassen Füßen.

Zusätzliche Anforderungen an die Bodenbeläge ergeben sich auch aus dem Baurecht (z. B. Trittfestigkeit, Schalldämmung, Widerstandsfähigkeit gegen Entflammung, s. a. DIN 51960 und 54330).

3 Ein Verstoß gegen § 5 ist keine Ordnungswidrigkeit. Zur Durchsetzung der V s. §§ 12, 15, 16 HeimG.

4 Zu Fristen und Befreiungsmöglichkeiten s. §§ 30, 31 u. Erl. dort.

§ 6 Beleuchtung

(1) Die Lichtschalter müssen ohne Schwierigkeit zu bedienen sein.

(2) In Treppenräumen und Fluren muß bei Dunkelheit die Nachtbeleuchtung in Betrieb sein.

(3) In Wohn-, Schlaf- und Gemeinschaftsräumen müssen Anschlüsse zum Betrieb von Leselampen vorhanden sein. In Schlafräumen müssen diese Anschlüsse den Betten zugeordnet sein.

1   **Begründung** (1. ÄnderungsV) – BR-Drs. 23/83, S. 12

Die bisherige Regelung im Abs. 2, daß Lichtschalter bei Dunkelheit sichtbar sein müssen, erscheint überflüssig. Soweit sich **Lichtschalter** in Treppenräumen und Fluren befinden, sind sie bei Dunkelheit durch die Nachtbeleuchtung ausreichend zu erkennen. Lichtschalter in Wohnräumen werden von ihren Bewohnern erfahrungsgemäß auch ohne Beleuchtung gefunden. Die Neufassung in Abs. 3 dient der Klarstellung, daß nicht die Leselampe selbst, sondern der Anschluß für sie vorhanden sein muß. In Schlafräumen müssen diese Anschlüsse so angeordnet sein, daß die Lampen von den Betten aus bedient werden können.

2   Gute Beleuchtung ist eine Verkehrssicherungspflicht (RN 4 zu § 3 u. RN 1 § 5); sie geht z. B. bei trübem Wetter oder in der Dämmerung über Abs. 1 hinaus. Von Anschlüssen darf keine Gefahr ausgehen.

3   **Anwendungsbereich:** § 6 gilt für alle Heime (§ 1 Abs. 1 HeimG);

Abs. 1 für alle von den Bewohnern benutzten Räume und Flächen (Treppen, Flure ebenso wie z. B. Sanitärräume, Gemeinschafts- oder Therapieräume);

Abs. 2 für Treppenräume und Flure;

Abs. 3 Satz 1 für Wohn-, Schlaf- und Gemeinschaftsräume; Satz 2 nur für Schlafräume.

4   Die Lichtschalter (Abs. 1) müssen so angebracht und ausgestaltet sein, daß sie von allen Heimbewohnern ohne Schwierigkeiten bedient werden können, also auch z. B. von Rollstuhlfahrern oder anderen Behinderten. Lichtschalter müssen leicht erreichbar, **betriebsbereit** und **betriebssicher** und leicht zu bedienen sein, unter Umständen durch besondere technische Vorrichtungen nach den Bedürfnissen der Bewohner. Gestrichen wurde die frühere Bestimmung, daß die Lichtschalter "bei Dunkelheit sichtbar sein" müssen. Das kann für Behinderte und andere Heimbewohner die Orientierung erschweren und Angst auslösen. Die zuständigen Behörden werden im Einzelfall zu entscheiden haben, ob die Bedürfnisse der Bewohner es erfordern, daß und wie Lichtschalter erkennbar zu machen sind.

5   Abs. 3. Die **Zahl der Anschlüsse** hat sich nach den Interessen und
     Bedürfnissen der Bewohner, nach der Größe, der Möblierung und der
     Nutzung zu richten. Sogenannte "tote" Anschlüsse sind nicht für die
     Bewohner "vorhanden". Das Vorhandensein von Leselampen ist
     nicht vorgeschrieben, ergibt sich aber i. d. R. aus § 2 Abs. 1 Nr. 1
     HeimG.

Für die Anwendung der §§ 30, 31 s. d. dortigen Erl. sowie Einl. z. V.
RN 3.

§ 7 Rufanlage

Räume, in denen Pflegebedürftige untergebracht sind, müssen
mit einer Rufanlage ausgestattet sein, die von jedem Bett aus
bedient werden kann.

1   Die **Rufanlage** soll schnelle Hilfe sicherstellen. Sie muß deshalb so
     gestaltet sein, daß sie ihren Zweck erfüllen kann, z. B. der Pflegebe-
     dürftige sie selbst im Notfall auslösen kann. Die Anbringung muß die
     persönliche Situation des Pflegebedürftigen berücksichtigen. Eine
     besondere technische Form (akustisch und / oder optisch) ist nicht
     vorgeschrieben. Erforderlich ist, daß das Signal zuverlässig an eine
     Stelle gelangt, an der sich zu jeder Tages- und Nachtzeit tatsächlich
     geeignete Mitarbeiter befinden, um unverzügliche Hilfe zu leisten.

2   Die Rufanlage ist **für alle Räume**, in denen Pflegebedürftige unter-
     gebracht sind (s. § 4 RN 2 Unterbringung), zwingend vorgeschrieben;
     nicht nur im Wohnschlafraum gem. § 23. Rufanlagen müssen deshalb
     z. B. auch in Bädern, Toiletten, in denen besonders häufig rasche Hil-
     fe erforderlich ist, vorhanden sein.

3   Das HeimG bestimmt nicht, wer **"Pflegebedürftiger"** ist. Jedoch ent-
     hält dazu § 5 Abs. 3 HeimPersV eine Begriffsbestimmung, die auch
     für diese V analog anwendbar erscheint (s. § 5 PersV RN 9).

4   Rufanlagen müssen vorhanden sein. Teilweise werden sie abgestellt,
     weil der Pflegebedürftige verwirrt oder aus anderen Gründen nicht in
     der Lage ist, die Rufanlage sinnvoll zu gebrauchen, und er dadurch
     sogar Störungen bei dringenden Notrufen verursachen könnte. Das
     erscheint in **Einzelfällen** vertretbar. S. dazu RN 6. Es kann jedoch
     nicht in das Ermessen des Heimleiters und / oder der Beschäftigten
     gestellt werden. Dann bestünde die Gefahr eines nicht kontrollierten
     Mißbrauchs. Es wird daher die Ansicht vertreten, daß über die
     Abschaltung in jedem Einzelfall eine Anzeige an die zuständige
     Behörde erstattet werden muß, damit diese die Berechtigung der
     Maßnahme prüft. Es kann zweifelhaft sein, ob eine solche Anzei-
     gepflicht vor Abschaltung der Rufanlage aus der V ergibt (nur die
     Ausstattung ist Vorschrift). Sie kann jedoch durch Auflage / Anord-
     nung (§ 12 HeimG) festgelegt werden.

5   Ein **Verstoß** gegen § 7 ist eine **Ordnungswidrigkeit** (§ 32 Nr. 2). Die Einhaltung der V kann durchgesetzt werden (s. §§ 15, 16 HeimG).

6   Die Angleichung und Befreiung wird auf die Erl. §§ 20, 31 verwiesen.

§ 8 Fernsprecher

In den Einrichtungen muß in jedem Gebäude mindestens ein Fernsprecher vorhanden sein, über den die Bewohner erreichbar sind und der von nicht bettlägerigen Bewohnern ohne Mithören Dritter benutzt werden kann.

1   **Begründung** (1. ÄnderungsV) – BR-Drs. 23/83, S. 13

Mit der Neufassung des § 8 wird gegenüber der bisherigen Fassung klargestellt, daß ein Telefonieren nichtbettlägeriger Personen ohne Mithören Dritter gewährleistet sein muß.

2   Der **Zweck** der Bestimmung wird in der Begründung der E 1974 (seinerzeit zu § 9) BR-Drs. 760/74, S. 5, wie folgt beschrieben:

Den Bewohnern muß es möglich sein, Anrufe zu empfangen und Ferngespräche im Haus zu führen. Die unverzichtbare enge Verbindung zur Außenwelt würde andernfalls stark behindert. Deshalb ist auch eine Beschränkung auf übliche Geschäftszeiten nicht vertretbar.

3   Die Bestimmung gilt für alle Einrichtungen im Sinne des § 1 Abs. 1 HeimG. Wohnen in einer Einrichtung die Bewohner in mehreren Gebäuden, so muß **in jedem Gebäude** ein Fernsprecher vorhanden sein.

Teilweise wird bezweifelt, ob § 8 durch die Ermächtigung des § 3 Nr. 1 HeimG gedeckt ist. Solche Zweifel sind jedoch unberechtigt, da die Interessen und Bedürfnisse der Heimbewohner (§ 2 Abs. 1 HeimG) eine entsprechende Ausstattung erfordern.

4   Es muß sich nicht um eine öffentliche Fernsprechanlage handeln.

5   Alle Bewohner müssen über den Fernsprecher **erreichbar** sein, **und** er muß von nicht bettlägerigen Bewohnern selbständig benutzt werden können. **Erreichbar** sind die Bewohner, wenn sie – unter Umständen durch Vermittlung des Personals oder über Rufanlagen – von dem Ferngespräch verständigt werden können; und das nicht nur während der üblichen Dienstzeiten (s. a. RN 2). **Benutzen** heißt im Rahmen bestimmter Regelungen selbst und aktiv über etwas verfügen können. Falls es sich um keinen öffentlichen Fernsprecher handelt, müssen in der Einrichtung Regelungen getroffen werden für die selbständige Benutzung des Fernsprechers. Dies ist eine Aufgabe unter anderem für die Mitwirkung des Heimbeirates (§ 30 HeimMitwirkungsV). Dabei ist auch auf ein geeignetes Zählwerk zur genauen Berechnung der Gebühreneinheiten zu achten.

6 **Nicht bettlägerige Bewohner** müssen den Fernsprecher benutzen können, ohne daß Dritte mithören. Das kann durch eine Fernsprechkabine oder durch einen gesonderten Raum gewährleistet werden. **Bettlägerige Bewohner** müssen für Anrufe erreichbar sein. Das ist nur dann der Fall, wenn der Bettlägerige selbst telefonieren kann. Nicht gefordert ist bei ihnen, daß sie ohne das Mithören Dritter telefonieren können. Es gehört zu den natürlichen Bedürfnissen des Menschen, ohne Zuhörer über persönliche Angelegenheiten, Ängste und Sorgen sprechen zu können. Deshalb sollte dies u. U. durch geeignete Auflagen / Anordnungen (§ 12 HeimG) auch für die Bettlägerigen angestrebt werden.

7 Die Benutzung des Fernsprechers und die Erreichbarkeit können **nicht** auf sogenannte **dringende Fälle eingeschränkt** werden. Das Bedürfnis nach Kontakt muß befriedigt werden können, wenn dafür ein Verlangen besteht (s. RN 2). Organisatorische Probleme des Trägers sind dem gegenüber nachrangig. Auch verwirrte Bewohner müssen für einen Anrufer erreichbar sein.

8 Ein Verstoß gegen § 8 ist eine **Ordnungswidrigkeit** (§ 32 Nr. 2).

§ 9 Zugänge

(1) Wohn-, Schlaf- und Sanitärräume müssen im Notfall von außen zugänglich sein.

(2) In Pflegeheimen müssen die Türen zu den Pflegeplätzen so breit sein, daß durch sie bettlägerige Bewohner transportiert werden können.

1 **Begründung** (1. ÄnderungsV) – BR-Drs. 23/83, S. 13

Aus der Gliederung des § 9 ergibt sich zunächst, daß er für alle Einrichtungen nach dieser Verordnung, also nicht nur für Pflegeheime und Pflegeabteilungen, gilt. Die Festlegung der Türbreite in Abs. 2 entspricht der Regelung in § 3 Abs. 2. Die Anforderungen des bisherigen Satzes 3 haben sich als unpraktikabel erwiesen. Das Ziel, im Notfall dem Heimbewohner von außen zu Hilfe kommen zu können, wird durch die Neufassung des Abs. 1 hinreichend gewährleistet. Den Heimträgern bleibt es je nach baulicher Ausgestaltung und Anordnung der Räume überlassen, ausreichende Zugangsmöglichkeiten für den Notfall zu schaffen.

2 Zweck der Vorschrift ist es, im Notfall stets einen raschen und freien Zugang zu den Bewohnern zu haben. Dazu gehört z. B. daß der Weg unverstellt ist und Schlüssel jederzeit sofort greifbar sind. Abs. 1 ist in Zusammenhang mit § 2 (Unmittelbarer Zugang vom Flur zu den Wohnplätzen / Pflegeplätzen) anzuwenden.

3 Abs. 2 ist in Verbindung mit § 3 Abs. 2 anzuwenden; Türbreite, Türstellung und Breite des Flures in ihrer **Funktionseinheit** müssen den

Transport bettlägeriger Bewohner in einer Art und Weise ermöglichen, der deren Interessen und Bedürfnissen und der Würde des Menschen entspricht. Bestimmte Türen sind nicht vorgeschrieben. Dies
hat sich nach den Bedürfnissen der Bewohner zu richten (s. a. § 3
RN 5). Die Grundsätze der Verkehrssicherungspflicht sind dabei zu
beachten (RN 3 zu § 3 der V).

4   Nur der Verstoß gegen Abs. 1 ist eine Ordnungswidrigkeit (§ 32
Nr. 3).

Für die Anwendung der §§ 30 und 31 s. die dortigen Erl. Sie erscheint
(fast) immer unmöglich, weil andernfalls gegen den Zweck des
Gesetzes verstoßen würde (§ 2 Abs. 1 HeimG).

§ 10 Sanitäre Anlagen

(1) Badewannen und Duschen in Gemeinschaftsanlagen müssen
bei ihrer Benutzung einen Sichtschutz haben.

(2) Bei Badewannen muß ein sicheres Ein- und Aussteigen möglich sein.

(3) Badewannen, Duschen und Spülaborte müssen mit Haltegrif-
fen versehen sein.

(4) In Einrichtungen mit Rollstuhlbenutzern müssen für diese Personen geeignete sanitäre Anlagen in ausreichender Zahl vorhanden
sein.

1   **Begründung** (1. ÄnderungsV) Entw., BR-Drs. 23/83, S. 13

Die Neufassung dient ebenfalls der Klarstellung, der besseren Prak-
tikabilität und der Kostenreduzierung. Für Gemeinschaftsanlagen
wird in § 10 Abs. 1 festgelegt, daß zum Schutz der Intimsphäre ein
Sichtschutz bei Benutzung der Badewannen und Duschen vorhanden
sein muß. Dazu erscheint eine bauliche Abtrennung nicht erforderlich. Abs. 2 bestimmt, daß nicht das leichte, sondern das sichere Ein-
und Aussteigen gewährleistet werden muß. Damit wird zugleich die
Regelung des bisherigen Abs. 2 Satz 2 erfaßt, wonach Haltegriffe an
Badewannen eine ausreichende Sicherheit bei ihrer Benutzung bieten
müssen. Das Freistehen der Badewanne an den Längsseiten und an
einer Stirnseite erscheint nur in Gemeinschaftsbädern der Pflegeabteilungen von Altenheimen und Pflegeheimen wegen der hier u. U.
gebotenen Hilfestellung Dritter beim Ein- und Aussteigen erforderlich. Dies ist in die §§ 18 und 27 übernommen worden. Abs. 4 macht
nunmehr deutlich, daß die sanitären Anlagen für Rollstuhlbenutzer in
einer für diese geeigneten Ausstattung zur Verfügung stehen müssen.
Die erforderliche Zahl der sanitären Anlagen ergibt sich aus den § 18
Abs. 2, § 22 und § 27 Abs. 2.

1.1 Begründung der Maßgabe BR, BR-Drs. 23/83 (Beschluß): Es ist nicht notwendig, daß alle sanitären Anlagen in Einrichtungen mit Rollstuhlbenutzern für diese Personen geeignet sind ...

2 Das durchschnittliche Alter der Heimbewohner liegt derzeit in Pflegeheimen schon über 84 Jahren. Darüber hinaus muß berücksichtigt werden, daß Multimorbidität bei nahezu allen Heimbewohnern vorliegt und nahezu die Hälfte von ihnen im Anschluß an einen Krankenhausaufenthalt im Heim "untergebracht" worden ist. Das ist bei der Auswahl der Badewannen, der Toilettensitze, der Waschbecken in den Toiletten usw. mit zu berücksichtigen. (S. auch § 2 Abs. 1, Nr. 1 HeimG "Selbständigkeit der Bewohner" (s. dort RN 1; 7.1 - 7.4 u. 8.3).

3 Der **Sichtschutz**, nur in Gemeinschaftsanlagen vorgeschrieben, muß die Intimsphäre tatsächlich schützen. Duschvorhänge sind dazu in der Regel nicht geeignet.

4 Die Interessen und Bedürfnisse der Bewohner verlangen es, daß für sie der Ein- und Ausstieg bei **Badewannen** sicher und leicht ist, und möglichst selbständig erfolgen kann. Ein- und Ausstiegshilfen haben sich nach den Bedürfnissen der Bewohner zu richten. Auch das (selbständige) Baden ist durch Hilfsmittel zu erleichtern (z. B. durch umlaufende Handgriffe bei Badewannen).

5 Abs. 4 gilt nur für Einrichtungen, in denen **Rollstuhlbenutzer** wohnen. Dennoch sollte es selbstverständlich sein, daß in jedem Heim eine geeignete Toilette für Rollstuhlbenutzer schnell und leicht erreichbar vorhanden ist; ev. Anforderungen / Auflagen gemäß § 12 HeimG. Ein Sanitärraum ist für einen Rollstuhlbenutzer nur dann geeignet, wenn er Toilette und Waschbecken ohne Hilfe Dritter benutzen kann. Das setzt entsprechende Größe und Ausstattung voraus. Ob besondere Vorrichtungen zum Entleeren und Reinigen von Urinflaschen vorhanden sein müssen, ist ggf. im Einzelfall zu entscheiden. Wegen der sachgerechten Ausstattung siehe u. a. auch Fissler und Stemshorn RN 7.

6 Die **Durchsetzung** der Vorschrift ermöglichen §§ 12, 15, 16 HeimG. Ein Verstoß gegen § 10 ist **keine Ordnungswidrigkeit**. Für eine Angleichung (§ 30) wird nur bei Veränderung im Heimbetrieb eine kurzfristige Möglichkeit gesehen. Zur Anwendung der **§§ 30, 31** s. Erl. dort.

7 **Literaturhinweise:** Fissler: Sanitäre Anlagen für Alte und Behinderte, Altenheim 1982, Nr. 9, S. 215 ff.; Stemshorn (Hrsg.), Bauen für Behinderte und Betagte, Verlagsanst. A. Koch.

§ 11 Wirtschaftsräume

Wirtschaftsräume müssen in der erforderlichen Zahl und Größe vorhanden sein, soweit die Versorgung nicht durch Betriebe außerhalb des Heimes sichergestellt ist.

1   Die Bestimmung gilt für alle Einrichtungen im Sinne des § 1 Abs. 1 HeimG. Erfolgt die Versorgung durch das Heim, so müssen die erforderlichen Räume nach Größe und Leistungsfähigkeit dem täglichen Bedarf entsprechen (Funktions- und Zubehörräume s. §§ 15, 21, 24.)

2   Der Träger ist verpflichtet, sich genau zu informieren, welche gesundheitsrechtlichen und anderen Vorschriften für diese Räume zu beachten sind.

3   Erfolgt eine Versorgung durch Betriebe außerhalb des Heimes, (z. B. Wäscherei, Anschluß an zentrale Küchen) muß diese Versorgung **und** eine etwaige **Notversorgung** für eine Übergangszeit durch das Heim sichergestellt sein. Eine kleine Küche wird in jedem Fall erforderlich sein, um zusätzliche Bedürfnisse der Bewohner erfüllen zu können.

4   Ein Verstoß gegen § 11 ist **keine Ordnungswidrigkeit**. Die Einhaltung der Bestimmung kann durch Maßnahmen nach §§ 12, 15, 16 HeimG durchgesetzt werden.

5   Da nur die erforderliche Zahl und Größe der Wirtschaftsräume gefordert wird, sind in besonders begründeten Fällen nur kurze Fristen zur Angleichung (§ 30), jedoch keine Möglichkeiten für Befreiungen (§ 31) erkennbar.

§ 12 Heizung

Durch geeignete Heizanlagen ist für alle Räume, Treppenräume, Flure und sanitären Anlagen eine den Bedürfnissen der Heimbewohner angepaßte Temperatur sicherzustellen.

1   Durch die Forderung nach einer den Bedürfnissen der Heimbewohner angepaßten Temperatur sollen Schäden und / oder Gefährdungen der Heimbewohner durch unangemessene Temperaturen innerhalb des Gebäudes vermieden werden. Das Innenraumklima ist für das Wohlbefinden (Behaglichkeit) und die Gesundheit alter Menschen, Bettlägeriger, Pflegebedürftiger und Behinderter von besonderer Bedeutung (s. RN 4).

2   Als **"geeignete Heizanlagen"** werden alle Anlagen zu verstehen sein, die eine möglichst gleichbleibende Temperatur in der erforderlichen Höhe sicherstellen, und auch den technischen sowie den Brandschutzbestimmungen entsprechen.

Die Temperatur ist den Bedürfnissen der Heimbewohner anzupassen, in ihrer Höhe also erforderlichenfalls auch in den Zimmern zu variieren. Es muß dabei berücksichtigt werden, daß es sich bei den Bewohnern um Menschen mit sehr unterschiedlichem Wärmebedürfnis handelt.

3   Die Temperatur wird in der Regel den Bedürfnissen der Bewohner angemessen sein, wenn sie in den Wohnräumen mindestens 22 °C hat. Damit die individuellen Bedürfnisse der Heimbewohner berücksichtigt werden können, soll die Temperatur in den Zimmern durch die Bewohner um mindestens 2 °C nach oben und unten reguliert werden können. Eine angemessene Temperatur muß auch außerhalb der Heizperiode vorhanden sein. (S. auch die Regelung in Heimverordnungen).

4   Zur Bedeutung des Innenraumklimas in Wohnräumen für ältere Menschen wird hingewiesen auf die Tagung der Weltgesundheitsorganisation zu diesem Thema (Veröffentlichung Weltgesundheitsorganisation – Regionalbüro für Europa – vom 320. 11. 1982). Es wird u. a. ausgeführt: "In Wohnräumen mit einer Trockentemperatur (oder Raumlufttemperatur) von 18 ° bis 24 °C besteht kaum eine Gesundheitsgefährdung sitzender Personen, z. B. älterer Leute, wenn sie entsprechend bekleidet sind und der Körper nur minimal Wärme durch Abstrahlung verliert (dabei wird vorausgesetzt, daß die mittlere Strahlungstemperatur der Räumlichkeit, d. h. die flächenbezogene Oberflächentemperatur höchstens um 2 °C von der Raumlufttemperatur abweicht); außerdem darf die Luftbewegung (Zug) ca. 0,2 m/sec nicht übersteigen."

5   Ein Verstoß gegen § 12 ist keine Ordnungswidrigkeit (s. § 32); die Bestimmung kann durch §§ 12, 15 und 16 HeimG durchgesetzt werden.

6   Ungeeignete Heizungsanlagen und eine Temperatur, die nicht den Bedürfnissen der Heimbewohner angepaßt ist, stellen eine unmittelbare Gefährdung der Heimbewohner dar. Es sind deshalb – kurzfristige Reparaturen ausgenommen – keine Fälle denkbar, in denen Fristen zur **Angleichung** (§ 30) oder **Befreiung** (§ 31) möglich sind.

§ 13 Gebäudezugänge

Die Eingangsebene der von den Bewohnern benutzten Gebäude einer Einrichtung soll von der öffentlichen Verkehrsfläche stufenlos erreichbar sein. Der Zugang muß beleuchtbar sein.

1   **Begründung** (1. ÄnderungsV) – BR-Drs. 23/83, S. 14

Die Neufassung stellt klar, daß der Bewohner einer Einrichtung von der öffentlichen Verkehrsfläche stufenlos den Zugang erreichen kann und daß dieser Zugang zumindest beleuchtbar, nicht aber ständig beleuchtet sein muß.

2   Sinn der **Soll-Vorschrift** ist es, allen Bewohnern, auch Rollstuhlbenutzern und Behinderten, einen möglichst ungehinderten Kontakt zur Umwelt zu erleichtern und Besuche durch Dritte möglichst nicht durch bauliche Hindernisse zu erschweren. Sie ist im Zusammenhang mit den §§ 2, 3, 4 und 9 zu sehen. Die Bestimmung gilt für alle Heime i. S. von § 1 HeimG.

3   Die **Eingangsebene** ist das Geschoß, durch das die Bewohner das Gebäude betreten. Liegt diese nicht zu ebener Erde, muß sie leicht zugänglich sein; das ist z. B. dann nicht mehr der Fall, wenn die Steigung der Rampe größer als 6 % höchstens 10 % ist. Auf die Bedürfnisse der Bewohner und ihren körperlichen und geistigen Zustand ist auch dabei besonders Rücksicht zu nehmen.

4   **Öffentliche Verkehrsflächen**: Straßen, Wege und Plätze erhalten ihre Eigenschaft als öffentliche Straße durch Widmung und Indienststellung von Ländern und Bund. Jedes Gebäude der Einrichtung soll von einer solchen öffentlichen Verkehrsfläche stufenlos erreichbar sein.

5   Zugang im Sinne des Satzes 2 ist entsprechend der Überschrift (§ 9 – Zugänge, § 13 – Gebäudezugang) der Gebäudezugang. Zur Verkehrrsicherungspflicht s. RN 3 zu § 3. Hiernach bestimmen sich auch Art und Umfang der Beleuchtung, die durch § 13 nicht festgelegt werden.

6   Ein Verstoß gegen § 13 ist keine **Ordnungswidrigkeit**. S. § 32.

7   Es hängt von der Zusammensetzung der Bewohner ab, ob für S. 1 Fristen zu **Angleichung** oder **Befreiungen** (**§§ 30, 31**) erteilt werden können. Für S. 2 erscheint das ausgeschlossen.

Zweiter Teil

Besondere Vorschriften

Vorbemerkung: Die "Besonderen Vorschriften" gelten nur für die jeweilige Heimart und die ihnen gleichartigen Einrichtungen. Durch das 1. ÄG wurde § 1 HeimG geändert. Die Heimarten werden dort nicht mehr genannt; auch wird der Begriff "gleichartige Einrichtung" nicht mehr verwendet. (S. RN 2 zu § 1 HeimG) § 6 Abs. 2 HeimG verwendet weiter den Begriff "eine bestimmte Art des Heimes", ohne dies näher zu definieren. Es wird deshalb davon ausgegangen, daß die bisherigen Kriterien für die Anwendung der HeimMindBauV weiter anzuwenden sind. (S. RN 9 zu § 6 HeimG). "Gleichartig" war ein Heim nach der bisherigen Auslegung, wenn es bei wirtschaftlicher und sozialer Betrachtungsweise für die Bewohner eine vergleichbare Funktion wie ein Altenwohnheim, ein Altenheim oder ein Pflegeheim für Volljährige erfüllte; also mit der betreffenden Heimart gemeinsame charakteristische Merkmale aufwies. Auf die juristische Konstruktion kam es dabei nicht an. Zur Begriffsbestimmung der Heimarten s. DV, Kl. Schrift 65; 2. Aufl. 1992; sowie AH 6/93, S. 483 ff.

Erster Abschnitt

Altenheime und gleichartige Einrichtungen

§ 14 Wohnplätze

(1) Wohnplätze für eine Person müssen mindestens einen Wohnschlafraum mit einer Wohnfläche von 12 m², Wohnplätze für zwei Personen einen solchen mit einer Wohnfläche von 18 m² umfassen. Wohnplätze für mehr als zwei Personen sind nur ausnahmsweise mit Zustimmung der zuständigen Behörde, Wohnplätze für mehr als vier Personen sind nicht zulässig. Für die dritte oder vierte Person muß die zusätzliche Wohnfläche wenigstens je 6 m² betragen.

(2) Für die Berechnung der Wohnflächen nach Absatz 1 gelten § 42 Abs. 2 Satz 1 erster Halbsatz, § 43 und § 44 Abs. 1 der Zweiten Berechnungsverordnung entsprechend. Wintergärten und ähnliche nach allen Seiten geschlossene Räume (§ 44 Abs. 1 Nr. 2) werden nicht angerechnet.

(3) Wohnplätze für bis zu zwei Personen müssen über einen Waschtisch mit Kalt- und Warmwasseranschluß verfügen. Bei Wohnplätzen für mehr als zwei Personen muß ein zweiter Waschtisch mit Kalt- und Warmwasseranschluß vorhanden sein.

1.1 **Begründung** (1. ÄnderungsV), BR-Drs. 23/83, S. 14

In der Praxis hat die Berechnung der in der Bestimmung genannten Wohnflächen zu Schwierigkeiten geführt, weil entsprechende Maßstäbe hierfür fehlen. Abs. 2 sieht nunmehr eine entsprechende Anwendung der einschlägigen Bestimmungen der Zweiten Berechnungs-Verordnung in der Neufassung vom 18. 7. 1979 vor. Entsprechend den DIN-Vorschriften 18022 sind im bisherigen Abs. 2 Satz 1 die Worte "mit Kalt- und Warmwasseranschluß" gestrichen worden, weil ein derartiger Anschluß bei Waschtischen heute als selbstverständlich vorausgesetzt wird. Zugleich wird bei § 19 Abs. 1, in dem bisher ein ausdrücklicher Hinweis auf Kalt- und Warmwasseranschluß fehlt, ein möglicher Umkehrschluß ausgeschlossen.

1.2 **Begründung** Maßgabe BR, BR-Drs. 23/83 (Beschluß)

Bei der Ermittlung der nach § 14 Abs. 1 der Verordnung erforderlichen Mindestwohnfläche sollte die entsprechende Anwendung des 2. Halbsatzes des § 42 Abs. 2 Satz 1 II. BV ausgeschlossen werden. Wäre dieser Halbsatz anzuwenden, müßte auf die Mindestwohnfläche des Wohnschlafraumes auch die Grundfläche der Räume angerechnet werden, die ausschließlich zu dem Wohnschlafraum gehören. Das würde bedeuten, daß bei einem Appartement beispielsweise die Fläche eines (ausschließlich zu ihm gehörenden) Vorraumes oder Sanitärraumes auf die Mindestwohnfläche anzurechnen wäre. Der Wohnschlafraum selbst würde dann je nach der Größe der anzurechnenden Nebenräume im Einzelfall eine erheblich geringere als die Mindestfläche von 12 m² haben. Das wäre mit dem sozialpolitischen Ziel der HeimMindBauV nicht vereinbar und ist auch wohl mit der Änderung des § 14 der Verordnung nicht beabsichtigt, die lediglich den Zweck hat, eine rechtlich klare und einheitliche Grundlage für die Berechnung der Mindestfläche zu schaffen (vgl. die Begründung).

2 Das Wohlbefinden und das Verhalten der Bewohner hängt u. a. entscheidend von den Wohnverhältnissen ab: Größe der Wohnplätze, Zahl der Bewohner in einem Raum, Ausstattung, Sanitäre Einrichtungen uva. (s. dazu RN 5-9 zu § 2 HeimG). Ein **Wohnschlafraum** ist der Raum, in dem der Bewohner schläft und wohnt; getrennte Räume sind dafür nicht gefordert. Für Altenheime soll das Ein- und Zweibettzimmer die Norm sein. Drei- und Vierbettzimmer sind mit Zustimmung der zuständigen Behörde zulässig. Zulässig wäre nach § 14 in einem Altenheim – mit Zustimmung der Behörde – ein Vierbettzimmer mit einer Wohnfläche von 30 m² = 7,5 m² je Bewohner. Es wird bezweifelt, ob dies mit der Würde des Menschen in Deutschland noch vereinbar ist. (S. dazu auch Einl. z. V RN 3).

3 Die Wohnfläche eines Wohnplatzes wird nach der Zweiten Berechnungsverordnung berechnet. § 44 Abs. 1 Nr. 2 berücksichtigt sogar Flächen, zwischen 1 bis 2 m Höhe zur Hälfte. Mit der Wahrung der

Interessen und Bedürfnisse der Bewohner (s. dazu RN 7.1-7.4 und 8.3 zu § 2 HeimG) erscheint das nicht vereinbar; (s. RN 2).

4 Die Bestimmungen der Zweiten BerechnungsV in der Neufassung der Bekanntmachung vom 12. 10. 1990 (BGBl. I S. 2178) lauten:

Auszug

Teil IV Wohnflächenberechnung

§ 42 Wohnfläche

(1) Die Wohnfläche einer Wohnung ist die Summe der anrechenbaren Grundflächen der Räume, die ausschließlich zu der Wohnung gehören.

(2) Die Wohnfläche eines einzelnen Wohnraumes besteht aus dessen anrechenbarer Grundfläche; hinzuzurechnen ist die anrechenbare Grundfläche der Räume, die ausschließlich zu diesem einzelnen Wohnraum gehören. Die Wohnfläche eines untervermieteten Teils einer Wohnung ist entsprechend zu berechnen.

(3) Die Wohnfläche eines Wohnheimes ist die Summe der anrechenbaren Grundflächen der Räume, die zur alleinigen und gemeinschaftlichen Benutzung durch die Bewohner bestimmt sind.

(4) Zur Wohnfläche gehört nicht die Grundfläche von

1. Zubehörräumen; als solche kommen in Betracht: Keller, Waschküchen, Abstellräume außerhalb der Wohnung, Dachböden, Trockenräume, Schuppen (Holzlegen), Garagen und ähnliche Räume;

2. Wirtschaftsräumen; als solche kommen Betracht: Futterküchen, Vorratsräume, Backstuben, Räucherkammern, Ställe, Scheunen, Abstellräume und ähnliche Räume;

3. Räumen, die den nach ihrer Nutzung zu stellenden Anforderungen des Bauordnungsrechtes nicht genügen;

4. Geschäftsräumen.

§ 43 Berechnung der Grundfläche

(1) Die Grundfläche eines Raumes ist nach Wahl des Bauherrn aus den Fertigmaßen oder den Rohbaumaßen zu ermitteln. Die Wahl bleibt für alle späteren Berechnungen maßgebend.

(2) Fertigmaße sind die lichten Maße zwischen den Wänden ohne Berücksichtigung von Wandgliederungen, Wandbekleidungen, Scheuerleisten, Öfen, Heizkörpern, Herden und dergleichen.

(3) Werden die Rohbaumaße zugrunde gelegt, so sind die errechneten Grundflächen um 3 von Hundert zu kürzen.

(4) Von den errechneten Grundflächen sind abzuziehen die Grundflächen von

1. Schornsteinen und anderen Mauervorlagen, freistehenden Pfeilern und Säulen, wenn sie in der ganzen Raumhöhe durchgehen und ihre Grundfläche mehr als 0,1 Quadratmeter beträgt,

2. Treppen mit über drei Steigungen und deren Treppenabsätze.

(5) Zu den errechneten Grundflächen sind hinzuzurechnen die Grundflächen von

1. Fenster- und offenen Wandnischen, die bis zum Fußboden herunterreichen und mehr als 0,13 Meter tief sind.

2. Erkern und Wandschränken, die eine Grundfläche von mindestens 0,5 Quadratmeter haben,

3. Raumteilen unter Treppen, soweit die lichte Höhe mindestens 2 Meter ist. Nicht hinzuzurechnen sind die Grundflächen der Türnischen.

(6) Wird die Grundfläche auf Grund der Bauzeichnung nach den Rohbaumaßen ermittelt, so bleibt die hiernach berechnete Wohnfläche maßgebend, außer wenn von der Bauzeichnung abweichend gebaut ist. Ist von der Bauzeichnung abweichend gebaut worden, so ist die Grundfläche auf Grund der berichtigten Bauzeichnung zu ermitteln.

§ 44 Anrechenbare Grundfläche

(1) Zur Ermittlung der Wohnfläche sind anzurechnen

1. voll

   die Grundflächen von Räumen und Raumteilen mit einer lichten Höhe von mindestens 2 Metern;

2. zur Hälfte

   die Grundflächen von Räumen und Raumteilen mit einer lichten Höhe von mindestens 1 Meter und weniger als 2 Metern und von Wintergärten, Schwimmbädern und ähnlichen, nach allen Seiten geschlossenen Räumen;

3. nicht

   die Grundflächen von Räumen oder Raumteilen mit einer lichten Höhe von weniger als 1 Meter.

(2) Gehören ausschließlich zu dem Wohnraum Balkone, Loggien, Dachgärten oder gedeckte Freisitze, so können deren Grundflächen zur Ermittlung der Wohnfläche bis zur Hälfte angerechnet werden.

(3) Zur Ermittlung der Wohnfläche können abgezogen werden

1. bei einem Wohngebäude mit einer Wohnung bis zu 10 vom Hundert der ermittelten Grundfläche der Wohnung,

2. bei einem Wohngebäude mit zwei nicht abgeschlossenen Wohnungen bis zu 10 vom Hundert der ermittelten Grundfläche beider Wohnungen,

3. bei einem Wohngebäude mit einer abgeschlossenen und einer nicht abgeschlossenen Wohnung bis zu 10 vom Hundert der ermittelten Grundfläche der nicht abgeschlossenen Wohnung.

(4) Die Bestimmung über die Anrechnung oder den Abzug nach Absatz 2 oder 3 kann nur für das Gebäude oder die Wirtschaftseinheit einheitlich getroffen werden. Die Bestimmung bleibt für alle späteren Berechnungen maßgebend.

5   "Waschtisch" wird in der DIN 18022 verwendet. Die dort geforderte Ausstattung: Mischbatterie und Mindestabmessungen b ≥ 55 cm und t ≥ 45 cm sind Mindestanforderungen nach HeimMindBauV.

6   Die V bestimmt nichts über die Ausstattung der Wohnplätze. Dafür liegt keine Verordnungsermächtigung vor. Sie regelt auch nicht sonstige Bestimmungen des Baurechts, z. B. über Fenster, Belüftung, Sonnenschutz u. a.

7   Verstöße gegen Abs. 1 oder Abs. 3 sind **Ordnungswidrigkeiten** (§ 32 Nr. 1).

8   Wegen etwaiger **Befreiungen** und / oder **Anpassungsfristen** s. Erl. zu §§ 30, 31.

§ 15 Funktions- und Zubehörräume

(1) In jeder Einrichtung müssen mindestens vorhanden sein:

1. ausreichende Kochgelegenheiten für die Bewohner

2. ein Abstellraum für die Sachen der Bewohner,

3. in Einrichtungen mit Mehrbettzimmern ein Einzelzimmer im Sinne des § 14 zur vorübergehenden Nutzung durch Bewohner,

4. ein Leichenraum, wenn nicht eine kurzfristige Überführung der Leichen sichergestellt ist.

(2) Besteht die Einrichtung aus mehreren Gebäuden, müssen die Anforderungen nach Absatz 1 Nr. 1 und 3 in jedem Gebäude erfüllt werden.

1 Aus **Begründung** (1. ÄnderungsV); BR-Drs. 23/83, S. 14
Es müssen entsprechend der Zahl der Bewohner und deren Bedürfnissen Kochgelegenheiten vorhanden sein. Eine Einschränkung erfährt Abs. 2 hinsichtlich der Abstellräume. In Einrichtungen mit mehreren Gebäuden erscheint ein zentraler Abstellraum für alle Bewohner ausreichend.

2 § 15 bestimmt nur, welche Funktions- und Zubehörräume unerläßlich sind. Was darüber hinaus für einen reibungslosen Ablauf vorhanden sein muß, um die Interessen und Bedürfnisse der Bewohner zu schützen, bestimmt die zuständige Behörde ggfs. mittels Auflagen / Anordnungen (§ 12 HeimG). Das können auch Schmutzräume und Fäkalienspülen sein, die in Altenheimen und gleichartigen Einrichtungen nicht zu den Mindestanforderungen gehören.

3 Die **betriebstechnischen Räume** konnten durch die VO nicht bestimmt werden (z. B. Anlagen für die Lüftung, Wasserversorgung und -entsorgung, Heizungsräume usw.) ebenso nicht Personalräume (z. B. Schwesterndienstzimmer, Personalräume, Personaltoiletten u.ä.). Dies richtet sich nach anderen gesetzlichen Bestimmungen.

4 Die Kochgelegenheit muß den Bewohnern zur freien Nutzung zur Verfügung stehen; mindestens eine Kochgelegenheit in entsprechender Ausstattung (Spüle, Herd u. a.) in jedem Gebäude. Da es sich hier um eine Maßnahme des Heimbetriebes handelt, gehört die Festsetzung der Zahl und der Ausgestaltung mit zu den Aufgaben des Heimbeirates (und ggfs. des Heimfürsprechers) nach §§ 29 Nr. 1; 30 Nr. 6 HeimMitwV.

5 Es genügt, wenn für die Einrichtung ein verschließbarer Abstellraum für die Sachen der Bewohner vorhanden ist. Ein besonderer Verschlag für jeden Bewohner ist nicht erforderlich. Der Heimbeirat hat an sinnvollen Regelungen für die Art und Zeit der Benutzung mitzuwirken (§§ 29 ff. HeimMitwirkungsV). Der Abstellraum muß in jedem Falle ausreichend groß, trocken, leicht erreichbar und auch sonst geeignet sein, die Sachen der Bewohner ohne Schäden für längere Zeit aufzubewahren.

6 **Zu Abs. 1 Nr. 3: Die vorübergehende Nutzung** kann sehr unterschiedlich sein (z. B. für ärztliche Untersuchungen, vorübergehende Unterbringung von Bewohnern bei Erkrankungen, vorübergehende Unterbringung von neuen Bewohnern bis der eigentliche Platz hergerichtet ist, u. U. – nach sorgfältiger Abwägung – Unterbringung von Sterbenden uva.) Diese Beispiele beweisen die verschiedenen Anforderungen hinsichtlich der Hygiene und der Ausstattung. Das Zimmer muß mindestens 12 m² Wohnfläche und einen Waschtisch (RN 5 zu § 14) haben. Er muß in jedem Gebäude vorhanden sein. Wegen der Mitwirkung des Heimbeirats s. § 29 HeimMitwV.

7   Die kurzfristige **Überführung von Leichen** ist nur dann sichergestellt, wenn sie binnen weniger Stunden (z. B. durch Bestattungsun-
ternehmen, Friedhofsämter usw.) erfolgt. Leichen dürfen nicht – auch
nicht kurze Zeit – in Räumen verbleiben, in denen andere Bewohner
untergebracht sind. An die Ausstattung des **Leichenraums** stellt die
V keine konkreten Anforderungen. Eine würdevolle Gestaltung, die
ggfs. mit Auflagen durchgesetzt werden kann, erscheint unerläßlich.

8   Verstöße gegen die Bestimmungen des § 15 Abs. 1 Nr. 2 oder Nr. 4
sind **Ordnungswidrigkeiten** (§ 32 Nr. 4). Anforderungen können mit
den §§ 12, 15, 16 HeimG durchgesetzt werden.

9   Wegen **Anpassung** sowie **Befreiung** s. Erl. zu §§ 30, 31.

§ 16 Gemeinschaftsräume

(1) Die Einrichtung muß mindestens einen Gemeinschaftsraum
von 20 m² Nutzfläche haben. In Einrichtungen mit mehr als 20
Bewohnern muß eine Nutzfläche von mindestens 1 m² je Bewohner
zur Verfügung stehen.

(2) Bei der Berechnung der Fläche nach Absatz 1 können Speiseräume, in Ausnahmefällen auch andere geeignete Räume und
Flure, insbesondere Wohnflure, angerechnet werden. Treppen, sonstige Verkehrsflächen, Loggien und Balkone werden nicht berücksichtigt.

1   **Begründung** (1. ÄnderungsV) – BR-Drs. 23/83, S. 14

Die Änderung macht deutlich, daß in jedem Falle ein Gemeinschaftsraum von 20 m² Nutzfläche zur Verfügung stehen muß. Bei
Einrichtungen mit mehr als 20 Personen muß auf jeden Bewohner
eine Nutzfläche von 1 m² entfallen. Neben Speiseräumen können
auch andere geeignete Räume künftig als Gemeinschaftsräume angerechnet werden. Eine Verteilung der Nutzflächen auf mehrere Räume
ist zulässig, sofern dadurch der Zweck eines Gemeinschaftsraumes
gewährleistet bleibt.

2   Geeignete und einladende Gemeinschaftsräume fördern die **sozialen
Kontakte** unter den Heimbewohnern und wirken ihrer **Vereinsa-
mung** im Heim entgegen. Diese Absicht begründete der RegE 1974
BR-Drs. 760/74, Begr. S. 6, so:

"Ausreichende Gemeinschaftsflächen sind unerläßlich, damit eine
Kommunikation der Heimbewohner untereinander, aber auch eine
Verbindung der Heimbewohner mit Außenstehenden, etwa bei
gemeinsamen Veranstaltungen überhaupt möglich ist. Speiseräume
erfüllen vielfach die Voraussetzungen für eine Anrechnung auf die
Gemeinschaftsfläche nicht. Nur wenn nachgewiesen wird, daß sie

regelmäßig zur Gestaltung des gesellschaftlichen und kulturellen Lebens der Heimbewohner benutzt werden, ist eine Anrechnung in angemessenem Umfang zulässig. Nischen und Sitzecken eignen sich gut für die Kommunikation der Heimbewohner, wenn sie entsprechend hergerichtet sind. Solche Nischen und Sitzecken können deshalb auf die Gemeinschaftsfläche angerechnet werden. Ein Gemeinschaftsraum ist für jede Einrichtung unerläßlich."

3   Abs. 2 in der geltenden Fassung hat eindeutig fiskalische Ursprünge. Es sollte Geld eingespart werden, auch bei unverzichtbaren Bedürfnissen der Bewohner. Kommunikation und Gespräche sind für das psychophysische Wohlbefinden der Bewohner unerläßlich. Dazu müssen Räume mit geeigneter, anregender Ausstattung und Umgebung vorhanden sein (s. a. RN 2). Unter Berücksichtigung des § 2 HeimG bestehen Bedenken, ob Abs. 2 der Zweckbestimmung des G gerecht wird. Beachte § 17 S. 2 der VO. Zu entscheiden hat die zuständige Behörde.

4   Ein Verstoß gegen Abs. 1 ist eine **Ordnungswidrigkeit** (§ 32 Nr. 5). Wegen **Befreiung** bzw. **Anpassungsfristen** s. Erl. zu §§ 30, 31.

§ 17 Therapieräume

In jeder Einrichtung muß ein Raum für Bewegungstherapie oder Gymnastik vorhanden sein, wenn nicht geeignete Gymnastik- und Therapieräume in zumutbarer Entfernung außerhalb der Einrichtung von den Heimbewohnern regelmäßig benutzt werden können. Gemeinschaftsräume nach § 16 können dafür verwendet werden.

1   § 17 hebt hervor, daß in Altenheimen und gleichartigen Einrichtungen auch eine aktivierende Betreuung erfolgen soll. Hierzu heißt es in der Begründung zum E 1974, BR-Drs. 760/74, Bgr. S. 6, dem die jetzige Fassung inhaltlich unter Abmilderung der Anforderungen noch entspricht:

"Seit Jahren ist die Bedeutung der verschiedenen Therapien und Gymnastik für die Prophylaxe und die Rehabilitation anerkannt. Auch der Bundestagsausschuß für Jugend, Familie und Gesundheit hielt es deshalb für erforderlich, Mindestanforderungen auch an Therapieräume festzulegen (Bundestags-Drucksache 7/2068 Seite 6). Es ist unerläßlich, daß in jeder Einrichtung mindestens ein Therapieraum vorhanden ist."

2   Voraussetzung für einen Heimbetrieb ist u. a, daß die "gesundheitliche Betreuung" der Bewohner gesichert ist (§§ 6, 11, 12, 15, 16 HeimG). Dazu gehören aktivierende Pflege und Therapie sowie Rehabilitation; so auch die Fraktionen im BT (s. Plenarprotokoll 11/202 v. 15. 2. 1990, S. 15637 C). Angesichts dieser Vorgaben beste-

hen erhebliche Zweifel, ob diese Mindestanforderungen den Bedürfnissen der Bewohner entsprechen können. – Die Entscheidung über Eignung, Ort und Größe der Therapieräume hat die zuständige Behörde (§ 18 HeimG). Wegen der Mitwirkung des Heimbeirats s. § 30 Nr. 6 HeimMitwV.

3 Es muß sich um einen **Raum** handeln, der für Bewegungstherapie und Gymnastik **geeignet** ist. Das Gleichgewichtssystem der Bewohner ist oft gestört. Der Raumbedarf für Bewegungsabläufe ist bei älteren und/oder behinderten Menschen unterschiedlich groß; in jedem Fall größer als bei jüngeren, gesunden Menschen. Das muß bei der Raumgröße berücksichtigt werden. Gefordert ist ein Raum, der für Bewegungstherapie **und** Gymnastik verwendet werden kann; der aber dann auch für beide Betreuungsarten geeignet sein muß (s. a. RN 9).

4 Ob Therapieräume **außerhalb des Heimes** genutzt werden können (S. 1, 2. Halbsatz), hängt nicht nur von der Regelung über die Benutzung (z. B. regelmäßige, günstige Nutzungszeiten) ab, sondern auch vom Gesundheitszustand der Bewohner, ihrer ev. Verkehrsgefährdung auf dem Weg dorthin, der etwaigen vom Heim geregelten und organisierten Transport- oder Fahrtmöglichkeiten usw.

5 Ob **Gemeinschaftsräume** verwendet werden können, hängt entscheidend von ihrer Beschaffenheit ab. Therapie und Gymnastik verlangen u. a. auch einen geeigneten Boden, entsprechende – zugfreie – Belüftung usw. (S. a. RN 2 u. 3).

6 Räume für **andere Therapien**, z. B. Hydro- oder Ergotherapie sind in § 17 nicht gefordert, da ihre Notwendigkeit nicht generell, sondern nur nach den Interessen und Bedürfnissen der jeweiligen Bewohner zu bestimmen ist. Sie können erforderlichenfalls durch Maßnahmen nach den §§ 12, 15, 16 HeimG durchgesetzt werden. Eine Anrechnung solcher Räume auf den Bedarf nach § 17 ist nicht möglich.

7 Verstöße gegen § 17 sind **Ordnungswidrigkeiten** (§ 32 Nr. 6). Durchsetzung der Vorschriften: §§ 12, 15, 16 HeimG.

8 Für die Anwendung der §§ 30, 31 s. die Vorbem. u. Erl. dort.

9 **Literaturhinweise:** Schriftenreihe des BMJFFG: Bd. 121 "Bewegungsrechte elementare Einrichtungen für Altenspiel und -sport im Innen- und Außenbereich von Altenwohnheimen und ähnlichen Einrichtungen"; sowie Band 237: Das Altensportzentrum "Sport für betagte Bürger", Mönchengladbach, mit vielen weiteren Literaturhinw. auch § 17; Rückert / Grothemeyer, Therapieeinrichtungen in der Altenhilfe, Aktuelle Gerontologie, Bd. 11/1981 S. 132 ff.

§ 18 Sanitäre Anlagen

(1) Für jeweils bis zu acht Bewohner muß im gleichen Geschoß mindestens ein Spülabort mit Handwaschbecken vorhanden sein.

(2) Für jeweils bis zu 20 Bewohner muß im gleichen Gebäude mindestens eine Badewanne oder eine Dusche zur Verfügung stehen.

(3) In den Gemeinschaftsbädern oder Pflegeabteilungen sind die Badewannen an den Längsseiten und an einer Stirnseite freistehend aufzustellen.

1   **Begründung** (1. ÄnderungsV), BR-Drs. 23/83, S. 15:

Durch die Einfügung der Worte "bis zu" in Abs. 1 und 3 soll besonders klargestellt werden, daß auch bei weniger als 8 bzw. 20 Bewohnern im gleichen Geschoß mindestens ein Spülabort bzw. im gleichen Gebäude mindestens eine Badewanne oder eine Dusche vorhanden sein muß. Der eingefügte Abs. 3 übernimmt die bisherige Regelung des § 10 Abs. 2 Satz 2. Zumindest für Altenheime mit Pflegeabteilungen und Pflegeheime erscheint die freistehende Anordnung der Badewannen im Hinblick auf die körperliche Verfassung der Bewohner, insbesondere ihre Bedürfnisse durch Verwendung von technischen Hilfsmitteln, Hilfestellung beim Einsteigen zu erhalten, erforderlich.

2   In **Abs. 1 und Abs. 2** wird noch einmal hervorgehoben, daß diese sanitären Anlagen 'mindestens' vorhanden sein müssen. Damit drücken sich Zweifel aus, ob diese Ausstattung für den üblichen Bedarf ausreicht. Dieser ergibt sich u. a. aus der Zusammensetzung der Bewohner, z. B. ihrem durchschnittlichen Alter, ihrem körperlichen und geistigen Zustand, dem zeitweise gesteigerten, gleichzeitigen Bedarf usw. Und er wird beeinflußt u. a. auch von der Erreichbarkeit und Ausstattung der sanitären Anlagen.

3   Bei der **Zahl der Spülaborte** muß u. a. berücksichtigt werden, die Gleichzeitigkeit von Bedürfnissen (z. B. morgens), die Schwierigkeiten, die viele alte Menschen bei der Verrichtung der Notdurft haben uva. Der Mangel an Toiletten darf nicht dazu führen, daß Heimbewohner 'gewindelt' werden. Das wäre weder mit dem GG noch mit dem HeimG vereinbar.

Zur gesundheitlichen Betreuung (§ 6 Abs. 2 Nr. 2 HeimG) gehört auch das **Toilettentraining** zur Vermeidung, Besserung oder Behebung von Inkontinenz. Auch dazu muß die Zahl der benutzbaren Toiletten ausreichen (s. dazu a. § 2 Abs. 1 HeimG).

4   Die **Beschaffenheit** der sanitären Anlagen muß einmal den baurechtlichen Bestimmungen (z. B. DIN 18025) und außerdem den

Bedürfnissen der Bewohner entsprechen (z. B. hinsichtlich der Sitzhöhe von Toiletten, Handgriffen in Toiletten und Bädern usw.).

5 Abs. 3 gilt nur für Gemeinschaftsbäder in Pflegeabteilungen.

6 Bedürfnisse der Bewohner **über die Mindestanforderungen** hinaus können von den zuständigen Behörden gem. §§ 11; 12; 15; 16 HeimG durchgesetzt werden. (S. dazu a. § 3 HeimG RN 12).

7 **Verstöße** gegen die Bestimmungen der Abs. 1 und 2 – nicht jedoch gegen Abs. 3 – sind Ordnungswidrigkeiten (§ 32 Nr. 4).

8 Wegen **Fristen und Befreiungen** s. §§ 30; 31 sowie die Vorbem. und Erl. dazu.

Zweiter Abschnitt

Altenwohnheime und gleichartige Einrichtungen

§ 19 Wohnplätze

(1) Wohnplätze für eine Person müssen mindestens einen Wohnschlafraum mit einer Wohnfläche von 12 m², ferner eine Küche, eine Kochnische oder einen Kochschrank umfassen und über einen Sanitärraum mit Waschtisch mit Kalt- und Warmwasseranschluß und Spülklosett verfügen. Bei Wohnplätzen für zwei Personen muß die Wohnfläche des Wohnschlafraumes oder getrennter Wohn- und Schlafräume mindestens 18 m² betragen.

(2) Für Wohnplätze mit mehr als zwei Personen gilt § 14 Abs. 1 Satz 2 und 3, Abs. 3 S. 2 entsprechend.

(3) Bei der Berechnung der Wohnflächen nach Absatz 1 gilt § 14 Abs. 2 entsprechend.

1.1 **Begründung** zum E 1974 BR-Drs. 760/74, Begr. S. 7.

"Das Verhältnis zwischen den Wohnplätzen für ein und zwei Personen muß dem jeweiligen Bedarf entsprechen. Ein verbindliches Zahlenverhältnis läßt sich wegen der Unterschiedlichkeit der Einrichtungen nicht allgemein festsetzen."

1.2 Aus der **Begründung** (1. ÄnderungsV) – BR-Drs. 23/83, S. 15

Abs. 3 entspricht der Neuregelung in § 14 Abs. 2 bei der Berechnung der Wohnfläche. Zur Begründung des BRats-Beschlusses siehe § 14.

2 Die Vorschrift bestimmt, daß neben der geforderten Wohnfläche (Berechnung RN 4 zu § 14 VO) eine Küche oder eine Kochnische oder ein Kochschrank sowie ein Sanitärraum mit Waschtisch und

Spülklosett zum Wohnplatz gehören. Die dafür erforderlichen Flächen werden auf die Wohnfläche nicht angerechnet; auch dann nicht, wenn sich Kochschrank / Kochnische im Wohnplatz befinden. Anders als im Altenheim genügt eine gemeinsame Kochgelegenheit bzw. eine Gemeinschaftstoilette nicht.

3   Küche und Kochnische sind Begriffe, die im Baurecht (DIN 18022) verwendet werden. Eine **Küche** ist danach ein selbständiger Raum, durch Fenster belichtet und belüftet. In diesem Raum sind alle Ausstattungs- und Einrichtungsteile für die Nahrungszubereitung (Aufbewahrung, Vorbereitung, Kochen, Backen, Spülen) zusammengefaßt. Die Küche kann durch einen Eßplatz (siehe DIN 18011) erweitert sein.

Eine **Kochnische** ist Teil eines größeren Raumes, der durch Fenster belichtet und belüftet ist. Sie entspricht hauswirtschaftlichen Anforderungen nur bedingt. Nach DIN 18022 soll sie deshalb auf Ausnahmen beschränkt sein.

Unter **Kochschrank** ist eine durch eine Tür (oder Türen) verschließbare Kochmöglichkeit zu verstehen; also z. B. auch die üblichen Kleinküchen.

Zugelassen ist jede der 3 Möglichkeiten, unter Fachleuten besteht Einvernehmen darüber, daß Kochen und Schlafen in einem Raum möglichst zu vermeiden ist (vgl. Begründung E 1974). Die V konnte jedoch nur Mindestanforderungen festsetzen.

4   Wohnplätze für 2 Personen müssen mindestens 18 m² Wohnfläche haben (s. a. § 14 Abs. 1), die auf zwei Räume aufgeteilt sein **können**. Das Verhältnis dieser Räume zueinander ist nicht festgesetzt. Bei Wohnplätzen für 2 Personen beträgt die Mindest-Wohnfläche für jeden Bewohner nur 9 m² (s. a. § 14 RN 4).

5   Zu Fristen zur **Angleichung** bzw. **Befreiung** s. §§ 30, 31 sowie Einl. z. HeimG, RN 2.4.

6   Verstöße gegen die Vorschriften von § 19 Abs. 1 oder 2 sind Ordnungswidrigkeiten (§ 32 Nr. 1). Durchsetzbar sind die Vorschriften durch §§ 12, 15, 16 HeimG.

§ 20 Gemeinschaftsräume

(1) § 16 gilt entsprechend mit der Maßgabe, daß je Heimbewohner Gemeinschaftsraum von mindestens 0,75 m² Nutzfläche zur Verfügung stehen muß.

(2) Sind in zumutbarer Entfernung außerhalb der Einrichtung geeignete Räume zur Gestaltung des gesellschaftlichen und kulturellen Lebens vorhanden, die den Bewohnern der Einrichtung regelmäßig zur Verfügung stehen, können sie auf die Gemeinschaftsräume angerechnet werden.

1   **Begründung** (1. ÄnderungsV); BR-Drs. 23/83, S. 15

Die Änderung dient – wie im § 16 – der Klarstellung, daß es sich um Flächen innerhalb eines Gebäudes handeln muß.

2   Auch in einem Altenwohnheim besteht ein Bedürfnis nach einem Raum für gemeinsame Aktionen, z. B. Spiele, Tanz, Musik, Gesprächskreise, Andachten, uva. Initiativen); (s. a. § 16 RN 2).

Ohne geeignete Räume im Haus verkümmern die Aktivitäten, wächst die Gefahr, daß Bewohner vereinsamen. Es bestehen schwere Bedenken, ob diese Mindestanforderungen den Bedürfnissen und Interessen der Bewohner entsprechen.

3   Ein Verstoß gegen Abs. 1 ist eine **Ordnungswidrigkeit** (§ 32 Nr. 5).

4   Zu ev. Befreiung und / oder Anpassungsfrist s. Erl. zu §§ 30, 31.

§ 21 Funktions- und Zubehörräume

In jeder Einrichtung müssen mindestens vorhanden sein:

1. ein Abstellraum für die Sachen der Heimbewohner,

2. besondere Wasch- und Trockenräume zur Benutzung durch die Heimbewohner.

1   Für Mindestbedarf an Funktions- und Zubehörräumen in Altenwohnheimen und gleichartigen Einrichtungen sind Raumgrößen nicht vorgeschrieben. Bei den Mindestanforderungen fehlt ein Raum für vorübergehende Nutzung sowie ein Leichenraum, die für Altenheime (§ 15 Abs. 1 Nr. 3 u. 4) vorgeschrieben sind. Sind sie erforderlich, können sie durch Auflage / Anordnung (§ 12 HeimG) durchgesetzt werden.

2   Die Wasch- und Trockenräume müssen zweckmäßig (z. B. Lüftung, Boden) sein und den Bewohnern zur selbständigen und freien Nutzung zur Verfügung stehen. Sie müssen sachgerecht ausgestattet sein, damit die Bewohner selbst waschen und Wäsche trocknen können. Sie dürfen nicht gleichzeitig anderen Zwecken dienen. Ob die Nutzung dieser Räume und der Waschmaschinen / des Trockenautomaten gesondert zu bezahlen sind, muß im Heimvertrag geregelt werden. Sind Gebühren zu zahlen, dürfen auch sie nicht in einem Mißverhältnis zur Leistung stehen.

3   Ein **Mitwirkungsrecht des Heimbeirats** ergibt sich aus §§ 30, 31 HeimMitwV.

4   Ein Verstoß gegen § 21 ist eine **Ordnungswidrigkeit** (§ 32 Nr. 4). S. auch §§ 12, 15, 16 HeimG.

5   Eine Befreiung (§ 31) bzw. eine Frist zur Anpassung (§ 30) sind, wenn sie den Interessen und Bedürfnissen der Bewohner nicht widersprechen, zulässig.

§ 22 Sanitäre Anlagen

Für jeweils bis zu 20 Bewohner muß im gleichen Gebäude mindestens eine Badewanne oder eine Dusche zur Verfügung stehen.

1   **Begründung** (1. ÄnderungsV)

Die Neufassung macht insbesondere deutlich, daß auch in Einrichtungen mit weniger als 20 Bewohnern die aufgeführten sanitären Anlagen zur Verfügung stehen müssen.

2   Die Wohnplätze (§ 19) müssen nicht über eine Badewanne oder eine Dusche verfügen. Deshalb ist die Festsetzung von Mindestanforderungen dafür erforderlich. Badewannen und Duschen müssen den Anforderungen des § 10 entsprechen (siehe dort, s. auch § 18 RN 2).

3   Ein Verstoß gegen § 22 ist eine **Ordnungswidrigkeit** (§ 32 Nr. 4).

4   Zu §§ 30, 31 s. dort Erl. u. Vorbem.

Dritter Abschnitt

**Pflegeheime für Volljährige
und gleichartige Einrichtungen**

Vorbemerkung

Der Dritte Abschnitt gilt für alle Pflegeheime für Volljährige und nicht nur für Altenpflegeheime. Sind die Pflegebedürftigen zugleich Behinderte, ist auch der Dritte Teil (§ 29) zu beachten.

§ 23 Pflegeplätze

(1) Pflegeplätze müssen mindestens einen Wohnschlafraum mit einer Wohnfläche von 12 m^2 für einen Bewohner, 18 m^2 für zwei, 24 m^2 für drei und 30 m^2 für vier Bewohner umfassen. Wohnschlafräume für mehr als vier Bewohner sind nicht zulässig.

(2) Bei der Berechnung der Wohnflächen nach Absatz 1 gilt § 14 Abs. 2 entsprechend.

1   **Begründung** (1. ÄnderungsV), BR-Drs. 23/83, S. 15

Wie in § 14 und § 19 gilt auch hier bei der Berechnung der Wohnfläche die Zweite Berechnungsverordnung entsprechend.

2   Die Vorschrift bestimmt die **Mindestwohnfläche in Pflegeheimen.** Sie liegt unterhalb der Anforderungen, die zuvor für gewerbliche Heime nach den Heimverordnung der Länder galten. (S. dazu Einl. zur V RN 3). Sie wurden nach fiskalischen Gesichtspunkten bestimmt

und nicht nach den Bedürfnissen und Interessen der pflegebedürftigen Bewohner (s. RN 4 zu § 1 u. Einleitung).

3 Der Begriff "Wohnschlafraum" drückt aus, daß die Räume – neben
der Funktion für das Pflegen – auch ein Mindestmaß an "Wohnen"
ermöglichen müssen.

4 Berechnung der Wohnfläche s. RN 1. In Wohnschlafräumen für vier
Personen stehen dafür je Bewohner nur insgesamt 7,5 m² Mindestwohnfläche zur Verfügung.

5 Wohnschlafräume für drei und vier Bewohner bedürfen in Pflegeheimen keiner besonderen Erlaubnis. (Gegensatz zu §§ 14 Abs. 1; 19
Abs. 2).

6 **Wohnschlafräume für mehr als 4 Personen** sind nicht zulässig
(Abs. 1 S. 2). Das ist eine zwingende Vorschrift. Andererseits ist eine
Anpassungsfrist und / oder eine Befreiung (§§ 30, 31) für alle Mindestanforderungen der §§ 2 bis 29 grundsätzlich möglich. Für die
alten Länder erscheint eine Anwendung dieser Bestimmungen immer
unzulässig. In den neuen Ländern wird die Einräumung **kurzer**
Anpassungsfristen u. U. vertretbar sein, wenn dadurch die Heimplätze erhalten und durch Auflagen die zügige Verbesserung gesichert ist.
Auch unter den Verhältnissen in den neuen Ländern (s. dazu Einl.
zum HeimG RN 2.4 u. RN 3.1) erscheint eine Befreiung von der Vorschrift des Abs. 1 S. 2 unzulässig. Bei den Gegebenheiten in Deutschland ist keine Situation vorstellbar, in der Pflegeplätze für mehr als
vier Bewohner mit deren Interessen und Bedürfnissen vereinbar ist
(S. dazu Art. 1 GG sowie Einl. und Erl. zu **§§ 30, 31**).

7 Verstöße gegen § 23 Abs. 1 sind **Ordnungswidrigkeiten** (§ 32 Nr. 1);
s. dort.

§ 24 Funktions- und Zubehörräume

(1) Funktions- und Zubehörräume müssen in ausreichender Zahl
vorhanden und den Besonderheiten der Pflegebedürftigkeit angepaßt sein.

(2) § 15 Abs. 1 Nr. 2 bis 4, Abs. 2 in Verbindung mit Abs. 1 Nr. 3
gilt entsprechend. Außerdem müssen Schmutzräume und Fäkalienspülen in erforderlicher Zahl vorhanden sein.

1 **Begründung** (1. ÄnderungsV) BR-Drs. 23/83, S. 16.

In Abs. 2 wird künftig auf eine Kochgelegenheit für Bewohner in
Pflegeheimen verzichtet, da davon ausgegangen werden kann, daß
Pflegebedürftige in aller Regel eine eigene Kochgelegenheit nicht
nutzen. Im Gegensatz zu der bisherigen Regelung ist es nicht mehr
erforderlich, daß sich Fäkalienspülen in Schmutzräumen befinden
müssen. Die Zahl der Schmutzräume und Fäkalienspülen ergibt sich
aus dem vorhandenen Bedarf im Einzelfall. Bei Einrichtungen mit

mehreren Gebäuden wird künftig auf einen Abstellraum in jedem Gebäude zugunsten eines zentralen Abstellraumes verzichtet.

2 Als Zubehör- und Funktionsräume müssen mindestens vorhanden sein:

a) in jedem Gebäude mit Heimbewohnern

– in Einrichtungen mit Mehrbettzimmern ein Einzelzimmer im Sinne des § 14 zur vorübergehenden Nutzung durch Bewohner

b) in jeder Einrichtung

– ein Abstellraum für die Sachen der Bewohner

– ein Leichenraum, wenn nicht eine kurzfristige Überführung der Leiche sichergestellt ist;

– außerdem Schmutzräume und Fäkalienspülen in erforderlicher Zahl.

Ob das als Mindeststandard ausreicht, haben die zuständigen Behörden im Einzelfall von Amtswegen zu prüfen und unter Umständen durch Maßnahmen nach § 12 HeimG Verhältnisse herzustellen, die dem Gesetzeszweck voll entsprechen. So wird z. B. die Ansicht vertreten, daß i. d. R. in jedem Gebäude ein Schmutzraum vorhanden sein muß.

3 **Pflegebedürftigkeit** ist nicht Bettlägerigkeit (s. a. § 7 RN 3). Über die Hälfte der Pflegebedürftigen bewegt sich derzeit noch über das eigene Zimmer hinaus. Es kann nicht bezweifelt werden, daß mindestens einige den Wunsch haben, sich Getränke oder Speisen selbst zu bereiten oder durch Angehörige / Besucher bereiten zu lassen. Diese Interessen und Bedürfnisse, die durch § 2 Abs. 1 Nr. 1 HeimG besonders betont werden, erfordern auch in vielen Pflegeheimen für Volljährige Kochgelegenheiten. Das hat die zuständige Behörde (§ 18 HeimG) zu prüfen und ggfs. durchzusetzen. Zur Mitwirkung des Heimbeirates / Heimfürsprechers s. §§ 30, 31 HeimMitwV.

4 Für Zahl und Standort der Schmutzräume sowie der Fäkalienspülen sind nicht nur Arbeitsanfall, Wegstrecken und Geruchsbelästigung Entscheidungskriterien; zu beachten sind auch die arbeitsrechtlichen Bestimmungen.

5 Es liegt im Interesse der Bewohner, daß sie (u.a . auch Rollstuhlbenutzer) die Abstellräume selbständig und ohne besondere Schwierigkeiten erreichen können.

6 Verstöße gegen § 24 Abs. 1 sind Ordnungswidrigkeiten (§ 32 Nr.4).

Die Mindestanforderungen sind den Besonderheiten der Pflegebedürftigkeit angepaßt, Möglichkeiten zur Befreiung werden nicht und zur Angleichung nur kurzfristig gesehen (s. §§ 30, 31).

§ 25 Gemeinschaftsräume

§ 20 Abs. 1 gilt entsprechend. Die Nutzflächen müssen jedoch so angelegt sein, daß auch Bettlägerige an Veranstaltungen und Zusammenkünften teilnehmen können.

1   Die Vorschrift fordert auch für die Pflegeheime für Volljährige und gleichartige Einrichtungen einen Gemeinschaftsraum von mindestens 20 m² (§§ 20 i. Verb. mit § 16). Er muß so angelegt sein, daß auch die Bewohner, die wegen ihres Gesundheitszustandes dauernd oder z. Zt. im Bett liegen müssen, an Veranstaltungen und Zusammenkünften, Andachten usw. teilnehmen können. Das erfordert (§§ 3 Abs. 2; 9 Abs. 2) eine entsprechende Verkehrsfläche und Zugänge zu dem / den Gemeinschaftsräumen. Damit unterstreicht die VO, daß auch in Pflegeheimen eine Verwahrungspflege nicht ausreicht, um die Interessen und Bedürfnisse der Bewohner zu wahren (s. a. § 26 RN 1). Ob Speiseräume und / oder andere Flächen (§§ 16, 20) so angelegt sind, daß Bettlägerige an Veranstaltungen teilnehmen – nicht nur anwesend sein – können, muß die zuständige Behörde im Einzelfall entscheiden.

4   Die analoge Anwendung von § 20 Abs. 2 ist nicht erlaubt.

5   Verstöße gegen § 25 S. 1 sind Ordnungswidrigkeiten (§ 32 Nr. 5). Die Durchsetzung der Vorschrift ermöglichen die §§ 12, 15, 16 HeimG.

6   Hinsichtlich **Angleichungsfristen** und Befreiungen §§ 31, 31 s. dort.

§ 26 Therapieräume

§ 17 gilt entsprechend.

1   Grundsatz ist, daß auch für Pflegeheime mindestens ein Therapieraum vorhanden sein muß. Auch der Pflegebedürftige hat einen Anspruch darauf, durch aktivierende und / oder rehabilitative Maßnahmen seine verbliebenen Fähigkeiten möglichst zu erhalten und verlorene Fähigkeiten nach Möglichkeit wieder zurückzugewinnen. Die Größe des Raumes muß den besonderen Bedürfnissen der pflegebedürftigen Bewohner entsprechen. Es kann deshalb erforderlich sein, ihn für die Bewegungstherapie besonders auszustatten, beispielsweise mit Geräten; (s. a. § 25 RN 4). Das Vorhandensein eines Therapieraumes schließt die Notwendigkeit nicht aus, gegebenenfalls die Bewegungstherapie für einen Heimbewohner im Bett durchzuführen, was u. U. den Bedarf an Wohnfläche beeinflußt.

2   Eine entsprechende Anwendung des § 17 setzt voraus, daß die besonderen Bedürfnisse der Bewohner in jedem Heim gesondert berücksichtigt werden. Die zuständige Behörde entscheidet den Bedarf an Therapieräumen nach den besonderen Bedürfnissen der Bewohner eines Heimes im Einzelfall (z. B. durch Auflagen / Anordnungen gem.

§ 12 HeimG). Sie wird u. U. berücksichtigen, daß nach SGB V § 43 auch an Heimbewohner ergänzende Leistungen zur Rehabilitation geleistet werden können.

3   Eindeutige wissenschaftliche Erkenntnisse über Raumgröße, Zuschnitt, Belichtung, Belüftung usw. der Gymnastik- und Therapieräume für alte Menschen sowie pflegebedürftige oder behinderte Volljährige liegen bisher nicht vor. Aus den empfohlenen gymnastischen Übungen für alte Menschen – wie z. B. in den Schriften "Sport und Spiel für Ältere" Hrsg. Deutscher Sportbund, Otto-Fleck-Schneise 12, 6000 Frankfurt / Main in Zusammenarbeit mit dem Bundesministerium für Jugend, Familie und Gesundheit oder "Turnen und Sport für Ältere" (Hrsg. Landessportbund Rheinland-Pfalz, Postfach 249, 5400 Koblenz) – lassen sich jedoch Anhaltspunkte für die Beurteilung dieser Fragen gewinnen. S. a. zum **Schrifttum** RN 8 zu § 17.

4   Verstöße gegen § 26 sind Ordnungswidrigkeiten (§ 32 Nr. 6).

5   Hinsichtlich der §§ 30, 31, s. dort.

§ 27 Sanitäre Anlagen

(1) Für jeweils bis zu vier Bewohner müssen in unmittelbarer Nähe des Wohnschlafraumes ein Waschtisch mit Kalt- und Warmwasseranschluß und für jeweils bis zu acht Bewohner ein Spülabort vorhanden sein.

(2) Für jeweils bis zu 20 Bewohner müssen im gleichen Gebäude mindestens eine Badewanne und eine Dusche zur Verfügung stehen.

(3) Ist dauernd bettlägerigen Bewohnern die Benutzung sanitärer Anlagen nur in der Geschoßebene ihres Wohnschlafraumes möglich, so muß die nach Absatz 2 geforderte Anzahl an Badewannen und Duschen in dem jeweiligen Geschoß vorgehalten werden.

(4) § 18 Abs. 3 gilt entsprechend.

1   Aus der **Begründung** (1. ÄnderungsV) BR-Drs. 23/83, S. 16

Die Modifizierung in Abs. 3 erscheint zur Sicherung einer ausreichenden Reinigung und Körperpflege aller bettlägerigen Bewohner geboten.

Wegen der Begründung des BR-Beschlusses siehe Nr. 12 zu § 14.

2   Zu Abs. 1: Zum **Begriff "sanitäre Anlagen"** s. § 10. In Pflegeheimen für Volljährige und gleichartigen Einrichtungen verlangen die Mindestanforderungen keinen besonderen Sanitärraum beim Wohnschlafraum. Auch muß der Waschtisch nicht im Wohnschlafraum sein. Es genügt, wenn Waschtisch und Spülabort in unmittelbarer Nähe des Wohnschlafraumes vorhanden sind. Das muß keine ungünstige Situation für die Bewohner bedeuten. In zahlreichen Pflegehei-

men befinden sich Sanitärräume mit Waschbecken und Dusche / Bad, auch zwischen 2 Wohnschlafräumen. Dadurch können Pflegebedürftige aus beiden Zimmern im Sanitärraum direkt und umfassend versorgt werden. Ob auch andere Formen der Versorgung (z. B. zentrale Anlagen) in **"unmittelbarer Nähe"** der Wohnschlafräume sind, kann nur im Einzelfall entschieden werden (s. dazu § 18 RN 2-4).

3   Abs. 2 verlangt eine Badewanne **und** eine Dusche. Alternative Lösungen (s. §§ 18, 22) entsprechen nicht den Mindestanforderungen (s. auch §§ 31, 30).

4   Die Vorschrift des Abs. 3 gilt nur bei "dauernd bettlägerigen Bewohnern". Wer zwar bettlägerig aber nicht dauernd bettlägerig ist, könnte demnach zum Baden mit dem Aufzug in ein anderes Stockwerk transportiert werden. Ob das oder ähnliches mit der Würde des Menschen und mit dem Schutzzweck des Gesetzes (§ 2 Abs. 1 Nr. 1) vereinbar ist, bedarf der sehr kritischen Prüfung durch die zuständige Behörde (§§ 9, 18 HeimG). Sie muß ggfs. Auflagen / Anordnungen erteilen.

5   Abs. 4 bezieht sich auf Badewannen in Gemeinschaftsbädern.

6   Verstöße gegen § 27 Abs. 1 bis 3 sind Ordnungswidrigkeiten (§ 32 Nr. 4). Die Durchsetzbarkeit der Vorschriften ermöglichen §§ 12, 15, 16 HeimG.

7   Für die Anwendung von §§ 31, 31 s. dort.

Vierter Abschnitt

Einrichtungen mit Mischcharakter

§ 28 Einrichtungen mit Mischcharakter

Sind Teile einer Einrichtung mehreren Einrichtungsarten im Sinne des § 1 Abs. 1 des Heimgesetzes zuzuordnen, so sind auf diese Teile die Anforderungen der Verordnung für die ihnen jeweils entsprechende Einrichtungsart anzuwenden.

1   **Begründung** (1. ÄnderungsV) BR-Drs. 23/83, S. 16

Die Neufassung hebt auf die Heimarten (Altenheim, Altenwohn- und pflegeheim) entsprechend der Verordnungsregel und nicht mehr auf Personengruppen (alte Menschen, Pflegebedürftige oder behinderte Volljährige) ab. Hierbei werden nunmehr auch sanitäre Anlagen erfaßt.

2   Zu den Heimarten s. Vorbemerkung vor § 14 und RN 9 zu § 6 HeimG. Maßgebend ist zunächst die Zielsetzung des Heims für die einzelnen

Teile. Diese wird jedoch bedeutungslos, wenn die tatsächliche Belegung und / oder die Betreuung dem widerspricht. Altenheime werden z. B. sehr häufig wegen des akuten Mangels an Pflegeplätzen zum (überwiegenden) Teil zur Betreuung Pflegebedürftiger genutzt. Entscheidend ist auch für die einzelnen Teile die spezifische Betreuung, und die sich danach ergebenden Anforderungen nach dieser V.

3   Ob Verstöße Ordnungswidrigkeiten sind, ergibt sich aus der Entscheidung, welche Bestimmungen – außer den gemeinsamen Vorschriften – anzuwenden sind.

4   Grundsätzlich ist auch die Anwendung der §§ 30, 31 möglich. Ob das mit den Interessen und Bedürfnissen der Bewohner vereinbart werden kann, muß im Einzelfall entschieden werden.

Dritter Teil
Einrichtungen für behinderte Volljährige

§ 29 Einrichtungen für behinderte Volljährige

(1) In Einrichtungen für behinderte Volljährige sind bei der Anwendung der Verordnung die besonderen Bedürfnisse der Bewohner, die sich insbesondere aus Art und Schwere der Behinderungen ergeben, zu berücksichtigen. Von Anforderungen der Verordnung kann insoweit abgewichen werden.

(2) Als gleichartige Einrichtungen im Sinne des ersten und zweiten Abschnitts des zweiten Teils der Verordnung gelten auch Einrichtungen für behinderte Volljährige.

1.1 Durch die 1. ÄnderungsV wurden die Bestimmungen über "Einrichtungen für behinderte Volljährige" als dritter Teil in die Verordnung eingeordnet. Damit stehen sie gleichrangig neben den Bestimmungen des 2. Teiles der Verordnung. Der Inhalt des § 29 wurde neu gefaßt.

1.2 Aus der **Begründung** (1. ÄnderungsV), BR-Drs. 23/83, S. 16 f.

... Mit der Neufassung soll klargestellt werden, daß die Verordnung direkt auf alle **Behinderteneinrichtungen** im Sinne des § 1 HeimG anwendbar ist. Diese Anwendung erfährt allerdings insofern eine wesentliche Modifizierung als in jedem Einzelfall geprüft werden muß, ob die einzelnen Anforderungen sowohl des ersten wie des zweiten Teils der Verordnung unter Berücksichtigung der besonderen Bedürfnisse der jeweiligen Behinderten in der Einrichtung, insbesondere wegen der Art und Schwere der Behinderung sachgerecht sind. Dies kann dazu führen, daß einzelne Anforderungen entfallen oder durch andere ersetzt oder durch weitere ergänzt werden. Hierdurch wird die in Ansehung der unterschiedlichen Bedarfslage bei den einzelnen Behinderten gebotene Flexibilität unter Wahrung der gleichen Grundausstattung wie für andere Heimbewohner gewährleistet.

In Abs. 2 wird der Begriff **"gleichartige Einrichtungen"** in Ansehung der Behinderteneinrichtungen verdeutlicht. Dadurch sollen Zweifel an der Zuordnung von Behindertenheimen und Behindertenwohnheimen ausgeräumt werden.

2 Mindestanforderungen waren für Einrichtungen für behinderte Volljährige vor der 1. ÄnderungsV konkret nicht festgelegt. In der Begründung zum E 1974, BR-Drs. 760/74, Begr. S. 9, wird dazu u. a. ausgeführt: "Über die räumlichen Anforderungen an Altenheime,

Altenwohnheime und Pflegeheime bestehen langjährige Erfahrungen, aus denen Mindestanforderungen abgeleitet werden konnten. Die Erfahrungen über die räumlichen Anforderungen an Einrichtungen für behinderte Volljährige sind sehr viel geringer. Darüber hinaus muß berücksichtigt werden, daß die Anforderungen an Einrichtungen i. S. des § 1 HeimG für Körperbehinderte nicht in allen Bereichen gleichzusetzen sind mit Anforderungen für Sinnesgeschädigte oder für geistig bzw. psychisch Gestörte; zumal einzelne Einrichtungen Personen mit mehrfacher Behinderung aufnehmen. Zahlreiche Einrichtungen für behinderte Volljährige befinden sich noch in einer Erprobungsphase, manche Arten solcher Einrichtungen sind bisher nur vereinzelt vorhanden. Es erschien deshalb nicht vertretbar, schon jetzt für die Einrichtungen für Behinderte Mindestanforderungen in allen Einzelheiten zu normieren. In der Rechtsverordnung ist deshalb eine generalisierende Fassung gewählt worden. Sie macht auf die besonderen Interessen und Bedürfnisse der Behinderten aufmerksam und erreicht, daß die Ausstattung der Einrichtungen mit Wohnplätzen, Funktions- und Zubehörräumen sowie mit Gemeinschaftsflächen und Therapieräumen unter diesen Gesichtspunkten gesondert geprüft werden muß. Das ist zweifellos eine zusätzliche starke Belastung der zuständigen Behörden. Im Interesse einer sachgerechten Fortentwicklung dieser Einrichtungen ist sie hinzunehmen. Die generalisierende Fassung ist vertretbar, weil für zahlreiche Heimtypen umfangreiches Material zur Beurteilung bereitsteht.

3   Anwendung der Verordnung heißt **grundsätzlich:**

1. bei allen Einrichtungen für Behinderte gelten die gemeinsamen Vorschriften (§§ 2-13)

2. bei Heimen für Behinderte gelten gemäß Abs. 2 zusätzlich die besonderen Anforderungen des ersten Abschnitts des zweiten Teils (§§ 14-18)

3. bei Wohnheimen für Behinderte gelten die Anforderungen des zweiten Abschnitts des zweiten Teils (§§ 19-22).

Die zuständige Behörde muß bei jeder Anforderung **im Einzelfall** prüfen, ob diese den besonderen Bedürfnissen der Bewohner, die sich insbesondere aus Art und Schwere der Behinderung ergeben, gerecht werden. Diese Prüfungspflicht betrifft **alle** Anforderungen; (s. a. Einl. z. V RN 3). Aufgrund einer solchen Prüfung kann von den Anforderungen der VO abgewichen werden, und zwar bei allen Anforderungen. Die zuständige Behörde handelt i. Rahmen ihres Ermessens. Auch für geistig behinderte Volljährige muß z. B. die Nutzung einer Privatsphäre möglich bleiben, und es darf der Aufenthalt nicht nur auf den Schlafraum eingeengt sein.

4   Das HeimG und die VO bestimmen nicht, wer im Sinne dieser Vorschriften ein behinderter Volljähriger ist (s. a. RN 7 zu § 1 HeimG).

Zur näheren Bestimmung wird deshalb auf das BSHG und die Ein-gliederungshilfe V zurückgegriffen, s. a. Gottschick-Giese, Kommentar zum BSHG, 9. Aufl. 1985, Erl. zu §§ 39 ff. und zu VO § 47. Danach sind Behinderte im Sinne der gesetzlichen Bestimmungen vor allem Körperbehinderte, Sinnesgeschädigte sowie geistig oder seelisch Behinderte. Die Eingliederungshilfe-Verordnung zu § 47 BSHG kann sinngemäß angewendet werden.

Körperbehinderte sind danach

1. Personen, deren Bewegungsunfähigkeit durch eine Beeinträchtigung des Stütz- oder Bewegungssystems in erheblichem Umfange eingeschränkt ist,

2. Personen mit erheblichen Spaltbildungen des Gesichtes oder des Rumpfes,

3. Personen, deren körperliche Leistungsvermögen infolge Erkrankung, Schädigung oder Fehlfunktion eines inneren Organes oder der Haut in erheblichem Umfange eingeschränkt ist.

Als **Sinnesgeschädigte** kommen vor allem in Frage

–   Blinde oder stark Sehbehinderte,

–   Personen, die gehörlos sind oder denen eine sprachliche Verständigung über das Gehör nur mit Hörhilfen möglich ist,

–   Personen, die nicht sprechen können, Seelentaube und Hörstumme, Personen mit erheblichen Stimmstörungen sowie Personen, die stark stammeln, stark stottern oder deren Sprache unartikuliert ist.

Geistig wesentlich Behinderte sind Personen, bei denen infolge einer Schwäche ihrer geistigen Kräfte die Fähigkeit zur Eingliederung in die Gesellschaft in erheblichem Umfange beeinträchtigt ist.

Seelisch wesentlich Behinderte sind Personen, bei denen infolge seelischer Störungen die Fähigkeiten zur Eingliederung in die Gesellschaft nicht nur vorübergehend beeinträchtigt ist. Die kann verursacht sein durch

–   körperlich nicht begründete Psychosen,

–   Suchtkrankheiten,

–   seelische Störungen als Folge von Krankheiten oder Verletzungen des Gehirns, Anfallsleiden oder anderen Krankheiten oder körperlichen Beeinträchtigungen,

–   Neurosen und Persönlichkeitsstörungen.

Einzelheiten s. u. a. bei Gottschick-Giese a. a. O. sowie Dahlem-Giese § 29 HeimMindBauV.

5   Die Kriterien / Übergänge zwischen "Pflegeheime für Volljährige" und "Heime für behinderte Volljährige" sind im G nicht definiert. In der Praxis sind sie fließend. Deshalb ist es eine besonders schwierige

und verantwortungsvolle Aufgabe der zuständigen Behörde, die Art des Heimes zu bestimmen und die Anforderungen festzusetzen.

6 § 29 ist unter den **Ordnungswidrigkeiten** im § 32 nicht aufgeführt. Das heißt jedoch nicht, daß Verstöße beim Betrieb eines Heimes für behinderte Volljährige keine Ordnungswidrigkeiten sein können. Es kommt vielmehr darauf an, welche Bestimmungen anzuwenden sind, und ob Verstöße dagegen Ordnungswidrigkeiten sind.

Anordnungen können durch §§ 12, 15, 16 HeimG durchgesetzt werden.

7 Anpassungsfristen müssen entsprechend den besonderen Interessen und Bedürfnissen der meist hilflosen Bewohner festgesetzt werden. Für die Anwendung von § 31 bleibt praktisch kein Raum, weil die zuständige Behörde in der Regel die Anforderungen selbst festsetzt.

Vierter Teil
Fristen und Befreiungen

Vorbemerkung

Durch die 1. ÄnderungsV wurden die §§ 30 und 31 Vierter Teil der Verordnung.

Alle Verordnungen zum HeimG sind unter der Zielsetzung und entsprechend dem Zweck des HeimG anzuwenden (§ 2 HeimG; s. a. HeimsicherungsV). Die Mindestanforderungen nach der HeimMindBauV sind aus fiskalischen Gründen an der "Grenze des den Heimbewohnern Zumutbaren" angesetzt (s. Einl. RN 2 und § 1 RN 4). Bei dieser Grundsituation stellt sich die Frage, ob für die Anwendung der §§ 30, 31 überhaupt noch Raum ist. In vielen Fällen reichen schon die Mindestanforderungen nicht mehr aus, um die Interessen und Bedürfnisse der Bewohner vor Beeinträchtigungen zu schützen (s. dazu Einl. RN 3 und Einl. zum HeimG RN 2.4 u. § 3 HeimG RN 8-12). Deshalb sind darüber hinausgehende Anforderungen nicht ausgeschlossen (s. a. § 3 HeimG RN 8; 9; 12). Die zuständigen Behörden stehen daher bei jedem Antrag zu §§ 30; 31 vor einer äußerst schwierigen und verantwortungsvollen Entscheidung. Auch bei scheinbar unbedeutenden Anpassungsfristen bzw. Befreiungen sind die Auswirkungen für die Bewohner sorgfältig abzuschätzen. So kann z. B. eine auch nur zeitweise Verringerung der Mindestanforderungen für Spülaborte dazu führen, daß Bewohner 'gewindelt' werden müssen, was weder mit deren gesundheitlichen Bedürfnissen noch mit ihrer Menschenwürde vertretbar ist (s. § 18 RN 2 u. 3). Auch wird zu berücksichtigen sein, wieviel Bewohner bei wechselndem Befinden davon betroffen werden. Zur Verweildauer und Struktur der Bewohner s. Einl. zum HeimG RN 10.1 – 10.4.

In den **neuen Ländern** ist der Standard der V in weiten Bereichen und in vielen Einrichtungen nicht erreicht (Einl. zum HeimG RN 2). Den Entscheidungen zu §§ 30; 31 kommt daher dort eine ganz besondere Bedeutung zu; insbesondere auch bei der Einräumung von Anpassungsfristen. Auch in der Bundesrepublik dauerte die Erfüllung der HeimMindBauV rund 10 Jahre. S. Einl. HeimG RN 2.4.

§ 30 Fristen zur Angleichung

(1) Erfüllen Einrichtungen, die bei Inkrafttreten dieser Verordnung im Betrieb, im Bau oder im baureifen Planungsstadium sind, die Mindestanforderungen der §§ 2 bis 29 nicht, so hat die zuständige Behörde zur Angleichung an die einzelnen Anforderungen angemessene Fristen einzuräumen. Die Frist für die Angleichung darf zehn Jahre vom Inkrafttreten der Verordnung an nicht überschreiten. Sie kann bei Vorliegen eines wichtigen Grundes verlängert werden.

(2) Für andere als die in Absatz 1 Satz 1 genannten Einrichtungen kann die zuständige Behörde auf Antrag angemessene Fristen zur Erfüllung einzelner Anforderungen nach dieser Verordnung einräumen. Die Fristen dürfen fünf Jahre vom Zeitpunkt der Anzeige nach § 7 des Heimgesetzes an nicht überschreiten. Sie können in besonders begründeten Ausnahmefällen verlängert werden.

1.1 **Begründung** (1. ÄnderungsV), BR-Drs. 23/83, S. 17 f.

Die Praxis hat gezeigt, daß die bisherige Fristenregelung in Einzelfällen zu eng ist, um den Bedürfnissen aller Beteiligten gerecht zu werden. Auch bei Einrichtungen, die bei Inkrafttreten der Verordnung noch nicht in Betrieb, im Bau oder im baureifen Planungszustand waren, kann es sich bei der Betriebsaufnahme von Einrichtungen unter Verwendung bereits vorhandener Gebäude oder Gebäudeteile als sachgerecht und insbesondere als wirtschaftlich notwendig erweisen, dem Heimträger eine angemessene Frist zur Erfüllung der baulichen Mindestanforderungen einzuräumen. Der **zuständigen Behörde** wird es insoweit überlassen, unter Abwägung aller Umstände des Einzelfalles, vor allem der Interessen und Bedürfnisse der Bewohner, über entsprechende Anträge zu entscheiden. Allerdings soll eine Fristeinräumung **restriktiv** gehandhabt werden, um die Zielsetzung des Heimgesetzes und der Verordnung, nämlich die Wahrung einer bestimmten Mindestausstattung, nicht in Frage zu stellen. Es wird daher eine Begrenzung der Frist auf höchstens fünf Jahre nach der Anzeige gem. § 7 des Heimgesetzes vorgesehen.

1.2 **Begründung** Maßgabe BR; BR-Drs. 23/83 (Beschluß)

Es soll den Heimträgern, wie im Fall des § 30 Abs. 1 auch bei nachträglicher Umwandlung von Einrichtungen anderer Art in Heime der Altenhilfe, die Möglichkeit eingeräumt werden, in begründeten Ausnahmefällen die Angleichung auch nach Ablauf der Fünfjahresfrist vornehmen zu können.

2 **Abs. 1** ist in den alten Ländern praktisch gegenstandslos geworden. Die VO trat am 1. 8. 1978 in Kraft. Dieses Datum gilt für Abs. 1 noch trotz der 1. ÄnderungsV (s. a. Dahlem / Giese, RN 4 zu § 30). Die Entscheidungen sind längst getroffen, so daß nur noch die Möglichkeit besteht, Fristen begründet zu verlängern.

3 Gemäß § 30 Abs. 2 kann die zuständige Behörde für eine oder mehrere Mindestanforderungen der §§ 2 bis 29 Fristen zur Angleichung gewähren. Die Entscheidung liegt im Ermessen der Behörde, das entsprechend dem Zweck der Ermächtigung – also auch § 2 Abs. 1 HeimG – auszuüben ist. Die Gewährung einer generellen Angleichungsfrist für alle Mindestanforderungen ist nicht zulässig. Die jeweilige Angleichungsfrist wird u. a. nach der Dringlichkeit und den Kosten zu bemessen sein. Die Frist kann bei mehreren Mindestanforderungen unterschiedlich sein (s. a. Vorbemerkung).

4   **Voraussetzung** für die Anwendung des § 30 ist, daß eine Angleichung voraussichtlich erreicht wird. Ist das, nach sorgfältiger Prüfung, nicht zu erwarten, wäre u. U. die Voraussetzung nach § 31 zu untersuchen. Zur Beratungspflicht s. § 11 HeimG. Sind §§ 30, 31 nicht anwendbar, muß u. U. gem. §§ 6 Abs. 3 Nr. 4; 15; 16; 23 HeimG verfahren werden.

5   **"Angemessene Frist"** ist ein unbestimmter Rechtsbegriff, der im Streitfall der verwaltungsgerichtlichen Nachprüfung unterliegt. Seine Ausfüllung hat vom Zweck des Schutzgesetzes auszugehen, aber auch den Mangel an Heimplätzen (insbesondere an Pflegeplätzen) sowie die finanziellen Fragen bei der Schaffung und Erhaltung von Heimplätzen mit zu berücksichtigen. Bei der Abwägung müssen die Interessen und Bedürfnisse der Bewohner den Vorrang haben (s. RN 1.1). Diese können auch darin bestehen, weiterhin in dem bisher bewohnten Heim leben zu können. Was angemessen ist, richtet sich u. a.

1.   nach den Interessen und Bedürfnissen der Bewohner an einer raschen Erfüllung der Mindestanforderungen,

2.   nach Art und Umfang der erforderlichen Arbeiten,

3.   nach den erforderlichen Kosten und

4.   nach den technischen und organisatorischen Problemen, die mit der Anpassung verbunden sind.

6   Kurze **Anpassungsfristen**, insbesondere wenn sie mit konkreten Auflagen verbunden werden, können im Interesse der Bewohner liegen, weil dadurch unter Umständen der Heimplatz erhalten wird. Ausschlaggebend sind, obwohl das im Text des § 30 nicht besonders betont wird, die Interessen und Bedürfnisse der Bewohner (s. dazu RN 1.2).

7   Bei der Kostenfrage ist zu berücksichtigen, daß die gewerblichen Träger in den alten Ländern vor Inkrafttreten der HeimMindBauV die Bestimmungen der Heimverordnungen der Länder mit zum Teil sogar höheren Anforderungen zu erfüllen hatten. Im Sinne einer Gleichbehandlung wird von den öffentlich-rechtlichen Trägern und den anerkannten Trägern der Freien Wohlfahrtspflege (§ 10 Abs. 1 BSHG) zu fordern sein, daß sie die Mindestanforderungen erfüllen. Andernfalls würden Bewohner solcher Einrichtungen über viele Jahre auf die Erfüllung des Mindeststandards verzichten müssen.

8   Bei den außerordentlich geringen Anforderungen, die die VO stellt, kann eine Verlängerung der fünfjährigen Frist kaum vertreten werden.

9   **Verfahrensfragen:** Durch Entscheidungen der zuständigen Behörde nach §§ 30 und 31 werden die Interessen der Heimbewohner unmittelbar betroffen, da die Entscheidungen unmittelbar zum Erlöschen ihrer Rechte, in einer Einrichtung zu leben, die den Mindestanforde

rungen entspricht, führen können. Die Heimbewohner bereits in Betrieb genommener Einrichtungen sind deshalb bei Verfahren nach § 30 (oder § 31) **notwendige Beteiligte** i. S. des § 13 Abs. 2 Satz 2 VwVfG (s. a. RN 10 zu § 18 HeimG).

§ 31 Befreiungen

(1) Ist dem Träger einer Einrichtung die Erfüllung der in den §§ 2 bis 29 genannten Anforderungen technisch nicht möglich oder aus wirtschaftlichen Gründen nicht zumutbar, kann die zuständige Behörde auf Antrag ganz oder teilweise Befreiung erteilen, wenn die Befreiung mit den Interessen und Bedürfnissen der Bewohner vereinbar ist.

(2) Der Träger einer Einrichtung ist vom Zeitpunkt der Antragstellung bis zur Entscheidung über den Antrag für die beantragten Tatbestände von der Verpflichtung zur Angleichung vorläufig befreit.

1.1 Aus BR-Drs. 109/77 (Beschluß) v. 4. 11. 1977 . . .Durch die Möglichkeit, Befreiungen auszusprechen, wird auch Fällen Rechnung getragen, in denen die Angleichung an die Mindestanforderungen technisch nicht möglich oder wirtschaftlich (finanziell) nicht zumutbar ist.

1.2 Aus der **Begründung** (1. ÄnderungsV), BR-Drs. 23/83, S. 18:

Um der Praxis eine möglichst flexible und kostenkonforme, zugleich aber auch sachgerechte Anwendung der Verordnung zu ermöglichen, ist der bisherige enge Rahmen der befreiungsfähigen Einrichtungen erweitert worden. Sowohl bestehende als auch neue Einrichtungen, insbesondere bei Umwandlung von Einrichtungen mit bereits vorgegebenem Grundriß und baulicher Ausstattung in Heime, können künftig von den Anforderungen der Verordnung ganz oder teilweise befreit werden. Damit wird für die zuständigen Behörden ein Instrument geschaffen, das im Einzelfall den besonderen Erfordernissen, insbesondere der angespannten Bedarfs- und Kostenlage Rechnung trägt, ohne indessen die Ziele des Heimgesetzes und der Verordnung zu vernachlässigen. Es wird ein Regulativ geschaffen, das der zuständigen Behörde künftig ein höheres Maß an Flexibilität bei der Anwendung der Verordnung erlaubt. Dies gilt vornehmlich dort, wo Einrichtungen nur geringfügig von den Mindestanforderungen abweichen, ohne dabei die Interessen der Heimbewohner zu beeinträchtigen. Die Entscheidung über die Befreiung steht auch hier im pflichtgemäßen Ermessen der zuständigen Behörde. Diese wird dann eine Befreiung versagen , wenn Gebäude oder Gebäudeteile oder deren bauliche Ausstattung erst nach Inkrafttreten der Verordnung zu dem Zweck geschaffen wurden, eine Einrichtung im Sinne des § 1 Absatz 1 des Heimgesetzes zu betreiben. In diesen Fällen konnte sich der

Heimträger bereits vor Einleitung der baulichen Maßnahmen auf die Anforderungen der Verordnung einstellen. Dem Heimträger bleibt jedoch auch hier die Möglichkeit, zumindest die Einräumung einer Anpassungsfrist zu beantragen ...

2   Eine starre Anwendung der Mindestanforderungen (s. RN 4 zu § 1 u. 3 Einl.) **bei Inkrafttreten** der VO hätte zu Ergebnissen geführt, die nicht sachgerecht gewesen wären und auch Interessen der Bewohner hätte beeinträchtigen können. Die 1. ÄnderungsV – durch fiskalische Überlegungen bestimmt – erweitert die Möglichkeiten des § 31. Es bestehen erhebliche Bedenken ob die Fassung des § 31 noch mit dem Zweck des Gesetzes vereinbar ist (s. a. Vorbemerkung).

3   Die Befreiung kann auf Antrag durch die zuständige Behörde (§ 18 HeimG) für jede einzelne Anforderung erteilt werden – also nicht generell, ganz oder teilweise. Sie darf nicht erfolgen, wenn sie nicht mit den Interessen und Bedürfnissen der Bewohner vereinbar ist. Weitere **Voraussetzung** ist, daß die Erfüllung der Anforderung aus technischen Gründen nicht möglich oder aus wirtschaftlichen Gründen nicht zumutbar ist. Wegen der Drittwirkung der Entscheidung s. RN 10 zu § 18 HeimG.

4   Eine technische Unmöglichkeit wird beim Stand der heutigen Technik nur selten gegeben sein. Es wird jedoch keine überzogene Forderung an den Einsatz der Technik zu stellen sein – unter den drei aufgeführten Gesichtspunkten (RN 2 und 3).

5   Eine Entscheidung über eine **Befreiung aus wirtschaftlichen Gründen** setzt voraus, daß der Träger seine finanzielle Lage und die Höhe der Kosten nachweist. Die zuständige Behörde kann diese Nachweise durch Fachinstitute prüfen lassen. Die Kosten dafür sind vom Antragsteller zu zahlen. Auch bei diesen Entscheidungen müssen die Interessen und Bedürfnisse der Bewohner den Vorrang haben, vor dem Bestreben Kosten einzusparen; wobei berücksichtigt wird, daß Umbaukosten u. U. direkt / indirekt in die Tagessätze einfließen.

6   Die Befreiung ist ein VA, der in ganz besonderem Maße die Interessen und Bedürfnisse der Bewohner berührt. Wegen der Drittwirkung und der Beteiligung der Heimbewohner wird u. a. verwiesen auf RN 10 zu § 18 HeimG.

Die Möglichkeit, **Widerrufsvorbehalte** in die Bescheide nach § 31 aufzunehmen, ergibt sich bereits aus § 49, Abs. 2 Nr. 1 VWVfG. Vor dem Inkrafttreten der 1. ÄnderungsV bestand die Verpflichtung, einen Widerrufsvorbehalt aufzunehmen. Diese Verpflichtung besteht nicht mehr. Die Behörde muß nun prüfen, ob sie dies für erforderlich hält. Dabei wird sie u. a. berücksichtigen, daß der Widerruf einer Befreiung zu erheblichen Schwierigkeiten führen kann, wenn ein Widerrufsvorbehalt nicht gemacht wurde. Es können dann unter Umständen Entschädigungsansprüche erwachsen.

Ist die Befreiung eine Amtspflichtverletzung (§ 839 BGB), so kann das zu Schadensersatzansprüchen führen.

7 **Abs. 2:** Der Antrag auf Befreiung löst kraft Gesetzes, also auch ohne behördliche Bestätigung, mit dem Zeitpunkt seines Eingangs bei der Behörde eine vorläufige Befreiung für die Tatbestände aus, die im Antrag konkret bezeichnet sind. Nicht ausreichend ist ein Antrag, in dem allgemein um Befreiung von den Anforderungen der Heim-MindBauV oder ganz allgemein von einzelnen Bestimmungen ersucht wird. Die vorläufige Befreiung gilt bis zur rechtskräftigen Ablehnung und bewirkt z. B. daß die Nichterfüllung einer Mindestanforderung keine Ordnungswidrigkeit ist. Abs. 2 ist im Zusammenhang mit den §§ 6, 15 und 16 HeimG zu sehen. Wegen der zum Teil sehr langen Dauer der Rechtsmittelverfahren ist im Verfahren zu prüfen, ob eine Anordnung (§ 12 HeimG) mit einer sofortigen Vollziehbarkeit geboten ist (§ 80 VwGO).

8 Nicht geregelt ist die Frage der **rechtlichen Unmöglichkeit** (z. B. nach baurechtlichen Vorschriften). Überwiegend wird die Ansicht vertreten, rechtliche Unmöglichkeit sei der technischen Unmöglichkeit gleichzusetzen.

Fünfter Teil
Ordnungswidrigkeiten und
Schlußbestimmungen

§ 32 Ordnungswidrigkeiten

Ordnungswidrig im Sinne des § 17 Abs. 2 Nr. 1 des Heimgesetzes handelt, wer vorsätzlich oder fahrlässig entgegen § 1 eine Einrichtung betreibt, in der

1. die Mindestanforderungen an die Wohnplätze nach § 2, § 14 Abs. 1 oder 3 oder § 19 Abs. 1 oder 2 oder die Mindestanforderungen an die Pflegeplätze nach den §§ 2 oder 23 Abs. 1 nicht erfüllt sind,

2. Rufanlagen nach § 7 oder Fernsprecher nach § 8 nicht vorhanden sind,

3. die Wohn-, Schlaf- oder Sanitärräume entgegen § 9 Abs. 1 im Notfall nicht von außen zugänglich sind,

4. die Funktions- und Zubehörräume oder sanitären Anlagen nach § 15 Abs. 1 Nr. 2 oder 4, § 18 Abs. 1 oder 2, § 21, § 22, § 24 Abs. 1 oder § 27 Abs. 1 bis 3 nicht vorhanden sind,

5. die Gemeinschaftsräume nach § 16 Abs. 1, § 20 Abs. 1 oder § 25 Satz 1 nicht vorhanden sind,

6. die Therapieräume nach § 17 oder § 26 nicht vorhanden sind.

1   Durch die 1. ÄnderungsV wurden die Nummern 1, 3, 4 und 5 geändert. Nr. 4 erhielt seine Fassung durch den Beschluß des Bundesrates vom 29. April 1983. Wesentliche materielle Änderungen sind dadurch nicht eingetreten.

1.1   **Begründung** (1. ÄnderungsV, BR-Drs. 23/83, S. 19)

Die Bußgeldvorschriften sind den Änderungen der Verordnung angepaßt worden. Zugleich sind einige redaktionelle und klarstellende Änderungen gegenüber der bisherigen Fassung vorgenommen worden.

1.2   Begründung des Bundesratsbeschlusses (BRat-Drucks. 23/83 – Beschluß –, S. 4)

Auch die §§ 21 und 22 enthalten Mindestanforderungen für die Bereitstellung von Funktions- und Zubehörräumen bzw. sanitären Anlagen. Verstöße gegen diese Vorschriften bedürfen ebenso einer

Bußgeldsanktion wie Verstöße gegen die in § 32 Nr. 4 genannten parallelen Vorschriften.

2   Nicht jeder vorsätzliche oder fahrlässige Verstoß gegen eine Mindestanforderung nach dieser V ist eine Ordnungswidrigkeit. Das trifft vielmehr nur auf Verstöße gem. § 32 zu (d. s. die §§ 2, 7, 8, 9 Abs. 1, 14 Abs. 1 oder 3, 15 Abs. 1 Nr. 2 oder 4, 16 Abs. 1, 17, 18 Abs. 1 oder 2, 19 Abs. 1 oder 2, 20 Abs. 1, 21, 22, 23 Abs. 1, 24 Abs. 1, 25 Satz 1, 26, 27 Abs. 1 bis 3).

3   Die im § 32 genannten Vorschriften sind so konkret gefaßt, daß Verstöße gegen sie mit einem Bußgeld bedroht werden konnten. Andere Vorschriften in der VO sind nicht so konkret gefaßt, weshalb eine Bußgelddrohung nicht erfolgen konnte. Das heißt aber nicht, daß Verstöße gegen diese Vorschriften weniger schwerwiegend (z. B. hinsichtlich der Zuverlässigkeit) zu beurteilen sind.

4   Die Nichterfüllung von Vorschriften dieser V ist keine Ordnungswidrigkeit, solange über den Antrag auf Befreiung (§ 31 Abs. 2) nicht rechtskräftig entschieden ist (s. RN 8 zu § 31).

5   Die in § 32 genannten Ordnungswidrigkeiten (s. dazu a. RN 4 zu § 17 HeimG) können gem. § 17 Abs. 2 und 3 HeimG mit einer Geldbuße bis 5000,- DM geahndet werden.

§ 33 Nichtanwendung von Vorschriften

Mit Inkrafttreten der Verordnung sind folgende Vorschriften, soweit sie Vorschriften über Mindestanforderungen für die Räume, Verkehrsflächen und sanitäre Anlagen enthalten, auf die Einrichtungen nach § 1 nicht mehr anzuwenden:

1. die Verordnung des Wirtschaftsministeriums des Landes Baden-Württemberg über den gewerbsmäßigen Betrieb von Altenheimen, Altenwohnheimen und Pflegeheimen (Heimverordnung – HeimVO –9 vom 25. Februar 1970 (Gesetzblatt für Baden-Württemberg, S. 98),

2. die Verordnung des Bayerischen Staatsministeriums für Wirtschaft und Verkehr über den gewerbsmäßigen Betrieb von Altenheimen, Altenwohnheimen und Pflegeheimen (Heimverordnung – HeimVO –) vom 23. August 1968 (Bayerisches Gesetz- und Verordnungsblatt, S. 319),

3. die Verordnung des Senats von Berlin über Mindestanforderungen und Überwachungsmaßnahmen gegenüber gewerblichen Altenheimen, Altenwohnheimen und Pflegeheimen für Volljährige vom 3. Oktober 1967 (Gesetz- und Verordnungsblatt für Berlin, S. 1457),

4. die Verordnung des Senators für Wirtschaft und Außenhandel der Freien Hansestadt Bremen über den gewerbsmäßigen Betrieb von Altenheimen, Altenwohnheimen und Pflegeheimen (Heimverordnung – HeimVO – vom 30. April 1968 (Gesetzblatt der Freien Hansestadt Bremen, S. 95),

5. die Verordnung des Senats der Freien und Hansestadt Hamburg über den gewerbsmäßigen Betrieb von Altenheimen, Altenwohnheimen und Pflegeheimen (Heimverordnung) vom 29. Oktober 1968 (Hamburgisches Gesetz- und Verordnungsblatt, S. 248),

6. die Verordnung des Hessischen Ministers für Arbeit, Volkswohlfahrt und Gesundheitswesen über den gewerbsmäßigen Betrieb von Altenheimen, Altenwohnheimen und Pflegeheimen (Heimverordnung – HeimVO –) vom 7. Oktober 1969 (Gesetz- und Verordnungsblatt I für das Land Hessen, S. 195).

7. die Verordnung des Niedersächsischen Ministers für Wirtschaft und Verkehr über den gewerbsmäßigen Betrieb von Altenheimen, Altenwohnheimen und Pflegeheimen (Heimverordnung – HeimVO –) vom 3. Oktober 1968 (Niedersächsisches Gesetz- und Verordnungsblatt, S. 129),

8. die Verordnung des Landes Nordrhein-Westfalen über den gewerbsmäßigen Betrieb von Altenheimen, Altenwohnheimen und Pflegeheimen (Heimverordnung – HeimVO –) vom 25. Februar 1969 (Gesetz- und Verordnungsblatt des Landes Nordrhein-Westfalen, S. 142),

9. die Verordnung des Landes Rheinland-Pfalz über den gewerbsmäßigen Betrieb von Altenheimen, Altenwohnheimen und Pflegeheimen (Heimverordnung – HeimVO –) vom 25. Juli 1969 (Gesetz- und Verordnungsblatt für das Land Rheinland-Pfalz, S. 150),

10. die Verordnung des Landes Saarland über den gewerbsmäßigen Betrieb von Altenheimen, Altenwohnheimen und Pflegeheimen (Heimverordnung – HeimVO –) vom 1. April 1969 (Amtsblatt des Saarlandes, S. 197) und

11. die Verordnung des Ministers für Wirtschaft und Verkehr des Landes Schleswig-Holstein über den gewerbsmäßigen Betrieb von Altenheimen, Altenwohnheimen und Pflegeheimen (Heimverordnung – HeimVO –) vom 22. April 1969 (Gesetz- und Verordnungsblatt für Schleswig-Holstein, S. 89).

1 **Begründung** (1. ÄnderungsV)

Durch die volle Einbeziehung der Einrichtungen für Behinderte in die Verordnungsregelung entfällt die Voraussetzung für eine weitere Anwendung der nachfolgend aufgeführten landesrechtlichen Bestimmungen.

2 Nach § 22 HeimG gelten die Heimverordnungen der Länder bis zur Aufhebung durch Rechtsverordnungen nach den §§ 3 und 8 HeimG fort. Durch die HeimMindBauV konnten sie nur aufgehoben werden, soweit sie die in der Verordnung geregelten Tatbestände betreffen. Sie gelten in anderen Bereichen, wie z. B. der Buchführung, der Inseratssammlung, der Aufbewahrung der Geschäftsunterlagen u. a. weiter.

§ 34 Berlin-Klausel

Diese Verordnung gilt nach § 14 des Dritten Überleitungsgesetzes in Verbindung mit § 24 des Heimgesetzes auch im Land Berlin.

§ 35 Inkrafttreten

(HeimMindBauV i. d. F. vom 27. Januar 1978)

Diese Verordnung tritt am ersten Tage des auf die Verkündigung folgenden sechsten Kalendermonats in Kraft.

Anmerkung: Die HeimMindBauV ist am 1. 8. 1978, die 1. ÄnderungsV am 11. 5. 1983 in Kraft getreten. Im Bereich der neuen Länder gilt sie ab dem 3. Oktober 1990 (siehe hierzu Einleitung zum HeimG RN 2 u. RN 3.1).

Heimmitwirkungs-verordnung (HeimmitwV)

Bekanntmachung der Neufassung der Heimmitwirkungsverordnung

Vom 16. Juli 1992 (BGBl. I S. 1340)

Auf Grund des Artikels 2 der Ersten Verordnung zur Änderung der Verordnung über die Mitwirkung der Bewohner von Altenheimen, Altenwohnheimen und Pflegeheimen für Volljährige in Angelegenheiten des Heimbetriebes vom 16. Juli 1992 (BGBl. I S. 1337) wird nachstehend der Wortlaut der Heimmitwirkungsverordnung in der ab 23. Juli 1992 geltenden Fassung bekanntgemacht. Die Neufassung berücksichtigt:

1. die am 1. August 1976 in Kraft getretene Verordnung über die Mitwirkung der Bewohner von Altenheimen, Altenwohnheimen und Pflegeheimen für Volljährige in Angelegenheiten des Heimbetriebes vom 19. Juli 1976 (BGBl. I S. 1819),

2. die am 23. Juli 1992 in Kraft tretende eingangs genannte Verordnung.

Die Rechtsvorschriften wurden erlassen auf Grund

zu 1. des § 5 des Heimgesetzes vom 7. August 1974 (BGBl. I S. 1873),

zu 2. des § 5 Abs. 3 des Heimgesetzes in der Fassung der Bekanntmachung vom 23. April 1990 (BGBl. I S. 763).

Bonn, den 16. Juli 1992

Die Bundesministerin
für Familie und Senioren

**Verordnung über die Mitwirkung der Heimbewohner in
Angelegenheiten des Heimbetriebes
(Heimmitwirkungsverordnung – HeimmitwV)**

Inhaltsübersicht

Einleitung

1 Zur Entstehung

Die Bestimmungen über die Mitwirkung gehen auf Initiativen des BTA von 1972 zurück (dazu § 5 HeimG RN 1-2.5). Schon in der 1. Beratung des HeimG am 23.2.1973 wurde diskutiert, ob ein "ehrenamtlicher Fürsprecher" bestellt werden sollte für solche Heime, in denen keine Mitwirkung über Heimbeiräte möglich ist (Plenarprotokoll, S. 848 A bzw. D). Die Beratungen spiegeln die Widerstände gegen die Mitwirkung und die Ablehnung jeglicher "außenstehender Personen" wider. Die HeimMitwirkungsV vom 19. 7. 1976 (BGBl. I S. 1819) trat am 3. 10. 1990 in den *neuen Bundesländern* in Kraft (Einigungsvertrag v. 23. 9. 1990). Es gilt derzeit die Neufassung gemäß der Bekanntmachung vom 16. 7. 1992 (BGBl. I S. 1340).

2 Aus den Materialien

2.1 Begründung zur Fassung v. 25. 5. 1976, Allgemeiner Teil, BR-Drs. 350/76, S. 16

(2)... Die Normierung des Mitwirkungsrechtes für Heimbewohner bedeutet das Beschreiten von Neuland und in manchen Fällen den **Eingriff in Strukturen,** die sich seit vielen Jahren entwickelt haben. Die Veränderung des sozialpolitischen Umfeldes in den letzten Jahren zu einer stärkeren **Demokratisierung** unseres Lebensstiles und der ihm dienenden Institutionen hin konnte indessen nicht an jenen Gruppen der Gesellschaft vorbeigehen, die aus den verschiedensten Gründen nicht im Blickfeld täglichen Geschehensablaufes stehen. Die inhaltliche Ausgestaltung der Verordnung wird daher nicht allein vor dem Ziel einer besseren Sicherung und Betreuung der Heimbewohner, sondern zugleich auch von dem Gedanken bestimmt, Anreize zu mehr eigenen Initiativen bei der Lebensführung in Altenheimen, Altenwohnheimen, Pflegeheimen und gleichartigen Einrichtungen zu geben. Damit gestaltet sich die Verordnung als ein Versuch, in einem ausgewogenen Verhältnis die Interessen des Trägers mit dem Erfordernis einer technisch-organisatorischen Effizienz einerseits und dem Wunsch der Bewohner auf stärkeren Schutz sowie ihr Bedürfnis nach möglichst **autonomer Lebensführung** andererseits zu berücksichtigen.

(3) Auch die Verordnung bringt keine abschließende Regelung über die Mitwirkung der Heimbewohner. Die Vielgestaltigkeit und unterschiedliche Strukturierung der erfaßten Einrichtungen, insbesondere hinsichtlich ihrer Größe, ihrer Bewohnerschaft und der Interessenlage ihrer Träger lassen dies nicht zu. In engem Zusammenhang damit steht das bei der Konzipierung der Verordnung verfolgte Prinzip, nur soviel zu regeln, wie zur Sicherung des Gesetzeszieles erforderlich ist. Daher bleibt Trägern, Heimleitern und Bewohnern der Einrichtung die Möglichkeit, im **Wege der Auslegung** der Verordnungsre-

gelung und der Ausfüllung gesetzesfreien Raumes den besonderen Gegebenheiten der einzelnen Einrichtung Rechnung zu tragen. Dies gilt vor allem für das Wahlverfahren...

(5) Die Verordnung erfaßt alle Bewohner von Einrichtungen, die in der Regel mindestens 6 Personen aufnehmen. Sie erfaßt auch jene Bewohner, denen infolge geistiger Behinderung ein Wahlrecht nach allgemeinen Grundsätzen nicht zusteht. Die **Einbeziehung von geschäftsunfähigen Personen** wird nicht immer uneingeschränkte Zustimmung finden, vor allem dann nicht, wenn die Frage der Mitwirkung allein unter formalrechtlichen Gesichtspunkten beurteilt wird. Damit würde jedoch übersehen, daß die in Betracht kommenden Mitwirkungsfälle interne, die Persönlichkeitssphäre der Bewohner betreffende Angelegenheiten berühren, die zu ihrer Wahrnehmung **Geschäftsfähigkeit** voraussetzende Handlungen nicht erfordern. Es wäre der Atmosphäre in einer Einrichtung auch nicht dienlich, wollte man bei der Durchführung der Heimbeiratswahlen eine dann unumgängliche Klassifizierung der Bewohner nach ihrer geistigen Qualifikation im Zeitpunkt der jeweiligen, regelmäßig wiederkehrenden Wahltermine vornehmen. Dies brächte nicht nur die Gefahr der Diskriminierung einzelner Bewohner mit sich, sondern löste darüber hinaus komplizierte, zeitraubende Prüfungsverfahren aus, die nicht zuletzt auch zusätzliche finanzielle Aufwendungen bei der Wahlvorbereitung erforderlich machten. Im übrigen ließe die Ausklammerung geistig Behinderter zugleich die Frage nach einem geschäftsfähigen Vertreter stellen, der die Mitwirkungsrechte des betroffenen Bewohners wahrnimmt. Eine Einschaltung Dritter, insbesondere **außenstehender Personen** hat das Heimgesetz indessen nicht vorgesehen. Es ließe sich auch nicht mit dem vergleichbare Mitwirkungsregelungen beherrschenden Prinzip vereinbaren, daß dritte Personen von außen Einfluß auf interne, sie persönlich nicht berührende Angelegenheiten in einer Einrichtung ausübten.

2.2   Aus dem **Erfahrungsbericht** der BReg über die Auswirkungen der Mitwirkungsregelung des § 5 HeimG v. 19. 12. 1978 (BT-Drs. 8/2429).

(Er wurde nach nur etwa einjähriger Erfahrungszeit erstattet, hat daher nur vorläufige Aussagefähigkeit, gibt aber Tendenzen wieder). Zum Verständnis der BReg über die **Grundprinzipien der Mitwirkung:**...

–   Die Mitwirkung der Heimbewohner darf nicht zu einer Konfrontation mit dem Träger der Einrichtung führen, soll nicht der Bestand der Einrichtung – vor allem im privaten Bereich – gefährdet werden. Daher wird die Verordnung von dem Bemühen getragen, in einem **ausgewogenen Verhältnis** die Wünsche der Träger nach Wahrung ihrer Selbständigkeit und organisatorischer Effizienz einerseits und dem Verlangen der Bewohner nach mehr Schutz ihrer Interessen im Heimbetrieb andererseits zu berücksichtigen. Dem Streben nach Kooperation zwischen Bewohnern, Leiter und Träger der Einrichtung kommt eine zentrale Bedeutung zu.

– Die Eröffnung von Mitwirkungsmöglichkeiten der Bewohner entbindet den Träger nicht von seinen Verpflichtungen aufgrund sonstiger gesetzlicher Regelungen oder der in jedem Einzelfall abzuschließenden Heimverträge. Die Verordnung schafft vielmehr **zusätzliche Rechte für die Heimbewohner**.

– Den Heimbewohnern soll in der Ausgestaltung ihrer Mitwirkung Eigeninitiative im gesetzesfreien Raum belassen werden. Daher wird nur so viel reglementiert, wie zur Erreichung des Gesetzeszieles unerläßlich ist. Die Verordnung läßt somit ergänzende Regelungen in Heimordnungen oder entsprechende Absprachen der Heimbewohner mit den Trägern der Einrichtungen zu. Dadurch kann zugleich den besonderen Gegebenheiten der Einrichtungen hinsichtlich Trägerschaft, Größe, Art, Ausstattung und Struktur der Bewohnerschaft Rechnung getragen werden.

– Der Katalog der in der Verordnung aufgeführten Mitwirkungsfälle ist **nicht enumerativ.** In einzelnen Einrichtungen sich ergebende Wünsche nach einer Erweiterung des Kataloges werden nicht ausgeschlossen.

– Die Bestimmungen über die Vorbereitung und Durchführung der Wahl entsprechen allgemeinen **Wahlgrundsätzen**.

– Die Heimmitwirkungsverordnung gilt für alle Bewohner der vom Heimgesetz erfaßten Einrichtungen. Die Mitwirkung Behinderter, insbesondere geistig Behinderter, wird nicht ausgeschlossen.

Die **Zusammenfassung** des Berichts lautet:

1. Die Bestimmungen des § 5 Heimgesetz und der Heimmitwirkungsverordnung haben sich grundsätzlich bewährt. In nahezu 90 % der Einrichtungen konnten Heimbeiräte gebildet werden. Die bisher gewonnenen Erfahrungen zeigen deutlich, daß die gesetzliche Regelung der Mitwirkung von Heimbewohnern in inneren Angelegenheiten des Heimbetriebes ein wichtiges Mittel zur Wahrung ihrer Interessen in Alten- und Behinderteneinrichtungen ist.

2. Die erfolgreiche Praktizierung der Mitwirkung in Heimen setzt bei allen Beteiligten hinreichende Kenntnisse und Erfahrungen über Ziel, Inhalt und Form der einschlägigen Bestimmungen voraus. In besonderem Maße gilt dies für die Heimbewohner. Informationsdefizite gestalteten daher vielfach die – vor allem erstmalige – Bildung von Heimbeiräten schwierig. Zur Überwindung der Anlaufschwierigkeiten bedarf es der umfassenden Unterstützung durch Leiter und Träger der Einrichtungen.

3. Der eingeleitete Mitwirkungsprozeß in Heimen ist mit der Bildung von Heimbeiräten nicht abgeschlossen. Träger, Leiter, Personal und Heimbewohner müssen mehr noch als bisher die Möglichkeiten und Vorteile gemeinsamen demokratischen Handelns erkennen und nutzen lernen und unter Berücksichtigung der besonderen Umstände in den einzelnen Einrichtungen fortentwickeln.

4. Eine intensive Aufklärungsarbeit ist entscheidend für die weitere Ausgestaltung der Mitwirkung in Heimen. Diese Arbeit muß so angelegt sein, daß sie vor allem Heimbewohner in der ihnen gemäßen Weise erreicht und anspricht.

5. **Mitbestimmung statt Mitwirkung** ist aufgrund gegenwärtiger Erkenntnisse unter bestimmten Voraussetzungen für einzelne Angelegenheiten des Heimbetriebes dort denkbar, wo ausschließlich oder überwiegend die Interessen der Heimbewohner berührt werden. Sie könnte von Fall zu Fall in Verhandlungen und Absprachen zwischen Heimbeirat und Trägern der einzelnen Einrichtungen außerhalb der gesetzlichen Regelungen vereinbart werden.

6. Bei behinderten, insbesondere geistig behinderten Heimbewohnern, müssen dort, wo die Bildung eines Heimbeirates nicht möglich ist, **Ersatzformen** der Mitwirkung gefunden werden. Zu denken ist an die Einsetzung eines Fürsprechers oder an die Bildung von Beiräten des Heimes durch gesetzliche Vertreter der Heimbewohner.

7. Änderungen und Ergänzungen der gesetzlichen Bestimmungen erscheinen im gegenwärtigen Zeitpunkt nicht angezeigt. Soweit vorgeschlagen wird, einzelne Vorschriften zu ändern, bedarf es hierzu gesicherter Erkenntnisse der Praxis. Diese fehlen noch. Sie lassen sich erst nach mehreren Amtsperioden der Heimbeiräte gewinnen. Auch für mögliche Ersatzformen der Mitwirkung geistig behinderter Heimbewohner müssen zunächst weitere praktische Erfahrungen vorliegen, um abschließende Entscheidungen treffen zu können. Hierzu werden gezielte Forschungsmaßnahmen eingeleitet.

3 Aus der Begründung zur Fassung des E vom 21. 4. 1992, Allgemeiner Teil, BR-Drs. 268/92, S. 11

1. Die Verordnung über die Mitwirkung der Bewohner von Altenheimen, Altenwohnheimen und Pflegeheimen für Volljährige in Angelegenheiten des Heimbetriebs (Heimmitwirkungsverordnung) ist am 1. August 1976 in Kraft getreten. Diese Verordnung hat sich grundsätzlich bewährt und wesentlich zu einer Verbesserung der Situation in Heimen beigetragen. Träger, Leiter, Personal und Heimbewohner haben in vielen Heimen die Möglich-

keiten und Vorteile gemeinsamen demokratischen Handelns erkannt und nutzen gelernt. Hierbei sind Erfahrungen und neue Erkenntnisse in der praktischen Durchführung gewonnen worden, die ihren Niederschlag in einer Reihe von Änderungen in der Novelle zur Verordnung finden. So kann künftig die Bildung von Heimbeiräten durch eine flexiblere Handhabung der dafür geltenden Bestimmungen erleichtert werden. Darüber hinaus sind einige Vorschriften aufgehoben, ergänzt oder präzisiert worden.

II. Schwerpunkt der Novelle sind Neuregelungen über den **Heimfürsprecher**, die in einem besonderen Abschnitt zusammengefaßt worden sind. Dieses Institut wurde durch die Novelle zum Heimgesetz mit Wirkung vom 1. April 1991 eingeführt. Zugleich wurde die Ermächtigung in § 5 Abs. 3 Heimgesetz auf nähere Regelungen über die Bestellung des Heimfürsprechers sowie über Art, Umfang und Form seiner Mitwirkung ausgedehnt. Die Neufassung der Verordnung trifft daher Regelungen über die Bestellung des Heimfürsprechers, die Aufhebung der Bestellung, die Beendigung der Tätigkeit des Heimfürsprechers sowie über seine Stellung und Amtsführung.

4 **Kritik** an der geltenden Form der Mitwirkung wurden bei der Anhörung im BTA 29. 11. 1989 geübt. Gefordert wurde u. a. ein erweitertes Mitwirkungsrecht, wenn nicht gar eine Mitbestimmung. In der jetzigen Form könne ein Heimbeirat "doch nichts erreichen". Giese beurteilte die bisherige Mitwirkung der Bewohner folgendermaßen: "Die volle Ausschöpfung der bestehenden Mitwirkungsrechte scheitert überwiegend an einer (in aller Regel bestehenden) mangelnden Konfliktfähigkeit des Heimbeirates. Dies ist den Mitgliedern und Vorsitzenden der Heimbeiräte sehr wohl bewußt." (S. dazu die BReg. in RN 2.2. Unterschiedliche Interessen bewirken Konflikte, die nach dem Zweck des HeimG nicht der Stärkere nach Belieben entscheiden sollte.)

Die Bundesarbeitsgemeinschaft der freien Wohlfahrtspflege lehnte die Bestellung eines Heimfürsprechers durch die zuständige Behörde ab, weil sich – gerade im Bereich der Behindertenhilfe – vielfältige andere Mitwirkungsformen entwickelt hätten. Die "Bundesinteressengemeinschaft der Altenheimbewohner" wollte den Heimfürsprecher durch die Kommunalparlamente wählen lassen, weil das "viel mehr demokratischen Gepflogenheiten" entspräche. Sie kritisierten unter anderem die "Interessenverschmelzung zwischen Heimträger und Aufsichtsbehörde". Einzelheiten s. in der umfänglichen Ausschußdrucksache 11/205.

Die Anhörung zeigte die Interessenunterschiede, die sich bei der Mitwirkung offenbaren.

Die Probleme der Mitwirkung ergeben sich unter anderem aus einer **Veränderung der Bewohnerstruktur** (siehe hierzu HeimG Einl. RN 10.1-10.4). Aus solchen Fakten erklärt sich die Feststellung von Giese, und begründet sich die Forderung nach einer wirklich unabhängigen, nur an den Interessen und Bedürfnissen der Bewohner orientierten Bestellung und Aufgabenstellung der Heimfürsprecher. Die **Mitwirkung durch die Heimbewohner** ist, wo immer sie sich erreichen läßt, wichtig. Sie ist in der Heimbetreuung, deren Form und Qualität von der Finanzierung her geprägt ist, **die einzige Interessenvertretung** der Bewohner. Bewohner sind die 'Verbraucher' der Heimbetreuung. Ihre Verbraucherinteressen sind durch die geltende Mitwirkung nur unzureichend gewahrt. Woran die Bewohner noch mit einem gewählten Heimbeirat mitwirken können, dabei sollten sie mitwirken, unter Umständen gestützt durch einen Beistand. Die geltende Regelung sieht die Unterstützung des gewählten Heimbeirats durch einen bestellten Beistand nicht vor. Bei der Fortentwicklung der Mitwirkung – auch zu einer teilweisen Mitbestimmung – sollte der Vorschlag von Giese, "einen dem Heimbeirat **verantwortlichen,** außerhalb des Heimes stehenden **Sachwalter** bestellen zu können", aufgegriffen werden (BTA -JFG, Ausschuß-Drs. 11/205, v. 29. 11. 89). Wenn es sich dabei um einen wirklich unabhängigen, kundigen Sachwalter handelt, dürfte das eine Möglichkeit sein, die Elemente der Mitwirkung auch in Zukunft – auch unter erschwerten Verhältnissen – zu erhalten.

6   Zur **Verfassungsmäßigkeit** s. § 5 HeimG Rn 4 u. 10.

7   Aus dem **Schrifttum:** BMFuS, Der Heimbeirat, Dez. 93 (kostenlos erhältlich, u. a. mit Formularmustern), Dahlem, Otto: MitwirkungsV, AH 7/92.356; Gerlach, Barbara, Wahlen nach der HeimmitwV, AH, 2/89.45; E. Wickenhagen, Unerfüllte Wünsche, AH 11/92.595.

Erster Teil
Heimbeirat und Heimfürsprecher

Erster Abschnitt

Bildung und Zusammensetzung von Heimbeiräten

§ 1 Wahl von Heimbeiräten

(1) Zur Mitwirkung der Bewohner in Angelegenheiten des Heimbetriebes werden in Heimen nach § 1 Abs. 1 des Gesetzes, die in der Regel mindestens sechs Personen aufnehmen, Heimbeiräte gebildet. Ihre Mitglieder werden von den Bewohnern der Heime gewählt.

(2) Für Teile der Einrichtung können eigene Heimbeiräte gebildet werden, wenn dadurch die Mitwirkung der Bewohner besser gewährleistet wird.

1 **Geltende Fassung:** Sie wurde durch die Neufassung 1992 nur redaktionell geändert (Heime statt Einrichtungen).

2 **Materialien:** Begründung zur Fassung 1976 – BR-Drs. 350/76, S. 19
...Dieser Heimbeirat wird durch die Bewohner, die er vor allem gegenüber dem Leiter und dem Träger der Einrichtung vertreten soll, gewählt. Für jede Einrichtung ist ein Heimbeirat zu bilden. In der Regel wird unter einer Einrichtung begrifflich eine in ihrer Struktur selbständige Einheit der in § 1 Abs. 1 des Gesetzes genannten Betriebsform zu verstehen sein. Jedoch läßt sich nach den bisher gewonnenen Erfahrungen keine eindeutige, dem Ziel des Gesetzes dienende, sachgerechte Abgrenzung treffen, weil die in Betracht kommenden Einrichtungen zu heterogen in ihrem Aufbau sind. Vor allem bei mehrgliedrigen Einrichtungen lassen sich zweifelsfreie Abgrenzungen nur schwer treffen. Daher wird nach Absatz 2 generell die Bildung von **Heimbeiräten auch in Teilen von Einrichtungen** zugelassen, wenn hierdurch dem Willen des Gesetzgebers nach Mitwirkung der Bewohner besser entsprochen werden kann. Die Feststellung, wann dies der Fall ist, wird in der Regel zunächst von dem Träger zu treffen sein. Bei Zweifelsfällen, die sich insbesonde-

re bei gegenteiliger Auffassung der Bewohner ergeben können, kann die zuständige Behörde eingeschaltet werden.

Auf die Berücksichtigung des Gruppenprinzips bei der Bildung von Heimbeiräten wurde zunächst verzichtet. Die Zusammensetzung eines Heimbeirates nach Bewohnergruppen ermöglicht in der Regel eine bessere Repräsentanz der Bewohner. Der praktischen Vorbereitung und Durchführung komplizierterer Gruppenwahlen stehen jedoch nicht unerhebliche Bedenken entgegen, die bei der Mehrzahl der hier in Rede stehenden Einrichtungen die Bildung eines Heimbeirates wesentlich erschweren oder ganz vereiteln könnten. Heimbeiräte sind nur in einer Einrichtung von mehr als sechs Personen zu wählen. Bei kleineren Einrichtungen dürfte der persönliche Kontakt eines jeden Bewohners zu dem Träger oder Leiter so eng sein, daß eine formalrechtliche Ausgestaltung der Mitwirkung durch Bildung entsprechender Gremien hierfür nicht erforderlich scheint.

3   Zur **Mitwirkung der Bewohner** s. Einl. RN 2.1-5 sowie § 5 HeimG RN 5-12.

4   Es besteht eine **Pflicht zur Bildung eines Heimbeirates;** doch ist sie nicht erzwingbar. Der Leiter ist zur Mithilfe verpflichtet (§ 8) und muß einen Fehlschlag nach § 11 mitteilen. Die Bewohner können weder gezwungen werden, einen Heimbeirat zu wählen, noch sich wählen zu lassen (s. a. § 2 RN 2).

5   Ob die Mindestzahl **"in der Regel"** erreicht wird, ergibt sich aus den Aufzeichnungen des Trägers nach § 8 Abs. 1 Nr. 2 HeimG. Es erscheint zweckmäßig, dabei das letzte Jahr für die Beurteilung zugrunde zu legen.

6   Der Heimbeirat ist "von den Bewohnern" zu wählen. Eine Stellvertretung bei der Wahl ist daher stets ausgeschlossen. Für die Inanspruchnahme von Wahlhelfern gelten die allgemeinen Bestimmungen des Wahlrechts.

7   Grundsätzlich ist **für jedes Heim ein Heimbeirat** zu wählen. Das Heim ist die generelle Wahleinheit. Betreibt derselbe Träger mehrere Heime, ist in jedem ein Heimbeirat zu wählen.

Zwingende Voraussetzungen dafür, **in einem Heim mehrere Heimbeiräte** zu wählen, ist, daß "dadurch die Mitwirkung der Bewohner besser gewährleistet wird" (Abs. 2). Ob das zutrifft, kann strittig sein; auch kann die Sicht der Bewohner und des Trägers hier erheblich differieren. Die Entscheidung ob ein **besonderer Heimbeirat für Teile des Heimes** tatsächlich eine bessere Mitwirkung der Bewohner gewährleistet, hat ausschließlich die zuständige Behörde zu treffen. Ihr obliegt die Letztverantwortung für die Durchführung des HeimG. Der Träger hat zwar auf die Bildung eines Heimbeirates hinzuwirken, aber nicht über seine Bildung zu befinden. Der in der Begründung (RN 2) vertretenen Ansicht ("wird in der Regel zunächst vom Träger zu treffen sein"), wird nicht gefolgt, sie findet weder im G noch in der V eine Stütze.

8   Nicht geregelt ist in der V, wie die Zusammenarbeit und Beschlußfassung mehrerer Heimbeiräte bei Angelegenheiten zu erfolgen hat, die das gesamte Heim betreffen (z. B. Änderung der Heimordnung, Änderung der Art und des Zweckes des Heims). Eine (gemeinsame) Geschäftsordnung kann das bestimmen. Die Entscheidung (z. B. bei Unstimmigkeiten darüber) hat auch dabei die zuständige Behörde.

9   Zu **Ausnahmen** s. § 5 HeimG und §§ 25 ff.

10   Es ist zulässig, daß in einem Teil des Heimes ein **Heimbeirat** gewählt **und ein Heimfürsprecher** für einen anderen Teil bestellt wird (§ 5 HeimG i. V. m. § 1 Abs. 2). Wenn ein Heimbeirat seine Aufgaben nur noch für einen Teil des Heimes wahrnehmen kann/will, ist diese Lösung unter Umständen für die Bewohner insgesamt besser. Die Entscheidung darüber hat die zuständige Behörde. S. a. § 25 RN 2 u. 10, zur Zusammenarbeit s. RN 8.

11   In den **neuen Ländern** gilt die V seit dem 3. 10. 1990. Die Amtszeit der alten Heimausschüsse ist spätestens mit dem 2. 10. 1991 abgelaufen.

§ 2 Aufgaben der Träger

Die Träger des Heims haben auf die Bildung von Heimbeiräten hinzuwirken. Ihre Selbständigkeit bei der Erfüllung der ihnen obliegenden Aufgaben wird durch die Bildung von Heimbeiräten nicht berührt.

1   Die **geltende Fassung** wurde 1992 nur redaktionell geändert.

2   **Materialien:** Begründung zur Fassung 1976-BR-Drs. 350/76, S. 20

Die Erfüllung der für den Betrieb einer Einrichtung geltenden Vorschriften obliegt zunächst dem Träger... Er trägt die **Verantwortung** dafür, daß der Heimbetrieb den gesetzlichen Anforderungen entspricht. Hierzu gehört auch die Bildung eines vom Gesetzgeber vorgesehenen Heimbeirates... Die Verantwortlichkeit des Trägers findet dort ihre Grenze, wo Heimbewohner nicht bereit sind, die ihnen vom Gesetz eingeräumten Rechte wahrzunehmen. Daher konnte dem Träger in der Verordnung nur auferlegt werden, auf die Bildung von Heimbeiräten hinzuwirken. Der Träger hat gleichwohl alles nach Sachlage im Einzelfall Gebotene zu tun, um die Bewohner zur Bildung eines Heimbeirates zu veranlassen. Scheitern diese Bemühungen, bleibt nur der Weg einer Mitteilung nach § 11 an die zuständige Behörde.

Die Bildung eines Heimbeirates entbindet den Träger nicht von seinen vertraglichen oder gesetzlichen Pflichten. Der Träger kann sich insbesondere bei der Nichterfüllung von Pflichten nicht mit dem Hinweis auf Funktionen oder Beschlüsse des Heimbeirates exkulpieren. Er bleibt bei der Erfüllung der ihm obliegenden Aufgaben voll verantwortlich. Die Verantwortlichkeit bleibt auch dann bestehen, wenn der Träger eine Entscheidung aufgrund eines entsprechenden Antrages oder in Übereinstimmung mit der Auffassung des Heimbeirates trifft. Andererseits wird die Selbständigkeit des Trägers auch nicht bei Entscheidungen eingeschränkt, die gegen den Willen des Heimbeirates ergehen. Mitwirkung im Sinne der Verordnung bedeutet also nicht Mitbestimmung, sondern die Ausübung einer im Zweiten Teil inhaltlich näher umschriebenen schwächeren Beteiligungsform.

3   Weitere **Aufgaben der Träger** zur Bildung von Heimbeiräten ergeben sich aus §§ 6, 8, 9, 11. **Hinwirken** heißt das Interesse der Bewohner wecken und überzeugend sichtbar machen, daß die partnerschaftliche Zusammenarbeit gewünscht und unterstützt wird. Bequeme oder gefällige Bewohner zur Kandidatur zu bereden, ist kein "Hinwirken" im Sinne einer Mitwirkung, wie sie der Gesetzgeber erwartet (s. dazu Einl. RN 2-5).

4   **Satz 2** nimmt den Grundgedanken von § 2 Abs. 2 HeimG auf. Zur Erfüllung der Verpflichtungen s. auch RN 2.

§ 3 Wahlberechtigung und Wählbarkeit

(1) Wahlberechtigt sind alle Personen, die am Wahltag auf Dauer in dem Heim aufgenommen worden sind (Bewohner).

(2) Wählbar sind alle Wahlberechtigten, die am Wahltag mindestens zwei Monate das Heim bewohnen.

1   Die **geltende Fassung** wurde 1992 redaktionell geändert.

2   **Materialien:** Begründung zur Fassung 1976, BR-Drs. 350/76, S. 21.

Das **aktive Wahlrecht** steht allen Bewohnern zu. Das sind alle Personen, die auf Dauer in der Einrichtung aufgenommen worden sind. Nicht erfaßt werden also diejenigen, die nur vorübergehend z. B. zur Probe in der Einrichtung wohnen. Ebenso scheiden das Personal und sonstige Mitarbeiter des Trägers oder des Leiters aus. Ein formales Kriterium für die dauernde Aufnahme in einer Einrichtung wird in der Regel ein zwischen dem Bewohner und dem Träger abgeschlossener Heimvertrag sein (vgl. § 4 Heimgesetz). Wegen der Wahlberechtigung von Geschäftsunfähigen, insbesondere geistig Behinderten, wird auf den allgemeinen Teil der Begründung verwiesen. **Passiv wahlberechtigt** sind alle Bewohner, die seit mindestens zwei Monaten in der Einrichtung aufgenommen worden sind. Die zeitliche Einschränkung für die Wählbarkeit ergibt sich aus der Überlegung, daß die Wahrnehmung der Aufgabe des Heimbeirates eine gewisse Kenntnis des spezifischen Heimlebens in der einzelnen Einrichtung und ihrer Bewohner erfordert. Weitere zwingende Voraussetzungen für die Wählbarkeit sind nicht vorgesehen. Jedoch sollte die Nominierung der Kandidaten nicht zuletzt von der Überlegung ihrer Eignung für das Amt eines Heimbeiratsmitgliedes bestimmt sein.

3 Erforderlich ist **bei Geschäftsunfähigen** (RN 1), daß sie ihren Willen noch erkennbar ausdrücken können. Die Erfahrung in Heimen für geistig Behinderten zeigt, daß deren Bewohner sehr oft fähig sind, ihre Bedürfnisse deutlich zu machen und beim Heimleben mitzuwirken. A. A. Kunz / Ruf / Wiedemann (4. Aufl. RN 1 zu § 3), für die das Kriterium "die notwendige Einsicht in die betrieblichen Erfordernisse der Einrichtung" ist. Dem wird widersprochen. Es kann nur darauf ankommen, daß die Bedürfnisse und Interessen – die eigenen wie die anderer Bewohner – noch erkennbar vertreten werden können.

4 Die zuständige Behörde kann hinsichtlich der Mindestwohndauer in **Einzelfällen abweichende Bestimmungen** treffen (§ 11 a).

§ 4 Zahl der Heimbeiratsmitglieder

Der Heimbeirat besteht in Heimen mit in der Regel

6 bis   20 Bewohnern aus einem Mitglied
(Heimsprecher),
21 bis   50 Bewohnern aus drei Mitgliedern,
51 bis 150 Bewohnern aus fünf Mitgliedern,
151 bis 250 Bewohnern aus sieben Mitgliedern,
über 250 Bewohnern aus neun Mitgliedern.

1 Die **geltende Fassung** ist nur redaktionell geändert.

2 **Materialien:** Begründung der Fassung 1976, BR-Drs. 350/76, S. 21.

Die festgelegte Zahl der Heimbeiratsmitglieder entspricht weitgehend den bisherigen Erfahrungen der Praxis. Sie ist für die jeweilige Einrichtungsgröße zwingend vorgeschrieben. In kleinen Einrichtungen mit nur einem Heimbeiratsmitglied ist ein Heimsprecher zu wählen.

3 Eine **abweichende Zahl** kann die zuständige Behörde gem. § 11 a zulassen; s. dort.

§ 5 Wahlverfahren

(1) Der Heimbeirat wird in gleicher, geheimer und unmittelbarer Wahl gewählt.

(2) Zur Wahl des Heimbeirates können die Wahlberechtigten Wahlvorschläge machen. Jeder Wahlvorschlag ist von mindestens drei Wahlberechtigten zu unterstützen.

(3) Jeder Wahlberechtigte hat so viele Stimmen wie Heimbeiratsmitglieder zu wählen sind. Er kann für jeden Bewerber nur eine Stimme abgeben. Gewählt sind die Bewerber, die die meisten Stimmen auf sich vereinigen. Bei Stimmengleichheit entscheidet das Los.

1   In der **geltenden Fassung** wurde in Abs. 3 der S. 3 eingefügt; sonst nur redaktionelle Änderung.

2   **Materialien:**

2.1   Begründung der Fassung 1976, BR-Drs. 350/76, S. 22

Die Vorschrift legt die **Grundsätze** fest, nach denen die Wahl durchgeführt werden soll. Die Wahl muß geheim sein... Die Wahlstimmen sind daher so abzugeben, daß nicht ermittelt werden kann, wie der einzelne abgestimmt hat. Um dies zu gewährleisten, müssen von dem Wahlvorstand geeignete Vorkehrungen getroffen werden, die eine Beobachtung bei der Stimmabgabe ausschließen. Es kann auch schriftlich gewählt werden, wenn dem Bewohner infolge körperlicher Behinderung der Weg zu einer Wahlurne nicht möglich ist. Die Wahl hat **unmittelbar** zu geschehen. Daher ist weder die Zwischenschaltung von Wahlmännern noch eine Vertretung des Wahlberechtigten bei seiner Wahlentscheidung möglich. Alle Bewohner werden bei der Wahl **gleich** behandelt... Jede Stimme hat gleiches Gewicht ohne Rücksicht darauf, von welchem Bewohner sie abgegeben worden ist. Für die Wahl gilt das Prinzip der Mehrheitswahl. Es müssen mindestens so viele **Wahlvorschläge** vorliegen, wie Heimbeiratsmitglieder zu wählen sind. Jeder Bewohner hat so viele Stimmen und kann so viele Kandidaten bezeichnen, wie nach § 4 gewählt werden müssen. Gewählt sind diejenigen Bewohner, die die meisten Stimmen auf sich vereinigt haben. Eine **Kumulation** der Stimmen eines Bewohners ist nicht zulässig. Jeder Bewohner kann in mündlicher oder schriftlicher Form einen Wahlvorschlag machen, den er dem Wahlausschuß zuleitet. Um eine Zersplitterung der Stimmen zu vermeiden und möglichst Kandidaten für den Heimbeirat zu nominieren, die eine gewisse Aussicht auf eine Wahl haben, soll ein Wahlvorschlag von mindestens drei Bewohnern unterstützt werden. Im übrigen sollte angestrebt werden, so viele Bewerber zu nominieren, daß Ersatzmitglieder in genügender Zahl zur Verfügung stehen.

2.2   Begründung der Fassung 1992, BR-Drs. 268/92, S. 12.

Die Ergänzung des § 5 Abs. 3 dient der Klarstellung. Damit wird deutlich gemacht, daß bei der Wahl zunächst die einfache Stimmenmehrheit entscheidet. Eine Losentscheidung gilt erst bei Stimmengleichheit.

3   Die **Wahl** erfolgt nach den demokratischen Grundsätzen: gleich – geheim – unmittelbar (s. RN 2.1). Dadurch wird u. a. eine Stellvertretung oder Beauftragung bei der Wahl ausgeschlossen. Wahlhelfer sind erlaubt. Briefwahl ist bei Abwesenheit möglich.

4   Nach **Absatz 2** kann jeder Wahlberechtigte Wahlvorschläge einreichen. Erforderlich ist nur, daß dieser von mindestens drei Wahlberechtigten unterstützt wird. Eine Begrenzung der Wahlvorschläge, die ein einzelner Bewohner machen kann, besteht nicht (A. A. in der 1. Aufl). Zu **abweichenden Bestimmungen** z. B. über Mindestwohndauer und Zahl der Unterstützenden s. § 11 a.

5   Zur Durchführung der Wahl sind **Wahlvorschläge** erforderlich (s. dazu auch Pflicht des Wahlausschusses (§ 6) und ev. Mitteilungspflicht nach § 11).

6   Die **Zahl der Stimmen,** die jeder Wahlberechtigte hat (Abs. 3 S. 1), ergibt sich aus § 4 – ggf. modifiziert durch die Entscheidung der zuständigen Behörde (§§ 1 Abs. 2; 11 a).

7   Abs. 3 S. 2 verbindet die Stimmabgabe mit dem Begriff des Bewerbers. Bewerber i. S. dieser V kann nur sein, wer vorgeschlagen wurde und außerdem seine Zustimmung erteilt hat. Daraus folgt, daß Voraussetzung für die Mitgliedschaft im Heimbeirat die **Kandidatur** ist. Vorbild für das Wahlverfahren nach der V ist offenbar das BetriebsverfassungsG (s. dort §§ 7-9 und 16-18). Auch dort wird eine Kandidatur gefordert; ebenso in der VO zur Wahlordnung nach dem Schwerbehindertengesetz v. 23. 4. 1990 BGBl. I S. 808.

8   Erfolgt die Wahl in mehreren Räumen, muß in jedem Raum ein Mitglied des Wahlvorstandes anwesend sein.

§ 6 Bestellung des Wahlausschusses

(1) Spätestens sechs Wochen vor Ablauf der Amtszeit bestellt der Heimbeirat drei Wahlberechtigte als Wahlausschuß und einen von ihnen als Vorsitzenden.

(2) Besteht vier Wochen vor Ablauf der Amtszeit des Heimbeirates kein Wahlausschuß, so hat ihn der Leiter des Heims zu bestellen. Soweit hierfür Wahlberechtigte nicht in der erforderlichen Zahl zur Verfügung stehen, hat der Leiter Mitarbeiter des Heims zu Mitgliedern des Wahlausschusses zu bestellen.

1   In der **geltenden Fassung** ist Abs. 2 redaktionell geändert. Der Abs.
     2 a. F. wurde gestrichen, da er wegen Zeitablaufs gegenstandslos
     geworden war.

2   **Materialien**: Begründung zur Fassung 1976, BR-Drs. 350/76, S. 24.
     Der Wahlausschuß führt die Wahl des Heimbeirates durch. Er wird
     sechs Wochen vor Ablauf der Amtszeit des Heimbeirates von diesem
     durch Beschluß bestellt. Auch sein Vorsitzender ist durch den Heim-
     beirat zu bestimmen. Es wird Fälle geben, in denen – bei der Erstwahl
     ohnehin – die Bestimmung des Wahlvorstandes nicht oder nicht mehr
     rechtzeitig zur Durchführung einer fristgerechten Wahl möglich ist.
     Hier muß der Leiter der Einrichtung eingreifen, um die verfahrens-
     mäßigen Voraussetzungen für die Durchführung einer Wahl des
     Heimbeirates zu schaffen. Dies kann es erforderlich machen, daß der
     Heimleiter Mitarbeiter der Einrichtung zu Mitgliedern des Wahlaus-
     schusses bestellt, wenn es nicht gelingt, aus der Bewohnerschaft Per-
     sonen zu finden, die sich zu einer Übernahme dieser Aufgaben bereit-
     finden...

3   Die Verpflichtung des Heimbeirats nach **Absatz 1** ("spätestens") soll
     sichern, daß das Mitwirkungsorgan kontinuierlich besteht. Nach § 11
     a kann die zuständige Behörde Abweichungen von der Zahl der Wahl-
     berechtigten zulassen, hat jedoch nicht die Befugnis, andere Per-
     sonen, die nicht Wahlberechtigte sind (s. § 3 RN), als Mitglieder im
     Wahlausschuß zuzulassen. Wird die erforderl. Zahl nicht erreicht,
     s. RN 6.

4   Der Wahlausschuß ist ein unverläßliches Organ für die Wahl des
     Heimbeirates. Seine Bestellung ist unabdingbar. Er ist auch dann zu
     bestellen, wenn Bedenken bestehen, ob ein Heimbeirat gebildet wer-
     den kann. Wird die Wahl ohne ordnungsgemäßen Wahlausschuß
     durchgeführt, ist sie unwirksam. Zur Anfechtung s. a. § 10.

5   Der Unterschied zu vergleichbaren anderen Bestimmungen über
     Wahlverfahren bei der Mitbestimmung besteht in der **Funktion des
     Heimleiters**.

     Absatz 2 trägt den Besonderheiten in Heimen Rechnung. Die Ver-
     pflichtung des Leiters beginnt nach dem Wortlaut der V 4 Wochen
     vor Ablauf der Amtszeit des Heimbeirates. Sie steht in Zusammen-
     hang mit den Pflichten nach §§ 8, 11.

6   **Mitarbeiter** des Heimes dürfen nur zu Mitgliedern des Wahlaus-
     schusses bestellt werden, 'soweit' hierfür Wahlberechtigte nicht zur
     Verfügung stehen. Nur wenn sich kein Wahlberechtigter zur Verfü-
     gung stellt, ist es danach möglich und zulässig, daß der Wahlausschuß
     aus drei Mitarbeitern des Heimes besteht. Dann bestellt der Leiter
     auch den Wahlleiter. Unzulässig ist es, ohne ernsthafte Versuche
     Wahlberechtigte zu gewinnen, gleich Mitarbeiter zu bestellen. Das

müßte als Wahlbeeinflussung angesehen werden. Der Wahlausschuß ist immer zu bilden (s. a. RN 4).

7   Verstößt der Leiter des Heimes vorsätzlich oder fahrlässig gegen seine Verpflichtungen nach Abs. 2, ist das eine Ordnungswidrigkeit (s. § 34 Nr. 1).

§ 7 Vorbereitung und Durchführung der Wahl

(1) Der Wahlausschuß hat unverzüglich die Wahlvorschläge und die Zustimmungserklärung der Vorgeschlagenen zur Annahme einer Wahl einzuholen, Ort und Zeit der Wahl zu bestimmen, eine Liste der Wahlvorschläge aufzustellen und diese Liste sowie den Gang der Wahl bekanntzugeben. Er hat ferner die Wahlhandlung zu überwachen, die Stimmen auszuzählen und das Wahlergebnis in einer Niederschrift festzustellen. Das Ergebnis der Wahl hat er in dem Heim durch Aushang oder in anderer geeigneter Weise bekanntzumachen.

(2) Bei der Vorbereitung und Durchführung der Wahl sollen die besonderen Gegebenheiten in den einzelnen Heimen, vor allem Zusammensetzung der Wahlberechtigten, Art, Größe, Zielsetzung und Ausstattung berücksichtigt werden.

(3) Der Wahlausschuß faßt seine Beschlüsse mit einfacher Stimmenmehrheit.

1   Die **geltende Fassung** ist redaktionell angepaßt.

2   **Materialien:** Begründung zur Fassung 1976, BR-Drs. 350/76, S. 24.

Vorbereitung und Durchführung der Wahl bestimmen sich nach dem in Absatz 1 festgelegten Rahmen. Er ist bewußt locker fixiert, um den einzelnen Einrichtungen die Möglichkeit zu lassen, durch **flexible Handhabung** den besonderen Gegebenheiten in der Einrichtung Rechnung tragen zu können. Dies gilt insbesondere für die Bestellung und Mitwirkung von Wahlhelfern, für die Form der Wahlausschreibung und für die Form der Wahlausübung, z. B. bei Einrichtungen mit behinderten Personen. In Absatz 2 wird hierauf ausdrücklich hingewiesen. Zur Erfüllung seiner Aufgabe wird der Wahlausschuß unter Umständen Entscheidungen zu treffen haben. Der Wahlausschuß entscheidet mit einfacher Stimmenmehrheit.

3   Bei der **Vorbereitung und Durchführung der Wahl** sind die Besonderheiten des Heimes (z. B. Rundspruchanlagen) zu beachten und zu nutzen. Das ermöglicht die allgemeine Fassung der V (s. RN 2).

4   Der Wahlausschuß besteht aus drei Personen. § 6 Abs. 1 sieht Stellvertreter nicht vor. Ist von den 3 Personen des Wahlausschusses eine abwesend, kann ein Beschluß nur einstimmig gefaßt werden.

5   Es ist nicht vorgeschrieben, daß die Wahl an einem Tag durchgeführt werden muß. Unerläßlich ist allerdings, daß der Ablauf der Wahl (z. B. Zeit und Ort) vorher genau bekanntgegeben wird. Es ist dafür zu sorgen, daß diese Bekanntmachung alle Wahlberechtigten, in einer ihnen verständlichen Form, rechtzeitig erreicht.

6   Zur Feststellung des Wahlergebnisses gehört u. a. auch die Angabe über die Reihenfolge der Ersatzmitglieder. Der Wahlausschuß hat auch einen etwaigen Losentscheid (§ 5 Abs. 3 S. 3) durchzuführen und das Ergebnis in der Niederschrift über das Wahlergebnis festzustellen.

7   Der Wahlausschuß kann sich eines oder mehrerer **Wahlhelfer** (z. B. für bettlägerige Mitglieder) bedienen. Das können auch Mitarbeiter des Heimes sein. Das gehört zur Unterstützung nach § 8.

8   Aus der **Literatur:** BMFuS, Der Heimbeirat – enthält Muster für Wahldurchführung.

§ 8 Mithilfe des Leiters

Der Leiter des Heims hat die Vorbereitung und Durchführung der Wahl in dem erforderlichen Maße personell und sächlich zu unterstützen, insbesondere dem Wahlausschuß die notwendigen Unterlagen zur Verfügung zu stellen und die erforderlichen Auskünfte zu erteilen.

1   Die **geltende Fassung** wurde nur redaktionell angepaßt.

2   **Materialien:** Begründung zur Fassung 1976, BR-Drs. 350/76, S. 25:

Die Bildung eines Heimbeirates wird vielfach ohne Unterstützung des Leiters der Einrichtung nicht oder nur mit erheblichen Schwierigkeiten möglich sein, weil die Bewohner weder über entsprechende Erfahrungen noch über die materielle Ausstattung verfügen, die zur Vorbereitung und Durchführung der Wahl erforderlich sind. Die Mithilfe des Leiters ist daher eine unabdingbare Voraussetzung, ohne deren Erfüllung die Realisierung des Mitwirkungsrechtes der Bewohner weitgehend in Frage gestellt wäre. Aus diesem Grunde bedeutet eine Verletzung der Mithilfepflicht zugleich auch eine Ordnungswidrigkeit, die mit Geldbuße geahndet werden kann. Welche Hilfen des Leiters im einzelnen geboten sind, wird von dem Ziel, nämlich der Bildung eines Heimbeirates, bestimmt. Sie können im Einzelfall je nach Sachlage ein stärkeres Eingreifen des Leiters erforderlich machen. Wegen ihrer besonderen Wichtigkeit sind im zweiten Halbsatz der Bestimmung zwei Unterstützungsmaßnahmen des Leiters hervorgehoben.

3   "Ein stärkeres Eingreifen" (RN 2) bedeutet, daß der Heimleiter Initia-
     tiven bei der Vorbereitung und Durchführung der Wahl ergreifen
     kann und soll, indem er z. B. Anregungen und Hinweise gibt, Schwie-
     rigkeiten behebt usw. Untersagt ist ihm eine Beeinflussung der
     Stimmabgabe oder eine Parteinahme für bzw. gegen eine(n) Kandi-
     datin/Kandidaten (s. a. § 9 u. dort RN 2).

4   Auskünfte können insbesondere erforderlich sein hinsichtlich der
     Zahl der Heimbewohner, die in der Regel (§ 4) im Heim auf Dauer
     (§ 3) leben.

     Unterlagen werden dem Wahlausschuß nur zur Verfügung zu stellen
     sein, wenn Zweifel (z. B. über die Dauerhaftigkeit der Heimaufnah-
     me) behoben werden müssen.

5   Wegen etwaiger Ordnungswidrigkeiten s. RN 2 und § 34 Nr. 1.

§ 9 Wahlschutz und Wahlkosten

(1) Die Wahl des Heimbeirates darf nicht behindert oder durch
Zufügung oder Androhung von Nachteilen oder Gewährung oder
Versprechen von Vorteilen beeinflußt werden.

(2) Die erforderlichen Kosten der Wahl übernimmt der Träger des
Heims.

1   Die **geltende Fassung** wurde redaktionell angepaßt.

2   **Materialien:** Begründung zur Fassung 1976, BR-Drs. 350/76, S. 25:
     Die Bestimmung des Absatzes 1 steht, soweit sie den Leiter betrifft,
     in engem Zusammenhang mit § 8. Die Pflicht zur Mithilfe wird um
     das Verbot erweitert, alles zu unterlassen, was die Wahl des Heim-
     beirates verhindern oder erschweren könnte. Die Zufügung oder die
     Androhung von Nachteilen ist ebenso untersagt wie jegliche die Wahl
     direkt oder indirekt beeinflussende Gewährung oder Zusage von Vor-
     teilen. So fällt hierunter insbesondere auch das Verbot, eine Wahl
     durch **Verschleppung** zu hintertreiben oder durch **Einflußnahme** auf
     die Bewohner (z. B. die ihnen eingeräumten Rechte nicht oder nur
     mangelhaft wahrzunehmen), die Bildung eines Heimbeirates zu ver-
     hindern. Die Vorschrift richtet sich jedoch nicht nur gegen den Lei-
     ter, sondern gegen jedermann. Die Durchführung der Wahl verursacht
     gewisse Kosten, die allerdings wegen der engen räumlichen Verbin-
     dung der Bewohner mit der Einrichtung, in der die Wahl durchgeführt
     wird, nicht ins Gewicht fallen. Sie dürften weitgehend im Rahmen des
     ohnehin entstehenden Geschäftsaufwandes der Einrichtung gedeckt
     werden können.

3   Eine vorsätzliche oder fahrlässige Zuwiderhandlung gegen Abs. 1
     ist eine Ordnungswidrigkeit (§ 34 Nr. 2). Das gilt für jedermann
     (s. RN 2).

§ 10 Wahlanfechtung

(1) Mindestens drei Wahlberechtigte oder der Leiter des Heims können binnen einer Frist von zwei Wochen, vom Tage der Bekanntmachung des Wahlergebnisses an gerechnet, die Wahl bei der zuständigen Behörde anfechten, wenn gegen wesentliche Vorschriften über das Wahlrecht, die Wählbarkeit oder das Wahlverfahren verstoßen worden und eine Berichtigung nicht erfolgt ist. Eine Anfechtung ist ausgeschlossen, wenn durch den Verstoß das Wahlergebnis nicht geändert oder beeinflußt werden konnte.

(2) Über die Anfechtung entscheidet die zuständige Behörde.

1 Die **geltende Fassung** ist nur redaktionell angepaßt.

2 **Materialien:** Begründung zur Fassung 1976, BR-Drs. 350/76, S. 26:

Die Wahl des Heimbeirates muß sowohl in ihrer Vorbereitung als auch in ihrer Durchführung den Anforderungen der Verordnung entsprechen. § 10 räumt in den Fällen, in denen dies nicht geschehen ist, das Recht der Wahlanfechtung ein. Eine Anfechtung ist nur dann möglich, wenn

1. gegen wesentliche Vorschriften über das Wahlrecht, die Wählbarkeit oder das Wahlverfahren verstoßen wurde,

2. keine Berichtigung erfolgt ist und

3. durch den gerügten Verstoß das Wahlergebnis geändert oder beeinflußt werden konnte.

Die Anfechtung führt zu einer Entscheidung der zuständigen Behörde. Damit wird ein Verwaltungsakt ausgelöst, dessen Erlaß eine darauf gerichtete Willenserklärung voraussetzt. Eine Anfechtung durch geschäftsunfähige Bewohner selbst ist daher nicht möglich. Zuständige Behörde ist die nach § 18 Abs. 1 Heimgesetz bestimmte Behörde.

3 Das Recht der **Wahlanfechtung** durch Wahlberechtigte ist nach der amtlichen Begründung (RN 2) nur für "geschäftsfähige Bewohner" gegeben. Dies wird bestritten. Das aktive und das passive Wahlrecht steht den Bewohnern des Heims unabhängig von ihrer Geschäftsfähigkeit zu (s. RN 2 und 3 zu § 3). Das Recht, eine Wahl anfechten zu können, ist Teil dieses Wahlrechts. Wer ein Wahlrecht besitzt, muß sich selbst gegen tatsächliche oder vermeintliche Beeinträchtigungen dieses Wahlrechts wehren können. Der Verordnungsgeber, der auch geschäftsunfähigen Bewohnern die Fähigkeit zuspricht, Aufgaben des Heimbeirats auszuüben, kann solchen Bewohnern nicht das Recht der Wahlanfechtung absprechen (s. auch Dahlem / Giese RN 3 zu § 10).

Von dem Recht der Wahlanfechtung ist zu unterscheiden die Prozeßfähigkeit. Diese Frage stellt sich allerdings erst, wenn die zuständige Behörde über die Wahlanfechtung entschieden hat (s. RN 2) und ein nicht geschäftsfähiger Bewohner das Widerspruchsverfahren gegen den VA oder eventuell später die Klage betreiben will. Hier kann strittig sein, ob nicht **für die Verhandlungs- und Prozeßführung** ein Vertreter bestellt werden muß.

§ 11 Mitteilung an die zuständige Behörde

(1) Der Träger des Heims hat die zuständige Behörde innerhalb von vier Wochen nach Ablauf des in § 12 genannten Zeitraumes oder bis spätestens drei Monate nach Betriebsaufnahme über die Bildung eines Heimbeirates zu unterrichten. Ist ein Heimbeirat nicht gebildet worden, so hat dies der Träger des Heims der zuständigen Behörde unter Angabe der Gründe unverzüglich mitzuteilen. In diesen Fällen hat die zuständige Behörde in enger Zusammenarbeit mit Träger und Leiter des Heims in geeigneter Weise auf die Bildung eines Heimbeirates hinzuwirken, sofern nicht die besondere personelle Struktur der Bewohnerschaft der Bildung eines Heimbeirates entgegensteht.

(2) Absatz 1 gilt entsprechend, wenn der Heimbeirat vor Ablauf der regelmäßigen Amtszeit nach § 13 neu zu wählen ist. Die Frist zur Mitteilung beginnt mit dem Eintritt der die Neuwahl begründenden Tatsachen.

1   In der **geltenden Fassung** wurde Abs. 1 neu gefaßt, das schließt Lücken der Fassung von 1976.

2   **Materialien**

2.1   Begründung zur Fassung 1976 Br-Drs. 350/76, S. xxx.

Trotz entsprechender Bemühungen des Trägers der Einrichtung läßt sich nicht in jedem Fall ausschließen, daß die Bildung eines Heimbeirates scheitert. Hier muß die zuständige Behörde unterrichtet werden, um sie in die Lage zu versetzen, die Erfolglosigkeit bei der Bildung eines Heimbeirates zu überprüfen und gegebenenfalls von sich aus noch einmal auf die Bildung eines Heimbeirates hinzuwirken. Hiervon kann sie absehen, wenn sich aus der von dem Träger vorzulegenden Begründung für das Scheitern der Bildung eines Heimbeirates die Aussichtslosigkeit weiteren Vorgehens ergibt. Damit soll jeder unnötige Verwaltungsaufwand vermieden werden. Die zuständige Behörde wird allerdings in solchen Fällen der Einrichtung ihre besondere Beachtung schenken, um hierdurch den Nachteil fehlender Mitwirkungsmöglichkeiten der Bewohner durch einen Heimbeirat auszugleichen. S. dazu jetzt auch § 25; Verf.

2.2 Begründung zur Fassung 1976 BT-Drs. 268/92:

Mit der Neufassung des § 11 Abs. 1 soll eine Lücke geschlossen werden. Die bisherige Fassung des § 11 Abs. 1 regelte nur die Fälle, in denen die Amtszeit eines bereits bestehenden Heimbeirates abgelaufen oder in denen erstmals nach Inkrafttreten der Verordnung bis zum 31. 12. 1976 ein Heimbeirat zu wählen war. Mit der Neufassung werden jetzt alle Fälle der Betriebsaufnahme eines Heims erfaßt. Darüber hinaus bestand bisher eine Mitteilungspflicht des Heimträgers nur dann, wenn ein Heimbeirat nicht gebildet werden konnte. Dadurch war es der zuständigen Behörde in den Fällen der § 11 Abs. 1 Satz 1, § 12 nicht möglich, rechtzeitig zu intervenieren, wenn nach Ablauf der bisher geltenden Frist die Bemühungen des Heimträgers um die Bildung eines Heimbeirates noch nicht abgeschlossen waren und somit noch offen blieb, ob ein Heimbeirat gebildet werden kann. Künftig hat der Heimträger in jedem Fall bis spätestens drei Monate nach Betriebsaufnahme oder innerhalb von vier Wochen nach Ablauf des in § 12 genannten Zeitraums die zuständige Behörde über den Stand bei der Bildung eines Heimbeirates zu unterrichten. Diese Pflicht besteht unabhängig davon, ob ein Heimbeirat gebildet worden ist.

3 **Zweck** der Vorschrift ist, in allen Heimen, in denen dies von der Struktur der Bewohner her möglich ist, einen Heimbeirat zu bilden.

4 Die erste Pflicht der Vorschrift trifft den Träger des Heimes. Er hat über die Bildung des Heimbeirates zu unterrichten (Abs. 1 S. 1) oder das Scheitern mitzuteilen und dabei die Gründe dafür anzugeben (Abs. 1 S. 2). Dabei hat er auch Art und Umfang seiner Mithilfe gem. § 8 darzustellen.

5 Konnte kein Heimbeirat gebildet werden, hat die zuständige Behörde gem. Abs. 1 S. 3 auf dessen Bildung hinzuwirken. Das kann z. B. durch eine Versammlung der Bewohner geschehen, in der die zuständige Behörde sowie Träger und Leiter die konkrete Bedeutung der Mitwirkung für dieses Heim darstellen, und indem sie verdeutlichen, wie sie diese Mitwirkung unterstützen werden. Die (vorherige) Ausgabe von Informationsschriften (etwa die kostenlose Schrift des BMFuS, Der Heimbeirat kann solche Bemühungen unterstützen und die Bereitschaft der Bewohner zur Kandidatur stärken.

6 Die **Pflicht der zuständigen Behörde entfällt** nur, wenn die besondere Struktur der Bewohnerschaft insgesamt der Bildung eines Heimbeirates entgegensteht (**Satz 3 Halbs. 2**). Ist nur ein Teil der Bewohner außerstande, muß versucht werden, die anderen zur Bildung eines Heimbeirates zu bewegen und zu befähigen. **Entgegenstehen** bedeutet, ein Hindernis, und das ist eine wesentlich höhere Schwelle als Schwierigkeiten oder Widerstände. Diese Bemühungen der

zuständigen Behörde sind im **Zusammenhang mit** den Vorschriften und Möglichkeiten des § 11 a zu sehen.

7   **Absatz 2:** Ist die Gesamtzahl der ursprünglich gewählten Mitglieder des Heimbeirates unter die Hälfte der vorgeschriebenen Zahl gesunken (§ 13), so **gilt § 11 entsprechend.** Die Frist von 4 Wochen beginnt mit dem Ausscheiden des Mitgliedes, das die Zahl der Heimbeiräte unter die Hälfte sinken läßt. Maßgebend ist grundsätzlich die Zahl der ursprünglich gewählten Mitglieder, also ggf. die nach § 11 a abweichend von § 4 erlaubte Zahl.

8   Für die **Berechnung der Fristen** gelten gem. § 31 VwVfG die §§ 187 ff BGB.

9   **Verstöße** gegen § 11 Abs. 1 S. 1 u. Abs. 2 sind **Ordnungswidrigkeiten** (s. dazu § 34 Nr. 3).

§ 11a Abweichende Bestimmungen für die Bildung des Heimbeirates

Die zuständige Behörde kann in Einzelfällen Abweichungen von der Mindestwohndauer nach § 3 Abs. 2, der Zahl der Mitglieder des Heimbeirates nach § 4, der Zahl der einen Wahlvorschlag unterstützenden Wahlberechtigten nach § 5 Abs. 2 Satz 2 und den Fristen und der Zahl der Wahlberechtigten nach § 6 zulassen, wenn dadurch die Bildung eines Heimbeirates ermöglicht wird. Abweichungen von § 4 dürfen die Funktionsfähigkeit des Heimbeirates nicht beeinträchtigen.

1   Die Vorschrift wurde durch das 1. ÄG eingeführt. Die **geltende Fassung** entspricht in Satz 1 einer Maßgabe des BR (BR-Drs. 268/1/92 v. 29. 6. 92).

2   **Materialien**

2.1 Begründung der BReg zum Entwurf v. 21. 4. 92, BR-Drs. 268/92, S. 5:

Die wirksame Bildung von Heimbeiräten ist nach den §§ 3 bis 6 an bestimmte Voraussetzungen gebunden. So kann nach § 3 Abs. 2 nur gewählt werden, wer mindestens zwei Monate in dem Heim wohnt. § 4 setzt je nach Anzahl der Bewohner voraus, daß der Heimbeirat eine bestimmte Anzahl von Mitgliedern aufweist. Nach § 5 Abs. 2 muß jeder Wahlvorschlag von mindestens drei Wahlberechtigten unterstützt werden. Die Bestellung des Wahlausschusses setzt die Einhaltung bestimmter Formalien nach § 6 voraus. In einer Reihe von Fällen ist wegen der Einhaltung der genannten Vorschriften die Bildung von Heimbeiräten gescheitert, insbesondere, weil die jeweils erforderliche Zahl an Heimbewohnern nicht voll zur Verfügung stand. Mit der Neufassung kann die zuständige Behörde künftig die Abweichung von diesen Formvorschriften zulassen, wenn dadurch die Bildung eines Heimbeirates ermöglicht wird. Voraussetzung hierfür ist jedoch, daß die Funktionsfähigkeit des Heimbeirates dadurch nicht beeinträchtigt wird.

2.2 Begründung des BR zur Änderungsmaßgabe, BR-Drs. 268/1/92

Die Änderung konkretisiert die Abweichungsbefugnis der zuständigen Behörde. Nach der Fassung etwa von § 3 Abs. 2 der Vorlage könnte die Behörde auch zulassen, daß auch Personen, die am Wahltag nicht auf Dauer in der Einrichtung aufgenommen worden sind, wählbar sind. Im übrigen ist die Vorschrift durch die Ergänzungen in der Praxis besser handhabbar.

3 Zweck der Vorschrift ist es, die Möglichkeiten zur Bildung von Heimbeiräten zu verbessern. Das erscheint durch den Strukturwandel der Heimbewohner erforderlich (dazu Einl. zu. HeimG RN 10.1-10.4).

4.1 Abweichende Bestimmungen kann **nur die zuständige Behörde** (also nicht der amtierende Heimbeirat oder der Träger) zulassen **und nur im Einzelfall** (d. h. nicht pauschal für ein Heim)

– hinsichtlich der Mindestwohndauer (§ 3 Abs. 2) s. RN 5,

– hinsichtlich der Zahl der Mitglieder des Heimbeirates (§ 4),

– hinsichtlich der Zahl der Bewohner, die einen Wahlvorschlag unterstützen müssen (§ 5 Abs. 2 S. 2),

– hinsichtlich der Fristen bei der Bestellung des Wahlausschusses (§ 6 Abs. 1 und 2) und

– hinsichtlich der Zahl der Wahlberechtigten, die dem Wahlausschuß angehören sollen (§ 6 Abs. 1).

Weitere Abweichungen sind nicht zulässig.

4.2 **Voraussetzung für eine Abweichung** ist stets, daß dadurch die Bildung eines Heimbeirates ermöglicht wird. Die Funktionsfähigkeit des Heimbeirates darf nicht beeinträchtigt werden.

4.3 **Abweichen:** d. h. in der Regel vermindern. Es schließt jedoch eine Erhöhung nicht aus; etwa um dadurch die Belastung der einzelnen Mitglieder zu vermindern.

5 Die Mindestwohndauer nach § 3 Abs. 2 kann zwar durch die zuständige Behörde verkürzt werden; es muß sich aber immer um Bewohner handeln, die auf Dauer im Heim aufgenommen worden sind (dazu auch RN 2.2).

Zweiter Abschnitt

Amtszeit des Heimbeirates

§ 12 Amtszeit

Die regelmäßige Amtszeit des Heimbeirates beträgt zwei Jahre. Die Amtszeit beginnt mit dem Tage der Wahl oder, wenn zu diesem Zeitpunkt noch ein Heimbeirat besteht, mit dem Ablauf seiner Amtszeit.

1   Die **geltende Fassung** ist seit 1976 unverändert.

2   **Materialien:** Begründung zur Fassung 1976, BR-Drs. 350/76, S. 27
     § 12 bestimmt Dauer, Anfang und Ende der Amtszeit des Heimbeirates. Die Amtszeit ist auf zwei Jahre festgelegt worden, weil – auch nach überwiegender Meinung der Praxis – dieser Zeitraum am ehesten dem Bedürfnis nach Kontinuität in der Arbeit des Heimbeirates einerseits und dem Interesse der Bewohner auf Überprüfung der Heimbeiratsmitglieder andererseits gerecht werden dürfte. Eine Wiederwahl der Mitglieder des Heimbeirates ist zulässig.

3   Der Heimbeirat wird für zwei Jahre gewählt. Eine vorzeitige Neuwahl ist erforderlich, wenn einer der beiden Tatbestände des § 13 erfüllt ist.

§ 13 Neuwahl des Heimbeirates

Der Heimbeirat ist neu zu wählen, wenn die Gesamtzahl der ursprünglich gewählten Mitglieder um mehr als die Hälfte der vorgeschriebenen Zahl gesunken ist oder der Heimbeirat mit Mehrheit der Mitglieder seinen Rücktritt beschlossen hat.

1   Die **geltende Fassung** ist seit 1976 unverändert.

2   **Materialien:** Begründung zur Fassung 1976, BR-Drs. 350/76, S. 28.
     Bei der spezifischen Zusammensetzung der Bewohnerschaft in Alteneinrichtungen läßt sich ein häufiges Ausscheiden von Mitgliedern aus dem Heimbeirat nicht ausschließen. Um zu vermeiden, daß der Heimbeirat funktionsunfähig wird oder nicht mehr die Bewohner entsprechend dem Wahlergebnis repräsentiert, sind unter bestimmten Voraussetzungen Neuwahlen auch vor Ablauf der regelmäßigen Amtszeit möglich. Bis zur Wahl des neuen Heimbeirates führt der bisherige Heimbeirat die Geschäfte weiter.

3   Eine **Neuwahl des Heimbeirates** ist zwingend vorgeschrieben,
     –   wenn die Gesamtzahl der ursprünglich gewählten Mitglieder um mehr als die Hälfte der vorgeschriebenen Zahl gesunken ist oder

   – der Heimbeirat mit Mehrheit seiner Mitglieder seinen Rücktritt beschließt.

4   Wer zu den **"ursprünglich gewählten Mitgliedern"** zu rechnen ist, ergibt sich aus § 5 Abs. 3 S. 3. Ersatzmitglieder zählen nicht dazu (dazu § 15 Abs. 2). So auch Dahlem / Giese, 15. Lieferung und Kunz / Ruf / Wiedemann, 4. Aufl. Die a. A., die hier in der 1. Aufl. vertreten wurde, wird aufgegeben. Unter Berücksichtigung der Verweildauer und der Zusammensetzung der Bewohner (dazu Einl. z. HeimG RN 10.1-10.4) kann die geltende Fassung der Vorschrift zu häufigen Neuwahlen führen. Zum Nachrücken der Ersatzmitglieder s. § 15.

5   **Beschließt der Heimbeirat seinen Rücktritt,** so hat er die Neuwahl vorzubereiten und einen Wahlausschuß zu bestellen. Bis zum Zusammentritt des neuen Heimbeirats führt er die Geschäfte weiter. Ist er dazu nicht bereit oder nicht mehr in der Lage, ist eine Mitteilung des Heimträgers gem. § 11 erforderlich, weil dann kein Heimbeirat besteht. Die zuständige Behörde hat dann gem. § 11 Abs. 1 tätig zu werden, oder sie hat gem. § 5 Abs. 2 HeimG in Verbindung mit §§ 25 ff zu verfahren (Heimfürsprecher).

§ 14 Erlöschen der Mitgliedschaft

Die Mitgliedschaft im Heimbeirat erlischt durch

1. Ablauf der Amtszeit,

2. Niederlegung des Amtes,

3. Ausscheiden aus dem Heim.

1   Die **geltende Fassung** ist nur redaktionell angepaßt.

2   **Materialien:** Begründung zur Fassung 1976, BR-Drs. 350/76, S. 28

Unter den in § 14 genannten Voraussetzungen erlischt das Amt eines einzelnen Heimbeiratsmitgliedes. Diese Regelung ist insoweit abschließend, als andere in der Person des Heimbeiratsmitgliedes liegende Gründe für das Erlöschen der Mitgliedschaft nicht in Betracht kommen.

§ 15 Nachrücken der Ersatzmitglieder

(1) Scheidet ein Mitglied aus dem Heimbeirat aus, so tritt ein Ersatzmitglied ein. Das gleiche gilt, wenn ein Mitglied des Heimbeirates zeitweilig verhindert ist.

(2) Die Ersatzmitglieder werden aus den nicht gewählten Bewohnern der Vorschlagsliste entnommen. Der nicht gewählte Bewohner mit der nächsthöheren Stimmenzahl tritt als Ersatzmitglied ein.

1   Die **geltende Fassung** ist seit 1976 gültig.

2   **Materialien:** Begründung zur Fassung 1976, BR-Drs. 350/76, S. 28

Um die volle Funktionsfähigkeit des Heimbeirats während der Amtszeit zu gewährleisten, ist der Eintritt von Ersatzmitgliedern in den Fällen vorgesehen, in denen ein Mitglied aus dem Heimbeirat ausscheidet oder an der Ausübung seiner Mitgliedschaft zeitweilig verhindert ist. Diese Regelung dürfte gerade bei den hier in Rede stehenden Einrichtungen bedeutsam sein, weil bei der Struktur der Bewohnerschaft mit dem Ausscheiden von Heimbeiratsmitgliedern häufiger als üblich gerechnet werden muß. Bei der Wahl des Heimbeirates sollte daher auf die Aufstellung einer größeren Kandidatenliste Bedacht genommen werden, um auf diese Weise möglichst ebenso viele Ersatzmitglieder wie Heimbeiratsmitglieder zur Verfügung zu haben.

Dritter Abschnitt

Geschäftsführung des Heimbeirates

Vorbemerkungen zu §§ 16 – 21

1   Die **geltende Fassung** der Vorschriften entspricht weitgehend der Fassung von 1976. Geändert wurden: **§ 17** – Neufassung Abs. 1 S. 2 (nach Maßgabe des BR – BR-Drs. 268/1/92, S. 2); Abs. 3 (Streichung der S. 2 und 3) entsprechend der Maßgabe des BRates (a. a. O.); **§ 18** Anfügung von S. 2 sowie **§ 20** "Kalenderjahr" wird durch "Amtsjahr" ersetzt. Die nachstehende Begründung ist noch von Bedeutung.

2   **Materialien:** Begründung zur Fassung 1976, BR-Drs. 350/76, S. 29:

Die Regelung über die Geschäftsführung entspricht den üblichen Grundsätzen in gleichgelagerten Fällen. Sie legt den formalen Rahmen zur Erfüllung der Aufgaben des Heimbeirates näher fest. Hierbei bleibt es dem Heimbeirat überlassen, in einer **Geschäftsordnung** weitere Bestimmungen über die Geschäftsführung zu treffen, wenn dies nach Sachlage geboten erscheint.

Vertreten wird der Heimbeirat durch seinen **Vorsitzenden**. Diesem kommt auch die Funktion zu, die Konstituierung des Heimbeirates herbeizuführen, die Sitzung des Heimbeirates vorzubereiten und die Verhandlungen in den Heimbeiratssitzungen zu leiten. Heimbeiratssitzungen sind grundsätzlich nicht öffentlich. Dies ist bereits durch die Pflicht zur Verschwiegenheit über bekanntgewordene Angelegenheiten bedingt. Gleichwohl kann im Einzelfall die **Teilnahme weiterer Personen** an der Sitzung eines Heimbeirates zweckdienlich oder erforderlich sein. Hier besteht die Möglichkeit, daß der Heimbeirat die Beteiligung auch dritter Personen ausdrücklich beschließen kann. Beschlüsse des Heimbeirates werden mit einfacher Stimmenmehrheit der anwesenden Mitglieder gefaßt. Bei **Stimmengleichheit** ist ein Antrag abgelehnt.

Die Mitglieder des Heimbeirates sind auf Grund ihrer Wahl gegenüber den Bewohnern zur Rechenschaft über ihre Tätigkeit verpflichtet. In der Regel wird dies in der **Versammlung der Bewohner** geschehen. In verschiedenen Einrichtungen wird der Tätigkeitsbericht jedoch in der Bewohnerversammlung nicht erstattet werden können, weil der Durchführung der Bewohnerversammlung körperliche Behinderungen der Bewohner oder andere Gründe entgegenstehen. Hier wird der Bericht in anderer Weise, z. B. schriftlich, erstattet werden. Doch muß auch hier den Bewohnern eine Stellungnahme zum Bericht möglich sein.

Der Träger der Einrichtung hat dem Heimbeirat zur Erfüllung seiner Aufgaben Hilfen zu gewähren. Diese Hilfen können sächlicher oder personeller Art sein. Die dadurch entstehenden Kosten übernimmt der Träger. Um die Kosten so niedrig wie möglich zu halten, kann die Hilfe des Trägers jedoch nicht unbegrenzt sein. Daher sieht § 21 Abs. 1 Satz 1 ausdrücklich vor, daß die Hilfen erforderlich sein müssen. Dies bedeutet, daß nur in einem unumgänglichen Maß kostenverursachende Hilfen des Trägers in Anspruch genommen werden können. Es sollte das Bestreben des Heimbeirates sein, seine Tätigkeit unter der Maxime größter finanzieller Sparsamkeit auszuüben. Hierdurch wird vor allem der Gefahr begegnet, daß neue Kostenfolgen in der Einrichtung zur Erhöhung des laufenden Entgelts für den einzelnen Bewohner führen.

Zu den Hilfen des Trägers gehört auch die Einräumung von ausreichenden Kommunikationsmöglichkeiten für den Heimbeirat. Der Kontakt zu den Mitbewohnern, insbesondere in größeren Einrichtungen, ist eine wichtige Voraussetzung für die Erfüllung der dem Heimbeirat obliegenden Aufgaben.

§ 16 Vorsitzender

(1) Der Heimbeirat wählt mit einfacher Mehrheit aus seiner Mitte den Vorsitzenden und dessen Stellvertreter.

(2) Der Vorsitzende vertritt den Heimbeirat im Rahmen der von diesem gefaßten Beschlüsse.

1   Zur **geltenden Fassung** und **Begründung** s. Vorbemerkung.

2   Hinsichtlich der **Aufgaben** s. § 17 und hinsichtlich der **Stimme des Vorsitzenden** bei Stimmengleichheit § 18 Abs. 1 S. 2.

§ 17 Sitzungen des Heimbeirates

(1) Der Vorsitzende des Heimbeirates beraumt die Sitzungen an, setzt die Tagesordnung fest und leitet die Verhandlung. Er hat die Mitglieder des Heimbeirates und nachrichtlich die Ersatzmitglieder (§ 15 Abs. 2) zu der Sitzung rechtzeitig unter Mitteilung der Tagesordnung einzuladen.

(2) Auf Antrag eines Viertels der Mitglieder des Heimbeirates oder des Leiters des Heims hat der Vorsitzende eine Sitzung anzuberaumen und den Gegenstand, dessen Beratung beantragt ist, auf die Tagesordnung zu setzen.

(3) Der Leiter des Heims ist vom Zeitpunkt der Sitzung rechtzeitig zu verständigen. An Sitzungen, zu denen der Leiter ausdrücklich eingeladen wird, hat er teilzunehmen.

(4) Der Heimbeirat kann beschließen, daß die Bewohner oder dritte Personen an einer Sitzung oder an Teilen der Sitzung teilnehmen können.

1   Zur geltenden Fassung s. Vorbemerkung vor § 16, RN 1. Die Streichung der S. 2 u. 3 betrifft die Teilnahme des Leiters (s. dazu RN 2.2).

2   **Materialien** zur Änderung 1992

2.2   Aus der Begründung der BReg (BR-Drs. 268/92, S. 14).

...zu b: Nach § 17 Abs. 4 konnte der Heimbeirat nur Bewohner des Heims an einer Sitzung oder an Teilen der Sitzung teilnehmen lassen. Dritte Personen waren ausgeschlossen. Dadurch war den Heimbeiräten eine Verbesserung ihrer Information und eine im Einzelfall notwendige Beratung zu anstehenden Sachfragen durch insbesondere **sachverständige Dritte** verwehrt. Die Neufassung hilft dem ab, ohne jedoch die nach § 24 bestehende Verschwiegenheitspflicht der Mitglieder und Ersatzmitglieder des Heimbeirates einzuschränken. Die Mitglieder des Heimbeirates können also Dritte nur insoweit einschalten, als dadurch bei Ausübung des Amts bekanntgewordene Angelegenheiten und Tatsachen nicht offenbart werden. Eine Ausnahme hiervon ist nur dann zulässig, wenn die unmittelbar Betroffene die Mitglieder des Heimbeirates von der Pflicht zur Verschwiegenheit ausdrücklich entbindet oder die Voraussetzung des § 24 Abs. 2 gegeben sind.

2.3   Begründung des BR zu seinen Maßgaben, BR-Drs. 268/1/92:

a) zu § 17 Abs. 1 Satz 2

Die Einladung auch der Ersatzmitglieder nach § 15 Abs. 2 der Verordnung empfiehlt sich, um eine kontinuierliche Arbeit zu gewährleisten, wenn "ordentliche Mitglieder" verhindert sind.

b) zu § 17 Abs. 3

Die gestrichenen Sätze begründen die grundsätzliche Berechtigung des Heimleiters, an den Sitzungen teilzunehmen, wobei der Heimbeirat die Teilnahme auf Teile der Tagesordnung begrenzen kann. Eine derartige Regelung schränkt die Selbständigkeit des Heimbeirates in unnötiger Weise ein. Seiner Stellung entspricht es dagegen, im Regelfall ohne Heimleiter zu tagen.

3   Die **Zahl der Sitzungen** ist nicht vorgeschrieben, auch nicht das Verfahren. Dies und anderes kann in einer Geschäftsordnung festgelegt werden (s. Vorbemerkung). Zur Pflicht Sitzungen anzuberaumen s. Abs. 2.

4   Was **rechtzeitig** ist, läßt sich nicht generell bestimmen. Es hängt u. a. vom Beratungsgegenstand ab. So wird z. B. die Rechtzeitigkeit bei Beratung des Wirtschaftsplans oder bei Mitwirkungen gem. § 30 Nr. 7-10 anders zu beurteilen sein als etwa bei Vorbereitung einer Veranstaltung. Auch die Mobilität, die Notwendigkeit der Mitglieder, Erkundungen einzuholen u. a. sind zu berücksichtigen. In einer Geschäftsordnung kann auch das geregelt werden (s. Vorbemerkung).

5   Sitzungen sind grundsätzlich **nicht öffentlich.** Umkehrschluß aus Abs. 4 u. § 24.

6   Die **Öffentlichkeit für die Bewohner** ist nach Abs. 4 zulässig. Dazu ist jeweils ein Beschluß des Heimbeirates erforderlich. Unzulässig ist ein grundsätzlicher Beschluß, wonach Heimbeiratssitzungen für Bewohner stets öffentlich sind. (So auch Dahlem / Giese, § 17 Rz. 5.1)

7   Bei **Teilnahme dritter Personen** muß stets im Einzelfall beschlossen werden, an welcher Sitzung bzw. an welchen Teilen einer Sitzung sie teilnehmen dürfen. Die Vorschrift läßt keine generellen Beschlüsse zu (z. B. daß bestimmte Personen als Berater oder Sachverständige an jeder Sitzung teilnehmen dürfen).

8   Die **Teilnahme des Leiters** wurde neu geregelt (RN 2.2). Er darf nur noch dann anwesend sein, wenn er eingeladen wurde. Dann allerdings ist er zur persönlichen Teilnahme verpflichtet; ("hat er teilzunehmen"). Er kann sich nicht durch andere Mitarbeiter (z. B. Verwaltungsleiter oder Leiterin des Pflegedienstes) vertreten lassen. Diese und andere Fachkräfte können gem. Abs. 4 zur Teilnahme an einzelnen Beratungspunkten eingeladen werden. Im Gegensatz zu dem Heimleiter besteht für sie jedoch keine Teilnahmepflicht. Doch hat der Heimleiter gem. § 32 darauf hinzuwirken.

9   **Teilnahme** im Sinn von Abs. 4 heißt grundsätzlich körperliche Teilnahme. Das wird, z. B. wegen der Struktur der Bewohner oder weil der Dritte bettlägerig ist, nicht immer möglich sein. Dann werden technische Ersatzmöglichkeiten z. B. Hausradio, Rundspruchanlage u. a. zulässig sein.

10   Die **Verschwiegenheitspflicht** nach § 24 Abs. 1 S. 3 gilt auch für
Bewohner oder Dritte, deren Teilnahme nach Abs. 4 beschlossen wurde. Das gilt insbesondere auch für persönliche Daten der Bewohner,
die nicht unter den Datenschutz fallen (s. a. § 2 HeimG, RN 8.7).

§ 18 Beschlüsse des Heimbeirates

(1) Die Beschlüsse des Heimbeirates werden mit einfacher Stimmenmehrheit der anwesenden Mitglieder gefaßt. Bei Stimmengleichheit entscheidet die Stimme des Vorsitzenden.

(2) Der Heimbeirat ist beschlußfähig, wenn mindestens die Hälfte seiner Mitglieder anwesend ist.

1   In der **geltenden Fassung** wurde in Abs. 1 der S. 2 angefügt.

2   **Materialien**

2.1   Zur Fassung 1976 s. Vorbemerkung vor § 16.

2.2   Begründung der BReg. zur Änderung 1992, BR-Drs. 268/92, S. 15:
Die Neuregelung soll die Position des Vorsitzenden stärken. Es soll
in den Fällen der Stimmengleichheit bei Beschlüssen des Heimbeirates die Stimme des Vorsitzenden entscheiden. Dies entspricht der Praxis in vergleichbaren Fällen und erleichtert die Entscheidungsfindung
des Heimbeirates bei kontroversen Auffassungen seiner Mitglieder.

3   Durch § 11 a sind auch Heimbeiräte mit gerader Zahl zulässig; schon
deshalb war die Einfügung von Abs. 1 S. 2 erforderlich.

4   **Beschlüsse** müssen während einer Sitzung von den "anwesenden
Mitgliedern" gefaßt werden. Beschlüsse durch ein schriftliches
Umlaufverfahren sind ausgeschlossen. Das würde auch dem gegenseitigen Vertrauen und Verständnis (§ 32), das auch unter den Mitgliedern des Heimbeirates bestehen muß, widersprechen. Eine
gedeihliche Zusammenarbeit bedarf der Aussprache.

5   Die **Beschlußfähigkeit** errechnet sich nach § 4 oder nach der Zahl der
Mitglieder, die die zuständige Behörde gem. § 11 a abweichend davon
zuließ. Stellvertretung durch Ersatzmitglieder ist zulässig, wenn ein
gewähltes Mitglied zeitweise verhindert ist (s. § 15).

§ 19 Sitzungsniederschrift

Über jede Verhandlung des Heimbeirates ist eine Niederschrift
aufzunehmen, die mindestens die Sitzungsteilnehmer, den Wortlaut
der Beschlüsse und die Stimmenmehrheit, mit der sie gefaßt sind,
enthält. Die Niederschrift ist von dem Vorsitzenden und einem weiteren Mitglied zu unterzeichnen.

1   Zur **geltenden Fassung** und **Begründung** s. Vorbemerkung vor § 16.

2   Die Vorschrift hat ihr Vorbild in anderen Mitwirkungsgesetzen. Sie kann unter den Bedingungen des Heimlebens auf Schwierigkeiten stoßen und u. U. die Tätigkeit des Heimbeirates sogar behindern. In Einzelfällen wird es deshalb geboten oder erforderlich sein, daß der Träger im Rahmen seiner Hilfepflicht gem. § 21 einen Protokollführer bestellt. Für dessen Verschwiegenheitspflicht ist § 24 analog anzuwenden, soweit sie nicht schon auf Grund anderer (z. B. arbeitsrechtlicher) Vorschriften besteht. Muster gibt die Schrift des BMFuS, RN 5 bei § 11.

§ 20 Tätigkeitsbericht des Heimbeirates

Der Heimbeirat hat einmal in jedem Amtsjahr den Bewohnern einen Tätigkeitsbericht in geeigneter Weise zu erstatten.

1   Zur **geltenden Fassung** und **Begründung** s. Vorbemerkung vor § 16.

2   **Materialien** zur Änderung 1992, BR-Drs. 268/92, S. 15:

Vielfach werden Heimbeiräte erst Mitte oder Ende eines Jahres gewählt. Nach der bisherigen Fassung des § 20 mußte der neugebildete Heimbeirat bereits bis Ende des Jahres den Tätigkeitsbericht erstatten, obwohl der Berichtszeitraum nur kurz war. Die Umstellung auf das Amtsjahr gewährleistet eine bessere und kontinuierliche Berichterstattung.

3   Die Form des Tätigkeitsberichtes ist nicht vorgeschrieben. Er muß – unter den jeweiligen Bedingungen des Heimbetriebes – grundsätzlich so erstattet werden, daß jeder Bewohner ihn zur Kenntnis nehmen, Fragen dazu stellen und / oder dazu Stellung nehmen kann. Das kann z. B. in einer Bewohnerversammlung, durch einen schriftlichen Bericht, durch Heimradio u. a. geschehen. Läßt die Form des Berichtes sofortige Fragen zu, sollten diese möglichst bald, und nicht erst beim nächsten Tätigkeitsbericht, in der Form der Berichterstattung beantwortet werden.

4   Der Tätigkeitsbericht ist einmal für jedes Amtsjahr vorgeschrieben. Das hindert den Heimbeirat jedoch nicht, bei Einhaltung des Sparsamkeitsgebotes, ihn wegen der Bedeutung oder der Aktualität einer Mitwirkungsangelegenheit (s. § 30 Nr. 7-9) mehrfach zu erstatten.

5   Zu den Kosten s. § 21 und zur Berichtspflicht des Heimfürsprechers § 28 Abs. 1.

§ 21 Kosten und Sachaufwand des Heimbeirates

(1) Der Träger des Heims gewährt dem Heimbeirat die zur Erfüllung seiner Aufgaben erforderlichen Hilfen. Die hierdurch entstehenden Kosten übernimmt der Träger des Heims.

(2) Dem Heimbeirat sind in dem Heim geeignete Möglichkeiten für Mitteilungen zu eröffnen, insbesondere Plätze für Anschlage zur Verfügung zu stellen.

1   Die **geltende Fassung** ist nur redaktionell geändert.

Materialien s. Vorbemerkung vor § 16.

2   Die Vorschrift verpflichtet den Träger des Heimes

– dem Heimbeirat bei der Erfüllung seiner Aufgaben die erforderlichen Hilfen zu gewähren,

– die "hierfür" entstehenden Kosten zu übernehmen,

– dem Heimbeirat geeignete Möglichkeiten für Mitteilungen zur Verfügung zu stellen.

3   Was erforderlich ist, um die Aufgaben der Mitwirkung zu erfüllen (§§ 29-32), läßt sich nicht generell festlegen. Das hängt wesentlich von dem Umfang der Aufgaben und den Bedingungen der Mitwirkung im jeweiligen Heim ab. Der Grundsatz des § 32 Abs. 1 (gegenseitiges Vertrauen und Verständnis) gilt auch hier. Der BMFuS rechnet dazu auch die Kosten regelmäßiger Sprechstunden des Heimbeirats bzw. des Heimfürsprechers (also auch die Bereitstellung eines Raumes dafür), Mitbenutzung von Geräten, Überlassung von Hilfskräften, Material u. a.

Vierter Abschnitt

Stellung der Heimbeiratsmitglieder

§ 22 Ehrenamtliche Tätigkeit

Die Mitglieder des Heimbeirates führen ihr Amt unentgeltlich.

1   Die **geltende Fassung** ist seit 1976 unverändert.

2   **Materialien**: Begründung zur Fassung 1976, BR-Drs. 350/76, S. 30:

Die Tätigkeit der Mitglieder des Heimbeirates ist ehrenamtlich. Sie erhalten für ihre Arbeit keinerlei Entgelt. Angebote, die ihnen finanzielle oder sonstige Vergünstigungen bringen könnten, sind zurückzuweisen, um jeden Verdacht einer Beeinflussung auszuschließen.

Umgekehrt dürfen den Mitgliedern des Heimbeirates aber auch keine Nachteile aus ihrer Tätigkeit im Heimbeirat erwachsen. Überhaupt muß der Heimbeirat jeder Einflußnahme Dritter, insbesondere des Leiters oder des Trägers der Einrichtung entzogen sein. In § 23 ist dieses unverzichtbare Element bei der Erfüllung von Aufgaben in Mitwirkungsgremien ausdrücklich festgehalten und wegen seiner großen Bedeutung für die Heimbeiratsarbeit unter besonderen Schutz durch die Androhung von Geldbußen bei Zuwiderhandlungen gestellt worden.

3 Die Unentgeltlichkeit schließt nicht aus, daß den Mitgliedern des Heimbeirates notwendige bare Auslagen erstattet werden, sofern sie zum erforderlichen Sachaufwand (§ 21) gehören. (S. Vorbem. vor § 16).

§ 23 Benachteiligungs- und Begünstigungsverbot

Die Mitglieder des Heimbeirates dürfen bei der Erfüllung ihrer Aufgaben nicht behindert und wegen ihrer Tätigkeit nicht benachteiligt oder begünstigt werden.

1 Die **geltende Fassung** ist seit 1976 unverändert.

2 **Materialien** s. dazu RN 2 zu § 22.

3 Das Verbot bezieht sich auf die Tätigkeit als Heimbeirat. Die Vorschrift wendet sich primär an den Träger / Heimleiter, gilt aber generell für alle (z. B. auch für alle Mitarbeiter oder Behörden, Wohlfahrtsverbände usw.).

4 Die **Interessen und Bedürfnisse der Bewohner** widersprechen häufig den Interessen der Träger, des Heimleiters, des Personals, der Verbände, der Politik usw. Der Heimbeirat hat die Interessen der Bewohner zu vertreten, und er hat in diesem Sinne bei den Angelegenheiten des Heimbetriebes mitzuwirken gem. den §§ 29-33. Sachliche Konflikte sind nicht zu vermeiden, wenn ein Heimbeirat seine Aufgaben konsequent wahrnimmt. Solche sachlichen Konflikte sind gleichberechtigt und partnerschaftlich und ohne persönliche Angriffe auszutragen. Im Verhältnis Träger – Bewohner ist die Stellung des Trägers sehr viel stärker. Da liegt es nahe, seine Zusammensetzung zu beeinflussen (dazu RN 2 zu § 8). Es liegt auch nahe, seine kritische Tätigkeit möglichst einzugrenzen. Dem will § 23 entgegenwirken. Engagierte Heimleiter unterstützen die Tätigkeit des Heimbeirates und fördern sie. Dennoch kann ein aktiver Heimbeirat nicht nur unbequem sein. Er kann nämlich auch ein Gewicht gegen allzu zögerliches Voranschreiten der Politik und der Verbände sein. Er gewinnt leichter für allgemeine Probleme Öffentlichkeit.

5   Alles, was die Tätigkeit des Heimbeirates erschwert, ist eine **Behinderung.** Das kann der unzureichende Sitzungssaal, die ungenügende oder verspätete Information / Beratung (§ 32 Abs. 2) o. a. sein.

6   Es gibt im Heimbetrieb ungezählte Möglichkeiten, einen Bewohner zu **begünstigen** oder zu **benachteiligen** (z. B. Zuweisung des Heimplatzes, die Renovierung des Zimmers, das Zusammenleben mit anderen Bewohnern, der Platz im Speisesaal, Verzögerung / Beschleunigung persönlicher Angelegenheiten, Gespräche, Zuwendungen, Hilfsbereitschaft oder "Zeitmangel", uva.)

7   Wer – s. RN 2 – vorsätzlich oder fahrlässig ein Mitglied des Heimbeirates bei der Erfüllung seiner Aufgaben behindert oder es wegen seiner Tätigkeit benachteiligt oder begünstigt, begeht eine Ordnungswidrigkeit (§ 34 Nr. 4).

§ 24 Verschwiegenheitspflicht

(1) Die Mitglieder und Ersatzmitglieder des Heimbeirates haben über die ihnen bei Ausübung des Amtes bekanntgewordenen Angelegenheiten oder Tatsachen Stillschweigen zu bewahren. Dies gilt nicht gegenüber den übrigen Mitgliedern des Heimbeirates. Satz 1 gilt für die nach § 17 Abs. 4 teilnehmenden Personen entsprechend.

(2) Die Pflicht zur Verschwiegenheit besteht nicht für Angelegenheiten oder Tatsachen, die offenkundig sind oder ihrer Bedeutung nach keiner vertraulichen Behandlung bedürfen.

1   Bei der **geltenden Fassung** wurde S. 3 in Abs. 1 eingefügt gemäß einer Maßgabe des BR (s. RN 2.2).

2   **Materialien**

2.1 Begründung zur Fassung 1976, BR-Drs. 350/76, S. 31:

Die Verschwiegenheit der Heimbeiratsmitglieder ist die Basis für eine uneingeschränkte, von Vertrauen getragene und erfolgreiche Wahrnehmung ihrer Aufgaben. Sie ist vor allem dort geboten, wo wirtschaftliche Interessen des Trägers durch Indiskretion gefährdet werden können. Je verschwiegener die den Heimbeiratsmitgliedern bekanntgewordenen Angelegenheiten behandelt werden, um so besser gestaltet sich die Bereitschaft zur Zusammenarbeit sowohl mit den Bewohnern als auch mit dem Leiter oder dem Träger der Einrichtung. Die Schweigepflicht gilt nicht nur für die **Dauer** der Amtszeit, sondern auch für die Zeit nach dem Ausscheiden der Mitglieder aus dem Heimbeirat. Der Grundsatz der Verschwiegenheit besteht nicht gegenüber den übrigen Mitgliedern des Heimbeirates, weil sonst eine geordnete Heimbeiratstätigkeit nicht möglich wäre. Sie findet ferner ihre Grenze dort, wo es sich um Angelegenheiten handelt, die offenkundig sind oder ihrer Bedeutung nach keiner vertraulichen Behandlung bedürfen.

2.2 Begründung des BR zur Maßgabe 1992, BR-Drs. 268/1/92, S. 3:

Die Verschwiegenheitspflicht nach § 24 HeimMitwirkungsV, der bisher nur die Mitglieder und Ersatzmitglieder des Heimbeirates unterliegen, muß erweitert werden, weil nunmehr § 17 Abs. 4 auch **dritten Personen** die Teilnahme an Sitzungen oder an Teilen der Sitzungen des Heimbeirates einräumt.

3 In der a. F. war die Ermächtigung zum Erlaß der Vorschrift unbestritten, da sie nur das Verhältnis Heimträger und Bewohner / Bewerber betraf. Abs. 1 S. 3 beinhaltet auch die Verschwiegenheitspflicht von Dritten, deren Teilnahme an einer Sitzung zugelassen worden war. (§ 17 Abs. 4). Es ist strittig, ob das durch die Ermächtigung des § 5 Abs. 3 HeimG gedeckt ist. Abs. 1 S. 3 läßt sich durch die Erwägung stützen, daß er nicht konstitutiv neues Recht schafft, sondern nur ohnehin geltendes Recht verdeutlicht: Wer gem. § 17 Abs. 4 an einer Sitzung teilnimmt, weiß, daß er eine vergleichbare Vertrauensstellung wie Heimbeiräte erhält, und damit auch vergleichbare Pflichten (z. B. die Verschwiegenheitspflicht) erfüllen muß. Der Vorsitzende hat die Personen, die gem. § 17 Abs. 4 teilnehmenden Personen auf diese Verschwiegenheitspflicht hinzuweisen. (S. a. Dahlem / Giese § 24 Rz. 4.2 und nachstehende RN 4).

4 § 24 ist ein Schutzgesetz, dessen Verletzung Strafe (§ 201 StGB) oder Schadensersatzansprüche (§ 823 BGB) nach sich ziehen kann.

5 Unter die **Verschwiegenheitspflicht** fallen Tatsachen oder Angelegenheiten (z. B. Daten, Krankheiten, Einkommen oder Vermögen, Verwandtschaftsverhältnisse, Absichten uva.), die bei oder anläßlich von Heimbeiratstätigkeiten ("in Ausübung des Amtes") bekannt geworden sind. Auch Kenntnisse, um deren vertrauliche Behandlung ein Bewohner einen Heimbeirat gebeten hatte, oder die bei Ausübung der Tätigkeit zufällig bekannt geworden sind, zählen dazu.

Die Verschwiegenheitspflicht besteht über die Tätigkeit als Heimbeirat / Ersatzmitglied hinaus.

Zur Bedeutung des Schutzes persönlicher Daten im Rechtsstaat der Gegenwart s. BVerfGE 65,1 ff. – Volkszählungsurteil –.

6 Für **Heimbewohner und Dritte** gilt die Verschwiegenheitspflicht entsprechend für alle Kenntnisse, die bei oder anläßlich der Sitzungsteilnahme gem. § 17 Abs. 4 erlangt worden sind.

7 Die Verschwiegenheitspflicht gilt **gegenüber Dritten,** die nicht dem Heimbeirat angehören. (Abs. 1 S. 2).

8 **Keine Verschwiegenheitspflicht nach § 24** besteht für Tatsachen und Angelegenheiten,

– die offenkundig, d. h. einem größeren Personenkreis bekannt sind (z. B. der Prüfungsbericht nach § 19 HeimsicherungsV, weil Einsichtnahme darin möglich ist),

    – die wegen ihrer geringen Bedeutung keiner Verschwiegenheit bedürfen,

    – die privat zur Kenntnis gelangten.

9   Die Verschwiegenheitspflicht nach § 24 beinhaltet nicht das Recht, vor Gericht Aussagen zu verweigern (s. dazu ZPO, StPO: Auskunfts- bzw. Zeugnisverweigerungsrecht).

Fünfter Abschnitt

Heimfürsprecher

Vorbemerkung zu §§ 25-28

1   Der Fünfte Abschnitt – Heimfürsprecher – wurde durch die 1. ÄndV 1992 eingefügt. Die Ermächtigung dazu ergibt sich aus § 5 Abs. 3 HeimG n. F.

2   **Materialien:** Begründung der BReg., BR-Drs. 268/92, S. 15 ff:

    Mit der Einführung eines Heimfürsprechers in § 5 Heimgesetz hat der Gesetzgeber eine Möglichkeit geschaffen, auch denjenigen Heimbewohnern eine Mitwirkung in inneren Angelegenheiten des Heimbetriebes zu sichern, die keinen Heimbeirat haben. Der Heimfürsprecher tritt insoweit an die Stelle des Heimbeirates, bis ein Heimbeirat von den Bewohnern gebildet werden kann. Aus dieser Funktion folgen Art, Umfang und Form der Tätigkeit des Heimfürsprechers und die Voraussetzung seiner Bestellung. Das bedeutet eine weitgehend inhaltliche **Deckungsgleichheit der Aufgaben** des Heimbeirates und des Heimfürsprechers und der Form ihrer Wahrnehmung.

    Von der Bestellung eines Heimfürsprechers kann nach § 5 Abs. 2 Satz 5 Heimgesetz abgesehen werden, wenn die Mitwirkung der Bewohner auf andere Weise gewährleistet ist. Damit kann im Einzelfall auf entsprechende **Vereinbarungen** zwischen dem Heimträger und den Heimbewohnern, deren gesetzlichen Vertretern oder anderen Beteiligten zurückgegriffen werden, sofern diese Absprachen in Form und Inhalt dem Institut Heimbeirat entsprechen. Es müssen also inhaltlich vergleichbare Rechte vertraglich eingeräumt werden wie sie für den Heimbeirat gelten. Diese Vereinbarung (z. B. über die Bildung eines Beirates des Heimes) sind keine Ersatzlösung zum Heimbeirat, sondern ermöglichen der zuständigen Behörde lediglich, nach ihrem Ermessen eine Ausnahme von der Bestellung eines Heimfürsprechers zuzulassen. Fallen sie weg oder erfüllen inhaltlich nicht mehr die mit der Funktion eines Heimbeirates vergleichbaren Voraussetzungen, ist ein Heimfürsprecher zu bestellen, sofern die Bildung eines Heimbeirates auch weiterhin ausgeschlossen ist.

3   Siehe auch § 5 HeimG, RN 2.5 sowie Einl. zur HeimmitwV, RN 2.2 und 3 bei II. Zur kirchenrechtlichen Kritik s. Th. Klie in AH 11/1991. 540 ff; der Ansicht, daß diese kirchenrechtliche Kritik unbegründet ist, wird zugestimmt.

§ 25 Bestellung des Heimfürsprechers

(1) Die zuständige Behörde hat unverzüglich einen Heimfürsprecher zu bestellen, sobald die Voraussetzungen für seine Bestellung nach § 5 Abs. 2 des Gesetzes gegeben sind.

(2) Die regelmäßige Amtszeit des Heimfürsprechers beträgt zwei Jahre. Eine Wiederbestellung ist zulässig.

(3) Zum Heimfürsprecher kann nur bestellt werden, wer nach seiner Persönlichkeit, seinen Fähigkeiten und den sonstigen Umständen des Einzelfalls zur Ausübung dieses Amts geeignet ist. Er muß von der zuständigen Behörde und dem Träger des Heims unabhängig sein. Die Bestellung bedarf der Zustimmung des Bestellten.

(4) Die Bestellung ist dem Heimfürsprecher und dem Träger des Heims schriftlich mitzuteilen. Der Träger des Heims hat die Bewohner in geeigneter Weise von der Bestellung zu unterrichten.

(5) § 1 Abs. 2 gilt entsprechend.

1   Die **geltende Fassung** entspricht dem E des BMFuS.

2   Zu den **Materialien**, Begründung der BReg, BR-Drs. 268/92, S. 17:

§ 25 regelt die Bestellung des Heimfürsprechers. Sie ist ein **Verwaltungsakt,** der die Übertragung eines Amts zum Gegenstand hat. Aus seiner Aufgabe als Interessenvertreter für die Heimbewohner ergibt sich, daß der Heimfürsprecher sowohl gegenüber der zuständigen Behörde als auch gegenüber dem Träger des Heimes **unabhängig** sein muß. Insbesondere ist er nicht der verlängerte Arm der Heimaufsichtsbehörde. Diese bestellt ihn zwar und betraut ihn mit der Wahrnehmung der Mitwirkung. Gleichwohl ist er persönlich und fachlich unabhängig. Er übernimmt keine Kontrollfunktionen der Behörde gegenüber dem Heimträger, sondern vertritt allein die Interessen der Heimbewohner im Rahmen der diesen gesetzlich eingeräumten Mitwirkungsrechte.

Die Wahrnehmung dieser Aufgaben stellt persönliche und fachliche **Anforderungen** an den Heimfürsprecher. Deshalb sieht § 25 Abs. 3 vor, daß zum Heimfürsprecher nur bestellt werden kann, wer nach seiner Persönlichkeit, seinen Fähigkeiten und den sonstigen Umständen des Einzelfalles zur Ausübung dieses Amtes geeignet ist. Man wird daher in der Regel auf Personen zurückgreifen, die gewisse Erfahrungen im Umgang mit älteren Menschen haben und nach ihren Kenntnissen und Fähigkeiten in der Lage sind, deren Interessen auch wirksam zu vertreten. Dazu können auch Personen mit persönlicher Bindung zu den Heimbewohnern gehören. Zur richtigen Auswahl des Heimfürsprechers wird ferner beitragen, daß gemäß § 5 Abs. 2 Satz 3 Heimgesetz Heimbewohner oder deren gesetzliche Vertreter **Vorschläge** zur Auswahl des Heimfürsprechers unterbreiten können.

Der Heimfürsprecher wird regelmäßig für zwei Jahre bestellt. Dies entspricht der Amtszeit eines Heimbeirates nach § 12. Es kann jedoch unter Berücksichtigung der Umstände eines Einzelfalles auch ein kürzerer Zeitraum für die Bestellung dann vorgesehen werden, wenn die Bildung eines Heimbeirates zu einem bestimmten Zeitpunkt absehbar ist oder erwartet werden kann. Läuft die Amtszeit ab, muß ein neuer Heimfürsprecher bestellt werden, wenn insbesondere nach Prüfung der Situation in dem Heim ein Heimbeirat auch weiterhin nicht gebildet werden kann. Eine **Wiederbestellung** derselben Person ist zulässig.

Absatz 4 entspricht der Praxis in vergleichbaren Fällen.

Mit der Verweisung in Absatz 5 auf § 1 Abs. 2 wird die Möglichkeit eröffnet, auch **für Teile** eines Heimes Heimfürsprecher zu benennen. Dies wird insbesondere dort zu erwägen sein, wo die Größe des Heimes und die Struktur der Bewohnerschaft in Teilen des Heimes so unterschiedlich ist, daß zur besseren und sachgerechteren Wahrnehmung der Mitwirkung die Bestellung eines Heimfürsprechers jeweils für einen Teil des Heimes dienlich ist.

(S. a. Vorbemerkung vor § 25 RN 2 und 3.)

3   Die **Vorschrift regelt**

–   Voraussetzung (i. Verb. mit § 5 Abs. 3 HeimG) und Zeitpunkt der Bestellung (Abs. 1),

–   Amtszeit und Wiederbestellung (Abs. 2),

–   persönliche Voraussetzungen für die Bestellung und Zustimmung (Abs. 3),

–   die Mitteilungspflicht der zuständigen Behörde (Abs. 4) sowie

–   die Bestellung eines Heimfürsprechers für Teile des Heimes (Abs. 5).

4   **Abs. 1 verpflichtet die zuständige Behörde,** unverzüglich einen Heimfürsprecher zu bestellen, sobald die Voraussetzungen nach § 5 Abs. 2 HeimG erfüllt sind.

5   Die **Verfahrensschritte** dazu sind:

–   Mitteilungspflicht des Trägers (§ 11 Abs. 1 S. 2),

–   Hinwirken der zuständigen Behörde zur Bildung eines Heimbeirats gem. § 11 Abs. 1 S. 3 (s. dazu auch § 11 RN 2.1),

    – bei Erfolglosigkeit ist ein Heimfürsprecher zu bestellen, wenn nicht die Mitwirkung auf andere Weise gewährleistet ist (s § 5 Abs. 2 S. 5 HeimG, s. dazu auch Vorbem. vor § 25 RN 2).

    – Einleitung der Bestellung entsprechend § 5 Abs. 2 Sätze 3 u. 4 HeimG,

    – Bestellung des Heimfürsprechers (§ 25 Abs. 3) nach den Maßstäben der persönlichen Eignung (S. 1), der Unabhängigkeit (S. 2) und der Zustimmung (S. 3) aus den in Betracht kommenden Personen,

    – Bekanntmachung der getroffenen Entscheidung (VA) gem. § 25 Abs. 4.

6   Abs. 3 fordert als **persönliche Voraussetzungen** für eine Bestellung zum Heimfürsprecher (s. a. RN 2):

    – **Eignung** nach seiner Persönlichkeit, seinen Fähigkeiten und sonstigen Umständen (S. 1),

    – **Unabhängigkeit** von der zuständigen Behörde und dem Träger (S. 2), die nur dann besteht, wenn sie / er weder in deren Diensten steht, ihnen nicht besonders verbunden ist, noch ihre Ziele unterstützt und in keiner Weise von ihnen Nachteile oder Vorteile zu gewärtigen hat (s. a. RN 2 im Abs. 1),

    – die **Zustimmung** zur Bestellung (S. 3), da die Übernahme dieses Ehrenamtes keine Pflicht ist.

7   Der Heimfürsprecher soll für dieses Amt befähigt und nach den sonstigen Umständen dazu geeignet sein. Die V gibt keine Hinweise zu Anwendung der unbestimmten Rechtsbegriffe. **Die Fähigkeit** muß sich mindestens beziehen

    – auf das Verständnis für Heimbewohner und ihre besonders schwierige Situation mit dem Willen, ihre Interessen und Bedürfnisse zu vertreten,

    – auf die Kenntnisse über die Rechte der Heimbewohner,

    – auf die Möglichkeiten und Rechte des Trägers.

Die **sonstigen Umstände** können unter anderem betreffen

    – die Erreichbarkeit des Heimfürsprechers für die Bewohner (ein räumlich weit entfernt wohnender Fürsprecher ist nicht nur für die Bewohner schwer erreichbar) und

    – seine zeitlichen Möglichkeiten, sich dem Ehrenamt zu widmen.

8   Die Bestellung ist ein VA mit Drittwirkung (s. dazu auch § 18 HeimG RN 10). Betroffene sind der Heimfürsprecher und der Träger. Ob auch die Bewohner Betroffene sind, ob also auch ihnen der **VA bekanntgegeben** werden muß (§ 41 ABs. 1 VwVfG), ist fraglich. Dahlem / Giese verneinen es (§ 25 Rz. 7). Dieser Ansicht wird

gefolgt; trotz einiger Bedenken wegen der unmittelbaren Wirkung, die von der Bestellung für jeden Heimbewohner ausgeht.

9   Die Bekanntgabe des VA's ist etwas anderes als die Mitteilung an die Bewohner, daß ein Heimfürsprecher bestellt wurde, wer es ist und wie sich die Bewohner mit ihm in Verbindung setzen können. Diese Mitteilung ist Grundlage für die wirksame Tätigkeit des Heimfürsprechers (§§ 28 ff.) und deshalb unerläßlich.

10   Zur Bestellung eines Heimfürsprechers **für Teile des Heimes** (Abs. 5) s. RN 2. Danach kann ein Heimfürsprecher für einen Teil des Heimes bestellt werden, während in einem anderen Teil der Heimbeirat die Interessen der Bewohner wahrnimmt. Denkbar ist auch, daß in größeren Heimen für Teile je ein Heimfürsprecher bestellt wird. Zur Koordination der Tätigkeit s. analog RN 8 zu § 1.

11   Die **Amtszeit** (Abs. 2) beträgt zwei Jahre. Die Möglichkeit der Wiederbestellung ist nicht begrenzt.

12   Die Bewohner sind während der Amtszeit eines Heimfürsprechers nicht gehindert, sich um die Bildung eines Heimbeirates zu bemühen (s. a. § 26 Abs. 1 Nr. 4). Auch dabei haben sie Anspruch auf Mithilfe des Leiters gem. § 8

13   Aus dem **Schrifttum:** Th. Klie, Heimfürsprecher – Beirat am Heim – Heimsprecher?, AH 11/91.540.

§ 26 Aufhebung der Bestellung des Heimfürsprechers

(1) Die zuständige Behörde hat die Bestellung aufzuheben, wenn

1. der Heimfürsprecher die Voraussetzungen für das Amt nicht mehr erfüllt,

2. der Heimfürsprecher gegen seine Amtspflichten verstößt,

3. der Heimfürsprecher sein Amt niederlegt oder

4. ein Heimbeirat gebildet worden ist.

(2) Die zuständige Behörde kann die Bestellung aufheben, wenn eine gedeihliche Zusammenarbeit zwischen dem Heimfürsprecher und den Heimbewohnern nicht mehr möglich ist.

(3) § 25 Abs. 4 gilt entsprechend.

1   In der **geltenden Fassung** entsprechen Abs. 1 Nr. 2 und Abs. 2 einer Maßgabe des BR, sonst der Fassung des Entw. BMFuS.

2   **Materialien**

2.1 Begründung des Entw., BR-Drs. 268/92, S. 18:

§ 26 Aufhebung d. Bestellung des Heimfürsprechers

Soweit die Voraussetzungen für die Bestellung eines Heimfürsprechers nicht mehr erfüllt sind, bedarf es eines Aufhebungsbeschlusses der zuständigen Behörde, mit dem der Heimfürsprecher von seinen Aufgaben entbunden wird. § 26 zählt diese Fälle auf. Es handelt sich um Umstände, die nach der Bestellung vor Ablauf der Amtszeit eintreten. Die Beteiligten sind in gleicher Weise wie bei der Bestellung über deren Aufhebung zu unterrichten (§ 25 Abs. 3).

2.2   Begründung der Maßgaben des BR, BR-Drs. 268/1/92, S. 4:

a) Zu § 26 Abs. 1 Nr. 2

Mit der Regelung wird die bisher bestehende Lücke geschlossen, einen Heimfürsprecher abzuberufen, der seinen Amtspflichten nicht in ordnungsgemäßer Weise nachkommt.

b) Zu § 26 Abs. 2

Mit der Regelung wird die bestehende Lücke geschlossen, den Heimfürsprecher abberufen zu können, wenn das Vertrauensverhältnis zur Bewohnerschaft des Heimes zerstört ist. Die Einräumung behördlichen Ermessens dient dazu, der zuständigen Behörde einen angemessenen Handlungsspielraum einzuräumen.

3   **Abs. 1 ist eine Muß-Vorschrift.** Bei Vorliegen der bezeichneten Tatbestände ist die zuständige Behörde verpflichtet, die Bestellung aufzuheben. Allerdings sind die Tatbestände im wesentlichen mit unbestimmten Rechtsbegriffen umschrieben. Aus dem Wortlaut ergibt sich, daß die Aufhebungsgründe nach der Bestellung eingetreten sein müssen. Das setzt Rechtmäßigkeit der Bestellung voraus.

3.1   Zu den Voraussetzungen des Amtes s. insbes. § 25 Abs. 3 und dort RN 6 u. 7.

3.2   Zu den Amtspflichten gehören insbes. die in § 28 in Verbindung mit den §§ 20, 24, sowie § 33 in Verbindung mit den §§ 29 bis 33 genannten Aufgaben. S. dazu die jeweiligen Erläuterungen.

3.3   Es besteht keine gesetzliche Verpflichtung zur Übernahme des Amtes. Daher kann es jederzeit – ohne Einhaltung von Fristen – niedergelegt werden. Mit der Niederlegung enden noch nicht die Pflichten des Heimfürsprechers: Die Bestellung ist ein hoheitlicher Akt, der mit Zustimmung des Fürsprechers erfolgte; seine Wirksamkeit endet daher erst mit der Bekanntgabe des aufhebenden VA's.

3.4   Die Bildung eines Heimbeirates beendet die Tätigkeit des Heimfürsprechers. Ein Heimbeirat ist gebildet mit der Verkündung des Wahlergebnisses.

4   **Abs. 2 ist eine Kann-Bestimmung** und ermächtigt die zuständige Behörde; gibt ihr damit einen Ermessensspielraum. Das gegenseitige Vertrauensverhältnis ist Voraussetzung für eine gedeihliche Zusammenarbeit. Besteht keine Aussicht das Vertrauensverhältnis der Bewohner zum Heimfürsprecher wieder herzustellen, erscheint der

Tatbestand für eine Aufhebung erfüllt. Hat ein großer Teil der Bewohner (z. B. fast die Hälfte) – kein Vertrauen mehr zum Heimfürsprecher, wird es von den Umständen des Einzelfalles abhängen, ob der Zweck der Mitwirkungsbestimmungen eine Aufhebung erfordert.

5 **Abs. 3** entspricht § 25 Abs. 4. Auf die Erl. dazu (RN 8 u. 9) wird verwiesen.

§ 27 Beendigung der Tätigkeit

Die Tätigkeit des Heimfürsprechers endet mit

1. Ablauf seiner Amtszeit,
2. Aufhebung seiner Bestellung durch die zuständige Behörde nach § 26.

1 Die **geltende Fassung** entspricht den Entw. des BMFuS.

2 **Materialien**, Begründung des Entw., BR-Drs. 268/92, S. 18:

§ 27 regelt die Beendigung der Tätigkeit des Heimfürsprechers. Sie endet mit Ablauf der Amtszeit oder mit der Aufhebung der Bestellung durch die zuständige Behörde nach § 26.

3 Mit der Beendigung der Tätigkeit enden Rechte und Pflichten des Heimfürsprechers. Bei Nr. 1 bedarf es dazu nicht eines besonderen VA's oder einer Mitteilung. Zur Verschwiegenheitspflicht s. a. § 24 RN 2.1.

§ 28 Stellung und Amtsführung des Heimfürsprechers

(1) Für die Stellung und Amtsführung des Heimfürsprechers gelten die §§ 20, 21 Abs. 2 sowie §§ 23 und 24 entsprechend.

(2) Der Heimträger hat den Heimfürsprecher bei der Erfüllung seiner Aufgaben zu unterstützen.

(3) Die durch die Tätigkeit des Heimfürsprechers entstehenden erforderlichen Kosten werden von dem Träger des Heims übernommen.

(4) Der Heimträger hat dem Heimfürsprecher zur Ausübung seines Amtes Zutritt zum Heim zu gewähren und ihm zu ermöglichen, sich mit den Bewohnern in Verbindung zu setzen.

1 Die **geltende Fassung** entspricht dem Entw. des BMFuS.

2 **Materialien**, Begründung des Entw., BR-Drs. 268/92, S. 18 f.:

Bestellung und Amtsführung des Heimfürsprechers ist das Pendant zur Regelung über die Bildung, Geschäftsführung und Stellung des Heimbeirates. Der Heimfürsprecher füllt in dem für die Tätigkeit des Heimbeirates vorgegebenen Rahmen ein Vakuum aus, das durch das Fehlen eines Heimbeirates entstanden ist. Aus dieser aufgabenmäßigen **Gleichstellung des Heimfürsprechers** mit dem Heimbeirat folgt für ihn eine weitgehende Übernahme der für den Heimbeirat geltenden Vorschriften. Sie werden durch die Absätze 3 und 4 ergänzt.

Nach Absatz 3 werden von dem Heimträger die **Kosten** der Tätigkeit des Heimfürsprechers übernommen. Diese Regelung geht gegenüber § 21 insoweit weiter, als der Heimträger nicht nur die Kosten trägt, die durch von ihm erbrachte Hilfen zur Erfüllung der Aufgaben des Heimbeirates entstanden sind. Allerdings wird die Kostenübernahme insoweit begrenzt, als die geltend gemachten Kosten auch erforderlich sein müssen. Dies bedeutet, daß nur Auslagen und Aufwendungen erstattet werden können, die notwendigerweise bei Ausübung des Amts entstanden sind. Hierbei ist zu berücksichtigen, daß nach § 5 Abs. 2 Heimgesetz die Tätigkeit des Heimfürsprechers unentgeltlich und ehrenamtlich ist, dieser also weder Vorteile noch wirtschaftliche Nachteile durch die Führung des Amts haben soll. Darüber hinaus bezieht sich die Erforderlichkeit auch auf die Wahl des jeweiligen Mittels und dessen Wertigkeit. Überzogene **Aufwendungen** könnten daher nicht erstattet werden. Überhaupt muß die Tätigkeit des Heimfürsprechers von dem Bemühen bestimmt sein, die Kosten hierfür möglichst gering zu halten. Dadurch können Umlagen mit der Folge von Entgelterhöhungen weitgehend vermieden werden. Da Aufwendungen vielfach regelmäßig für gleiche, wiederkehrende Aufwendungen entstehen werden, kann man zur Vereinfachung der Abrechnungen eine **Pauschalierung** für zulässig halten.

Nach Absatz 4 wird dem Heimfürsprecher ein **Betretungsrecht** eingeräumt. Dieses Recht folgt aus der Aufgabenstellung des Heimfürsprechers und setzt regelmäßig eine ständige Kontaktpflege des Heimfürsprechers zu den von ihm zu betreuenden Bewohnern im Heim voraus. Das Betretungsrecht kann grundsätzlich nur während der üblichen Geschäftszeit ausgeübt werden. Der Heimfürsprecher kann jedoch in Ausnahmefällen auch außerhalb der genannten Zeit Zutritt verlangen, wenn besondere Umstände dies erfordern.

Das Betretungsrecht bezieht sich nur auf Bereiche des Heims, deren Betreten zur Wahrnehmung der Aufgabe eines Heimfürsprechers erforderlich ist. In der Regel fallen hierunter alle Räumlichkeiten, die auch Heimbewohnern und ihren Gästen zugänglich sind. Räume, die dem **Hausrecht** des einzelnen Bewohners unterliegen, kann der Heimfürsprecher nur betreten, wenn hierfür ein Einverständnis des Bewohners vorliegt. In der Praxis wird davon auszugehen sein, daß der einzelne Bewohner grundsätzlich mit dem Besuch des Heimfürsprechers als Interessenwahrer der Heimbewohner einverstanden ist. Einen entgegenstehenden Willen muß der Bewohner in einer für den Heimfürsprecher erkennbaren Form erklären.

Die Pflicht des Heimträgers, dem Heimfürsprecher die Kontaktaufnahme zu einzelnen Bewohnern zu ermöglichen, enthält zugleich die Pflicht zur Unterstützung des Heimfürsprechers, wenn ihm ohne diese Mithilfe eine Verbindungsaufnahme zu den Bewohnern nicht oder nur schwer möglich ist. Dies gilt vor allem in Heimen mit bettlägerigen oder behinderten Bewohnern.

3   Die Vorschrift regelt in Abs. 1 Stellung und Amtsführung des Heimfürsprechers durch Verweis auf die Vorschriften, die für Heimbeiräte gelten (s. a. § 33) und statuiert in den Abs. 2 bis 4 Pflichten des Heimträgers.

4   Die in **Abs. 1** genannten Vorschriften betreffen:
   –   den Tätigkeitsbericht (§ 20),
   –   die Mitteilungsmöglichkeiten des Fürsprechers (§ 21 Abs. 2),
   –   das Benachteiligungs- und Begünstigungsverbot (§ 23),
   –   die Verschwiegenheitspflicht (§ 24).

5   Zur **Mitwirkung** des Heimfürsprechers s. § 33.

6   Die Unterstützung des Heimfürsprechers **(Abs. 2)** und die Kostentragung durch den Heimträger entsprechen den Pflichten gegenüber dem Heimbeirat nach § 21 (s. a. RN 2).

7   Das **Zutrittsrecht** (Abs. 4) ist in Verbindung mit Abs. 2 zu setzen. Es genügt deshalb nicht, daß der Heimträger die Bemühungen nicht behindert, er muß sie fördern. Das Recht der Heimbewohner, die Verbindung mit dem Heimfürsprecher abzulehnen, bleibt unberührt.

8   Wer vorsätzlich oder fahrlässig den Heimfürsprecher bei der Erfüllung seiner Aufgaben behindert oder wegen seiner Tätigkeit benachteiligt oder begünstigt, handelt ordnungswidrig (§ 34 Nr. 4).

Zweiter Teil
Mitwirkung des Heimbeirates und des Heimfürsprechers

Vorbemerkung zu §§ 29-32

1   Die **geltende Fassung** der §§ 29-32 entspricht weitgehend den §§ 25-28 a. F. (1976). Sie wurden nur redaktionell angepaßt, ausgenommen § 31 (= § 27 a. F.). In ihm sind in Abs. 1 die Sätze 3 und 4 und in Abs. 2 nach dem Wort "Bau" die Worte "zum Erwerb" eingefügt. Die Begründung a. F. behält daher ihre Bedeutung als Gesetzesmaterial.

2   **Materialien,** Begründung zur Fassung 1976, BR-Drs. 350/76, S. 32: Der Heimbeirat wirkt nach § 5 Abs. 1 des Gesetzes in Angelegenheiten des Heimbeirates mit. **Mitwirkung** bedeutet als schwächere Form der Beteiligung – im Gegensatz zur Mitbestimmung – keine Abhängigkeit des Trägers oder Leiters der Einrichtung von dem Einverständnis des Heimbeirates. Träger und Leiter müssen den Heimbeirat beteiligen, aber sie werden – wie auch in § 2 Abs. 2 des Gesetzes ausdrücklich bestimmt – in ihrer Selbständigkeit und damit in ihrer Entscheidungsfreiheit nicht eingeschränkt. Dies darf andererseits aber auch nicht dazu führen, daß die Mitwirkung des Heimbeirates zu einer reinen Farce wird. Deshalb ist in § 28 Absatz 1 (d. Verf.: jetzt § 32 Abs. 1) noch einmal ein **Leitmotiv** der Mitwirkung des Heimbeirates, nämlich Bemühen um gegenseitiges Vertrauen im Sinne eines partnerschaftlichen Verhaltens, aufgeführt worden. Weder Heimbeirat noch Träger oder Leiter sollen sich im Mitwirkungsbereich von reinem formalen Handeln mit dem Ziel leiten lassen, lediglich ihre unterschiedlich, vielfach sogar gegeneinander gerichteten Interessen einseitig zu wahren. Jede Mitwirkungsregelung muß letztlich unbefriedigend bleiben, wenn es nicht gelingt, sie mit einer ihrem Zweck entsprechenden inneren Einstellung aller Beteiligten anzuwenden.

Der **Selbständigkeit des Trägers** oder des Leiters ist es immanent, daß bei divergierenden Auffassungen keine Schieds- oder Beschwerdeinstanz eingeschaltet werden kann. Die von einem Träger oder von einem Leiter getroffene Entscheidung ist bindend und einer Überprüfung mit dem Ziel der Aufhebung oder Korrektur entzogen. Dies schließt nicht aus, daß in berechtigten Fällen – unabhängig von der Funktion des Heimbeirates – die zuständige Behörde im Rahmen ihrer allgemein bestehenden **Überwachungspflicht** von den Bewohnern eingeschaltet wird.

Im § 25 (d. Verf.: jetzt § 29) sind die Aufgaben des Heimbeirates enumerativ aufgeführt. Sie werden für den Bereich der Mitwirkung bei Entscheidungen durch die §§ 26 und 27 (d. Verf.: jetzt §§ 30 und 31) ergänzt.

§ 28 legt **Form und Durchführung** der Mitwirkung des Heimbeirates fest und bringt die inhaltliche Ausgestaltung des Mitwirkungsbegriffs i. S. des Heimgesetzes und der Verordnung. In § 28 wird insbesondere näher aufgeführt, was auf seiten des Leiters und des Trägers zu tun ist, damit der Heimbeirat die in §§ 22 bis 27 aufgeführten Funktionen erfüllen kann. (Jetzt §§ 26 bis 32, d. Verf.)

Der in § 26 (jetzt § 30) aufgestellte Katalog enthält Maßnahmen, deren Berücksichtigung sich auf Grund umfassender Ermittlungen in der Praxis als zweckdienlich und geboten erwiesen hat.

Es sind nur Angelegenheiten erfaßt worden, durch die der Bewohner einer Einrichtung in seiner Persönlichkeitssphäre direkt oder indirekt berührt wird. Fragen, die sich außerhalb des Heimlebens stellen, können nicht Gegenstand der Mitwirkungsregelung sein.

Die **Aufzählung ist nicht erschöpfend.** Es ist den Bewohnern und Trägern unbenommen, für einzelne Einrichtungen die Mitwirkung auf weitere Angelegenheiten des Heimbetriebes im Wege der **freien Vereinbarung** auszudehnen.

In § 27 (jetzt § 31) wird die Mitwirkung auf Fälle erweitert, in denen **Finanzierungsbeiträge** an den Träger geleistet worden sind. Hierunter fallen jedoch nur Leistungen, die von dem Bewohner selbst oder von dritten Personen für ihn im Zusammenhang mit seiner Unterbringung erbracht worden sind. Leistungen der öffentlichen Hand oder andere finanzielle Hilfen, die dem Träger zur Finanzierung der Einrichtung gewährt werden, begründen kein Mitwirkungsrecht des Heimbeirates nach § 27. Zweck dieser Bestimmung ist es vielmehr, dem einzelnen Bewohner über das Gremium des Heimbeirates eine zusätzliche Möglichkeit der Sicherung seiner oder der zu seinen Gunsten gewährten Leistungen zu eröffnen. Daher entfällt auch eine Mitwirkung, wenn alle Ansprüche der einzelnen Bewohner gegen den Träger erloschen sind.

§ 29 Aufgaben des Heimbeirates

Der Heimbeirat hat folgende Aufgaben:

1. Maßnahmen des Heimbetriebes, die den Bewohnern des Heims dienen, bei dem Leiter oder dem Träger des Heims zu beantragen,

2. Anregungen und Beschwerden von Bewohnern entgegenzunehmen und erforderlichenfalls durch Verhandlungen mit dem Leiter oder in besonderen Fällen mit dem Träger auf ihre Erledigung hinzuwirken,

3. die Eingliederung der Bewohner in dem Heim zu fördern,

4. bei Entscheidungen in Angelegenheiten nach den §§ 30, 31 mitzuwirken,

5. vor Ablauf der Amtszeit einen Wahlausschuß zu bestellen (§ 6),

6. den Bewohnern einen Tätigkeitsbericht zu erstatten (§ 20).

1   Die **geltende Fassung** wurde redaktionell überarbeitet, sie entspricht sonst § 25 a. F.

2   **Materialien** zur Fassung 1976 s. Vorbem. vor § 29, RN 2.

3   Die **Vorschrift** bestimmt die Aufgaben des Heimbeirates. Sie wird ergänzt durch die Mitwirkung bei Entscheidungen des Heimleiters nach § 30 und bei Leistung von Finanzierungsbeiträgen nach § 31.

Die Vorschrift unterscheidet verschiedene Formen für die Aufgabenerfüllung des Heimbeirates: beantragen (Nr. 1), entgegennehmen und hinwirken (Nr. 2), fördern (Nr. 3), mitwirken (Nr. 4). Der Wortlaut verdeutlicht, wie eingeschränkt die Mitwirkung des Heimbeirats in Angelegenheiten des Heimbetriebes ist. S. dazu Vorbem. vor § 29 RN 2, § 5 HeimG mit Erl. und Einl. RN 4. Die Begründung zur Fassung 1976 geht davon aus, daß die "unterschiedlich, vielfach sogar gegeneinander gerichteten Interessen" nicht "einseitig zu wahren" sind.

Das würde, bei den realen Kräfteverhältnissen, die Arbeit der Heimbeiräte benachteiligen, wenn Träger und / oder Leiter nicht stets bewußt und konsequent partnerschaftlich handeln (s. a. Vorbem. vor § 29 RN 2).

4   **Maßnahme des Heimbetriebes** i. S. v. Nr. 1 ist alles, was geeignet erscheint, die Lebensqualität der Bewohner zu verbessern (s. dazu § 2 HeimG RN 7 ff.). Insbesondere ist hier an Maßnahmen zu denken, die die Selbständigkeit und Selbstverantwortung der Bewohner stärken und verbessern können.

5   **Zu Nr. 2:** "Beschwerde" ist nicht förmlich zu verstehen. Es genügt, daß ein Bewohner seine Ablehnung gegen irgendeine Form der

'Unterbringung' (§ 1 Abs. HeimG) an den Heimbeirat heranträgt oder einen Wunsch auf Abhilfe erkennen läßt.

5.1 **Entgegennehmen** beinhaltet bei dem Vertrauensverhältnis, das zwischen Heimbeirat und Bewohnern bestehen soll, in der Regel die Möglichkeit, das Anliegen im Heimbeirat vorzutragen und zu begründen, obwohl der Wortlaut nur die Entgegennahme und ggf. das Hinwirken auf eine Entscheidung statuiert.

5.2 Die Vorschrift bestimmt nicht, ob und ggf. wie auf die Erledigung **hinzuwirken** ist. Das ist dem Heimbeirat überlassen (s. dazu Einl. RN 4). Anregungen oder Beschwerden, die nicht erledigt werden, entmutigen die Bewohner insgesamt und nicht nur den jeweils betroffenen Bewohner. Daher ergibt sich hier für den Heimbeirat eine nachdrückliche Verpflichtung.

Zu verhandeln ist mit dem Leiter, nur in 'besonderen Fällen' mit dem Träger. Ein besonderer Fall kann vorliegen, wenn die Erledigung die Kompetenz des Heimleiters übersteigt. Dann ist es sinnvoll, mit dem Träger direkt zu verhandeln. (So. a. Dahlem / Giese, 15. Lfg. Rz. 5.2 und Kunz / Ruf / Wiedemann, 4. Aufl. § 25 a. F. Rz. 2). Erledigt der Leiter eine Beschwerde / Anregung nicht, der der Heimbeirat Bedeutung beimißt, liegt ebenfalls ein besonderer Fall vor.

6 Die **Förderung der Eingliederung** ist allgemein zu verstehen und nicht auf neue Bewohner beschränkt. Es kann sich dabei (z. B. bei Verwirrten oder psychisch behinderten Bewohnern) um eine Daueraufgabe handeln. Hierzu wird die fachliche Beratung gem. § 32 Abs. 2 regelmäßig und fortlaufend erforderlich sein. Durch § 29 Nr. 3 wird der Träger nicht von seinen Verpflichtungen im Zusammenhang mit der 'Unterbringung' (§ 1 Abs. 1 HeimG) befreit (s. dazu a. Einleitung zu dieser V in RN 2.2 bes. Abs. 2 u. § 2 RN 2 (Verantwortung).

7 Zu **Nr. 4** s. Erl. zu §§ 30 u. 31.

8 Zu **Nr. 5** s. Erl. zu § 6.

9 Zu **Nr. 6** s. Erl. zu § 20.

§ 30 Mitwirkung bei Entscheidungen

Der Heimbeirat wirkt bei Entscheidungen des Leiters oder des Trägers in folgenden Angelegenheiten mit:

1. Aufstellung oder Änderung der Musterverträge für Bewohner und der Heimordnung,

2. Maßnahmen zur Verhütung von Unfällen,

3. Änderung der Heimkostensätze,

4. Planung oder Durchführung von Veranstaltungen,

5. Freizeitgestaltung,

6. Unterkunft, Betreuung und Verpflegung,

7. Erweiterung, Einschränkung oder Einstellung des Heimbetriebes,

8. Zusammenschluß mit einem anderen Heim,

9. Änderung der Art und des Zweckes des Heims oder seiner Teile,

10. umfassende bauliche Veränderungen oder Instandsetzungen des Heims.

1 Die **geltende Fassung** wurde in Nr. 1 und 6 nach Maßgabe des BR geändert, entspricht aber sonst dem § 26 a. F.

2 **Materialien** (zur Fassung 1976 s. Vorbem. vor § 29, RN 2).

2.1 Begründung zur 1. ÄndV Nr. 1(a) und Nr. 6(b) BR-Drs. 268/92, S. 20:

> Unter Buchstabe a ist die Mitwirkung des Heimbeirates auf Entscheidungen bei Musterverträgen für Bewohner ausgedehnt worden. Damit wird einer Praxis Rechnung getragen, die vielfach die inhaltliche Ausgestaltung des Heimverhältnisses in solchen Verträgen regelt.

> Die Änderung unter Buchstabe b entspricht der Neufassung des § 1 Heimgesetz, wonach die Betreuung auch die Pflege umfaßt. Die bisherige Fassung unter § 26 Nr. 6 war daher zu eng.

3 Die **Vorschrift** zählt abschließend die Angelegenheiten auf, in denen der Heimbeirat bei Entscheidungen des Leiters oder Trägers mitwirkt. Über den Umfang der Mitwirkung s. a. Vorbem. zu §§ 29–32, RN 2 u. § 5 HeimG RN 6–8. Die Mitwirkung ist ein Recht des Heimbeirates; allerdings ist nicht erzwingbar, daß er dieses Recht im Sinne des § 2 Abs. 1 HeimG wahrnimmt. Für den Heimbeirat gibt es keine dem § 26 entsprechende Bestimmung.

Der Mitwirkungsbereich kann durch Vereinbarung oder durch betriebsübliche Regelungen **erweitert**, jedoch nicht eingeschränkt werden.

4 **Aufstellung und Änderung der Heimordnung:** Sie ist mit der Anzeige nach § 7 HeimG der zuständigen Behörde vorzulegen und unterliegt deren Beurteilung, z. B. ob sie den Interessen und Bedürfnissen der Bewohner entspricht (§ 2 Abs. 1 HeimG). Es ist daher sinnvoll, daß die Bewohner daran über den Heimbeirat mitwirken. Allerdings sind bereits durch § 2 Abs. 2 HeimG Grenzen, vor allem bei religiös oder weltanschaulich ausgerichteten Heimen, gesetzt. Zu den Grenzen der Mitwirkung s. § 5 HeimG, RN 6-8.

In diesem Spannungsverhältnis liegt ein besonderes Problem. Wer nach sorgfältiger Prüfung der Informationen (§ 4 Abs. 4 HeimG) in ein Heim eintritt, bekundet damit, daß er auch die Heimordnung akzeptiert. Das ist wichtig auch im Hinblick auf § 4b Abs. 3 Nr. 3 HeimG. Bei den meisten Heimaufnahmen ist eine solche Prüfung und Entscheidung gar nicht möglich, weil kein anderer Heimplatz vorhanden ist (z. B. weil in der Region nur ein weltanschaulich oder religiös ausgerichtetes Heim besteht, deren Zielsetzung vom Bewohner nicht geteilt wird), eine freie Wahl also gar nicht möglich war. Es ist unter solchen Voraussetzungen zweifelhaft, ob der Heimbeirat eine allgemein akzeptable Fassung i. S. von § 2 Abs. 1 durchsetzen kann (s. dazu a. §'2 HeimG, RN 11.3).

5   Der **Änderung der Heimsätze** (Nr. 3) kommt besondere rechtliche Bedeutung zu. Auf Grund der Vorschrift ist der Heimbeirat über die Absicht, die Gründe und das Ausmaß einer Änderung rechtzeitig zu unterrichten. Er hat die Möglichkeit, sich dann einen sachverständigen Dritten beraten zu lassen (§ 17 Abs. 4) und in der Sitzung unter Umständen Spar- oder Änderungsvorschläge zu beschließen, die dann dem Leiter / Träger unterbreitet werden. Durch die Neufassung von § 93 Abs. 2 BSHG durch das 2. SKWPG v. 21. 12. 93 (BGBl. I. s. 2374) wird diese Mitwirkung in den meisten Heimen kaum noch möglich sein.

6   Soweit das Entgelt wegen Kostensteigerungen durch einseitige Erklärung (§ 4 HeimG) geändert werden kann, ist diese nach Grund und Höhe gegenüber dem "Bewohner" geltend zu machen und zu begründen. Die Ansicht des LG Göttingen (ZfSH 1978.80), der Heimbeirat sei insoweit "Vertretungsorgan der Heimbewohner" wird wegen des § 4c Abs. 3 nicht geteilt (s. a. Dahlem / Giese, 15. Lfg. § 30 Rz. 6).

§ 31 Mitwirkung bei Leistung von Finanzierungsbeiträgen

(1) Wenn im Zusammenhang mit der Unterbringung eines Bewohners in dem Heim von ihm oder von Dritten zu seinen Gunsten Finanzierungsbeiträge an den Träger geleistet worden sind, wirkt der Heimbeirat auch bei der Aufstellung der Haushalts- oder Wirtschaftspläne mit. Dem Heimbeirat sind zu diesem Zweck die erforderlichen Informationen zu geben. Der Träger hat insbesondere anhand der in Satz 1 genannten Pläne über die wirtschaftliche Lage des Heims schriftlich zu berichten. Der Heimbeirat kann hierbei auch Auskünfte über die Vermögens- und Ertragslage des Heims und, sofern vom Träger ein Jahresabschluß aufgestellt worden ist, Einsicht in den Jahresabschluß verlangen.

(2) Finanzierungsbeiträge im Sinne des Absatzes 1 sind alle Leistungen, die über das für die Unterbringung vereinbarte laufende Entgelt hinaus zum Bau, zum Erwerb, zur Instandsetzung, zur Ausstattung oder zum Betrieb des Heims erbracht worden sind.

(3) Die Mitwirkung des Heimbeirates entfällt, wenn alle Ansprüche, die gegenüber dem Träger durch die Leistung von Finanzierungsbeiträgen begründet worden sind, durch Verrechnung, Rückzahlung oder in sonstiger Weise erloschen sind.

1   Die **geltende Fassung** entspricht § 27 a. F. Neu angefügt wurden in Abs. 1 die Sätze 3 u. 4; letzterer nach Maßgabe des BR.

2   **Materialien**

2.1   Begründung zur Fassung 1976 s. Vorbem. vor § 29 RN 2.

2.2   Aus der Begründung des BMFuS 1992, BR-Drs. 268/92, S. 20 zu 15:

Bei der Durchsetzung einer erweiterten Mitwirkung des Heimbeirates in dem bisherigen § 27 Abs. 2 haben sich in der Praxis Zweifel darüber ergeben, wie der Heimbeirat bei der **Aufstellung der Haushalts- und Wirtschaftspläne** zu beteiligen ist, insbesondere welchen Umfang und Inhalt die Informationspflicht des Heimträgers gegenüber dem Heimbeirat hat. Ausgehend von der Ermächtigung § 5 Abs. 1 Satz 2 Heimgesetz, wonach sich die Mitwirkung des Heimbeirates auch auf die Verwaltung sowie die Geschäfts- und Wirtschaftsführung des Heimes bei der Gewährung von Finanzierungsbeiträgen erstreckt, erscheint die Ergänzung des Absatzes 1 als ein sachgerechter Ausgleich zwischen den Interessen der Heimbewohner und denen des Heimträgers. Die Heimbewohner müssen durch den Heimträger so informiert werden, daß sie ihre Mitwirkungsrechte voll wahrnehmen können, ohne daß jedoch die Mitwirkung zu einer unzumutbaren Belastung des Heimträgers in Ansehung seiner betrieblichen Belange führt. Es ist daher gerechtfertigt, daß der Heimträger anhand der Haushalts- und Wirtschaftspläne schriftlich über die wirtschaftliche Lage berichtet und der Heimbeirat hierbei zu seinem besseren Verständnis auch Auskünfte über die Vermögens- und Ertragslage verlangen kann.

2.3   **Begründung des BR zur Fassung von § 31 Abs. 1 Satz 4 – neu – (BR-Drucks. 268/1/92:**

Nach § 5 Abs. 1 Satz 2 Heimgesetz ist die Mitwirkung der Heimbewohner durch den Heimbeirat auf die Verwaltung sowie die Geschäfts- und Wirtschaftsführung des Heims zu erstrecken, wenn Leistungen im Sinne des § 14 Abs. 2 Nr. 3 Heimgesetz erbracht worden sind. Der neue § 31 Abs. 1 der Heimmitwirkungsverordnung sieht nunmehr vor, daß der Träger über die wirtschaftliche Lage des Heims schriftlich zu berichten hat und der Heimbeirat hierbei auch Auskünfte über die Vermögens- und Ertragslage des Heims verlangen kann.

Zu den für den Heimbeirat besonders verläßlichen Informationen über die wirtschaftliche Lage des Heims zählt der **Jahresabschluß**. Deshalb soll, sofern ein Jahresabschluß aufgrund bereits bestehender Rechtsvorschriften oder freiwillig aufgestellt worden ist – und nur für diesen Fall kann die Verordnung eine entsprechende Verpflichtung begründen –, der Heimbeirat Einsicht in den Jahresabschluß verlangen können. Ein solches Einsichtsrecht ist dem Träger auch zumutbar, da es keine zusätzlichen Bilanzierungspflichten auslöst und mit nur geringem Verwaltungsaufwand erfüllt werden kann.

3   Die **Vorschrift** enthält Bestimmungen über die erweiterte Mitwirkung, wenn Leistungen i. S. des § 14 Abs. 2 Nr. 3 HeimG erbracht worden sind. Rechte und Pflichten ergeben sich:

   – bei Aufstellung von Haushalts- und Wirtschaftsplänen (Abs. 1 S. 1),

   – bei der Informationspflicht des Trägers (Abs. 1, S. 2)

   – bei dem schriftlichen Bericht über die wirtschaftliche Lage des Heimes (Abs. 1 S. 3),

   – bei Auskünften zur Vermögens- und Ertragslage des Heimes gem. Abs. 1 S. 4 und

   – ggf. bei Einsichtnahme in den Jahresabschluß.

4   Die **erweiterte Mitwirkung** tritt ein, wenn ein Finanzierungsbeitrag (Abs. 2) geleistet worden ist. Sie ist zwingend ("wirkt...mit") und kann auch nicht durch Vertrag (z. B. vor Leistung der Beiträge) ausgeschlossen werden.

5   Die detaillierte **Information** nach Abs. 1 S. 2-4 ist vollständig zu erfüllen, da sie die Voraussetzung für eine Mitwirkung der Heimbeiträge ist (s. dazu RN 2.2). **Haushalts- und Wirtschaftspläne** sind die mit kaufmännischer Sorgfalt ermittelten und geordnet zusammengestellten Unterlagen über Einnahmen, Ausgaben, Vermögen, Personal usw. für einen Planungsabschnitt. Es genügt nicht, dem Heimbeirat lediglich Teile oder Notizen zur Verfügung zu stellen. Die Anknüpfung an S. 3 bedeutet, daß die Auskünfte schriftlich erteilt werden müssen.

6   **Jahresabschluß**: Gewerbliche Träger sind verpflichtet, zum Schluß eines Geschäftsjahres eine Abschlußrechnung zu erstellen (s. unter anderem §§ 238 ff. HGB i. d. F. v. 19. 12. 1985). Bei öffentlich-rechtlichen und gemeinnützigen Trägern sind sie üblich.

7   **Abs. 2** entspricht § 14 Abs. 1 Nr. 3 HeimG (s. dort RN 8.3).

8   Die erweiterte Mitwirkung endet erst, wenn **alle Ansprüche** (d. h. auch alle Zinsansprüche) erloschen sind. Strittige oder streitbefangene Ansprüche sind nicht erloschen.

§ 32 Form und Durchführung der Mitwirkung des Heimbeirates

(1) Die Mitwirkung des Heimbeirates soll von dem Bemühen um gegenseitiges Vertrauen und Verständnis zwischen Bewohnern, Leiter und Träger des Heims bestimmt sein.

(2) Zur Erfüllung seiner Aufgaben ist der Heimbeirat durch den Leiter oder durch den Träger des Heims ausreichend und rechtzeitig zu informieren und nach Möglichkeit auch fachlich zu beraten.

(3) Entscheidungen in Angelegenheiten nach den §§ 30, 31 hat der Leiter oder der Träger des Heims mit dem Heimbeirat vor ihrer Durchführung rechtzeitig und mit dem Ziel einer Verständigung zu erörtern. Anregungen des Heimbeirates sind in die Überlegungen bei der Vorbereitung der Entscheidungen einzubeziehen.

(4) Anträge oder Beschwerden des Heimbeirates sind vom Leiter oder vom Träger des Heims in angemessener Frist zu bescheiden.

1   Die **geltende Fassung** entspricht bis auf redaktionelle Anpassungen § 28 a. F.

2   Zu **Materialien** s. Begründung 1976, Vorbem. vor § 29, RN 2.

3   In der Vorschrift stellt der Gesetzgeber sein **Leitbild für die Mitwirkung** auf. Der Grundakkord, der auch das 'Heimklima' bestimmen soll, ist das "Bemühen um gegenseitiges Vertrauen und Verständnis". Das setzt partnerschaftliche Praxis von Träger und Leiter – selbstverständlich und alltäglich – voraus und ihren Willen zur Verständigung (Abs. 3). Daraus ergibt sich auch deren Pflicht zu begründen, weshalb u. U. Anträgen oder Anregungen nicht gefolgt wird.

Und das setzt bei Heimbeirat und Bewohnern Verständnis für die besonderen Voraussetzungen des Heimlebens voraus. Abs. 1 ist bewußt vorangestellt. Die Vorschriften ergänzen einander und sind im Zusammenhang mit § 2 HeimG zu sehen.

4   **Normadressat** der Abs. 2 u. 3 sind der Leiter oder der Träger je nach der Aufgabenverteilung.

5   Die **Informationspflicht** erstreckt sich auf alle Aufgaben des Heimbeirats (§§ 29-31) und nicht nur auf Entscheidungen nach § 30. Die **fachliche Beratung** ist 'nach Möglichkeit' des jeweiligen Heimes / Trägers zu erbringen.

6   **Abs. 3** ist eine zentrale Bestimmung der Mitwirkung. Gefordert wird, Entscheidungen nach §§ 30, 31

    –   vor ihrer Durchführung,

    –   rechtzeitig,

    –   mit dem Ziel der Verständigung zu erörtern und

     –   Anregungen des Heimbeirates in die Überlegungen einzubeziehen.

Welche Bedeutung dieser Durchführung beigemessen wird, ergibt sich u. a. aus § 34 Nr. 5. Die **Ordnungswidrigkeit** bezieht sich nicht auf die Entscheidung, sondern auf den Prozeß der Entscheidungsfindung bei Leiter / Träger vor der 'Durchführung'. Eine Verpflichtung, den Anregungen des Heimbeirates nachzukommen, besteht nicht.

7   **Abs. 4** ist im Gegensatz zu Abs. 3 nicht mit einer Ordnungswidrigkeit bewehrt. Die Pflicht, Anträge und Beschwerden zu bescheiden und zwar in angemessener Frist, läßt sich u. U. nur bei groben Verstößen über § 6 Abs. 3 Nr. 1 und 2 HeimG (s. dort RN 14-14.3) sowie 16 i. Verb. mit §§ 12, 15, 16 HeimG verwirklichen. **Formale Voraussetzungen** für Anträge und Beschwerden stellt die V nicht; alles was – aus der Sicht des Heimbeirats – erkennbar ein Antrag oder eine Beschwerde ist, wird von der Verpflichtung erfaßt (s. a. RN 3). Der Bescheid kann mündlich oder schriftlich erfolgen.

§ 33 Mitwirkung des Heimfürsprechers

Die §§ 29 bis 32 gelten für die Mitwirkung des Heimfürsprechers entsprechend.

1   Die **geltende Fassung** ist 1992 (1. ÄndV) eingefügt.

2   **Materialien**, Begründung BMFuS, BR-Drs. 268/92, S. 21 zu 17:

Der Heimfürsprecher tritt an die Stelle des Heimbeirates, solange dieser nicht gebildet werden kann. Dies bedeutet, daß die Mitwirkungsrechte bei Heimbeirat und Heimfürsprecher gleich sind. Insoweit sind die §§ 25 bis 28 (d. Verf.: jetzt §§ 29 bis 32) auf den Heimfürsprecher entsprechend anzuwenden.

3   Zum Rechtsinstitut **'Heimfürsprecher'** s. § 5 HeimG u. §§ 25-28, zu seiner Mitwirkung §§ 29-33 mit Erläuterung.

Dritter Teil
Ordnungswidrigkeiten
und Schlußvorschriften

§ 34 Ordnungswidrigkeiten

Ordnungswidrig im Sinne des § 17 Abs. 2 Nr. 1 des Heimgesetzes handelt, wer vorsätzlich oder fahrlässig

1. entgegen § 6 Abs. 2 einen Wahlausschuß nicht bestellt oder entgegen § 8 die für die Vorbereitung oder Durchführung der Wahl erforderliche personelle oder sächliche Unterstützung nicht gewährt.

2. entgegen § 9 Abs. 1 die Wahl des Heimbeirates behindert oder beeinflußt,

3. entgegen § 11 Abs. 1 Satz 1 oder Abs. 2 eine Mitteilung unterläßt,

4. entgegen § 23, auch in Verbindung mit § 28 Abs. 1, ein Mitglied des Heimbeirates oder den Heimfürsprecher bei der Erfüllung seiner Aufgaben behindert oder wegen seiner Tätigkeit benachteiligt oder begünstigt,

5. entgegen § 32 Abs. 3 Satz 1 Entscheidungen vor ihrer Durchführung nicht rechtzeitig erörtert.

1   Die **geltende Fassung** entspricht weitgehend § 29 a. F. Durch 1. ÄndV wurde in Nr. 1 "oder 3" gestrichen und Nr. 4 geändert (BR-Drs. 268/92, S. 9 zu Nr. 18 a und b).

2   **Materialien**

2.1 Begründung zur Fassung 1976, BR-Drs. 350/76, S. 34:

§ 17 Abs. 2 Nr. 1 des Gesetzes ermöglicht für bestimmte Tatbestände der Verordnung eine Verweisung auf die Ordnungswidrigkeitsregelung des Gesetzes. Hiervon ist bei jenen Pflichten Gebrauch gemacht worden, deren Erfüllung für die Erreichung des Verordnungszwecks entscheidend und unumgänglich ist. Der Kreis eine Ordnungswidrigkeit auslösenden Tatbestände ist bewußt in der Erwartung klein gehalten worden, daß Einstellung und Verständnis der Beteiligten die Ahndung mit Geldbußen nicht erforderlich machen. Inwieweit im übrigen eine Ordnungswidrigkeit mit Geldbuße geahndet wird, ist gemäß § 17 Abs. 3 Heimgesetz der Ermessensentscheidung der zuständigen Behörde überlassen.

2.2 Begründung BMFuS z. Fassung 1992, BR-Drs. 268/92, S. 21:

... Die Streichung in § 29 Nr. 1 war erforderlich, weil die bisherige Regelung des § 6 Abs. 3 obsolet geworden ist.

3 Zu **Ordnungswidrigkeiten** und **Bußgeldverfahren** s. § 17 HeimG RN 4-8.

§ 35 (Inkrafttreten)

Anmerkung: Die V a. F. ist am 1. August 1976 – in den neuen Bundesländern am 3. 10. 1990, s. Einleitung zum HeimG RN 2 – in Kraft getreten. Die V in der neuen Fassung wurde am 22. 7. 1992 verkündet und trat am 23. Juli 1992 in Kraft. (S. a. Artikel 5 des 1. ÄG).

Heimsicherungsverordnung (HeimsicherungsV)

Verordnung über die Pflichten der Träger von Altenheimen, Altenwohnheimen und Pflegeheimen für Volljährige im Falle der Entgegennahme von Leistungen zum Zwecke der Unterbringung eines Bewohners oder Bewerbers (HeimsicherungsV)

Vom 24. April 1978 (BGBl. I S. 553)

Inhaltsübersicht

1　**Entstehung der Verordnung**

Finanzskandale, bei denen zahlreiche Heimbewohner und Bewerber ihre Finanzierungsbeiträge und oft auch noch den Heimplatz verloren hatten, haben den Erlaß des HeimG wesentlich mitveranlaßt. Bereits das HeimG i. d. F. 1974 enthielt als Kann-Bestimmung die Ermächtigung zum Erlaß einer RechtsVO u. a. zur Sicherung von Finanzierungsbeiträgen (§ 14 Abs. 4 a. F.). Inhaltlich gilt sie heute noch unverändert; das 1. ÄG änderte sie (jetzt Abs. 7) nur redaktionell. Zuständig ist nach der Auflösung des BMJFFG jetzt das BMFuS.

22. 02. 1978　Die HeimsicherungsV wird dem BR zur Zustimmung zugeleitet (BR-Drs. 118/78).

21. 04. 1978　Der BR stimmt der V mit der Maßgabe einiger Änderungen zu (BR-Drs.118/78 – Beschluß).

24. 04. 1978　Verkündung der HeimsicherungsV (BGBl. I S. 553).

2　**Materialien:** (BR-Drs. 118/78, S. 17 ff.);

Aus der Begründung – Allgemeiner Teil –:

1.　Durch die Regelungen des § 14 Heimgesetz soll verhindert werden, daß alte Menschen sowie pflegebedürftige oder behinderte Volljährige, die sich einer der oben genannten Einrichtungen anvertrauen, in ihrer Hilflosigkeit und Unerfahrenheit wirtschaftlich ausgenutzt oder benachteiligt werden.

Der Gesetzgeber verbietet daher grundsätzlich jegliche **Vermögensvorteile,** die ein Träger über das laufende Entgelt für Unterbringung, Beköstigung und Pflege hinaus erzielt. Auch Leistungen, die die Unterbringung in einer Einrichtung erst ermöglichte, werden von diesem Verbot erfaßt. Allerdings modifiziert der Gesetzgeber das Verbot solcher Leistungen insoweit, als er dem Träger ihre Entgegennahme formalrechtlich zwar gestattet, zugleich aber ihre Rückzahlung anordnet, sofern sie nicht mit dem Entgelt verrechnet ist oder Ausnahmen zugelassen worden sind.

2.　Die Heimsicherungsverordnung gilt formal **für alle Träger** von Einrichtungen...

3.　Die Heimsicherungsverordnung legt die **Pflichten** des Heimträgers und die **Prüfung** ihrer Einhaltung in den Fällen fest, in denen der Träger Geld oder geldwerte Leistungen zum Zwecke der Unterbringung eines Bewohners oder Bewerbers in einer Einrichtung entgegengenommen hat. Hierbei konnte nicht unberücksichtigt bleiben, daß der Sicherung des Rückzahlungsanspruches wirtschaftliche **Grenzen** des Trägers gesetzt sind. Sowohl bei der Ausgestaltung der Rückzahlungspflicht als auch bei ihrer Absicherung darf die Existenz der jeweiligen Einrichtung nicht in Frage gestellt werden. Überzogene, von dem Träger nicht oder nur schwer erfüllbare Anforderungen könnten sonst für Bewerber oder Bewohner dazu führen, daß gerade das eintritt, vor dem sie geschützt werden sollen, nämlich Aufgabe einer geplanten oder bestehenden Einrichtung und möglicherweise Verlust der von ihnen erbrachten Leistungen an den Träger. Außerdem würde auch die Bereitschaft der Träger, dringend benötigte neue Einrichtungen zu schaffen, wesentlich eingeschränkt.

In besonderem Maße gilt dies bei der Erbringung von **Sicherheiten** für die Erfüllung des Rückzahlungsanspruches. Bei der Abwägung des besonderen Schutzinteresses der Bewohner mit dem für Träger wirtschaftlich Zumutbaren erschien eine flexible Lösung durch Einführung einer Generalklausel als die beste und sachgerechteste. Danach sollen Sicherheiten so geleistet werden, daß die Gefahr eines erheblichen finanziellen Ausfalls für den Bewohner oder den Bewerber ausgeschlossen wird. Dem entspricht auch die in den Ausschußberatungen des Deutschen Bundestages ausdrücklich getroffene Feststellung, daß eine 100prozentige Sicherung der Leistungen nicht erreicht werden kann. Darüber hinaus wird auf diese Weise vermieden, daß die Kosten für die Sicherheitsleistungen in einem nicht mehr vertretbaren Verhältnis zur Höhe des Entgeltes und der zu sichernden Leistung des Bewohners oder Bewerbers stehen.

4. Durch den verstärkten Schutz des Heimgesetzes in § 14 und der darauf basierenden Verordnung werden **andere Schutzvorschriften** nicht ausgeschlossen. Bei der Entgegennahme von Finanzierungsbeiträgen durch den Träger müssen insbesondere die Bestimmungen des Gesetzes über das Kreditwesen in der Fassung der Bekanntmachung vom 3. Mai 1976 (BGBl. I S. 1121) beachtet werden. Nach ihm bedarf es im Regelfall zum Betreiben des Einlagengeschäftes (§ 1 Abs. 1 der Verordnung) und des Garantiegeschäfts (§ 12 Abs. 2 der Verordnung) einer Erlaubnis durch das Bundesaufsichtsamt für das Kreditwesen. Soweit dieses Gesetz anwendbar ist, geht es mit seinen zum Teil strengen Anforderungen dem Heimgesetz und der Heimsicherungsverordnung vor. Letztere greifen nur dann ein, wenn sie über die Anforderung des Gesetzes über das Kreditwesen hinausgehen oder ein Bankgeschäft nach diesem Gesetz nicht vorliegt.

5. Eine wirksame Praktizierung der Schutzvorschriften setzt die **Überprüfung** ihrer Einhaltung voraus. Zu diesem Zweck soll ein geeigneter Prüfer eingeschaltet werden...

6. § 14 Abs. 3 Heimgesetz... (betraf die Fassung vom 7. August 1974 und begründete, weshalb die V sich auf Leistungen zur Unterbringung aber nicht auf Leistungen zum Zwecke des Eigentumerwerbs erstreckt; s. RN 2 zu § 14 HeimG; d. Verf.).

7. Bund, Ländern und Gemeinden entstehen aus der Durchführung der Verordnung keine Mehrkosten... Bei privaten oder freigemeinnützigen Trägern sind die **Kosten** zur Sicherung der Rückzahlungsansprüche von den Einrichtungen zu tragen.

3　Die Bestimmung des § 14 HeimG ist **mit dem GG vereinbar** (s. dazu § 14 HeimG RN 15 und Einl. HeimG RN 3; 3.2). Die Ermächtigung zum Erl. der HeimsicherungsV ist hinreichend bestimmt. Der Rahmen der Ermächtigung wurde fast vollständig ausgeschöpft (s. im übrigen auch Erl. zu § 14 HeimG).

4　**Die Anwendung sonstiger Schutzbestimmungen** (z. B. Gesetz über das Kreditwesen, § 823 BGB u. a.) wird durch die HeimsicherungsV nicht berührt.

5　Die **geltende Fassung** entspricht weitgehend dem Entwurf des BMJFG v. 22. 2. 78 (BR-Drs. 118/78). Die inhaltlichen Maßgaben des BRes (BR-Drs. 118/78 (Beschluß) betreffen §§ 11 Abs. 1 S. 2 und 21 Abs. 2. Auf sie wird in den Erläuterungen hingewiesen. Bei den Maßgaben zu §§ 7 Abs. 3 Nr. 2; 18 Abs. 4 und 20 Nr. 2 handelt es sich lediglich um redaktionelle Klarstellungen.

6　**Materialien**: Durch das 1. ÄG sind auch die §§ 2 und 14 geändert worden, auf die in den Begründungen häufig Bezug genommen wird. Soweit die Materialien inhaltlich noch zutreffen, wurden sie in der Originalfassung abgedruckt.

Aufgrund des § 14 Abs. 4 des Heimgesetzes vom 7. August 1974 (BGBl. I S. 1873) wird im Einvernehmen mit dem Bundesminister für Wirtschaft mit Zustimmung des Bundesrates verordnet:

Erster Teil
Allgemeine Vorschriften

§ 1 Anwendungsbereich

(1) Diese Verordnung regelt die Pflichten des Trägers einer Einrichtung im Sinne des § 1 Abs. 1 des Gesetzes, der Geld oder geldwerte Leistungen zum Zwecke der Unterbringung eines Bewohners oder Bewerbers entgegennimmt (§ 14 Abs. 3 des Gesetzes). Sie gilt auch für Leistungen, die bereits vor Aufnahme des Betriebes einer Einrichtung entgegengenommen werden.

(2) Als Leistungen zum Zwecke der Unterbringung im Sinne des Absatzes 1 Satz 1 gelten Leistungen, die über das laufende Entgelt hinaus zum Bau, zum Erwerb, zur Instandsetzung, zur Ausstattung oder zum Betrieb einer Einrichtung gewährt werden.

1   Aus der Begründung (BR-Drs. 118/78)

Die Verordnung begründet Pflichten nur für diejenigen Träger, die ein Altenheim, ein Altenwohnheim oder ein Pflegeheim für Volljährige betreiben (s. jetzt § 1 HeimG d. Verf.). Träger anderer Einrichtungen, z. B. von Altenwohnungen, werden nicht erfaßt. Diese Einschränkung ergibt sich aus der Zielsetzung des Heimgesetzes, nur Bewohner der in § 1 des Gesetzes genannten Einrichtungen besonders zu schützen.

Unter den Begriff **Geld oder geldwerte Leistungen** fallen alle finanziellen Aufwendungen. Hierzu gehören insbesondere Darlehen. Sie müssen zum Zwecke der Unterbringung eines Bewohners oder Bewerbers gemacht werden (vgl. § 14 Abs. 3 Heimgesetz). Unter Leistungen zum Zwecke der Unterbringung sind solche Aufwendungen zu verstehen, die im Zusammenhang mit der Unterbringung, also auch außerhalb des Heimvertrages erbracht werden... Unter den Begriff "zum **Zwecke der Unterbringung**" fallen dagegen alle Leistungen, die zum Bau, zum Erwerb, zur Instandsetzung, zur Ausstattung oder zum Betrieb einer Einrichtung verwendet werden.

Der Träger muß Leistungen **entgegennehmen.** Hierzu gehören alle Formen, in denen **Geld** oder geldwerte Leistungen dem Vermögen des Trägers zugeführt werden. Dies kann durch Bargeschäft oder durch Überweisung auf das Konto des Trägers geschehen. Die Voraussetzungen sind auch gegeben, wenn der Leistende einen ihm gegenüber einem Dritten zustehenden Anspruch an den Träger abtritt. Ebenso empfängt der Träger eine Leistung, wenn er sich durch den Leistenden zur Verwendung dessen Vermögenswerte ermächtigen läßt, z. B. wenn der Träger über Gelder verfügen darf, die auf dem

Konto von Bewerbern oder Bewohnern oder für diese Personen auf dem Konto eines Dritten eingelegt worden sind.

§ 1 erfaßt gleichermaßen **Bewohner und Bewerber,** also auch Personen, die zum Zeitpunkt der Leistung noch nicht in die Einrichtung aufgenommen worden sind... Dies ergibt sich auch aus § 2 Abs. 1 Ziff. 4 Heimgesetz (a. F. – d. Verf.), der ausdrücklich unter der Zweckbestimmung des Heimgesetzes die Sicherung des Bewerbers in Ansehung seines Rückzahlungsanspruches festlegt (vgl. auch schriftlichen Bericht des Deutschen Bundestages, BT-Drucksache 7/20 68).

Aus der umfassenden Schutzwirkung des § 14 Heimgesetz ergibt sich weiter, daß auch Leistungen, die bereits **vor Aufnahme des Betriebes** einer Einrichtung entgegengenommen werden, unter die Verordnungsregelung fallen. Gerade Leistungen im Vorbereitungsstadium erfordern - wie die Praxis gezeigt hat - in besonderem Maße die Absicherung des Leistenden... Hierzu zählen vor allem Vorverträge und sogenannte Ansparverträge, die die Gewährung von Darlehen an den Träger zum Gegenstand haben.

2   Die V begründet **Pflichten nur für Träger** von Heimen i. S. des § 1 HeimG. Sie gilt nicht für Träger anderer Einrichtungen, selbst wenn diese für alte Menschen betrieben werden (z. B. Altenerholungsheime; Altentagesstätten; Bauträger, die lediglich Altenwohnungen bauen usw.).

3   **Voraussetzungen** für die Anwendung der V sind:
– der Träger (§ 2) nimmt
– Geld oder geldwerte Leistungen
– zum Zwecke der Unterbringung eines Bewohners (Abs. 2)
– entgegen.

4   Die Verpflichtung zur Sicherung von Finanzierungsbeiträgen i. S. von § 14 Abs. 2 Nr. 3 HeimG ergibt sich unmittelbar aus §§ 2 Abs. 1 Nr. 1 und 14 Abs. 3 HeimG. Die V regelt die Modalitäten. Im Abs. 1 wird noch auf § 14 Abs. 3 HeimG Bezug genommen. Die Änderungen gem. dem 1. ÄG sind in der V noch nicht vollzogen (§ 14 Abs. 2 Nr. 3 "Überlassung eines Heimplatzes" usw; Abs. 1: "Unterbringung).

Zu Leistungen **vor Aufnahme des Betriebes** zum Zwecke der Unterbringung eines Bewohners / Bewerbers s. RN 1 letzter Abs.

5   **Geldwerte Leistungen** s. RN 7 zu § 14 HeimG und auch RN 1.

6   Leistungen "**zum Zwecke der Unterbringung**" eines Bewohners / Bewerbers können auch außerhalb des Heimvertrages (z. B. in gesondertem Darlehensantrag, u.a.) versprochen oder vereinbart werden; s. a. RN 1. Beispiele sind Anspar-, Anwartschafts- oder Vorverträge. Zum Zwecke der Unterbringung zählen dagegen z. B. nicht Darlehen, die der Bewohner / Bewerber dem Träger für private Zwecke gibt.

(Darlehensvertrag, nach den allgemeinen Bestimmungen des BGB wie z. B. §§ 607 ff.) Ob ein solches Darlehen wegen § 14 Abs. 1 HeimG zulässig ist, ob es einer Ausnahmegenehmigung nach § 14 Abs. 6 bedarf, ist strittig. § 14 Abs. 1 HeimG verbietet dem Träger, sich von oder zugunsten von Bewohnern über das vereinbarte Entgelt hinaus Geld oder geldwerte Leistungen versprechen oder gewähren zu lassen. Auch private Darlehen statt Leistungen "zum Zwecke der Unterbringung" an den Träger können unter Umständen im Zusammenhang mit der Überlassung eines Heimplatzes stehen.

7   **"Entgegennimmt"** bedeutet, die Leistung gelangt in die rechtliche Verfügungsgewalt des Trägers (s. RN 1).

8   Die Verpflichtungen treten ein, gleichgültig ob die Leistung vom Bewohner / Bewerber oder **von Dritten** (z. B. Angehörige oder Freunde) erbracht werden.

9   Die **Entgegennahme eines Versprechens** auf derartige Leistungen verpflichtet den Träger zu einer sofortigen Anzeige an die zuständige Behörde und zur Information des Vertragspartners (§ 5 Abs. 1 u. 2).

10   Zur **Instandsetzung** gehören auch solche Maßnahmen, die auf Grund der HeimMindBauV erfolgen. Unerheblich ist, ob die Instandsetzung erforderlich oder zweckmäßig ist.

11   **Entgeltvorauszahlungen** können Leistungen für den Betrieb einer Einrichtung sein. Bei diesen entfällt allerdings gem. § 11 Abs. 3 die Pflicht zu Sicherheitsleistungen teilweise.

12   Gemäß § 14 Abs. 2 Nr. 4 HeimG wurde zugelassen, daß der Träger auch **Sicherheiten (Kautionen)** für die Erfüllung der Verpflichtungen des Bewohners entgegennehmen darf (s. RN 11 zu § 14 HeimG). In § 14 Abs. 4 S. 2 HeimG (s. dort) wird bestimmt,daß diese Geldsummen getrennt vom Vermögen des Trägers anzulegen sind.

§ 2 Begriff des Trägers

Träger im Sinne dieser Verordnung sind natürliche oder juristische Personen, die eine Einrichtung im Sinne des § 1 Abs. 1 des Gesetzes betreiben oder die Aufnahme des Betriebes vorbereiten. Träger ist auch der Empfänger von Leistungen im Sinne des § 1, der in einer Einrichtung für die diese Leistungen verwendet werden sollen, lediglich das Belegungsrecht ausübt.

1   Aus der Begründung (BR-Drs. 118/78)

     Unter den **Trägerbegriff** fallen zunächst die Betreiber einer Einrichtung. Dazu gehören auch diejenigen, die die Aufnahme des Betriebes vorbereiten. Denn der Bau oder Erwerb einer Einrichtung ist vielfach Voraussetzung für ihren späteren Betrieb. Der umfassende Sicherungsschutz, wie ihn der Gesetzgeber anstrebt, würde indessen nicht erreicht, wenn der Begriff des Trägers auf die vorgenannten Fälle beschränkt bliebe. Vielmehr müssen auch jene Personen erfaßt werden, die sich bei der Entgegennahme der Leistungen verpflichten, Bewerber oder Bewohner in Einrichtungen unterzubringen, die von rechtlich selbständigen Dritten betrieben werden. Aus der Sicht des schutzbedürftigen Leistenden ist es in Ansehung seines Rückzahlungsanspruches unerheblich, ob sich dieser Anspruch gegen den unmittelbaren Betreiber oder denjenigen richtet, der sich eines rechtlich selbständigen Betreibers zur Unterbringung von Bewerbern oder Bewohnern bedient. Hierdurch wird zugleich ausgeschlossen, daß durch formalrechtliche Manipulation des Leistungsempfängers die Verrechnung oder Rückzahlung der von Bewerbern oder Bewohnern erbrachten Leistungen ausgeschlossen oder zumindest gefährdet wird. Wenn also der Empfänger der Leistung mit dem Betreiber der Einrichtung nicht identisch ist, bleibt er gleichwohl Träger im Sinne des § 14 Abs. 4 Heimgesetz (jetzt § 14 Abs. 7 HeimG; d. Verf.), sofern er nur die Leistung als eigener Rechtsträger mit dem Ziel der Unterbringung des Bewohners oder Bewerbers erhält.

2 **Träger i. S. der V** ist, wer
– ein Heim i. S. von § 1 HeimG betreibt oder
– einen Heimbetrieb vorbereitet oder
– ein Belegungsrecht ausübt (s. a. RN 1).

3 Für das **Belegungsrecht** i. d. S. ist es unwichtig, ob es sich nur auf eine bestimmte Bettenzahl oder nur einen Teil des Heimes erstreckt.

4 Die **Pflichten** ergeben sich, wenn der Träger Leistungen i. S. von § 1 entgegennimmt (Abs. 1) oder sich versprechen läßt (s. dazu §§ 5 ff.).

5 Nimmt der "Träger" Leistungen oder Versprechen **vor Aufnahme des Heimbetriebs** entgegen, hat er sofort und nicht erst bei Betriebsbeginn die Pflichten zu erfüllen (§§ 5-15 und 16-19); sofort anwendbar sind auch §§ 20; 21 (s. u. a. § 5 RN 1).

§ 3 Verpflichtung anderer Personen

Ermächtigt der Träger andere Personen zur Entgegennahme oder Verwendung der Leistungen, so hat er sicherzustellen, daß auch diese Personen die ihm nach dieser Verordnung obliegenden Pflichten erfüllen.

1 Die Vorschrift will das Umgehen der Schutzbestimmungen verhindern, wenn der Träger sich zur Entgegennahme oder Verwendung der Leistungen dritter Personen bedient.

2 Ermächtigt sind Personen, denen für den "Träger" eine Vertretungsmacht (vergl. §§ 164 f. BGB) zusteht.

3   **Sicherstellen** ist eine besonders hohe Sorgfaltspflicht, die sich nicht nur auf die Auswahl der Personen erstreckt. Der Träger muß sich z.B. Fehler und Versäumnisse des / der Ermächtigten anrechnen lassen.

4   Die V regelt nur die Pflichten des "Trägers". Auch § 3 richtet sich allein an den "Träger"; er hat sicherzustellen. Strittig ist deshalb, ob § 20 auch gegenüber ermächtigten Personen angewendet werden kann (s. a. Dahlem / Giese, RN 5 zu § 3 der V).

5   Wie sicherzustellen ist, ist im Einzelfall zwischen "Träger" und Ermächtigten zu regeln. Sie darf jedoch in keinem Fall geringere Anforderungen als die V ergeben. Im Rahmen der Ermächtigung tritt der Ermächtigte unter Umständen neben den "Träger" in die Verpflichtung ein.

6   Befreiungen i. S. des § 21 Abs. 2 können nur dem Träger erteilt werden.

§ 4 Zwingende Vorschriften

Die Pflichten des Trägers nach dieser Verordnung einschließlich der Pflichten nach § 3 können vertraglich weder ausgeschlossen noch beschränkt werden.

1   Begründung (BR-Drs. 118/78):

Die Verordnungsregelung ist zwingendes Recht. Die darin festgelegten Pflichten und Rechte können nicht durch vertragliche Abmachung im Einzelfall geändert werden. Hierdurch soll vor allem vermieden werden, daß der vom Gesetzgeber angestrebte besondere Schutz der Bewerber oder Bewohner eingeschränkt oder ausgeschlossen wird. Entgegenstehende Vereinbarungen sind nichtig, wobei in der Regel die **Wirksamkeit des Vertrages** im übrigen nicht berührt wird.

2   Die Vorschrift ist ein **gesetzliches Verbot** gem. § 134 BGB.

3   Hinsichtlich der **Nichtigkeit** wird u. a. verwiesen auf §§ 134, 307 – 309 BGB.

§ 4 ist ein Eingriff in die **Vertragsfreiheit,** der durch die Sozialstaatsklausel (Art. 20 GG) gerechtfertigt ist. So auch Dahlem / Giese RN 3 zu § 4 der V und Staehle NJW 1978, S. 2138.

Zweiter Teil
Pflichten des Trägers

§ 5 Anzeige- und Informationspflicht

(1) Läßt sich der Träger einer Einrichtung Leistungen im Sinne des § 1 versprechen oder nimmt er solche Leistungen entgegen, so hat er dies der zuständigen Behörde unverzüglich anzuzeigen.

(2) Der Träger einer Einrichtung hat den Vertragspartner rechtzeitig und schriftlich vor Abschluß eines Vertrages über Leistungen im Sinne des § 1 über die sich aus diesem Vertrag ergebenden Rechte und Pflichten, insbesondere über die Sicherung der Rückzahlungsansprüche, zu informieren.

1 Begründung; BR-Drs. 118/78:

Um die Beachtung der Vorschriften der Verordnung überprüfen lassen zu können, muß die zuständige Behörde unterrichtet werden, wenn der Träger Leistungen im Sinne des § 1 Abs. 1 sich versprechen läßt oder entgegennimmt. Da das Schutzbedürfnis der Bewohner oder Bewerber wegen ihrer rechtlichen Bindung schon mit der Begründung einer Leistungspflicht beginnt, ist bereits das **Versprechen der Leistungen** der zuständigen Behörde anzuzeigen. Der Träger hat die Anzeige unverzüglich zu erstatten, damit u. U. erforderlich werdende Prüfungen und gebotene Maßnahmen rechtzeitig und erfolgversprechend eingeleitet werden können. **Die Anzeige** selbst braucht nicht eine spezifizierte Aufstellung sämtlicher versprochenen oder gewährten Leistungen zu enthalten. Es genügt, wenn der Träger die zuständigen Behörde darüber informiert, daß er Leistungen im Sinne des § 1 entgegennimmt und damit den im Dritten Teil der Verordnung vorgesehenen Prüfungsverfahren unterliegt.

Absatz 2 verpflichtet den Träger, Bewerber oder Bewohner über die Rechte und Pflichten zu informieren, die ihnen durch den ihre Leistung begründeten Vertrag erwachsen. Adressat der Erfüllung dieser Pflicht ist der jeweilige Vertragspartner. Ihm sind vor Abschluß des Vertrages ausreichende **Informationen** zu geben, die ihm die Beurteilung der Sach- und Rechtslage, insbesondere der Konsequenzen einer Leistungsgewährung ermöglichen. Zugleich soll durch die Unterrichtung ein zusätzlicher Schutz dagegen geschaffen werden, daß der Träger die in der Verordnung festgelegten Sicherungsmaßnahmen unterläßt oder nur unzulänglich erfüllt. Die **Schriftlichkeit** der Unterrichtung dient ihrer Klarheit und Vollständigkeit und soll den Bewerber oder Bewohner vor übereilten Entscheidungen schützen.

2   Ein **Versprechen** ist hier jede Art von Vereinbarung über eine späte-re Leistung i. S. d. § 1. Die Verpflichtung zur Erstattung der Anzeige entsteht mit der Annahme des Versprechens.

3   Eine Anzeige ist **unverzüglich**, wenn sie ohne schuldhafte Verzöge-rung erfolgt (s. auch § 121 BGB und die dazu entwickelten Grundsät-ze). S. dazu RN 5 zu § 2. Eine bestimmte Form der Anzeige (s. RN 1) ist nicht vorgeschrieben; wegen der Beweislast ist Schriftlichkeit dringend anzuraten. Mindestanforderung der Anzeige: Die Tatsache und die Höhe von Leistung / Versprechen (Abs. 1). S. a. § 20 Nr. 1. Die zuständige Behörde (§ 18 HeimG) bestimmt sich nach dem Lan-desrecht (s. RN 4 zu § 18 HeimG).

4   Die **Information** über Rechte und Pflichten muß schriftlich und so rechtzeitig erfolgen, daß genügend Zeit zur Prüfung der Auswirkun-gen – etwa auch durch Einholung von Beratung – zur Verfügung steht. Sie muß umfassend sowie so eindeutig und verständlich sein, daß auch Rechtsunkundige Folgen und Risiken des Vertragsab-schlusses beurteilen können. Wird die Information nicht gegeben, kann das im Einzelfall (§§ 119, 123 BGB) Anfechtung begründen. § 5 ist ein Schutzgesetz i. S. von § 823 BGB. Verstöße können daher **Schadensersatzansprüche** auslösen.

5   Zuwiderhandlungen gegen die Vorschriften der Abs. 1 und 2 sind **Ordnungswidrigkeiten** gemäß § 20 Nr. 1 in Verb. mit § 17 Abs. 1 Nr. 3 und Abs. 3 HeimG.

§ 6 Verwendungszweck

(1) Der Träger darf Leistungen im Sinne des § 1 nur zur Vorbe-reitung und Durchführung der von den Vertragsparteien bestimmten Maßnahmen verwenden. Diese Maßnahmen müssen sich auf Ein-richtungen beziehen, in denen der Leistende oder derjenige, zu des-sen Gunsten die Leistung erbracht wird, untergebracht ist oder untergebracht werden soll.

(2) Der Träger darf Leistungen im Sinne des § 1 erst verwenden, wenn die Finanzierung der Maßnahme, für die sie gewährt werden, gesichert und in einem Finanzierungsplan ausgewiesen ist.

1   Aus der Begründung; BR-Drs. 118/78:

Durch die Festlegung des Verwendungszwecks soll verhindert wer-den, daß andere als die von den Vertragsparteien bestimmten Maß-nahmen finanziert werden. Vor allem soll vermieden werden, daß die Mittel in Einrichtungen des Trägers fließen, die nicht der Unterbrin-gung des Bewohners oder Bewerbers dienen. **Leistungen Dritter** zugunsten des Bewohners oder Bewerbers unterliegen ebenfalls die-ser Regelung, da ein schutzwürdiges wirtschaftliches Interesse der Bewerber oder Bewohner als berechtigte Dritte nachhaltig berührt wird. Zu denken ist insbesondere an Leistungen zugunsten von Angehörigen, um ihnen eine gesicherte Unterbringung für ihren Lebensabend zu verschaffen. **Die Leistungen** dürfen erst verwendet werden, wenn die Finanzierung der vorgesehenen Maßnahmen voll gewährleistet ist...Der Träger kann daher erst über die Leistungen der Bewerber oder Bewohner verfügen, wenn der mit der Gewährung der Leistung beabsichtigte Zweck in einem geordneten Ablauf finanziell erreichbar ist. Ergibt sich bei der Vorbereitung von Maßnahmen, insbesondere bei der Schaffung von neuen Einrichtungen, daß die vorhandenen Mittel nicht ausreichen, müssen sie unterbleiben. Unvollendete Projekte,... die zu einem Mittelverlust für Bewerber oder Bewohner führen, weil das Verwendungsziel, nämlich die Unterbringung, nicht erreicht wird, sollen künftig verhindert werden. Zugleich wird dadurch eine einseitige Risikoverlagerung im Falle des Scheiterns einer Maßnahme bei nicht voll finanzierten Vorhaben von dem Träger auf den Bewerber oder Bewohner ausgeschlossen. Um die Sicherung der vollen Finanzierung nachprüfen zu können, bedarf es der Aufstellung eines entsprechenden **Finanzierungsplanes**. Dieser muß die einzelnen Positionen der Finanzierung ausweisen.

2   **Die Verwendung von Leistungen** wird durch Abs. 1 auf Objekte begrenzt, in denen der Leistende oder derjenige, zu dessen Gunsten die Leistung erfolgt, lebt bzw. leben soll (s. RN 1).

3   Abs. 2 erlaubt eine Verwendung nur bei einem gesicherten **Finanzierungsplan** (s. RN 1). Der sofortigen Erfüllung der Anzeigepflicht nach § 5 (s. dort RN 4) kommt besondere Bedeutung zu, damit unter anderem geprüft werden kann, ob ein ordnungsgemäßer Finanzierungsplan besteht.

4   Verstöße gegen die Vorschriften sind auch positive Vertragsverletzungen, mit den sich aus dem allgem. Vertragsrecht ergebenden Folgen einschließlich ev. Schadensersatzansprüche (§§ 123, 823 BGB).

5   Leistungen (§ 1) können auch im Rahmen von **Vorverträgen** oder sog. **Folgebelegungsverträgen** als Anwartschaftsdarlehen versprochen oder geleistet werden. Die Leistungen und Maßnahmen aus solchen Verträgen müssen genau bestimmt sein. Für sie gelten die Verpflichtungen aus der V; (z. B. auch die Beschränkung nach § 7 oder § 10 Abs. 2). Verfallsklauseln in solchen Verträgen sind nach § 14 Abs. 3 HeimG unzulässig ("sind zurückzugewähren"). Leistungen auf Grund solcher Verträge sind i. d. R. getrennt zu verwalten (§ 8). Eine "bestimmungsgemäße Verwendung" vor dem Einzug muß im Vertrag ausdrücklich vereinbart sein. Das wäre in der Anzeige nach § 5 anzugeben.

6   Wegen der Ordnungswidrigkeiten s. § 20 Nr. 2 sowie § 17 Abs. 1 und Abs. 3 HeimG.

7   Eine Befreiung von der Vorschrift ist nicht zulässig (§ 21 Abs. 2).

§ 7 Beschränkungen

(1) Leistungen im Sinne des § 1 dürfen von dem Träger einer Einrichtung nur bis zu einer Höhe von insgesamt 30 vom Hundert der im Finanzierungsplan ausgewiesenen Kosten der Maßnahmen entgegenenommen werden.

(2) Die Entgegennahme von Leistungen im Sinne des § 1 ist unzulässig, wenn die Eigenleistungen des Trägers 20 vom Hundert der im Finanzierungsplan ausgewiesenen Kosten der Maßnahme nicht erreichen.

(3) Die Kosten der Maßnahmen nach den Absätzen 1 und 2 sind zu ermitteln

1. in den Fällen des Baues von Einrichtungen in entsprechender Anwendung der Vorschriften der §§ 5 bis 10 der **Zweiten Berechnungsverordnung** in der Fassung der Bekanntmachung vom 21. Februar 1975 (BGBl. I S. 569), geändert durch die Verordnung vom 18. Mai 1977 (BGBl. I S. 750),

2. in den Fällen der Instandsetzung von Einrichtungen in entsprechender Anwendung der §§ 7 bis 10 der Zweiten Berechnungsverordnung,

3. in den Fällen des Erwerbs und der Ausstattung von Einrichtungen aus der von dem Träger zu entrichtenden Vergütung.

Für die Ermittlung der Eigenleistungen findet § 15 der Zweiten Berechnungsverordnung entsprechend Anwendung.

(4) Die zuständige Behörde kann Ausnahmen von Absatz 2 zulassen, wenn der Träger unmittelbar und ausschließlich steuerbegünstigte Zwecke im Sinne der §§ 51 bis 68 der Abgabenordnung vom 16. März 1976 (BGBl. I S. 613), zuletzt geändert durch Gesetz vom 28. Februar 1978 (BGBl. I S. 333), verfolgt.

1   Aus der Begründung; BR-Drs. 118/78:

Der Schutz der Bewerber und Bewohner hinsichtlich der von ihnen erbrachten Leistungen wird maßgeblich von der Liquidität des Trägers der Einrichtung bestimmt. Mit der Festlegung des Höchstsatzes einer zulässigen Finanzierungsbeteiligung der Bewohner oder Bewerber und eines Mindestmaßes an Eigenleistungen der Träger soll eine erhebliche **Liquiditätsgefahr** verhindert oder zumindest vermindert werden. Die hierbei zugrundegelegten Prozentsätze entsprechen den in der Praxis gewonnenen Erfahrungen...

Bezugspunkte zu den in den Absätzen 1 und 2 genannten Prozentsätzen sind die im **Finanzierungsplan** ausgewiesenen Kosten. Sie werden unter entsprechender Berücksichtigung der in der Zweiten Berechnungsverordnung festgelegten Kriterien ermittelt. Soweit es sich um Maßnahmen des Baues und der Instandsetzung handelt, sind die Kosten in entsprechender Anwendung der §§ 5 – 10 bzw. der §§ 7 – 9 und § 10 der Zweiten Berechnungsverordnung zu ermitteln. Erwirbt der Träger eine in ihrer baulichen Substanz bereits vorhandene Einrichtung, so berechnen sich die Kosten aus der vereinbarten Vergütung. Gleiches gilt für Maßnahmen der Ausstattung einer Einrichtung. Für die Ermittlung der **Eigenleistung** gilt § 15 der Zweiten Berechnungsverordnung entsprechend.

Bei Trägern mit unmittelbaren und ausschließlich **steuerbegünstigten Zwecken** kann sich im Einzelfall die nach Bedarf und Form des Vorhabens sozialpolitisch begrüßenswerte Verwirklichung einer Maßnahme als nicht oder nur schwer durchführbar erweisen, weil die nach Absatz 2 erforderlichen Eigenleistungen nicht erbracht werden können. Für diese Fälle sieht Absatz 4 die Möglichkeit vor, eine Befreiung zu erteilen. Die zuständige Behörde wird zu prüfen haben, ob die besonderen Umstände des Einzelfalles ein völliges oder teilweises Abweichen von dem vorgesehenen Limit rechtfertigen, insbesondere ob eine Befreiung zu einer nennenswerten Erhöhung des Liquiditätsrisikos führt. Hierbei können auch die von den Trägern nach § 11 geleisteten Sicherheiten in die Prüfung einbezogen werden.

2 Ziel der Vorschrift ist es, das Rückzahlungsrisiko zu verringern (s. a. RN 1 im Abs. 1).

Es werden zwei Beschränkungen vorgeschrieben, die beide nach dem Finanzierungsplan berechnet werden:

– Wer Leistungen gem. § 1 entgegennehmen will, muß 20 % Eigenleistungen erreichen (Abs. 2).

– Die entgegengenommenen Leistungen gem. § 1 dürfen 30 % der Kosten nicht übersteigen (Abs. 1).

Voraussetzung für die Entgegennahme von Leistungen ist demnach immer ein Eigenkapital in Höhe von 20 % der im Finanzierungsplan ausgewiesenen Kosten.

3 Die Vorschrift der Abs. 1 und 2 bezieht sich nur auf die **entgegengenommenen Leistungen.** Zulässig ist es, wenn sich Träger schon Leistungen versprechen lassen, solange die Voraussetzungen für die Entgegennahme der Leistung noch nicht erfüllt sind; weil das Eigenkapital noch nicht vollständig vorhanden (Abs. 2) oder das Limit (Abs. 1) schon erreicht ist. Derartige Versprechen müssen jedoch nach § 5 angezeigt werden (s. dort).

4 Zur Form des **Finanzierungsplans** sind keine besonderen Vorschriften erlassen. Er muß die "ausgewiesenen Kosten" enthalten. Die Kosten und die Eigenleistungen sind nach der Zweiten BerechnungsV zu berechnen, die z. Zt. in der Neufassung der Bekanntmachung vom 12. Oktober 1990 (BGBl. I S. 2178) gilt (s. a. RN 1).

Zu den Kosten gehören u. a. auch die Ausstattung des Heimes und nicht etwa nur die Baukosten (s. dazu a. Abs. 3 Nr. 3 und RN 1 im Abs. 2).

5 **Abs. 3** schreibt vor, wie die Kosten bei Bau, Instandsetzung, Erwerb, Ausstattung zu berechnen sind.

6 **Ausnahmen** kann die zuständige Behörde gem. Abs. 4 nur zulassen,
– für Träger, die unmittelbar und ausschließlich steuerbegünstigte Zwecke i. S. der genannten Bestimmungen verfolgen;
– soweit es die Höhe des Eigenanteils (Abs. 2) betrifft.

Eine Ausnahme von der Beschränkung nach Abs. 1 ist auch für diese Träger nicht zulässig.

Eine **Befreiung** von den Vorschriften des § 7 ist nicht möglich (§ 21).

7 **Verstöße** gegen § 7 sind **keine Ordnungswidrigkeiten** (§ 20). Sie haben jedoch Konsequenzen nach dem HeimG: § 6 Abs. 3 Nr. 4 (Versagung der Erlaubnis); § 15 HeimG (Rücknahme oder Widerruf der Erlaubnis); § 16 (Untersagung). Verstöße sind stets Mängel i. S. v. § 12 HeimG. Auflagen werden jedoch nur bei kurzfristigen und / oder geringfügigen Verstößen dem Schutzzweck der Vorschrift gerecht werden.

8 Die **Einhaltung der Vorschriften** ist Gegenstand der Prüfung nach § 16 (s. dazu auch §§ 9 u. 18 HeimG).

§ 8 Getrennte Verwaltung

(1) Der Träger hat die ihm gewährten Leistungen im Sinne des § 1 bis zu ihrer bestimmungsmäßigen Verwendung getrennt von seinem Vermögen durch die Einrichtung eines Sonderkontos für Rechnung der einzelnen Bewerber oder Bewohner bei einem Kreditinstitut zu verwalten. Hierbei sind Name und Anschrift des Bewerbers oder des Bewohners anzugeben. Das Kreditinstitut muß eine Erlaubnis zum Geschäftsbetrieb nach dem Gesetz über das Kreditwesen in der Fassung der Bekanntmachung von 3. Mai 1976 (BGBl. I S. 1121), geändert durch Artikel 72 des Einführungsgesetzes zur Abgabenordnung vom 14. Dezember 1976 (BGBl. I S. 3341) besitzen.

(2) Der Träger hat das Kreditinstitut zu verpflichten, den Bewohner oder Bewerber unverzüglich zu benachrichtigen, wenn die Einlage von dritter Seite gepfändet oder das Konkursverfahren oder das Vergleichsverfahren zur Abwendung des Konkurses über das Vermögen des Trägers eröffnet wird. Er hat das Kreditinstitut ferner zu verpflichten, dem Bewohner oder Bewerber jederzeit Auskunft über den Stand seines Kontos zu erteilen.

(3) Die Absätze 1 und 2 gelten entsprechend für alle vom Träger an den Bewerber oder Bewohner entrichteten Zinsen.

(4) Die Absätze 1 bis 3 gelten nicht, wenn Bürgschaften nach § 12 Abs. 2 geleistet worden sind.

1   Begründung (BR-Drs. 118/78, S. 25 f.):

Durch die Einrichtung eines **Sonderkontos** sollen zweckbestimmte Leistungen der Bewohner oder Bewerber dem Zugriff von Gläubigern des Trägers aufgrund von Einzelvollstreckungen, des Konkurses oder des Vergleiches entzogen werden. Durch die Einzahlung der Leistung auf Sonderkonten wird der Träger zwar rechtlich Inhaber der Forderungen gegen das jeweilige Kreditinstitut. Wirtschaftliche Inhaber bleiben jedoch die Leistenden bis zum Zeitpunkt der vorgesehenen Verwendung der Leistungen.

Die Leistenden haben ein **Aussonderungsrecht** nach § 43 Konkursordnung und können Drittwiderspruchsklage nach § 771 Zivilprozeßordnung erheben, wenn Gläubiger des Trägers seine Forderungen gegen das Kreditinstitut pfänden.

In Absatz 1 wird näher geregelt, wie die getrennte Vermögensverwaltung durchzuführen ist. Die Träger haben dem Kreditinstitut unter Angabe von Namen und Anschrift des jeweiligen Bewerbers oder Bewohners offenzulegen, daß die Gelder für fremde Rechnung eingelegt werden. Um Bewerber oder Bewohner bei Zugriffen Dritter in die Lage zu versetzen, die ihnen zustehenden **Abwehrrechte** auszüuben, bedarf es der unverzüglichen Benachrichtigung durch das Kreditinstitut. Dazu haben die Träger das jeweilige Kreditinstitut zu verpflichten. Außerdem wird eine Kontrollmöglichkeit über die erbrachten Leistungen dadurch geschaffen, daß die Träger das Kreditinstitut verpflichten müssen, leistenden Bewerbern oder Bewohnern jederzeit Auskunft über den Kontostand zu erteilen.

Die Pflicht zur getrennten Verwaltung umfaßt auch die anfallenden Zinsen. Sie gilt für alle, also auch nach Verwendung der Leistung vom Träger zu entrichtenden Zinsen, sofern diese nicht mit dem Entgelt für die Unterbringung verrechnet worden sind.

Der mit einer getrennten Verwaltung beabsichtigte verstärkte Schutz erscheint in Fällen entbehrlich, in denen die Leistungen der Bewerber oder Bewohner durch **Bürgschaften** nach § 12 Abs. 2 abgesichert sind. Denn der Sicherungseffekt der Bürgschaftsleistungen ist so umfassend, daß er auch den Zeitraum vor Vollendung der Leistungen durch den Träger hinreichend abdeckt.

2   Zum **Zweck der Vorschrift** und zum **Verfahren** s. RN 1.

3   Über das Sonderkonto kann der Träger nur für bestimmte Zwecke verfügen. Wegen der Rechte des Leistenden bei **Pfändungen** s. RN 1 Abs. 2.

4   nach Abs. 2 hat der Träger

    – das Kreditinstitut zu verpflichten, den Bewohner oder Bewerber bei **Pfändung** durch Dritte oder bei **Konkurs** des Trägers unverzüglich zu verständigen;

    – das Kreditinstitut gegenüber dem Bewohner oder Bewerber vom Bankgeheimnis zu befreien (s. a. RN 1). Erfüllt das Kreditinstitut die Verpflichtung nicht, ergeben sich unter Umständen Schadensersatzansprüche aus der vertraglichen Absprache zwischen Träger und Kreditinsitut.

5   Ein **Verstoß gegen Abs. 1** ist gemäß § 20 Nr. 3 eine **Ordnungswidrigkeit,** zugleich aber auch ein Mangel i. S. des § 12 HeimG (s. a. RN 7 zu § 7).

6   Ein **Verstoß gegen Abs. 2** ist keine Ordnungswidrigkeit, kann allerdings zur Rücknahme und zum Widerruf der Erlaubnis bzw. zur Untersagung führen (§§ 15 Abs. 3 Nr. 4, 16 Abs. 2 Nr. 2 HeimG). Er ist auch ein Mangel i. S. von § 12 HeimG.

§ 9 Leistungen zum Betrieb

Die Vorschriften des § 6 Abs. 2, sowie der §§ 7 und 8 gelten nicht für Leistungen im Sinne des § 1, die zum Betrieb der Einrichtung gewährt werden.

1   Begründung (BR-Drs. 118/78, S. 26):

    Nach § 1 Abs. 2 fallen unter Leistungen zum Zwecke der Unterbringung auch **Leistungen zum Betrieb** einer Einrichtung. Wegen dieses Anwendungszweckes ist jedoch die Anwendung des § 6 Abs. 2 sowie der §§ 7 und 8 weder geeignet noch unter dem Aspekt des besonderen Schutzes der Bewerber oder der Bewohner geboten. Sie werden daher von der Anwendung dieser Bestimmungen ausgenommen.

2   Die Verwendung der Leistung (§ 1) zum Betrieb der Einrichtung muß ausdrücklich im Vertrag vereinbart sein; ("gewährt werden"). Der Träger kann das nicht einseitig bestimmen.

3   **Leistungen zum Betrieb einer Einrichtung** unterliegen nicht der Höchstgrenze nach § 7 Abs. 1. Das gibt die Möglichkeit, die Fremdmittel auszudehnen. Werden zu hohe Fremdmittel für die Betriebskosten des Heimes eingesetzt, kann das die Existenz des Heimes erheblich gefährden. Das wäre eine Situation, die die Frage nach der wirtschaftlichen Leistungsfähigkeit (§ 6 Abs. 3 Nr. 1 HeimG) stellt und unter Umständen ein Eingreifen der zuständigen Behörde (§§ 12, 15, 16 HeimG) erfordert.

4   Für Leistungen zum Betrieb des Heimes besteht eine Aufzeichnungspflicht nach § 17 Nr. 1 in Verb. mit § 1.

§ 10 Verrechnung, Rückzahlung

(1) Sollen Leistungen im Sinne des § 1 einschließlich ihrer Zinsen mit dem Entgelt im Sinne des § 14 Abs. 1 Satz 1 des Gesetzes verrechnet werden, so sind Art, Umfang und Zeitpunkt der Verrechnung in dem Heimvertrag festzulegen.

(2) Soweit Leistungen nicht verrechnet werden, sind sie innerhalb von sechs Monaten nach Beendigung des Heimvertrages zurückzuzahlen. Zinsen sind jährlich auszuzahlen oder nach Satz 1 mit Zinseszinsen zurückzuzahlen.

(3) Wird ein freiwerdender oder freigewordener Heimplatz neu belegt, so sind die Leistungen des bisherigen Bewohners ohne Einhaltung der Frist nach Absatz 2 unverzüglich in dem Umfang zurückzuzahlen, in dem der nachfolgende Bewohner für die Belegung des Heimplatzes eine Leistung im Sinne des § 1 erbracht hat.

1   Aus der Begründung (BR-Drs. 118/78, S. 26f.):

Absatz 1 dient der Klarstellung des Verrechnungsmodus...

Ob und in welchem Umfange diese eine **Rückzahlungspflicht** ausschließenden Umstände im Einzelfall vorliegen, muß sich aus dem das Entgelt regelnden **Heimvertrag** ergeben. Darin sind Art, Umfang und Zeitpunkt der Verrechnung näher festzulegen. Nur so läßt sich zweifelsfrei, nachprüfbar und für den Träger der Einrichtung bindend feststellen, ob die ihm gewährten Leistungen der Verordnungsregelung hinsichtlich der Sicherheitsleistungen unterliegen oder nicht.

Allerdings bewirkt die vertragliche Vereinbarung der **Verrechnung** mit dem – in der Regel aufgrund eines Dauerschuldverhältnisses erst künftig fällig werdenden – Entgelt noch nicht den Ausschluß eines Rückzahlungsanspruches nach § 14 Abs. 3 Heimgesetz. Eine Leistung ist erst dann verrechnet worden, wenn sie in ihrer vollen Höhe dem aufgrund des Heimvertrages fälligen Entgelt aufrechenbar gegenübergestanden hat und beglichen worden ist.

Nichtverrechnete Leistungen sind innerhalb von 6 Monaten nach Beendigung des Heimvertrages zurückzuzahlen. Damit wird Art, Umfang und Zeitpunkt der Rückzahlungspflicht näher bestimmt. Diese Regelung erscheint sachgerecht bei der Abwägung der Interessen des Trägers und des ausscheidenden Bewohners...

Ein Zeitraum von 6 Monaten scheint angemessen. Der Träger kann innerhalb dieser Zeit in Höhe des Rückzahlungsbetrages eine anderweitige Finanzierung finden. Auf der anderen Seite kann dem Bewohner diese Rückzahlungsfrist noch zugemutet werden, ohne daß er hierdurch erhebliche wirtschaftliche Nachteile erfährt. Soweit er die Mittel für Leistungen an einen Träger sofort benötigt, bleibt ihm erforderlichenfalls der Weg einer kurzfristigen Zwischenfinanzierung.

Die halbjährliche Rückzahlungsfrist gilt nicht für Zinsleistungen des Trägers. Sie sind, sofern sie nicht verrechnet worden sind, jährlich auszuzahlen und stehen dem Bewohner zur freien Disposition.

Eine **modifizierte Rückzahlungspflicht** regelt Absatz 3 für Fälle, in denen bei Beendigung des Heimvertrages ein frei werdender oder frei gewordener Heimplatz neu belegt wird. Um zu vermeiden, daß der Träger bei der Finanzierung desselben Heimplatzes zeitweilig eine Doppelleistung erhält, für die er keine Gegenleistung erbringt, ist vorgesehen, daß der Rückzahlungsanspruch des bisherigen Bewohners unverzüglich in dem Umfang erfüllt werden muß, in dem der nachfolgende Bewohner bereits eine Leistung erbracht hat.

2   Die Vorschrift konkretisiert die Rückzahlungspflicht. Da die Musterverträge der Heimaufsicht einzureichen sind (§§ 6, 7 HeimG), verbessert sie den Schutz der Bewohner / Bewerber, die u. a. vor einseitigen Änderungen geschützt werden (s. a. § 4 HeimG).

3   Die **Verrechnung** erfolgt gem. den Bestimmungen des BGB über die Aufrechnung. Dies bewirkt, daß Forderungen, soweit sie sich decken, als in dem Zeitpunkt erloschen gelten, in welchem sie zur Aufrechnung geeignet einander gegenübergetreten sind (s. a. §§ 387, 388 BGB).

4   Abs. 2 bestimmt die Modalität der Rückzahlung für **alle** nicht (bisher nicht) verrechneten Leistungen gem. § 1. (So auch Dahlem / Giese, RN 5 zu § 10). Er gilt auch für fristlose Kündigungen gem. § 4b Abs. 2 oder Abs. 6 HeimG.

5   Die **Befreiungsmöglichkeit** von der Vorschrift des Abs. 2 gem. § 21 Abs. 2 ist praktisch nur noch für den Bereich der neuen Länder von Bedeutung.

6   **Art und Weise der Rückzahlung** kann für die Bewohner / Bewerber bzw. die leistenden Dritten vertraglich zwar verbessert, nicht jedoch verschlechtert werden. Die Frist nach Abs. 2 läuft – kraft Gesetzes – mit der Beendigung des Heimvertrages.

7   Von der Verpflichtung nach Abs. 3 – im Umfang der Leistung des Nachfolgers – kann keine Befreiung erteilt werden.

8   **Verstöße** gegen Vorschriften des § 10 sind keine Ordnungswidrigkeiten (§ 20).

§ 11 Sicherheitsleistungen

(1) Der Träger einer Einrichtung hat bei Entgegennahme von Leistungen im Sinne des § 1 etwaige Ansprüche auf Rückzahlung nach § 14 Abs. 3 des Gesetzes zu sichern. Sicherheiten sind so zu leisten, daß die Gefahr eines nicht unerheblichen finanziellen Ausfalles für den Bewohner oder den Bewerber, insbesondere infolge Zahlungsunfähigkeit des Trägers, ausgeschlossen wird. Sie können insbesondere durch die in § 12 genannten Formen geleistet werden.

(2) Sicherheitsleistungen können in mehreren Formen nebeneinander oder durch mehrere Leistungen derselben Form gewährt werden.

(3) Bei Entgeltvorauszahlung entfällt die Pflicht zur Sicherheitsleistung, wenn die Summe der Leistungen im Sinne des § 1 im Einzelfall das Zweifache des monatlich vorgesehenen Entgelts im Sinne des § 14 Abs. 1 des Gesetzes nicht übersteigt.

(4) Der Träger hat bei Entgegennahme von Leistungen im Sinne des § 1 dem Bewohner oder dem Bewerber die zur unmittelbaren Inanspruchnahme der Sicherheit erforderlichen Urkunden auszuhändigen.

(5) Die Sicherheit ist in dem Umfang aufrechtzuerhalten, in dem Leistungen im Sinne des § 1 nicht verrechnet oder nicht zurückgezahlt worden sind.

1   Aus der Begründung Entw.; BR-Drs. 118/78, S. 28ff.:

Die Gewährung von Sicherheitsleistungen durch die Träger ist Kernstück der Maßnahmen zur Absicherung von Rückzahlungsansprüchen der Bewerber und Bewohner. Bei der **Wahl der Sicherungsmittel** war von folgenden Überlegungen auszugehen:

1. Eine absolute, hundertprozentige Sicherheit ist nicht in allen Fällen möglich. Wirtschaftlichen Vorgängen wie hier ist es ihrem Wesen nach immanent, daß ein gewisses Liquiditätsrisiko nicht vollständig ausgeschlossen werden kann...

2. Die Sicherheiten müssen **praxisgerecht** sein. Sie müssen rechtlich und wirtschaftlich von dem Träger erfüllt werden können. Überzogene oder nicht realisierbare Anforderungen können zu einer Existenzgefährdung bereits bestehender Einrichtungen und zu einem Verzicht der Träger auf die Schaffung dringend erforderlicher neuer Einrichtungen führen.

3. Der **Verwaltungsaufwand** und die dadurch bedingten Kosten der Sicherheitsleistungen müssen sich in einem zumutbaren wirtschaftlichen Rahmen halten. Nur so kann vermieden werden, daß die zu erwartende Umlage der Kosten auf die Bewohner der Einrichtungen unter Umständen zu einer nicht unerheblichen Anhe-

bung der Heimkostensätze führt. Sie müssen daher in ihrer kostenmäßigen Auswirkung in einem vertretbaren Verhältnis zu dem im Einzelfall gebotenen Sicherungseffekt stehen.

Bei Abwägung dieser Gesichtspunkte erscheint eine enumerative und starre Festlegung der zu leistenden Sicherheiten nicht sachgerecht. Vielmehr zielt § 11 darauf ab, im Wege einer Generalklausel die Gefahr eines erheblichen finanziellen Ausfalls für Bewerber oder Bewohner auszuschließen. Dies bedeutet, daß im Einzelfall u. U. auch ein geringer Verlust für Bewohner in Kauf genommen werden muß. Verhindert werden soll, daß Bewohner in einem für sie nicht mehr vertretbaren Umfang Finanzierungsbeiträge verlieren. Hierbei kann nicht auf eine zahlenmäßig bestimmte Risikosummen abgestellt werden...

Mit der Einführung einer Generalklausel wird eine flexible Handhabung der Sicherheitsleistungen erreicht. Es kommen grundsätzlich alle denkbaren Formen der Sicherung in Betracht. Hierzu zählen auch, obwohl in § 14 Abs. 4 Heimgesetz nicht expressis verbis genannt, **Versicherungen**. Dies ergibt sich aus dem Ziel des gesetzlichen Auftrags an den Verordnungsgeber, Rückzahlungsansprüche so umfassend wie möglich zu sichern.

Mit dem Hinweis in Absatz 1 auf bestimmte Formen der Sicherheit werden lediglich Möglichkeiten aufgezeigt, die in der Praxis üblich und geeignet erscheinen. Eine Bindung des Trägers an diese Formen besteht nicht. So können auch andere Formen der Sicherheiten gewählt werden, z. B. **Pfandrechte** an beweglichen Sachen oder Rechten, **Sicherungsübereignungen, Sicherungsabtretungen,** Begründungen eines Anspruches des Bewerbers oder des Bewohners gegen den Träger einer **Insolvenzsicherung**:

Sicherheitsleistungen können kumuliert werden, wenn eine der gewählten Formen für sich allein zur Vermeidung eines erheblichen finanziellen Ausfalls nicht ausreicht. Hierbei kann sich die **Kumulierung** sowohl auf mehrere Formen als auch auf dieselbe Form der Sicherheitsleistung erstrecken. Ausgehend davon, den Sicherungsaufwand in ein vertretbares Verhältnis zum Sicherungsbedürfnis zu stellen, trifft Absatz 3 eine Bagatellregelung für in der Praxis nicht seltene Entgeltvorauszahlungen. Das Zweifache des monatlich vorgesehenen Entgelts erscheint hierbei sachgerecht.

Eine Sicherheitsleistung muß den Bewerber oder Bewohner in die Lage versetzen, sie erforderlichenfalls ohne erhebliche formale Schwierigkeiten, insbesondere in der Beweisführung, durchzusetzen. Daher bestimmt Absatz 4, daß bei Entgegennahme von Leistungen die zur unmittelbaren Inanspruchnahme der Sicherheit erforderlichen Urkunden auszuhändigen sind.

Die Höhe der zu sichernden Leistung kann sich durch Verrechnung oder Rückzahlung verändern. Absatz 5 legt fest, daß nur in Höhe des noch ausstehenden, nicht beglichenen Betrags die Sicherheiten aufrechterhalten werden müssen. Umgekehrt bewirken Teilerfüllungen keine völlige Aufhebung der geleisteten Sicherheiten.

1.2 Begründung der Maßgabe BR – BR-Drs. 118/78 (Beschluß)

– durch die in Abs. 1 S. 2 "erheblich" durch "nicht unerheblich" ersetzt wurde:

Die in der Verordnung vorgesehene finanzielle Absicherung nur eines "erheblichen" finanziellen Ausfalls ist, wie die Erfahrung zeigt, unzureichend. Es sollte auf eine möglichst hohe Sicherung der Heiminteressenten und Heimbewohner abgestellt werden. Im Hinblick auf die Bußgeldbestimmung ist diese Formulierung auch etwas bestimmter als die Fassung der Vorlage.

2 Die Vorschrift soll das Risiko bei Leistungen nach § 1 möglichst gering halten, und gleichzeitig die Kosten für die Sicherheiten, weil diese als Teil der Betriebskosten in die Tagessätze einfließen, in erträglichen Grenzen halten (RN 1.1 in Abs. 1 u. 2). Die zulässigen Sicherheiten werden nicht enumerativ bestimmt. Zur **Kumulierung** s. (Abs. 2) RN 1.1.

3 Nach der Generalklausel des Abs. 1 kann **jede Sicherheit** gewählt werden, die **geeignet** ist, einen wesentlichen Verlust zu vermeiden. Die Art der Sicherheit ist im Vertrag anzugeben und die **Urkunden**, die eine unmittelbare Inanspruchnahme der Sicherheiten ermöglichen, sind Zug um Zug bei der Entgegennahme der Leistung auszuhändigen (Abs. 4).

4 Zahlt ein Dritter zugunsten des Bewohners / Bewerbers die Leistung nach § 1, (Vertrag zugunsten Dritter §§ 328 ff. BGB) so kommt es auf den Vertragsinhalt an, ob die Urkunde an den Bewohner / Bewerber oder den leistenden Dritten auszuhändigen ist (zur Auslegung § 328 Abs. 2 BGB).

5 Kosten der Sicherheitsleistungen s. RN 1 Abs. 1 Nr. 3.

6 Die Vorschrift gilt nur für Sicherheiten bei Leistungen nach § 1 V. **Kapitalanlagen** in ein Heim i. S: von § 1 HeimG werden von ihr nicht erfaßt.

7 **Entgeltvorauszahlungen** müssen nicht abgesichert werden, wenn sie im Einzelfall das Zweifache des Monatsentgeltes nicht übersteigen (Abs. 3). Zum Entgelt gehören die vertraglichen Kosten für die Überlassung der Unterkunft, Verpflegung und Betreuung (§ 1 HeimG). Werden von einem Träger grundsätzliche Entgeltvorauszahlungen gefordert und entgegengenommen, so kann sich das zu erheblichen Beträgen summieren; z. B. bei 100 Plätzen und einem durchschnittl. Monatsbeitrag von nur DM 4 000,- bis zu 800 000,- DM. Auch für den einzelnen Bewohner / Bewerber ist ein Betrag von 8 000,- DM nicht

unerheblich. Es stellt sich die Frage, ob die Vorschrift in der geltenden Fassung noch zeitgemäß ist (/s. a. § 6 Abs. 3 HeimG).

8 **Verstöße** gegen die Vorschriften von § 11 Abs. 1 und Abs. 5 sind **Ordnungswidrigkeiten** gem. § 20 Nr. 4.

9 Zu **Übergangsvorschriften** und **Befreiungen**, die noch in den neuen Ländern von Bedeutung sein können, s. a. § 21.

§ 12 Formen der Sicherheit

(1) Die Sicherheit kann durch die Bestellung eines Grundpfandrechtes geleistet werden. Dabei darf eine Beleihungsgrenze von 60 vom Hundert des Verkehrswertes in der Regel nicht überschritten werden.

(2) Die Sicherheit kann durch Bürgschaft geleistet werden. Als Bürgen kommen nur in Betracht:

1. Juristische Personen des öffentlichen Rechts und Träger öffentlich-rechtlichen Sondervermögens mit Sitz im Geltungsbereich dieser Verordnung,

2. Bundes- und Landesverbände der Freien Wohlfahrtspflege im Sinne des § 10 Abs. 1 des Bundessozialhilfegesetzes,

3. Kreditinstitute im Sinne des § 8 Abs. 1.

4. Versicherungsunternehmen, die eine Erlaubnis zum Betrieb der Bürgschaftsversicherung nach dem Gesetz über die Beaufsichtigung der privaten Versicherungsunternehmungen in der im Bundesgesetzblatt Teil III, Gliederungsnummer 7631-1, veröffentlichten bereinigten Fassung, zuletzt geändert durch Artikel 1 des Ersten Durchführungsgesetzes / EWG zum VAG vom 18. Dezember 1975 (BGBl. I S. 3139), besitzen.

(3) Die Sicherheit kann zusätzlich durch Abschluß von Versicherungen geleistet werden, soweit sie der Abgeltung von etwaigen Schadensersatzansprüchen dienen, die durch vorsätzliche, unerlaubte Handlungen des Trägers oder der in § 3 genannten Personen gegen die von ihnen entgegengenommenen Vermögenswerte entstehen. Als Versicherungsunternehmungen sind nur solche geeignet, die

1. eine Erlaubnis zum Betrieb der Vertrauensschadensversicherung nach dem Gesetz über die Beaufsichtigung der privaten Versicherungsunternehmen besitzen und

2. nach ihren allgemeinen Versicherungsbedingungen dem Zweck dieser Verordnung gerecht werden, insbesondere den Bewohner oder den Bewerber aus dem Versicherungsvertrag

auch in den Fällen des Konkurs- und des Vergleichsverfahrens des Trägers unmittelbar berechtigen.

1 Begründung (BR-Drs. 118/78, S. 30 f.):

Der Träger ist nicht gehalten, von den in § 12 genannten Formen der Sicherheiten Gebrauch zu machen. Sofern er sie in Anspruch nimmt, unterliegt er den aufgeführten Beschränkungen. Sicherheiten durch Bestellung eines **Grundpfandrechts** sind in der Regel an eine Beleihungsgrenze von 60 vom Hundert des Verkehrswertes gebunden. Dadurch soll das schwer kalkulierbare Risiko einer ausreichenden Befriedigung des Bewerbers oder Bewohners aus dem Grundpfandrecht im Falle der Zahlungsunfähigkeit des Trägers eingeschränkt werden. Der Prozentsatz von 60 vom Hundert des Verkehrswertes entspricht den in der Versteigerungspraxis gewonnenen Erfahrungen. Dingliche Sicherungen sind nicht auf das Grundstück des Trägers beschränkt. Auch **Grundstücke Dritter** können belastet werden.

Die Sicherheit kann ferner durch die **Bestellung eines Bürgen** geleistet werden (§ 12 Abs. 2). Der Kreis der Bürgen ist auf solche juristischen Personen begrenzt, deren Leistungsfähigkeit im Falle ihrer Inanspruchnahme gewährleistet erscheint. Die Übernahme von Bürgschaften kann im Einzelfall das Betreiben eines Bankgeschäfts im Sinne des § 1 des Gesetzes über das Kreditwesen sein. Es bedarf daher der besonderen Prüfung, ob eine Erlaubnis nach diesem Gesetz erforderlich ist.

Die Regelung über die **Bürgschaftsleistung** verzichtet nicht auf die Erhebung der Einrede der **Vorausklage**. Dies war erforderlich, um auch juristischen Personen des öffentlichen Rechts (§ 12 Abs. 2 Nr. 1) die Möglichkeit eines Bürgschaftsversprechens einzuräumen. Juristische Personen des öffentlichen Rechts sind:

a) die Körperschaften des öffentlichen Rechts, z. B. Gebietskörperschaften, Industrie- und Handelskammern, Kirchen, öffentlichrechtliche Genossenschaften,

b) die rechtsfähigen Anstalten des öffentlichen Rechts, z. B. Rundfunkanstalten,

c) die rechtsfähigen Stiftungen des öffentlichen Rechts.

Von den **Versicherungen** kommt für Sicherheitsleistung nur die sog. Vertrauensschadensversicherung in Betracht. Danach können Schadensersatzansprüche des Bewerbers oder Bewohners wegen vorsätzlich begangener unerlaubter Handlungen des Trägers oder von Personen, die dieser zur Verwendung der Leistungen ermächtigt hat, versichert werden. Soweit fahrlässiges Fehlverhalten abgesichert werden soll, kann allerdings nur eine andere Sicherungsform, z. B. Bürgschaften, gewählt werden.

Von den genannten Versicherungen sind Berufs- oder Vermögensschadensversicherungen des Trägers zu unterscheiden. Sie können nicht mit ihnen gleichgesetzt werden. Diese Versicherungen decken nicht Ansprüche auf Vertragserfüllung, Schadensersatzansprüche wegen Nichterfüllung oder Rückzahlungsansprüche, sondern grundsätzlich nur Folgeschäden, die durch fahrlässiges Fehlverhalten bei der Berufsausübung entstehen und über das eigentliche unmittelbare Erfüllungsinteresse hinausgehen.

2 **Die Vorschrift regelt** einige Formen der Sicherheit. Der Träger kann jede Sicherheit, die den Anforderungen des § 11 Abs. 1 S. 2 entspricht, leisten. Wählt er eine Sicherheit, die in § 12 genannt ist, hat er die entsprechenden Vorschriften zu erfüllen.

3 **Grundpfandrechte** sind dingliche Rechte, die zur Sicherung einer Forderung auf einem Grundstück eingetragen sind. Das BGB kennt sie als Hypothek (§§ 1113-1190), Grundschuld (§§ 1191-1198), Rentenschuld (§§ 1199-1203); s. dort. Zur Versicherungspflicht s. § 13.

4 **Zur Beleihungsgrenze** s. RN 1 im Abs. 1. Sie darf in begründeten Ausnahmefällen auch 60 % des Verkehrswertes (s. dazu a. §§ 192 ff BauGB v. 8. 12. 1986, BGB I S. 1253) übersteigen ("in der Regel"). Als Absolute Grenze wird von Kunz / Ruf / Wiedemann (4. Aufl. RN 4) 70 % angenommen (so a. Dahlem / Giese, § 12 RN 6). Das erscheint nur nach sorgfältiger Prüfung aller Umstände unter günstigen Voraussetzungen vertretbar; höher ist sie nicht zulässig, weil sonst der Zweck der Vorschrift nicht mehr erreicht wird (s. a. RN 1.1 zu § 11). Wegen der **Drittwirkung** einer solchen Entscheidung s. § 18 HeimG RN 10.

5 Die Grundpfandrechte können auch im Rahmen eines **Treuhandverhältnisses** gleichrangig für alle Leistungen eingetragen werden (s. a. Kunz / Ruf / Wiedemann u. Dahlem / Giese a.a.O.).

6 **Bürgschaften** regeln sich grundsätzlich nach §§ 765-778 BGB; s. dort. Sie bedürfen der Schriftform; Mitbürgschaft ist möglich. Eine selbstschuldnerische Bürgschaft (§ 773 BGB) ist nicht gefordert (s. a. RN 1 in Abs. 2 u. 3. Zur Vorausklage RN 1 in Abs. 3).

7 Von der Bürgschaft unterscheiden sich **Garantieverträge.** Sie sind keine Sicherheit i. S. von Abs. 2. A. A. Dahlem / Giese (RN 9 zu § 12), die sie anerkennen, wenn sie von den in Abs. 2 Nr. 1-3 genannten juristischen Personen abgeschlossen werden. Dem wird nur im Ergebnis zugestimmt, weil sie bei entspr. Vertragsgestaltung (unter anderem eindeutiger Verpflichtungswille des Übernehmers) eine Sicherheit i. S. v. § 11 Abs. 1 sein können.

8 Zu **Übergangsvorschriften** s. § 21 Abs. 1. **Befreiungen** von Bestimmungen des § 12 sind nicht zulässig (§ 21).

§ 13 Versicherungspflicht

(1) Einrichtungen, die mit Leistungen im Sinne des § 1 gebaut, erworben, instand gesetzt, ausgestattet oder betrieben werden, sind bei einem im Bundesgebiet zum Geschäftsbetrieb befugten öffentlichen oder privaten Versicherungsunternehmen in Form einer gleitenden Neuwertversicherung gegen Feuer-, Sturm- und Leitungswasserschäden zu versichern. In gleicher Weise ist für das Inventar der Einrichtung, das der Sicherung von Leistungen im Sinne des § 1 dient, eine Versicherung gegen Feuer, Einbruchdiebstahl und Leitungswasserschäden abzuschließen.

(2) Die Bestellung eines Grundpfandrechtes nach § 12 Abs. 1 ist nur ausreichend, wenn das haftende Grundstück in der in Absatz 1 Satz 1 genannten Form versichert ist.

1   Begründung (BR-Drs. 118/78, S. 31):

Die Bestimmung dient der **Sicherung des Surrogats** für den Fall, daß die mit der Leistung des Bewerbers oder Bewohners erworbene, gebaute, instandgesetzte, ausgestattete oder betriebene Einrichtung in ihrer Substanz untergeht oder gemindert wird. Soweit die Einrichtung nicht aufgrund der in § 1 Abs. 2 genannten Maßnahmen ausgestattet worden ist, die **Ausstattung** gleichwohl den Rückzahlungsanspruch sichert, ist auch hier eine entsprechende Versicherung abzuschließen. Zur Sicherung des Rückzahlungsanspruchs können auch Grundstücke haften, für die Leistungen im Sinne des § 1 nicht verwendet worden sind. Um den Realkredit abzusichern, ist ebenfalls eine Versicherung erforderlich. § 13 Abs. 2 trägt dem Rechnung.

2   Von der **Versicherungspflicht** kann eine Befreiung nicht erteilt werden. Zu Reallasten s. §§ 1105 ff. BGB. Die Erfüllung der Versicherungspflicht ist laufend zu prüfen (§ 16) und durch Aufzeichnungen nachzuweisen (§ 17 Nr. 9). **Versicherungskosten** sind erforderliche Aufwendungen, die in die Berechnung des Entgelts eingehen.

3   Ein Verstoß gegen die Vorschrift des § 13 ist keine Ordnungswidrigkeit (s. jedoch § 17 Nr. 9 i. Verb. mit § 20 Nr. 7). Die Vorschrift kann durch Maßnahmen nach §§ 12, 15, 16 HeimG durchgesetzt werden.

§ 14 Auskunftspflicht

Werden Leistungen im Sinne des § 1 mit dem Entgelt verrechnet, kann der Bewohner einmal jährlich von dem Träger Auskunft über seinen Kontostand verlangen. Bei Vorliegen eines besonderen Grundes ist die Auskunft jederzeit zu erteilen.

1   Begründung (BR-Drs. 118/78, S. 32):

Um sich ein ausreichendes Bild über den Stand der Rückzahlung bei Verrechnung seiner Leistung gegen das Entgelt zu verschaffen und ihm rechtzeitige finanzielle Dispositionen zu ermöglichen, kann der Bewohner einmal jährlich Auskunft über seinen Kontostand von dem Träger verlangen. **Die einjährige Frist** braucht nicht eingehalten zu werden, wenn ein besonderer Grund für die Erteilung einer Auskunft vorliegt, z. B. wenn der Bewohner die Auflösung seines Heimvertrages anstrebt.

2 Die Auskunftspflicht besteht auch ohne vertragliche Vereinbarung und kann vertraglich nicht ausgeschlossen oder eingeschränkt werden (§ 4). Der Anspruch kann vor den Zivilgerichten eingeklagt werden.

3 Nach dem Wortlaut des Gesetzes besteht die Auskunftspflicht gegenüber dem "Bewohner". Kunz / Ruf / Wiedemann vertreten die Ansicht (RN 1 zu § 14), auch für Dritte, die Leistungen zugunsten eines Bewohners erbracht haben, bestehe ein Auskunftsrecht, wenn ein unechter Vertrag zugunsten Dritter vorliegt. Der o. a. Ansicht wird beigepflichtet.

§ 15 Rechnungslegung

(1) Der Träger hat bei Beendigung des Heimvertrages mit einem Bewohner diesem oder dessen Rechtsnachfolger Rechnung zu legen über

1. die Verrechnung der von ihm empfangenen Leistungen im Sinne des § 1,

2. die Höhe der zu entrichtenden Zinsen,

3. den noch zurückzuzahlenden Betrag.

(2) Der Träger hat dem Bewohner ferner Rechnung zu legen, wenn die Leistungen des Bewohners durch Verrechnung oder in sonstiger Weise vor Beendigung des Heimvertrages voll zurückgezahlt werden.

1 Aus der Begründung (BR-Drs. 118/78, S. 32):

...Der Träger hat daher eine geordnete Abrechnung zu erstellen, aus der die in § 15 genannten Daten ersichtlich sind.

Wird vor Beendigung des Heimvertrages eine Leistung voll verrechnet oder in sonstiger Weise vom Träger zurückgezahlt, ist in gleicher Weise zu verfahren.

2   Die **Vorschrift** verlangt eine Rechnungslegung bei Beendigung des Heimvertrages (Abs. 1) und bei voller Rückzahlung der Leistung (Abs. 2) gem. Abs. 1 Nr. 1 bis 3.

3   Die Rechnungslegung muß verständlich, klar geordnet und nachprüfbar sein. Für den **Umfang der Rechnungslegungspflicht** gilt § 259 BGB. Die Rechnungslegungspflicht ist eine Bringschuld, deren Erfüllung vor den Zivilgerichten eingeklagt werden kann.

4   **Verstöße** gegen die Rechnungslegungspflicht sind gem. § 20 Nr. 5 **Ordnungswidrigkeiten**.

Dritter Teil
Prüfung der Einhaltung der Pflichten

§ 16 Prüfung

(1) Der Träger hat die Einhaltung der in den §§ 5 bis 15 genannten Pflichten für jedes Kalenderjahr, spätestens bis zum 30. September des folgenden Jahres, durch einen geeigneten Prüfer prüfen zu lassen.

(2) Die zuständige Behörde kann aus besonderem Anlaß eine außerordentliche Prüfung anordnen.

(3) Der Träger hat dem Prüfer Einsicht in die Bücher, Aufzeichnungen und Unterlagen zu gewähren. Er hat ihm alle Aufklärungen und Nachweise zur Durchführung einer ordnungsgemäßen Prüfung zu geben.

(4) Die Kosten der Prüfung übernimmt der Träger.

1   Begründung (BR-Drs. 118/78, S. 32):

Die Einhaltung der im Zweiten Teil der Verordnung genannten Pflichten ist nach Maßgabe der Vorschriften des Dritten Teils zu überprüfen. Die Prüfung wird jedoch nicht durch die zuständige Behörde selbst, sondern durch **geeignete Prüfer** vorgenommen. Die Durchführung der Prüfung durch die zuständige Behörde würde diese vielfach personell überfordern und zu einem Mehraufwand führen, der bei der angespannten Haushaltslage der öffentlichen Hand nicht zu vertreten wäre. Der **zuständigen Behörde** obliegt es, die ihr zugeleiteten Prüfungsergebnisse auszuwerten und bei Feststellung von Mängeln erforderliche Maßnahmen einzuleiten. Insoweit bleibt sie Herr des Prüfungsverfahrens. Sie kann daher auch aus besonderem Anlaß eine außerordentliche Prüfung anordnen.

Art und Umfang der Prüfung ergibt sich aus ihrer Zielsetzung und richtet sich nach den herkömmlichen Maßstäben. Sie muß den Anforderungen des Einzelfalles gerecht werden. Grundsätzlich sind **Stichproben** ausreichend.

Sollten sich jedoch bei der Prüfung Hinweise und Anhaltspunkte für eine Nichteinhaltung der Vorschriften ergeben, bedarf es einer eingehenden Prüfung. Die Prüfung ist für jedes Kalenderjahr spätestens bis zum 30. September des folgenden Jahres durchzuführen. Sie kann auf entsprechende Anordnung der zuständigen Behörde auch außerhalb dieser Fristen eingeleitet werden, wenn ein besonderer Anlaß zu einer **außerordentlichen Prüfung** besteht. Eine derartige Prüfung kann z. B. in Betracht kommen, wenn schon vor Übermittlung eines

Prüfungsberichts Anlaß zu der Annahme besteht, daß der Träger nicht zuverlässig ist, insbesondere wenn Anforderungen der Verordnung offensichtlich nicht genügt oder der von den Trägern gewählte Prüfer die nach § 18 erforderliche Eignung nicht besitzt. Dem allgemeinen Verursacherprinzip entspricht es, daß der Träger der Einrichtung die **Kosten der Prüfung übernimmt.**

2 Die **Vorschrift** soll sicherstellen, daß für jedes Kalenderjahr geprüft wird, ob der Träger seine Pflichten gem. §§ 5 bis 15 eingehalten hat. Daraus können sich Hinweise auf die Zuverlässigkeit und die wirtschaftliche Leistungsfähigkeit des Trägers ergeben (§ 6 Abs. 3 Nr. 1 HeimG), die die zuständige Behörde u. U. zu Maßnahmen (s. §§ 11-16 HeimG) veranlaßt, (s. a. RN 1).

3 Den Träger treffen die **Pflichten**:

– einen Prüfungsbericht vorzulegen gem. Abs. 1,

– dem Prüfer Einsicht zu gewähren sowie Aufklärungen und Nachweise zu geben gem. Abs. 3,

– auf Anordnung der zuständigen Behörde eine außerordentliche Prüfung zu veranlassen (Abs. 2) und

– die Kosten für die Prüfungen zu tragen (Abs. 4).

Es gilt das Kalender- und nicht das Wirtschaftsjahr. Wer ein geeigneter Prüfer ist, ergibt sich aus § 18.

4 Die Prüfung muß bis zum 30. September des folgenden Jahres abgeschlossen sein ("prüfen zu lassen"). Der Träger ist für die Einhaltung des Termins verantwortlich. Eine Verlängerung des Termins oder eine Befreiung ist in der V nicht vorgesehen.

5 Die **außerordentliche Prüfung** (Abs. 2) erfolgt zusätzlich und nicht anstelle der regelmäßigen Prüfung nach Abs. 1. Die Anordnung der außerordentlichen Prüfung ist ein VA, dessen sofortige Vollziehung (§ 80 Abs. 2 Nr. 4 VwGO) angeordnet werden kann, wenn z. B. Zweifel an der **Zuverlässigkeit** des Trägers bestehen (s. a. RN 1).

6 **Was zu prüfen ist**, ergibt sich u. a. aus § 17. Der Prüfer bestimmt, welche "Aufklärungen und Nachweise" er benötigt. Sein Verlangen kann er allerdings gegenüber dem "Träger" nicht unmittelbar durchsetzen. Er hat die Möglichkeit, bei Verweigerung von Aufklärungen und / oder Nachweisen die zuständige Behörde sofort zu verständigen oder (z. B. bei geringfügigen Weigerungen) dies im Prüfungsbericht zu vermerken. Die zuständige Behörde kann durch Auflagen und Anordnungen (§ 12 HeimG) die Erfüllung der Verpflichtungen des Trägers durchsetzen (s. a. RN 8).

7 Die **Kosten der Prüfung** sind erforderliche Kosten, die bei der Errechnung des Entgelts berücksichtigt werden.

8 **Verstöße** gegen die Vorschriften der Absätze 1 und 3 sind gem. § 20 Nr. 6 Ordnungswidrigkeiten.

§ 17 Aufzeichnungspflicht

Der Träger hat vom Zeitpunkt der Entgegennahme der Leistungen im Sinne des § 1 prüfungsfähige Aufzeichnungen zu machen sowie Unterlagen und Belege zu sammeln. Aus den Aufzeichnungen und Unterlagen müssen ersichtlich sein

1. Art und Höhe der Leistungen der einzelnen Bewohner oder Bewerber,

2. die Erfüllung der Anzeige- und Informationspflicht nach § 5,

3. der Verwendungszweck der Leistungen nach § 6,

4. das Verhältnis der Leistungen im Sinne des § 1 und der Eigenleistungen des Trägers zu den Gesamtkosten der Maßnahmen nach § 7,

5. die getrennte Verwaltung der Leistungen nach § 8,

6. Art, Umfang und Zeitpunkt der Verrechnung der Leistungen nach § 10 Abs. 1,

7. die Rückzahlungen der Leistungen nach § 10 Abs. 2,

8. geleistete Sicherheiten nach § 11,

9. der Abschluß von Versicherungen nach § 13,

10. die Rechnungslegung nach § 15.

1 Begründung (BR-Drs. 118/78, S. 33):

Zur sachgerechten Durchführung einer Prüfung müssen dem Prüfer prüfungsfähige Aufzeichnungen, Unterlagen und Belege zur Verfügung stehen. Für ihre Sammlung hat daher der Träger Sorge zu tragen. In § 17 ist näher aufgeführt, welche Daten und Vorgänge sich aus den Aufzeichnungen und Unterlagen ergeben müssen. Mit dieser Aufzählung wird zugleich der sachliche Rahmen des Prüfungsverfahrens näher bestimmt.

2 Die Vorschrift will klarstellen, welche Aufzeichnungen und Unterlagen vom Träger vom Zeitpunkt der Entgegennahme von Leistungen nach § 1 – also nicht etwa erst von ihrer Verwendung an – bereitgehalten werden müssen. Die Aufzeichnungen müssen prüfungsfähig sein. Das ist dann der Fall, wenn sich aus den Aufzeichnungen und Unterlagen die in den Nr. 1 bis 10 näher bezeichneten Tatsachen entnehmen lassen.

3 Die Aufzeichnungspflicht nach § 17 besteht neben der Aufzeichnungs- und Aufbewahrungspflicht nach § 8 HeimG.

4 Verstöße gegen die Vorschriften sind gem. § 20 Nr. 7 **Ordnungswidrigkeiten**.

§ 18 Prüfer

(1) Geeignete Prüfer im Sinne des § 16 Abs. 1 Satz 1 sind:

1. Wirtschaftsprüfer, vereidigte Buchprüfer, Wirtschaftsprüfungs- und Buchprüfungsgesellschaften,

2. Prüfungsverbände, zu deren gesetzlichem oder satzungsmäßigem Zweck die regelmäßige und außerordentliche Prüfung ihrer Mitglieder gehört, sofern

   a) von ihren gesetzlichen Vertretern mindestens einer Wirtschaftsprüfer ist,

   b) sie die Voraussetzungen des § 63 b Abs. 5 des Gesetzes betreffend die Erwerbs- und Wirtschaftsgenossenschaften in der im Bundesgesetzblatt Teil III, Gliederungsnummer 4125-1, veröffentlichten bereinigten Fassung, zuletzt geändert durch Artikel 6 Nr. 4 des Gesetzes vom 29. Juli 1976 (BGBl. I S. 2034), erfüllen oder

   c) sie sich für ihre Prüfungstätigkeit selbständiger Wirtschaftsprüfer oder vereidigter Buchprüfer oder einer Wirtschaftsprüfungs- oder Buchprüfungsgesellschaft bedienen,

3. sonstige Personen, die öffentlich bestellt oder zugelassen worden sind und auf Grund ihrer Vorbildung und Erfahrung in der Lage sind, eine ordnungsgemäße Prüfung durchzuführen.

(2) Ungeeignet als Prüfer sind Personen, bei denen die Besorgnis der Befangenheit besteht.

(3) Der Prüfer ist zur Verschwiegenheit verpflichtet. Er darf insbesondere nicht unbefugt Geschäfts- und Betriebsgeheimnisse verwerten, die ihm bei der Prüfung bekanntgeworden sind.

(4) Der Prüfer hat bei Verletzung seiner Pflichten nach Absatz 3 den hieraus entstehenden Schaden zu ersetzen.

1   Begründung (BR-Drs. 118/78, S. 33):

   Prüfungen nach § 16 können nur durch geeignete Prüfer durchgeführt werden. Es sind daher **enumerativ** nur Personen zugelassen, bei denen aufgrund ihrer Vorbildung und Erfahrung davon ausgegangen werden kann, daß sie eine ordnungsgemäße Prüfung gewährleisten. Unter diesem Vorbehalt zählen zu dem in Absatz 1 Nr. 3 genannten Personenkreis u. a. auch Angehörige der steuerberatenden Berufe, Notare und Rechtsanwälte. Ungeeignet als Prüfer sind Personen, bei denen die Besorgnis der **Befangenheit** besteht. Dies ist dann der Fall, wenn Umstände vorliegen, die geeignet sind, Mißtrauen gegen die Unparteilichkeit des Prüfers zu rechtfertigen.

2   Grundsätzlich bestimmt der Träger den Prüfer (§ 16 Abs. 1: Träger hat... prüfen zu lassen). Die zuständige Behörde hat zu prüfen, ob die Eignung gegeben ist, oder ob Ablehnungsgründe bestehen (Abs. 1 u. 2). Anhaltspunkte dafür, wann **Befangenheit** bestehen könnte, gibt § 21 VwVfG. Befangenheit ist auch zu befürchten, wenn enge wirtschaftliche, berufliche und / oder persönliche Beziehungen zum Träger bestehen, persönliche Interessiertheit am Ausgang der Prüfung angenommen werden darf u. ä.

3   Zur Voreingenommenheit eines Prüfers s. BVerwGE 29, 70.

§ 19 Prüfungsbericht

(1) Das Ergebnis der Prüfung ist unverzüglich nach ihrer Durchführung in einem Prüfungsbericht festzuhalten. Dieser Bericht muß den Vermerk enthalten, ob und gegebenenfalls in welcher Form der Träger gegen die ihm obliegenden Pflichten nach §§ 5 bis 15 verstoßen hat.

(2) Ergeben sich bei der Prüfung, insbesondere bei Auslegung der gesetzlichen Bestimmungen, Meinungsverschiedenheiten zwischen Prüfer und Träger, so ist dies im Prüfungsbericht unter Angabe der Gründe zu vermerken.

(3) Der Prüfer hat den Prüfungsbericht unverzüglich nach seiner Erstellung der zuständigen Behörde zuzuleiten.

(4) Der Träger hat Bewohner oder Bewerber, die Leistungen im Sinne des § 1 gewährt haben, von der Durchführung der Prüfung zu unterrichten. Der Prüfungsbericht kann von ihnen und von einem Vertreter des Heimbeirates eingesehen werden.

1   Begründung (BR-Drs. 118/78, S. 33 f.):

Der Prüfungsbericht bildet die Grundlage für die Überwachung des Trägers durch die zuständige Behörde. Er ist unverzüglich nach Durchführung der **Prüfung** zu erstellen und der zuständigen Behörde zuzuleiten... Der Bericht hat den Vermerk zu enthalten, welche der dem Träger obliegenden Pflichten nicht oder nicht ausreichend erfüllt worden sind.

Die Prüfung kann zu **Meinungsverschiedenheiten** zwischen Prüfer und Träger führen. Die Streitpunkte sind unter Angabe der Gründe in dem Prüfungsbericht festzuhalten. Auf diese Weise wird es der zuständigen Behörde ermöglicht, strittige Punkte selbst oder durch Einschaltung eines anderen Prüfers auszuräumen.

Bewerber oder **Bewohner**, die Leistungen im Sinne des § 1 gewährt haben, sind wegen ihres besonderen Interesses von der Durchführung der Prüfung zu unterrichten. Sie können den Prüfungsbericht einsehen. Im Hinblick auf die besondere Mitwirkungsfunktion des Heimbeirates bei Leistungen von Finanzierungsbeiträgen (§ 27 Heimmitwirkungsverordnung; d. Verf: jetzt § 31) kann auch ein Vertreter des **Heimbeirates** Kenntnis von dem Prüfungsbericht nehmen.

2   Die Vorschriften richten sich

  in Abs. 1-3 an den Prüfer und

  in Abs. 4 an den Träger.

3   Verstößt der Prüfer vorsätzlich oder fahrlässig gegen die Pflicht, den Prüfungsbericht unverzüglich der zuständigen Behörde zuzuleiten, so ist das eine Ordnungswidrigkeit gem. § 20 Nr. 8. Sie kann mit einer Geldbuße bis zu 10 000,- DM geahndet werden (§ 17 Abs. 1 Nr. 3 und Abs. 3 HeimG).

4   Eine bestimmte **Form der Unterrichtung** ist nach Abs. 4 nicht vorgeschrieben. Aus der Sache ergibt sich, daß sie die Bewohner / Bewerber tatsächlich erreichen und ihnen klar und ausreichend Kenntnisse über den Sachverhalt verschaffen muß.

5   Abschriften können weder Bewohner / Bewerber noch Vertreter des Heimbeirates verlangen. Sie sind jedoch berechtigt, sich Notizen zu machen.

6   Auch **"Vertreter des Heimbeirates"**, also nicht nur Mitglieder des Heimbeirates, haben das Recht, den Prüfungsbericht einzusetzen. Der Heimbeirat kann sich allerdings nicht auf Kosten des Trägers, eines sachkundigen "Vertreters" bedienen. Er hat dann sicherzustellen, daß die Verschwiegenheit (§ 24 HeimMitwV) gesichert ist. Im Hinblick auf § 32 Abs. 1 HeimMitwV sollte der Heimbeirat, wenn er sich eines Vertreters für die Einsichtnahme bedient, zuvor mit dem Leiter / Träger darüber reden (s. dort auch RN 3).

7   Ein Verstoß gegen Abs. 4 ist keine Ordnungswidrigkeit. Die zuständige Behörde kann die Erfüllung durch Auflagen / Anordnungen durchsetzen und sich den Vollzug auch jährlich mitteilen lassen. (§§ 12, 15, 16 HeimG).

Vierter Teil

Ordnungswidrigkeiten und Schlußvorschriften

§ 20 Ordnungswidrigkeiten

Ordnungswidrig im Sinne des § 17 Abs. 1 Nr. 3 des Heimgesetzes handelt, wer vorsätzlich oder fahrlässig

1. einer Vorschrift des § 5 Abs. 1 oder 2 über die Anzeige- und Informationspflicht zuwiderhandelt,

2. Leistungen entgegen § 6 Abs. 1 nicht für den bestimmten Zweck oder entgegen § 6 Abs. 2 verwendet,

3. der Vorschrift des § 8 Abs. 1 über die Einrichtung eines Sonderkontos zuwiderhandelt,

4. entgegen § 11 Abs. 1 Sicherheit nicht leistet oder entgegen § 11 Abs. 5 die Sicherheit nicht aufrechthält,

5. entgegen § 15 nicht, nicht richtig oder nicht vollständig Rechnung legt,

6. einer Vorschrift des § 16 Abs. 1 oder 3 über die Prüfung zuwiderhandelt,

7. entgegen § 17 Aufzeichnungen nicht, nicht richtig, nicht vollständig oder nicht rechtzeitig macht oder Unterlagen oder Belege nicht sammelt,

8. entgegen § 19 Abs. 3 den Prüfungsbericht nicht zuleitet.

1 Aus der amtlichen Begründung (BR-Drs. 118/78, S. 34):

§ 20 enthält eine Aufzählung von Tatbeständen, deren Verwirklichung die Festsetzung eines Bußgeldes nach sich ziehen kann. Hierbei sind nur solche Pflichten unter Schutz gestellt, deren Erfüllung zur erfolgreichen Durchsetzung des Gesetzes- und Verordnungszieles geboten erscheint...

2 Vorsätzliche oder fahrlässige **Verstöße** (s. RN 5 u. 6 zu § 17 HeimG), gegen die in Nr. 1-8 genannten Vorschriften können als Ordnungs-

widrigkeiten nach § 17 Abs. 1 Nr. 3 i. Verb. mit Abs. 3 HeimG mit Geldbußen bis zu 10 000,-- DM geahndet werden.

3   Die Nr. 1 bis 7 betreffen den Träger, Nr. 8 den Prüfer.

4   **Zuständigkeit** für den Erlaß des Bußgeldbescheides s. RN 8 zu § 17 HeimG.

§ 21 Übergangsvorschriften und Befreiungen

(1) Die Vorschriften der Verordnung finden keine Anwendung auf Leistungen im Sinne des § 1, die vor Inkrafttreten der Verordnung versprochen oder erbracht worden sind.

(2) Die zuständige Behörde kann den Träger einer Einrichtung von den in § 10 Abs. 2 und § 11 der Verordnung festgelegten Pflichten ganz oder teilweise befreien, wenn deren Erfüllung eine im Zeitpunkt des Inkrafttretens dieser Verordnung bereits bestehende Einrichtung in ihrem wirtschaftlichen Bestand gefährdet. Die Befreiung von den Pflichten nach § 11 kann nur befristet erteilt werden.

1   Begründung (BR-Drs. 118/78, S. 34)

Leistungen auch nach Inkrafttreten der Verordnung können im Einzelfall bestehende Einrichtungen in ihrem wirtschaftlichen Bestand dann gefährden, wenn die in der Verordnung festgelegten Pflichten erfüllt werden müssen. Zu denken ist an Fälle der Umschuldung oder an sog. Folgebelegungsverträge. Hier sind bisher nicht gesicherte Leistungen an den Bewohner zurückzuzahlen, Leistungen des Nachfolgers jedoch nach Maßgabe der Verordnung zu sichern. Um die Existenz der Einrichtung und damit der Heimplätze anderer Bewohner zu erhalten, kann die zuständige Behörde dem Träger einer Einrichtung ganz oder teilweise Befreiung von den Pflichten der Verordnung erteilen.

2   Da die V vor mehr als 12 Jahren in Kraft getreten ist, hat § 21 im Gebiet der ehem. BRD nur noch geringe praktische Bedeutung. In den neuen Ländern kann sie erhebliche Bedeutung haben.

3   Ein Heim ist dann in seinem **wirtschaftlichen Bestand** gefährdet, wenn die Erfüllung der Sicherungsanforderungen seine Liquidität aufheben würde. Die zuständige Behörde mußte nicht von Amtswegen tätig werden.

4   Wegen der Befreiung nach Abs. 2 S. 2 (Sicherheitsleistungen) s. auch § 11. Sie ist eine Ermessensentscheidung. Sie kann nur befristet erfolgen. Hinsichtlich der **Drittwirkung** des VA s. § 18 HeimG, RN 10.

§ 22 Berlin-Klausel

Diese Verordnung gilt nach § 14 des Dritten Überleitungsgesetzes in Verbindung mit § 24 des Heimgesetzes auch im Land Berlin.

§ 23 Inkrafttreten

Diese Verordnung tritt am ersten Tag des auf die Verkündung folgenden vierten Kalendermonats in Kraft.

1 Im Gebiet der ehem. Bundesrepublik trat die V am 1. August 1978 in Kraft und im Gebiet der ehem. DDR am 3. Oktober 1990 (s. dazu RN 2 zu § 25 H HeimG).

Verordnung über personelle Anforderungen für Heime (HeimPersV)

vom 19. Juli 1993 (BGBl. I S. 1205)

Einleitung

1 Nach dem HeimG i. d. F. v. 14. 8. 1974 (BGBl. I S. 1873) war der damalige BMJFG gem. § 3 Nr. 2 verpflichtet, eine V über Mindestanforderungen zu erlassen, u. a. auch "für die Eignung des Leiters des Heimes und der Beschäftigten sowie für die Zahl der Beschäftigten". Diese bedurfte der Zustimmung des BRates. (Art. 80 GG).

12. 11. 1974 Verordnung des BMJFG über Mindestanforderungen in den BRat eingebracht (BR-Drs. 760/74). Der Dritte Teil dieses Entw. enthielt auch die Bestimmungen über den zahlenmäßigen Bedarf an Beschäftigten. Der Entw. fand nicht die Zustimmung des BR's.

04. 11. 1977 Beschluß BRat: BR-Drs. 109/77 (Beschluß):

"Der Dritte Teil (§§ 32 bis 34) ist zu streichen. ... Es sollte z. Z. darauf verzichtet werden, Mindestanforderungen für die personelle Ausstattung der Heime vorzusehen. Die Auffassungen über das Mindestmaß der personellen Ausstattung der verschiedenen Arten von Heimen gehen zur Zeit noch sehr stark auseinander und können nicht ohne weiteres auf der Basis der bisher in Heimen vorhandenen Ausstattung bestimmt werden. Hierzu sind zur Zeit wissenschaftliche Untersuchungen im Gange, deren Ergebnis abgewartet werden sollte."

14. 05. 1979 BReg bringt einen neuen Entw. der HeimMindPersV in den BR ein (BR-Drs. 240/79).

22. 06. 1979 BR stimmt der V zwar zu, allerdings mit der Maßgabe, daß u. a. der Personalschlüssel wesentlich verschlechtert wird. Der BMJFG ist jedoch der Ansicht, daß die Kürzung nicht vertretbar sei (s. unten) und erläßt die V nicht. Die folgenden Verhandlungen führen zu keiner Einigung. Das Fehlen der V erschwert aber den Vollzug des HeimG. Der BMJFG ist deshalb mit Schreiben vom

20. 07. 1982 an den Präsidenten des BR bereit, die V in der vom BR am 22. 06. 1979 gebilligten Fassung zu erlassen (BR-Drs. 298/82); nimmt aber dann, vor allem wegen der Bedenken aus den Verbänden der Freien Wohlfahrtspflege, am

28. 09. 1982 doch wieder davon Abstand (BR-Drs. 298/82). In den folgenden Jahren mißlingen mehrere Versuche, Zustimmung zu einer HeimMindPersV zu erhalten (s. u. a. in NDV 8/1991, S. 249).

Aus den Materialien ergibt sich, daß der Erlaß der HeimMindPersV an Kostengründen und nicht wegen fachlicher Einwendungen scheiterte. S. dazu die Kleine Anfrage im BTag (7./8. 2. 1979, BT-Drs. 8/2532) zu der die BReg erklärte, der Personalschlüssel von 1:4 für den Pflegebereich, "der dem Gutachten des Kuratoriums Deutsche Altershilfe entspricht, erscheint sachlich gerechtfertigt und sozialpolitisch geboten". Die Mehrheit im BRat hat das verhindert.

23. 04. 1990 Neufassung des Heimgesetzes (BGBl. I. S. 763 ber. 1069). In § 3 Nr. 2 n. F. wird die Pflicht zum Erlaß einer Personalverordnung in eine Kann-Bestimmung geändert, und die Ermächtigung eingeschränkt auf "die Eignung des Leiters des Heimes und der Beschäftigten".

26. 03. 1993 'Verordnung über personelle Anforderungen für Heime (HeimPersV)' wird im BRat zur Zustimmung (Art. 80 GG) eingebracht. (BR-Drs. 204/93)

07. 05. 1993 BRat stimmt der V mit der Maßgabe einiger Änderungen zu. (BR-Drs. 204/93 – Beschluß –)

19. 07. 1993 Die HeimPersV wird entsprechend den Maßgaben des BRates verkündet (BGBl. I S. 1205).

2 **Die geltende Fassung** basiert auf dem Entw. des BMFuS. Die **Maßgaben des BR'es** betreffen die §§ 3 Abs. 1; 5 Abs. 1 und 3; 6; 8 Abs. 2; Sie bewirken wichtige Veränderungen vor allem

– zu § 3, durch die die Bestimmungen über fehlende Eignung (§ 3 Abs. 1) präzisiert und verschärft wurden;

– zu § 5 Abs. 1, durch die "eine unzulässige Vermischung der Funktionsbereiche von Fach- und Hilfskräften" verhindert werden soll. In Verb. mit § 6 S. 2 wird dadurch eindeutig klargestellt, "daß Krankenpflegehelfer / innen und vergleichbare Hilfskräfte keine Fachkräfte im Sinne der Verordnung sind",

– zu § 8 Abs. 2 Nr. 4, um das "Hauptanliegen der aktivierenden Pflege" eigens aufzuführen.

3 **Zur Struktur der HeimPersV**

Die Vorschriften der VO begründen Pflichten nur gegenüber den Trägern. Ihnen obliegt die Erfüllung der Anforderungen, die der Betrieb eines Heimes stellt. Sie dürfen nach der VO nur Personen beschäftigen, die für ihre jeweils ausgeübte Funktion und Tätigkeit die Mindestanforderungen erfüllen. Es muß sowohl die fachliche als auch die persönliche Eignung vorhanden sein. Das gilt, unabhängig von der Heimaufsicht, uneingeschränkt für alle Beschäftigten in Heimen und ist nicht auf das Betreuungspersonal begrenzt. (§§ 1 u. 4). Konkreter definiert sind die Anforderungen an die fachliche und persönliche Eignung

- für die Heimleitung bzw. das Leitungsteam (§§ 2; 3),
- für die Leitung des Pflegedienstes (§ 4 Abs. 2),
- bei Beschäftigten für betreuende Tätigkeiten (§ 5),
- bei Nachtwachen gem. 5 Abs. 1 S. 4,
- bei Fachkräften (§ 6).

§ 5 Abs. 1 S. 2 bestimmt das **Zahlenverhältnis von Fachkräften zu Hilfskräften.** Altenpflegehelfer / innen bzw. Krankenpflegehelfer / innen sind keine Fachkräfte im Sinne der VO.

Bei den **Heimen für behinderte Volljährige** sind für die Eignung außerdem die besonderen Aufgaben zu berücksichtigen, die sich bei der Betreuung, Förderung und Eingliederung durch die besonderen Bedürfnisse dieser Bewohner ergeben (§ 7). Durch die Festlegung von Eignungsvoraussetzungen wird **kein besonderes,** durch die Heimtätigkeit **bestimmtes Berufsbild** geschaffen. Die Feststellung fehlender Qualifikation untersagt daher lediglich die Ausübung bestimmter Tätigkeiten und / oder Funktionen innerhalb des Heimbetriebes. Das **Personal** wird u. U. **indirekt betroffen,** weil die Beschäftigung nicht geeigneter Personen untersagt ist.

Um eine **Anpassung der Träger** an die neuen Bestimmungen zu erleichtern, tritt die VO erst später als 2 Monate nach ihrer Verkündung in Kraft. Außerdem gibt es **Übergangsregelungen** und die Möglichkeiten zur **Befreiung** von Einzelvorschriften (§§ 10; 11; 13).

4 Zur Bedeutung der HeimMindPersV

Zweck des HeimG ist u. a., die Interessen und Bedürfnisse der Heimbewohner vor Beeinträchtigungen zu schützen und insbesondere ihre Selbständigkeit und Selbstverantwortung zu wahren (§ 2 Abs. 1 HeimG; s. a. dort RN 8.3 ff.). Eine bedarfsgerechte Betreuung (§ 1 Abs. 1 HeimG) erfordert geeignetes Personal. Nach dem Schichtmodell im Vierten Familienbericht (S. 171) gehört die stationäre Versorgung im Pflegeheim zur höchsten Schicht. "Je höher die Versorgungsschichten sind, desto mehr Kapital und desto mehr und qualifizierteres Personal ist nötig. Mit den Schichten steigt also die Kostenintensität der erbrachten Dienstleistungen."

Die Vorschriften der V betreffen nur die Mindestanforderungen, die an die Eignung der Heimleitung und der Beschäftigten gestellt werden (§3 1-7) und außerdem das Zahlenverhältnis von Fachkräften zu Hilfskräften bei betreuenden Tätigkeiten (§ 5 Abs. 1). **Personelle Mindestzahlen** werden nicht bestimmt. Dazu fehlt es im HeimG n. F. an einer Ermächtigung (s. RN 1 und § 3 HeimG, RN 4). Ein unbestimmter Rechtsbegriff dazu findet sich in § 6 Abs. 3 Nr. 3 HeimG (s. dort und die Materialien vor § 1 in Nr. 1 Abs. 2).

5 Die **Erfüllung der Vorschriften** der HeimPersV ist eine Voraussetzung für den Betrieb eines Heimes. Das gilt für gewerbliche Träger

(s. § 6 Abs. 3 Nr. 4 HeimG) und für Träger der öffentlichen oder freien Wohlfahrtspflege (§ 7 HeimG). Die zuständigen Behörden haben die Einhaltung der Vorschrift zu überwachen (§ 9 HeimG) und erforderlichenfalls mit den Möglichkeiten der §§ 11 bis 13 HeimG durchzusetzen. Gelingt das nicht, bieten §§ 15, 16 HeimG die Möglichkeit zur Rücknahme oder zum Widerruf der Erlaubnis bzw. zur Untersagung des Heimbetriebs.

Die HeimPersV erhält damit eine zentrale Bedeutung für die Qualität der Betreuung und folglich auch der Pflege in Heimen.

Dies wird unterstrichen durch § 9 (Ordnungswidrigkeiten) und durch den Anspruch des Heimleiters und der Beschäftigten auf Fort- und Weiterbildung gemäß § 8. Das ist nicht nur eine berufliche Verbesserung, die die Pflegeberufe aufwertet und attraktiver macht, sie wird sich auch positiv auf die Qualität der Pflege auswirken.

6 Aus dem **Schrifttum:**

altenhilfe, 6/93, Neue HeimmindespersonalV stößt auf Kritik; Bastke, Heimpersonalverordnung in der Kritik, AH 6/93, S. 492 f.; Dahlem, Otto, Personalbedarf nach dem Heimgesetz, RsDE, 17 (1992) S. 36 ff. mit weit. Hinw.; ders. Zum Pflegenotstand in der stationären Altenhilfe, AH, 10/89, S. 456 ff.; ders. in AH 3/91, S. 134 ff., ders. Die Würde des Menschen und das Heimgesetz; – ders. über personelle Anforderungen für Heime, AH 2/94; Deutscher Verein, Hinweise für die Personalausstattung in Altenpflegeheimen, NDV 1/1982, S. 42 ff.; Kempe / Closs, Das Betriebsklima aus der Sicht des Personals, Z., Gerontologie, 14, 1981, S. 745 ff.; dies. Die Situation der Altenpflegekräfte in der stationären Altenhilfe, AH 4/1984. 96 ff.; Kempe / Lindner / Sauter, Bewältigungshilfen für Pflegepersonal, AH 5/93; 374; Rest, Franco, Pflegerische Ethik in der Altenhilfe, heim + anstalt 3/79, S. 48 ff.; Rückert, Zur Vermeidung des "Schlüsselzahlentrugschlusses" bei Personalbemessung, AH, 2/79.30ff.

Auf Grund des § 3 des Heimgesetzes in der Fassung der Bekanntmachung vom 23. April 1990 (BGBl. I S. 763) in Verbindung mit II. des Organisationserlasses des Bundeskanzlers vom 23. Januar 1991 (BGBl. I S. 530) verordnet das Bundesministerium für Familie und Senioren im Einvernehmen mit dem Bundesministerium für Wirtschaft und dem Bundesministerium für Raumordnung, Bauwesen und Städtebau:

Inhaltsübersicht

Vorbemerkung

Aus den Materialien:

Begründung des Entwurfs, BR-Drs. 204/93, S. 11 ff.

Allgemeiner Teil

1 Nach § 2 Heimgesetz sollen die Heimbewohner vor Beeinträchtigungen ihrer Interessen und Bedürfnisse geschützt werden. Zu diesem Schutz gehört die Sicherung einer angemessenen und sachgerechten Betreuung. Sie ist jedoch nur möglich, wenn eine **ausreichende Zahl** an Beschäftigten zur Verfügung steht und dieses Personal auch **persönlich und fachlich qualifiziert** ist.

In § 6 Abs. 3 Nr. 3 des Heimgesetzes ist bereits festgelegt, daß die Betreuung der Bewohner in angemessener Weise gewährleistet sein muß, insbesondere die Beschäftigten in Heimen über die persönliche und fachliche Eignung für die von ihnen ausgeübte Tätigkeit verfügen müssen. Wie auch die Praxis inzwischen gezeigt hat, reicht dieses nur allgemein formulierte Anforderungsprofil jedoch nicht überall aus, um die im Einzelfall **erforderliche Personalausstattung** zu sichern. Vielmehr bedarf es hierzu detaillierter Regelungen zur Einhaltung eines bundeseinheitlichen Mindeststandards. Die gesetzliche Grundlage hierfür bietet § 3 Nr. 2 Heimgesetz. Danach wird der Bundesminister für Familie und Senioren als Nachfolger des Bundesministers für Jugend, Familie, Frauen und Gesundheit ermächtigt, in einer Rechtsverordnung mit Zustimmung des Bundesrats Mindestanforderungen über die Eignung des Leiters des Heims und der Beschäftigten festzulegen. Die Verordnung über personelle Mindestanforderungen für Heime füllt diesen Ermächtigungsrahmen nunmehr aus.

2   **Ursprünglich** sah § 3 Heimgesetz auch eine Ermächtigung zur Festlegung der Zahl der Beschäftigten vor. In der Novelle zum Heimgesetz ist diese Ermächtigung gestrichen worden, nachdem die Praxis und eine langjährige Diskussion ergeben hatten, daß die Einführung eines starren, für alle Heime gleichermaßen geltenden Mindestpersonalschlüssels den Interessen der Bewohner nicht voll gerecht werden kann. Zugleich wurde damit der Weg frei für die Einleitung eines neuen Verfahrens zum Erlaß der Verordnung. Frühere Bemühungen um die Normierung einer Heimmindestpersonalausstattung waren gescheitert, weil es nicht gelang, Einvernehmen unter den Beteiligten in Bund und Ländern wegen des umstritten gebliebenen Mindestpersonalschlüssels für Pflegebedürftige zu erzielen.

3   Wie im Heimgesetz und in den dazu erlassenen Verordnungen zwingt die heterogene Struktur der Heime und ihrer Bewohnerschaft auch bei Regelungen über die personelle Eignung mehrfach zu **Generalklauseln**. Nur so läßt sich eine praktikable Anwendung der Verordnung auf alle in Betracht kommenden Heime und ihre Bewohner sichern. Dies gilt vornehmlich für Heime mit Behinderten und Alteneinrichtungen, bei denen Art und Umfang der Betreuungsbedürftigkeit ihrer Bewohner sehr unterschiedlich sein können. In der Verordnung wird daher der zuständigen Behörde ein auch von der Praxis immer wieder geforderter flexibler Rahmen bei der Anwendung der Bestimmungen eingeräumt, um im Einzelfall sachlich gebotene Entscheidungen treffen zu können.

4   Aus Aufbau und Text der Ermächtigung in § 3 Heimgesetz kann gefolgert werden, daß der Gesetzgeber von dem Erlaß einer einheitlichen Verordnung über den personellen und baulichen Bereich ausging. Die Beratungen einer beide Bereiche umfassenden **Heimmindestverordnung** im Bundesrat zwang jedoch aus sachlichen Erwägungen und Gründen einer besseren verfahrensmäßigen Abwicklung zu einer Aufspaltung in eine Heimmindestbau- und eine Heimmindestpersonalverordnung. Erstere ist am 27. Januar 1978 erlassen und durch Änderungsverordnung vom 03. 05. 1983 novelliert worden (BGBl. I S. 550).

5 Die Verordnung begründet entsprechend der gesetzlichen Ermächtigung nur **Pflichten** gegenüber dem Heimträger, dem die Erfüllung der durch den Betrieb eines Heims begründeten Anforderungen obliegt. Das Personal wird insoweit nur mittelbar betroffen, als dem Heimträger die Beschäftigung nicht geeigneter Personen untersagt ist (vgl. § 6 Abs. 3 Nr. 4 Heimgesetz).

6 Durch die Festlegung von personellen Mindestanforderungen wird kein besonderes, durch die Heimtätigkeit bestimmtes Berufsbild der einzelnen Beschäftigten geschaffen. Die Feststellung fehlender Qualifikationen eines Leiters oder eines anderen Beschäftigten bedeutet daher lediglich die Untersagung bestimmter Funktionen innerhalb des Betriebs eines Heims.

7 Die Verordnung enthält Bestimmungen über die **Fort- und Weiterbildung** der Beschäftigten. Damit sollen nicht nur die Kenntnisse und Fähigkeiten der Beschäftigten verbessert, sondern auch Möglichkeiten für ihren beruflichen Aufstieg in einem Heim und ihr besseres berufliches Fortkommen geschaffen werden. Insoweit können diese Regelungen auch in Ansehung des gegenwärtig bestehenden Mangels an fachlich geeignetem Pflegepersonal zu einer größeren Attraktivität der Pflegeberufe beitragen.

8 Durch die Verordnung werden keine Auswirkungen auf die Einnahmen und Ausgaben der öffentlichen Haushalte erwartet. Die Regelungen sind lediglich **Rahmenbedingungen** für den internen Heimbetrieb, die nur in begrenzter Zahl eine personelle Anpassung erforderlich machen dürften. Entgelterhöhungen könnten sich daraus nur in nicht wesentlichem Ausmaß und auf wenige Einzelfälle beschränkt ergeben, so daß Auswirkungen auf das Preisniveau, insbesondere auf das Verbraucherpreisniveau nicht zu erwarten sind.

Anmerkungen zu diesen Materialien:

Der Ansicht in **Nr. 2** kann nicht gefolgt werden. Personalschlüssel sind bei Pflegesatzregelungen üblich. Besonderheiten werden ggfs. durch Sonderpflegesätze ausgeglichen. Der Widerstand des Bundesrates war durch finanzielle und nicht durch fachliche Erwägungen begründet. S. dazu die Erhebung des KDA 1990 über die Anhaltszahlen für die Personalbemessung i. d. Ländern und außerdem Einleitung RN 5 sowie HeimG § 3 RN 4 und § 6 RN 17.2 und 23 (hier insbes. Baden-Württemberg).

Nach **Nr. 8** sind 'die Regelungen lediglich Rahmenbedingungen für den 'internen Heimbetrieb'. Diese Formulierung könnte zu Mißverständnissen führen. Richtig ist, daß die Vorschriften mehrfach nur Generalklauseln enthalten (s. Nr. 3), die im Einzelfall nach den Gegebenheiten eines jeden Heimes auszufüllen und zu realisieren sind, insofern also Rahmenbedingungen festsetzen. Die Erfüllung der V und ihrer Vorschriften werden durch die zuständige Behörde überwacht und ggfs. durchgesetzt. Die Erfüllung der Vorschriften ist weder in das Belieben des Trägers noch der Heimaufsicht gestellt. Teilweise sind Verstöße gegen sie auch Ordnungswidrigkeiten. Insofern erscheinen sie nicht intern. Und sie sind keineswegs beliebig; was mit der o. a. Formulierung auch nicht ausgedrückt wird.

§ 1 Mindestanforderungen

Der Träger eines Heimes im Sinne des § 1 Abs. 1 des Heimgesetzes darf nur Personen beschäftigen, die die Mindestanforderungen der §§ 2 bis 7 erfüllen, soweit nicht in den §§ 10 und 11 etwas anderes bestimmt ist.

1   Zur **geltenden Fassung** s. Einl. RN 2.

2   **Aus den Materialien:** Begründung des Entw. des BMFuS, BR-Drs. 204/93, S. 14

Die Verordnung legt in § 1 und den nachfolgenden Vorschriften Mindestanforderungen fest, die von dem Heimträger nicht unterschritten werden dürfen, soweit nicht in den §§ 10 und 11 etwas anderes bestimmt wird. Diese Anforderungen bilden die **Grenze** einer noch zulässigen Personalausstattung und sind insbesondere hinsichtlich des Anteils von Fach- und Hilfskräften nicht mit einer regelmäßig anzustrebenden Normalausstattung, wie sie in vielen Heimen bereits besteht, gleichzusetzen. Werden die Anforderungen nicht erfüllt, kann die zuständige Behörde die Erteilung einer Erlaubnis verweigern (§ 6 Abs. 3 Nr. 4 Heimgesetz), Auflagen und Anordnungen erteilen (§ 12 Heimgesetz), Beschäftigungsverbote aussprechen (§ 13 Heimgesetz), eine Erlaubnis zurücknehmen oder widerrufen (§ 15 Heimgesetz) oder den Betrieb eines Heimes untersagen (§ 16 Heimgesetz). Daneben können im Einzelfall auch Bußgelder festgesetzt werden (§ 17 Abs. 2 Nr. 1 Heimgesetz).

3   Die Vorschrift begründet die Pflicht der Träger, nur Personal zu beschäftigen, das die erforderliche persönliche und fachliche Eignung für die von ihnen ausgeübten Funktionen und Tätigkeiten besitzt (s. Einl. RN 3 u. § 4). Diese Verpflichtung gilt grundsätzlich für alle Beschäftigten. In Verbindung mit dem HeimG, insb. mit §§ 6 Abs. 3 Nr. 3 und 4; 9; 11-17 HeimG ist sie eine zentrale Bestimmung für die Qualität der 'Unterbringung' (s. a. RN 2).

Das Risiko, geeignetes Personal zu gewinnen, liegt beim Träger. S. dazu § 6 HeimG, RN 17.2; 17.4; 22.

4   Wegen **Ordnungswidrigkeiten** s. § 9.

§ 2 Eignung des Heimleiters

(1) Wer ein Heim leitet, muß hierzu persönlich und fachlich geeignet sein. Er muß nach seiner Persönlichkeit, seiner Ausbildung und seinem beruflichen Werdegang die Gewähr dafür bieten, daß das jeweilige Heim entsprechend den Interessen und Bedürfnissen seiner Bewohner sachgerecht und wirtschaftlich geleitet wird.

(2) Als Heimleiter ist fachlich geeignet, wer

1. eine Ausbildung zu einer Fachkraft im Gesundheits- oder Sozialwesen oder in einem kaufmännischen Beruf oder in der öffentlichen Verwaltung mit staatlich anerkanntem Abschluß nachweisen kann und

2. durch eine mindestens zweijährige hauptberufliche Tätigkeit in einem Heim oder in einer vergleichbaren Einrichtung die weiteren für die Leitung des Heims erforderlichen Kenntnisse und Fähigkeiten erworben hat.

Die Wahrnehmung geeigneter Weiterbildungsangebote ist zu berücksichtigen.

(3) Wird das Heim von mehreren Personen geleitet, so muß jede dieser Personen die Anforderungen des Absatzes 1 erfüllen.

1   **Zur geltenden Fassung** s. Einl. RN 2.

2   Aus den **Materialien** (Begründung des Entw. BMFuS, BR-Drs. 204/93, S. 14 f.)

Der Betrieb eines Heimes wird entscheidend von dessen Leitung geprägt. Der Heimleiter ist die zentrale Figur im täglichen, die Heimbewohner unmittelbar oder aber auch mittelbar berührenden Geschehensablauf. Seine persönliche und fachliche **Qualifikation** muß dieser umfassenden Aufgabenstellung entsprechen. Dem trägt § 2 Abs. 1 in einer zunächst allgemeinen Umschreibung der Anforderungen an den Heimleiter Rechnung. Hierbei orientiert sich die Eignung des Heimleiters an der Aufgabe, die Interessen der Bewohner des Heimes zu wahren und an seiner Fähigkeit, das Heim sachgerecht und wirtschaftlich zu leiten.

Absatz 1 erfährt in Absatz 2 in enumerativer Form eine nähere Ausgestaltung der fachlichen Qualifikation des Heimleiters. Dadurch wird zum einen die Anwendung und Auslegung des Absatzes 1 erleichtert. Zum anderen soll dadurch die Einhaltung eines bundeseinheitlichen Maßstabes bei der Prüfung der Qualifikation erreicht werden. Danach muß der Leiter zunächst den erfolgreichen Abschluß einer fachlichen Vorbildung nachweisen. Diese Vorbildung muß sich alternativ auf solche Ausbildungsgänge beziehen, die für den Heimbereich fachlich einschlägig sind. Die hier aufgeführten Bildungsgänge sind allerdings nicht mit bestimmten Berufen oder festen

Berufsbildern gleichzusetzen, sondern zielen auf Tätigkeitskomplexe innerhalb einer nach Berufsfeldern orientierten Ausbildung.

Nicht jede Ausbildung genügt allerdings den **Anforderungen** der Nummer 1. Vielmehr muß sie mit einem **staatlich anerkannten Abschluß** erfolgreich beendet werden. Weitere Voraussetzung ist, daß es sich um eine Ausbildung zu einer Fachkraft handelt. Was unter Fachkraft zu verstehen ist, wird in § 6 definiert.

Neben diesen Grundkenntnissen muß der Leiter durch eine mindestens zweijährige berufliche Tätigkeit weitere Kenntnisse und Fähigkeiten erworben haben, die für die Leitung des Heims erforderlich sind. Erst hierdurch wird er in die Lage versetzt, den besonderen Ansprüchen an eine Heimleitung gerecht zu werden. Dabei genügt es, daß er Kenntnisse und Fähigkeiten für das konkret von ihm zu leitende Heim erworben hat. Die Aufgabenstellung in dem jeweiligen Heim bestimmt insoweit Art und Umfang der erforderlichen Kenntnisse seines Leiters. Dies gilt vor allem für Behindertenheime.

Grundsätzlich kann davon ausgegangen werden, daß eine zweijährige **hauptberufliche Tätigkeit**, die auf die Aufgaben eines Heimleiters ausgerichtet ist und in einem Heim, aber auch in einer ambulanten Einrichtung der Alten- und Behindertenhilfe ausgeübt worden sein kann, die für die Leitung eines Heims erforderlichen Kenntnisse vermittelt. Es gibt jedoch Fälle, in denen diese Tätigkeit nur zeitweise Leitungsfunktionen zum Inhalt hat und somit nicht ausreicht. Hier kann die Wahrnehmung von geeigneten Weiterbildungsangeboten neben der hauptberuflichen Tätigkeit berücksichtigt werden. Dasselbe gilt für die Fälle, in denen die Zweijahresfrist nur durch die Berücksichtigung von Weiterbildungsmaßnahmen außerhalb einer hauptberuflichen Tätigkeit eingehalten werden kann.

In Heimen, die **von mehreren Personen geleitet** werden, muß nach Absatz 3 jede dieser Personen die Qualifikation eines Heimleiters besitzen.

Die Leitung eines Heims setzt nicht voraus, daß der Leiter alle Leitungsfunktionen selbst wahrnimmt. Bei größeren Heimen oder solchen mit besonderen Strukturen und Spezialfunktionen kann die Einschaltung weiterer Fachkräfte bei der Erfüllung von Leitungsaufgaben unumgänglich sein. Hier wird es zur Qualifikation des Leiters genügen, daß er neben den Anforderungen des Absatzes 2 die Fähigkeit besitzt, sich dieser Hilfskräfte so zu bedienen, daß ein ordnungsgemäßer und sachgerechter Betrieb des Heims gewährleistet ist.

3   Die **Vorschrift** umschreibt die persönlichen und fachlichen Anforderungen, die an Personen zu stellen sind, die ein Heim leiten (sollen). Die Materialien (RN 2) gehen dazu auf konkrete Fragen ein.

4   Die **Anforderungen an den Heimleiter** gem. §§ 2 und 3 entsprechen der herausgehobenen und umfassenden Funktion. Er ist verantwort-

lich für den internen Heimbetrieb und das 'Heimklima'. Seine persönliche und fachliche Eignung bestimmen maßgebend die Qualität der "Unterbringung" (§ 1 Abs. 1 HeimG). Die Entscheidung darüber, ob eine Eignung anzuerkennen ist, orientiert sich an der Fähigkeit, die Interessen und Bedürfnisse der Bewohner zu wahren (§ 2 Abs. 1 Nr. 1 HeimG; s. dort auch RN 7 ff. sowie oben RN 2 i. Abs. 1). Nach der V **muß** der / die Heimleiter(in) die "Gewähr dafür bieten" daß das Heim entsprechend den Interessen und Bedürfnissen der Bewohner geleitet wird. Das sind sehr hohe Anforderungen.

5   **Heimleiter** ist kein festes Berufsbild. Zentrale Verbände (z. B. Deutscher evangelischer Verband für Altenhilfe; Caritas u. a.) haben Tätigkeitsbeschreibungen für die Leitung von Heimen erarbeitet, die Hinweise auf die geforderten Fähigkeiten geben (s. a. KDA, Katalog der Stellenbeschreibungen, 1990).

Heimleiter kann auch der gewerbliche Betreiber sein. Im übrigen ist Heimleiter die Person, die für den Heimbetrieb verantwortlich ist. Das ergibt sich aus dem Beschäftigungsvertrag, bei öffentlich-rechtlichen Trägern u. U. auch aus einer schriftlichen Zuweisung der Aufgabe.

6   **Zwei Voraussetzungen** müssen für die **fachliche Eignung** immer erfüllt sein:

–   Es muß eine Ausbildung als **Fachkraft** gem. Abs. 2 Nr. 1 erfolgreich mit einem staatlichen Abschluß nachgewiesen werden **und**

–   es müssen in einer **hauptberuflichen Tätigkeit** von mindestens zwei Jahren gem. Abs. 2 Nr. 2 "Fähigkeiten erworben" worden sein (s. RN 2 in Abs. 5).

Es müssen beide Voraussetzungen erfüllt sein (Abs. 1 Nr. 2: 'die weitere... Fähigkeit erworben hat'; s. a. RN 2 im Abs. 4 und § 11 RN 6.1)

7   Ob die erforderlichen **Kenntnisse und Fähigkeiten** tatsächlich erworben wurden, muß nachgewiesen werden. In den in Abs. 2 Nr. 1 genannten Berufsfeldern sind unterschiedliche **Ausbildungsgänge** nach verschiedenen Ausbildungsrichtlinien oder -ordnungen möglich. Auskünfte gibt es über das Arbeitsamt (s. a. RN 2 i. Abs. 2). Der Umfang der Qualifikation ist abhängig von der Art und der Größe des Heimes (s. RN 2). Zur persönlichen Eignung s. § 3. – Wegen der **hauptberuflichen Tätigkeit** s. a. Abs. 2 Nr. 2 S. 2 sowie RN 4 i. Abs. 5.

Altenpflegehelfer(innen) oder Krankenpflegehelfer(innen) sind keine Fachkräfte (§ 6). Sie verfügen nicht über die Eignung zur Heimleitung.

9   Bei **Leitungsteams** muß jede Person die Voraussetzungen nach Abs. 2 erfüllen (s. a. RN 2). Muß ein Mitglied des Leitungsteams Aufgaben im Heimbetrieb erfüllen, die eine besondere Eignung voraussetzen (z. B. Pflegedienstleistung, § 4 Ab.s 2), muß auch dafür die geforderte Eignung nachgewiesen werden (s. a. RN 2 i. Abs. 6).

10 Eine **Übergangsregelung** ist nur bei Abs. 2 Nr. 2, eine **Befreiung** nur bei Abs. 2 Nr. 1 zulässig – unter den in § 10 bzw. 11 genannten Voraussetzungen (s. dazu bei den genannten Bestimmungen).

11 Wegen **Ordnungswidrigkeiten** in Bezug auf Abs. 2 Nr. 1 s. § 9 Nr. 1.

12 Zur **Rechtsprechung** s. § 13 HeimG RN 14.

13 Aus dem **Schrifttum:** M. Beck, Heimleiter / innen als Sozialunternehmer, AH 2/1992.105; J. Biehler, Mehr Demokratie erwünscht – Heimleiterausbildung kritisch gesehen, AH 1/94, S. 20 ff.; B. Gerlach, Institution "Heimleiter", AH 11/1992.624i E. Hammer, Qualifizierte Fortbildung zum Heimleiter, AH 1/1991.39; R. Horak, Heimleiterausbildung, AH 9/1991.430; A. Knäpple, Weiterentwicklung von Leitungsstrukturen, AH 12/1991.566; H. Kotschenreuther, Wirtschaftliche Führung eines Heimes AH 1/91.35 ff.; B. U. Neumeister, Gedanken zur Leitung von Heimen, AH 11/1992.662; B. Schober, Heimleiterausbildung in den USA; AH 6/1992.295; Packbier-Compier, Leiterschulung in Dänemark, AH 4/1991.206.

§ 3 Persönliche Ausschlußgründe

(1) In der Person des Heimleiters dürfen keine Tatsachen vorliegen, die die Annahme rechtfertigen, daß er für die Leitung eines Heims ungeeignet ist. Ungeeignet ist insbesondere,

   1. wer

   a) wegen eines Verbrechens oder wegen einer Straftat gegen das Leben, die sexuelle Selbstbestimmung oder die persönliche Freiheit, wegen vorsätzlicher Körperverletzung, wegen Erpressung, Urkundenfälschung, Untreue, Diebstahls, Unterschlagung, Betrugs oder Hehlerei oder wegen einer gemeingefährlichen Straftat oder einer Konkursstraftat zu einer Freiheitsstrafe oder Ersatzfreiheitsstrafe von mindestens drei Monaten, sofern die Tilgung im Zentralregister noch nicht erledigt ist,

   b) in den letzten fünf Jahren, längstens jedoch bis zum Eintritt der Tilgungsreife der Eintragung der Verurteilung im Zentralregister, wegen einer Straftat nach den §§ 29 bis 30 b des Betäubungsmittelgesetzes oder wegen einer sonstigen Straftat, die befürchten läßt, daß er die Vorschriften des Heimgesetzes oder eine auf Grund dieses Gesetzes erlassene Rechtsverordnung nicht beachten wird, rechtskräftig verurteilt worden ist,

2. derjenige, gegen den wegen einer Ordnungswidrigkeit nach § 17 des Heimgesetzes mehr als zweimal eine Geldbuße rechtskräftig festgesetzt worden ist, soweit nicht fünf Jahre seit Rechtskraft des letzten Bußgeldbescheids vergangen sind.

(2) Absatz 1 Satz 2 gilt nicht für Straftaten und Ordnungswidrigkeiten, die vor Inkrafttreten der Verordnung begangen worden sind. Absatz 1 Satz 1 bleibt unberührt.

1 Zur **geltenden Fassung** s. RN 2. Durch den BR wurden Abs. 1 S. 2 neu gefaßt.

2 Aus den **Materialien**

2.1 Begründung BMFuS, BR-Drs. 204/93, S. 16 f.

Die enge persönliche Beziehung des Heimleiters zu den Bewohnern und seine große Einwirkungsmöglichkeit auf diese Personen, die vielfach von seiner Hilfe abhängig sind, erfordern ein hohes Maß an persönlicher Zuverlässigkeit. Nach Absatz 1 Satz 1 müssen daher die zuständigen Behörden im Rahmen ihres pflichtgemäßen Ermessens prüfen, ob Tatsachen in der Person des Heimleiters vorliegen, die auf eine fehlende **persönliche Eignung** schließen lassen.

In Absatz 1 Satz 2 werden strafrechtlich relevante Verfehlungen des Heimleiters hervorgehoben, die zwingend die Feststellung seiner Unzuverlässigkeit nach sich ziehen. Dazu gehören auch solche Straftaten, die eine Nichtbeachtung des Heimgesetzes und der dazu erlassenen Rechtsverordnungen befürchten lassen.

Die unter Nummer 1 aufgeführten **Ausschlußgründe** gelten allerdings zeitlich nicht unbegrenzt. Sie können nur solange berücksichtigt werden, wie die ihnen zugrunde liegenden Verurteilungen in ein Führungszeugnis aufzunehmen sind. Bei Verstößen gegen das Betäubungsmittelgesetz gilt darüber hinaus eine fünfjährige Begrenzung, längstens jedoch bis zum Eintritt der Tilgungsreife.

Bußgeldbescheide nach Nummer 2 schließen die persönliche Eignung nicht mehr aus, wenn seit Rechtskraft des letzten Bußgeldbescheids fünf Jahre vergangen sind.

Mit der Aufführung bestimmter Straftaten und Ordnungswidrigkeiten wird in Absatz 1 Satz 2 die Fiktion fehlender Eignung verbunden. Soweit diese Verfehlungen vor Inkrafttreten der Verordnung begangen worden sind, würde die Nebenfolge einer Abqualifizierung für bestimmte Tätigkeiten rückwirkend auf Verstöße ausgedehnt, für die eine solche Regelung zur Tatzeit noch nicht bestand. In Absatz 2 wird daher aus rechtsstaatlichen Gründen die Berücksichtigung derartiger Taten im Rahmen des Absatzes 1 Satz 2 ausgeschlossen. Dies bedeutet allerdings nicht, daß sie bei der Prüfung der persönlichen Eignung außer Betracht bleiben. Vielmehr muß ohne Anwendung der **Fikti-**

onsregelung des Satzes 2 nach Absatz 1 Satz 1 geklärt werden, ob der Leiter ungeeignet ist.

Gleiches gilt für Ordnungswidrigkeiten, die nach anderen Gesetzen als das Heimgesetz oder nur einmal nach § 17 des Heimgesetzes begangen worden sind. Auch hier ist nach Absatz 1 Satz 1 zu prüfen, ob Art und Schwere der Verstöße auch ohne Anwendung des Satzes 2 den Leiter als ungeeignet erscheinen lassen.

2.2   Begründung der Maßgabe BR-BR-Drs. 204/93 (Beschluß)

Bei den Straftaten zu § 3 Abs. 1 Satz 2 Nr. 1 Buchstabe a des Vorschlags kann wegen der Schwere der Delikte die Berücksichtigung nicht schon nach fünf Jahren entfallen.

3   Die **Vorschrift** soll dazu beitragen, daß Ungeeignete von einer Heimleitung ausgeschlossen werden. Zur erforderlichen Eignung gehört auch die **Zuverlässigkeit** des Heimleiters (s. RN 2.1 sowie § 6 HeimG RN 14 – 14.3, die sinngemäß angewendet werden können.)

4   **Verfehlungen**, die in Abs. 1 S. 2 genannt werden (s. dazu das StGB), schließen eine Eignung zwingend aus. **(Fiktion)** Hierzu gibt es weder eine Übergangsregelung noch eine Befreiungsmöglichkeit (§§ 10; 11 s. dort).

Die Aufzählung ist **nicht abschließend** ("insbesondere"). Auch andere Verfehlungen können die Eignung ausschließen. Entscheidend ist stets der Zweck des HeimG als Schutzgesetz (§ 2 Abs. 1 HeimG; s. dazu a. RN 7) für die Bewohner.

5   Die unter Nr. 1 genannten Ausschlußgründe gelten zeitlich nicht unbegrenzt (s. a. RN 2 Abs. 3). Es dürfen jedoch keine Tatsachen bekannt sein, die befürchten lassen, daß die Bestimmungen des HeimG und seiner VO'en nicht eingehalten und ihrem Zweck entsprechend beachtet werden (s. a. RN 2.1 im Abs. 2).

6   **Gemeingefährliche Straftaten** ist ein Sammelbegriff für die im 27. Abschn. StGB (§§ 306 – 323c) unter Strafe gestellten Handlungen.

Ersatzfreiheitsstrafe tritt kraft Gesetzes ein, wenn eine Geldstrafe uneinbringlich oder die Vollstreckung voraussichtlich erfolglos ist (s. u. a. §§ 43, 459e ff. StGB). Zu **Konkursstraftaten** s. u. a. §§ 283ff. StGB.

7   Verstöße gegen das **Betäubungsmittelgesetz** v. 28. 7. 1981, zuletzt geändert am 27. 1. 1987, BGBl. I S. 475, können Ordnungswidrigkeiten oder Straftaten sein; § 29 bestimmt die Straftaten. Wegen des intern. Betäubungsmittel-Abkommens s. Ges. in der Bek. vom 10. 06. 1933, BGBl. II S. 319.

8   Beim **Bundeszentralregister**, in das u. a. neben der Verurteilung zu Strafen, Nebenstrafen, Maßregeln zur Besserung und Sicherung (s. §§ 63 ff. StGB) auch gewisse Gewerbeuntersagungen (s. dazu Bundeszentralregistergesetz i. d. F. 21. 9. 1984, BGBl. I, S. 1229) einge-

tragen werden, ist ein **Gewerbezentralregister** eingerichtet (§ 149 GewO). Es soll gegenüber ungeeigneten oder unzuverlässigen Personen eine einheitliche Praxis bei gewerberechtlichen Entscheidungen ermöglichen und eine Umgehung der Bestimmungen verhindern. Eingetragen werden u. a. die in der Vorschrift genannten Straftaten ferner auch Bußgeldentscheidungen über mehr als 200,-- DM wegen Ordnungswidrigkeiten im Zusammenhang mit der Gewerbeausübung. Wegen Einzelheiten (Tilgung, Auskunft usw.) s. §§ 45 ff. BundezentralregisterG sowie §§ 150 ff. GewO.

9   Wegen **Verfehlungen**, die **vor Inkrafttreten der VO** (§ 13) begangen wurden, s. RN 2.1 insb. die beiden letzten Abs. Es gilt das Inkrafttreten und nicht die Verkündung der V.

10   Zu **Ordnungswidrigkeiten** s. § 9 Nr. 1 und 2.

§ 4 Eignung der Beschäftigten

(1) Beschäftigte in Heimen müssen die erforderliche persönliche und fachliche Eignung für die von ihnen ausgeübte Funktion und Tätigkeit besitzen.

(2) Als Leiter des Pflegedienstes ist geeignet, wer eine Ausbildung zu einer Fachkraft im Gesundheits- oder Sozialwesen mit staatlich anerkanntem Abschluß nachweisen kann. § 2 Abs. 2 Nr. 2, § 3 Abs. 1 Satz 2 Nr. 1 gelten entsprechend.

1   Zur **geltenden Fassung** s. Einl. RN 2.

2   Aus den **Materialien**: Begründung des Entw.-BR-Drs. 204/93, S. 17

Auch die Beschäftigten eines Heims – also Personen, die nicht zur Heimleitung gehören – müssen für die von ihnen **wahrgenommenen Aufgaben** persönlich und fachlich geeignet sein. Die Vorschrift beschränkt sich auf die Festlegung allgemeiner Grundsätze. Danach muß jeder Beschäftigte in der Lage sein, die von ihm wahrgenommenen Funktionen und Tätigkeiten in dem Heim hinreichend zu erfüllen.

Eine Hervorhebung erfährt in Absatz 2 der Leiter des Pflegedienstes. Im Hinblick auf die hohen pflegerischen Anforderungen dieser Tätigkeit ist hierfür regelmäßig nur geeignet, wer eine Ausbildung zu einer Fachkraft im Gesundheits- oder Sozialwesen mit staatlich anerkanntem Abschluß vorweisen kann.

3   Die **Vorschrift** des Abs. 1 ist die **zentrale Forderung** und die **Leitlinie** für den Vollzug der V; von der es keine Befreiungen gibt. Sie verlangt, daß – ohne Ausnahme – jeder Beschäftigte, im Heim für die ausgeübte Funktion oder Tätigkeit die erforderliche persönliche und fachliche Eignung besitzen muß. Maßgebend ist die tatsächlich ausgeübte Funktion / Tätigkeit und nicht der Eintrag im Stellenplan o. ä.

Die Formulierung in RN 2, "hinreichend", bedeutet, daß jeder Beschäftigte persönlich und fachlich Leistungen zu erbringen hat, die den Anforderungen – im Hinblick auf den Zweck des Gesetzes (§ 2 Abs. 1 HeimG, s. dort a. RN 7-8) – genügen. Zur **Stellenbeschreibung** für die stationäre Altenhilfe s. KDA, thema, 1990.

4   Bei den engen Kontakten der Beschäftigten zu den Heimbewohnern kommt – auch bei sogenannten nachgeordneten Tätigkeiten – der persönlichen Eignung (z. B. Ehrlichkeit, Zuverlässigkeit, Geduld, Verständnis) besondere Bedeutung zu (s. dazu auch § 6 HeimG RN 14.)

5   **"Beschäftigte"**: Der Begriff wird in der V nicht definiert. Nach Zweck und Ziel des HeimG und der V sind dies – unabhängig von Arbeitsverträgen – alle Personen, die im Heim oder für das Heim in irgendeiner Weise Funktionen oder Tätigkeiten ausüben; z. B. auch ehrenamtliche Funktionsträger, Zivildienstleistende, Personen im freiw. sozialen Jahr u. ä. – **Ehrenamtliche HelferInnen,** die, "ohne rechtliche Verpflichtung", Inhalt und Umfang ihrer Hilfen im Heim selbst bestimmen, wie z. B. Besuchsdamen, VorleserInnen u. ä., sind allerdings keine Beschäftigte.

6   Zur **Leitung des Pflegedienstes** (s. a. RN 2) ist nur geeignet, wer

–   Fachkraft im Gesundheits- oder Sozialwesen ist (Abs. 2 S. 1 i. Verb. mit § 6 S. 2), **und außerdem**

–   in einer mindestens zweijährigen hauptberuflichen Tätigkeit in einem Heim die erforderlichen Kenntnisse und Fähigkeiten gem. § 2 Abs. 2 Nr. 2 für die Pflegedienstleitung erworben hat, und bei dem

–   keine Ausschlußgründe gem. § 3 Abs. 1 S. 2 Nr. 1 vorliegen.

Es müssen alle drei Voraussetzungen erfüllt werden. Verfehlungen nach § 3 Abs. 1 S. 2 Nr. 2 schließen die Eignung zur Leitung des Pflegedienstes nicht zwingend aus. Sie werden jedoch bei der Prüfung der Eignung ggfs. zu bewerten sein. S. a. § 11 RN 6.2.

7   Bei der Leitung des Pflegedienstes ist für Straftaten, die **vor Inkrafttreten der VO** begangen wurden, die Anwendung des § 3 Abs. 2 nicht ausdrücklich bestimmt. Hier werden dieselben Gründe wie bei der Heimleitung (S. § 3 RN 2) für die Beurteilung maßgeblich sein müssen.

8   Zu Übergangsregelungen und Befreiungen s. §§ 10, 11.

9   Zu **Ordnungswidrigkeiten** s. § 9 Nr. 2.

§ 5 Beschäftigte
für betreuende Tätigkeiten

(1) Betreuende Tätigkeiten dürfen nur durch Fachkräfte oder unter angemessener Beteiligung von Fachkräften wahrgenommen werden. Hierbei muß mindestens einer, bei mehr als 20 nicht pflegebedürftigen Bewohnern oder mehr als vier pflegebedürftigen Bewohnern mindestens jeder zweite weitere Beschäftigte eine Fachkraft sein. In Heimen mit pflegebedürftigen Bewohnern muß auch bei Nachtwachen mindestens eine Fachkraft ständig anwesend sein.

(2) Von den Anforderungen des Absatzes 1 kann mit Zustimmung der zuständigen Behörde abgewichen werden, wenn dies für eine fachgerechte Betreuung der Heimbewohner erforderlich oder ausreichend ist.

(3) Pflegebedürftig im Sinne der Verordnung ist, wer für die gewöhnlichen und regelmäßig wiederkehrenden Verrichtungen im Ablauf des täglichen Lebens in erheblichem Umfang der Pflege nicht nur vorübergehend bedarf.

1   Die **geltende Fassung** ist entscheidend durch die Maßgaben des BR'es bestimmt (BR-Drs. 204/93-Beschluß) (s. dazu Einl. RN 2). In Abs. 1 S. 1 erfolgte eine Klarstellung: "dürfen" an Stelle von "können in der Regel". Der durch den BR gestrichenen Abs. 1 S. 3 des Entw. lautete: "Die Aufgaben einer Fachkraft nach Satz 1 können auch von Hilfskräften mit einer abgeschlossenen Ausbildung in der Krankenpflege- oder Altenpflegehilfe wahrgenommen werden, wenn die Betreuung der Heimbewohner insgesamt unter ständiger Verantwortung einer Fachkraft durchgeführt wird und für je zwei Hilfskräfte eine Fachkraft vorhanden ist." In Abs. 1 S. 4 wurde das Wort "verfügbar" durch "anwesend" ersetzt. In Abs. 3 wurden die Worte "so hilflos ist, daß er" gestrichen (s. dazu RN 2.2).

2   Aus den **Materialien**

2.1 Aus der Begründung des Entwurfs – soweit noch zutreffend – BR-Drs. 204/93, S. 18 f.

Die Wahrnehmung betreuender Tätigkeiten erfordern in besonderem Maße eine dafür geeignete Personalausstattung. § 5 legt daher fest, daß solche Tätigkeiten in der Regel nur durch Fachkräfte oder unter angemessener Betreuung von Fachkräften wahrgenommen werden dürfen.

Die **betreuenden Tätigkeiten** umfassen alle Formen von Hilfen für Bewohner, soweit es sich nicht um die reine Gebrauchsüberlassung des Wohn- und Schlafplatzes und die Verpflegung als solche handelt. Dies entspricht der Definition in § 1 Heimgesetz, wobei **Pflege** eine gesteigerte Form der Betreuung ist. Zu dem breiten Spektrum betreuender Tätigkeiten gehören auch Maßnahmen, die nicht die Kenntnisse einer Fachkraft voraussetzen. Kranken- und Altenpflegehelfer verfügen über eine abgeschlossene Berufsausbildung, die im Krankenpflegegesetz bzw. in Länderregelung ihre Grundlage hat. Sie stehen daher zwischen vollausgebildeten Fachkräften und nicht ausgebildeten oder allenfalls durch Kurse und dergleichen eingewiesenen Hilfskräften. ... (Satz 3 ist gestrichen worden. D. Verf.)

Um die notwendige Flexibilität bei der personellen Ausstattung noch zu erhöhen, sieht § 5 Abs. 3 (muß jetzt Abs. 2 heißen. D. Verf.) eine weitere Ausnahmeregelung vor. Hierdurch wird die Möglichkeit eingeräumt, entsprechend der Bedarfslage im Einzelfall sowohl den Anteil an Fachkräften als auch den Anteil an Hilfskräften zu erhöhen.

Absatz 3 legt begrifflich fest, was unter Pflegebedürftigkeit im Sinne der Verordnung zu verstehen ist. Diese Begriffsbestimmung ist weitgehend dem Pflegebedürftigkeitsbegriff in § 69 Abs. 3 des Bundessozialhilfegesetzes angelehnt.

2.2   Aus den Begründungen der Maßgaben des BR's; BR-Drs. 204/93 (Beschluß)

–   Zur Änderung Abs. 1 S. 1:

    Notwendige Klarstellung, insbesondere im Hinblick auf die Bußgeldbewehrung in § 9 Nr. 3.

–   Zur Streichung von Abs. 1 S. 3:

    Die Vorschrift bewirkt eine unzulässige Vermischung der Funktionsbereiche von Fach- und Hilfskräften.

–   Zu Abs. 1 S. 4:

    Bei der Nachtwache muß sichergestellt sein, daß mindestens eine Fachkraft tatsächlich anwesend ist.

–   Zu Abs. 3:

    Der Begriff "hilflos" ist kein geeignetes Kriterium zur Bestimmung der Pflegebedürftigkeit. Der Regelungsgehalt der Vorschrift bleibt im übrigen unverändert.

3   Die **Vorschrift** will i. Verb. mit § 6 dazu beitragen, daß die betreuenden Tätigkeiten von hinreichender Qualität sind. "Eine qualitativ hochwertige Ausbildung des Pflegepersonals ist eine wichtige Voraussetzung für die Sicherstellung der aktuellen und zukünftigen pflegerischen Versorgung" (G. Igl, AH 6/91.282).

4   Die Bestimmung schreibt vor, daß **betreuende Tätigkeiten** grundsätzlich nur von Fachkräften (§ 6) durchgeführt werden dürfen. Werden dazu im Einzelfall teilweise Hilfskräfte eingesetzt – z. B. Altenpflegehelfer (innen) –, ist das nur "unter angemessener Beteiligung" von Fachkräften zulässig. Es genügt nicht, daß die betreuende Tätigkeit durch Hilfskräfte unter 'Aufsicht' oder 'unter Verantwortung' von Fachkräften erfolgt. Die Verantwortung für die Einhaltung

der Vorschriften trifft den Träger (s. § 1); die Überwachung obliegt der zuständigen Behörde (§ 9 HeimG).

Betreuende Tätigkeit (z. Begriff s. RN 2.1). Es handelt sich nicht um die Tätigkeiten nach dem BetreuungsG.

5 Der BR zieht mit der **Streichung des Abs. 1 S. 3 E** (s. dazu RN 1) die Konsequenz aus den immer steigenden Anforderungen an die Qualität der Heimpflege (s. dazu Einl. z. HeimG RN 4, 5, 8 und insbes. RN 10). Er reagiert damit auch auf die Kritik am Entw. und auf die Vorstellungen der Verbände der Freien Wohlfahrtspflege; s. Einl. RN 5.

Damit wird die wichtige und unerläßliche Arbeit der Hilfskräfte aller Art nicht abgewertet. Im Hinblick darauf, daß Altenpflegehelfer (innen) oft ein zweiter Beruf und / oder ein erneuter Berufseinstieg für Frauen und Mütter ist, gewinnt § 8 besondere Bedeutung.

6 Satz 2 regelt das Zahlenverhältnis von Fach- zu Hilfskräften. In jedem Heim muß mindestens eine Fachkraft beschäftigt werden. In Heimen mit

— mehr als 20 nicht pflegebedürftigen Bewohnern und

— in Heimen mit mehr als 4 pflegebedürftigen Bewohnern muß daraufhin "mindestens jeder zweite weitere Beschäftigte" (also der 3., 5., 7., usw.) eine Fachkraft sein. In diesen Heimen müssen demnach die Fachkräfte überwiegen. I. d. R. wird ein Verhältnis von 70 % Fachkräften zu 30 % anderen Helfern gefordert (s. a. AH 7/91 S. 346). "Mindestens" schreibt vor, daß dieses Verhältnis nicht unterschritten werden darf und legt gleichzeitig dem Träger die Verpflichtung auf, zu prüfen, ob nicht wegen der Struktur der Heimbewohner mehr Fachkräfte eingestellt werden müssen. S. hierzu auch § 1 RN 3 und die Materialien vor § 1 in Nr. 1 Abs. 2. Die Einhaltung der Vorschrift ist von den zuständigen Behörden zu überwachen (§§ 9; 18 HeimG).

7 Bei **Nachtwachen** muß mindestens eine Fachkraft anwesend sein. Das ist wegen der schwierigen Betreuungsaufgaben und der Notwendigkeit u. U. auf sich alleingestellt, sofortige Entscheidungen treffen zu müssen, unerläßlich. Zum Umfang der Tätigkeit s. a. RN 9.

8 Die Maßgabe des BR's erlegt der zuständigen Behörde bei Entscheidungen zu **Abs. 2** eine besonders kritische Prüfung auf,

— ob die Zahl der Fachkräfte erhöht werden muß (s. auch RN 2.1) bzw.

— ob bei einer Verminderung der Fachkräfte die Betreuung ständig noch ausreichend ist. Entscheidend ist immer der Zweck des G (§ 2 Abs. 1 HeimG).

9 Die **Pflegebedürftigkeit** i. S. der VO entsprach im Entw. dem § 69 BSHG. Zur geltenden Fassung s. RN 2.2. Der DV hatte vorgeschlagen (NDV 8/1991.249 ff) **'Pflege'** als den 'Ausgleich der Hilflosigkeit bei den gewöhnlichen und regelmäßig wiederkehrenden Verrichtungen im Ablauf des täglichen Lebens durch Pflegepersonen und besondere Pflegekräfte' zu definieren. Er hebt damit hervor, daß eine besondere Qualifikation für die 'Pflege' erforderlich ist. Zur 'Hilflosigkeit' s. RN 2.2 zu Abs. 3. Der Ansicht des BR'es wird uneingeschränkt zugestimmt. Beim DV ist zu kritisieren, daß seine Definition auf 'Verrichtungen' eingeengt ist, obwohl kein Zweifel bestehen kann, daß auch psychische Ursachen Pflege (i. S. von Ausfällen eigener Handlungsfähigkeit) erfordern können, die nicht durch 'Verrichtungen' auszugleichen ist. In der Mitteilung des Senats an die Bürgerschaft der Freien und Hansestadt Hamburg vom 19. 2. 1991 (Drs. 13/7709 S. 7) findet sich folgende Aussage: "Pflegebedürftigkeit umfaßt ein weites Spektrum physischer und psychischer Beeinträchtigungen mit individuell unterschiedlichem Bedarf an Betreuung, Beratung, Grund- und Behandlungspflege, Hilfen bei der hauswirtschaftlichen Versorgung und präventiven, rehabilitativen und therapeutischen Hilfen." Das umschreibt Pflegebedürftigkeit zutreffend und macht deutlich, welchen Umfang die betreuende Tätigkeit für Pflegebedürftige haben kann. Deutlich werden damit auch die Eignungsvoraussetzungen für das dabei eingesetzte Personal.

10 Zum Risiko des Trägers, geeignetes Personal zu gewinnen, s. § 1 RN 3, zu **Übergangsregelungen** s. § 10.

11 Zu **Ordnungswidrigkeiten** s. § 9 Nr. 3.

§ 6 Fachkräfte

Fachkräfte im Sinne dieser Verordnung müssen eine Berufsausbildung abgeschlossen haben, die Kenntnisse und Fähigkeiten zur selbständigen und eigenverantwortlichen Wahrnehmung der von ihnen ausgeübten Funktion und Tätigkeit vermittelt. Altenpflegehelferinnen und Altenpflegehelfer, Krankenpflegehelferinnen und Krankenpflegehelfer sowie vergleichbare Hilfskräfte sind keine Fachkräfte im Sinne der Verordnung.

1 In der **geltenden Fassung** ist gem. der Maßnahme des BR'es S. 2 eingefügt worden. (BR-Drs. 204/93 – Beschluß)

2 Aus den **Materialien**

2.1 Begründung des Entwurfs BMFuS, BR-Drs. 204/93, S. 19:

Die Bestimmung enthält eine begriffliche Umschreibung der Fachkraft im Sinne der Verordnung. Bei der Abgrenzung zu anderen Beschäftigten ist wesentlich, daß **Fachkräfte** aufgrund ihrer Berufsausbildung über Kenntnisse und Fähigkeiten zur selbständigen und eigenverantwortlichen Tätigkeit verfügen.

2.2 Begründung der Maßgaben BR, BR-Drs. 204/93 – Beschluß –:

Es bedarf der eindeutigen Klarstellung, daß Alten- und Krankenpflegehelfer/innen und vergleichbare Hilfskräfte keine Fachkräfte im Sinne der Verordnung sind.

3 Die **abgeschlossene Berufsausbildung** muß Kenntnisse und Fähigkeiten zur 'selbständigen und eigenverantwortlichen Wahrnehmung' der im Heim tatsächlich ausgeübten Funktion bzw. Tätigkeit vermittelt haben. Es genügt nicht, daß irgendeine Berufsausübung erfolgreich abgeschlossen wurde. "Fachkraft", das erfordert eine bereichsspezifische Fachausbildung für die ausgeübte Tätigkeit (s. RN 10).

4 Zur **Berufsausbildung** s. Berufsbildungsgesetz v. 14. 8. 1964 (BGBl. I S. 1112) zuletzt geändert 23. 12. 1981.

5 In Heimen werden Fachkräfte nicht nur für 'betreuende Tätigkeiten' (§ 6) benötigt. Verwaltungsfachkräfte, kaufmännisches Fachpersonal, Diätassistenten, Therapeuten, Masseure, Handwerker sind weitere Beispiele, für die es gesonderte G und Ausbildungsordnungen gibt.

6 **Fachkräfte für die betreuenden Tätigkeiten** sind vor allem Krankenpfleger(innen) und Altenpfleger(innen). Zu den Krankenpflegeberufen s. Krankenpflegegesetz v. 4. 6. 1985 BGBl. I S. 893 ff. Danach bedarf, wer u. a. die Berufsbezeichnung Krankenschwester/-pfleger oder auch Krankenpflegehelfer(in) führen will, der Erlaubnis.

7 Ein bundeseinheitliches **Altenpflegegesetz** gibt es bisher nicht. Der Versuch der BReg, ein solches G zu erlassen, scheiterte (BR-Drs. 519/90), ebenso ein GE der SPD (s. BT-Drs. 11/7094 v. 9. 5. 90). Es wird überwiegend die Ansicht vertreten, daß es sich bei Altenpfleger(innen) um einen sozialpflegerischen Beruf handelt. Ein Bundesland vertritt die Ansicht, der Bund habe deshalb zum Erlaß eines solchen Gesetzes keine Zuständigkeit. – Der Gesetzesantrag von Hessen zu einem bundeseinheitlichen Gesetz über die Berufe in der Altenpflege vom 25. 2. 1993 (Br-Drs. 142/939) fand in dem beratenden BR-Aussch. bisher nur geringe Unterstützung. Wird voraussichtlich am 29. 4. 1994 erneut im BR beraten.

Es gelten die Landesregelungen hinsichtlich Berufsweg, Ausbildungsgang und Abschluß. Mit Beschl. der Kultusministerkonferenz v. 9. 11. 1984 haben sich die Länder in einer Rahmenvereinbarung über die gegenseitige Anerkennung sowie über grundsätzliche Vorgaben für die Ausbildung geeinigt (s.a . DV, Fachlexikon).

8 Auch **Altenpflegehelfer(innen)** mit einem längeren Ausbildungsgang (z. B. in Hamburg mit 24 Monaten) gelten nach der Fassung v. S. 2 nicht als Fachkräfte.

9   Zu **Ordnungswidrigkeiten** s. § 9 Nr. 3 und zu **Übergangsregelungen** § 10.

10   Aus dem **Schrifttum:** O. Dahlem, Über personelle Anforderungen in Heimen, AH 2/94; H. Pfaffenberger, Zum Begriff der Fachkraft in der Sozial- und Jugendhilfe, Archiv 3/93, 173 ff.

§ 7 Heime für behinderte Volljährige

In Heimen für behinderte Volljährige sind bei der Festlegung der Mindestanforderungen nach den §§ 2 bis 6 auch die Aufgaben bei der Betreuung, Förderung und Eingliederung behinderter Menschen und die besonderen Bedürfnisse der Bewohner, die sich insbesondere aus Art und Schwere der Behinderung ergeben, zu berücksichtigen.

1   Zur **geltenden Fassung** s. Einl. RN 2.

2   **Materialien,** Begründung des Entw. BMFuS, BR-Drs. 204/93, S. 19. Heime für volljährige Behinderte werden von der Regelung der Verordnung in gleicher Weise wie stationäre Einrichtungen der Altenhilfe erfaßt. Wegen der zum Teil unterschiedlichen und speziellen Bedürfnisse der Bewohner in Behinderteneinrichtungen sieht die Bestimmung vor, daß bei der Festlegung der Mindestanforderungen auch Maßnahmen der Betreuung, Förderung und Eingliederung Behinderter sowie deren **besondere Bedürfnisse** zu berücksichtigen sind. Hierbei sind im Bereich der Rehabilitation Behinderter gewonnene Erkenntnisse zu beachten. Dies kann im Einzelfall gegenüber anderen vom Heimgesetz erfaßten Einrichtungen zu unterschiedlichen persönlichen und fachlichen Anforderungen führen.

3   Die **Vorschrift** trägt den besonderen Bedürfnissen der Behinderten Rechnung.

4   Die **Festlegung der Mindestanforderungen** erfolgt, soweit sie von den sonst üblichen Vorschriften der VO abweichen, durch die zuständige Behörde; sie hat auch die Einhaltung der Bestimmungen in den Heimen für behinderte Volljährige zu überwachen (§ 9 HeimG i. Verb. m. § 18 HeimG). Die Verbände der Behinderten haben fachlich begründete Vorstellungen wegen der Erfüllung der "besonderen Bedürfnisse" RN 2 entwickelt.

5   Verstöße gegen die besonderen Vorschriften des § 7 sind nicht ausdrücklich als **Ordnungswidrigkeit** im § 9 genannt. Doch wird dann i. d. R. der Tatbestand des § 6 Abs. 1 erfüllt sein, und das ist eine Ordnungswidrigkeit gem. § 9 Nr. 3.

6   Zu Übergangsregelungen s. § 10.

§ 8 Fort- und Weiterbildung

(1) Der Träger des Heims ist verpflichtet, dem Leiter des Heims und den Beschäftigten Gelegenheit zur Teilnahme an Veranstaltungen berufsbegleitender Fort- und Weiterbildung zu geben. Mehrjährig Beschäftigten, die die Anforderungen des § 6 nicht erfüllen, ist Gelegenheit zur Nachqualifizierung zu geben.

(2) Die Verpflichtung nach Absatz 1 besteht nur, wenn sich die Veranstaltungen insbesondere auf folgende Funktionen und Tätigkeitsfelder erstrecken:

1. Heimleitung,

2. Wohnbereichs- und Pflegedienstleistung sowie entsprechende Leitungsaufgaben,

3. Rehabilitation und Eingliederung sowie Förderung und Betreuung Behinderter,

4. Förderung selbständiger und selbstverantworteter Lebensgestaltung,

5. aktivierende Betreuung und Pflege,

6. Pflegekonzepte, Pflegeplanung und Pflegedokumentation,

7. Arbeit mit verwirrten Bewohnern,

8. Zusammenarbeit mit anderen Berufsgruppen sowie mit Einrichtungen und Diensten des Sozial- und Gesundheitswesens,

9. Praxisanleitung,

10. Sterbebegleitung,

11. rechtliche Grundlagen der fachlichen Arbeit,

12. konzeptionelle Weiterentwicklung der Altenhilfe und der Eingliederungshilfe für Behinderte.

1   Zur **geltenden Fassung** s. Einl. RN 2.

2   Aus den **Materialien**

2.1   Begründung des Entwurfs (BR-Drs. 204/93, S. 20)

Mit dieser Bestimmung wird der Träger des Heims verpflichtet, Leiter und Beschäftigten Gelegenheit zu geben, sich durch berufsbegleitende Maßnahmen fort- und weiterzubilden sowie nachzuqualifizieren. Dadurch erhalten zum einen alle Beschäftigten des Heims Gelegenheit, ihr fachliches Wissen veränderten Erkenntnissen und Erfahrungen anzupassen, die insbesondere die Erweiterung der therapeutischen Möglichkeiten betreffen. Zum anderen wird ihnen die Gelegenheit eröffnet, durch Erweiterung ihres Wissensstandes sich bietende berufliche Verbesserungen wahrzunehmen. Damit wird gleichzeitig die Tätigkeit in einem Pflegeberuf attraktiver gestaltet. Die Vorschrift begründet allerdings nicht die Verpflichtung des Heimträgers, auch die Kosten der Bildungsmaßnahmen zu übernehmen.

In Absatz 2 sind wichtige Funktions- und Tätigkeitsfelder hervorgehoben, die Gegenstand von Fort- und Weiterbildungsmaßnahmen sein müssen, um die Verpflichtung des Heimträgers nach Absatz 1 auszulösen.

2.2 Begründung des BR'es für seine Maßgaben (BR-Drs. 204/93 – Beschluß –)

– zur jetzigen Nr. 4; eingefügt gem. Maßgabe BR. – Das neu aufzunehmende Fortbildungsthema bezeichnet ein Hauptanliegen der aktivierenden Pflege und sollte zur Klarstellung eigens aufgeführt werden.

– zur jetzigen Nr. 8

Fort- und Weiterbildungsveranstaltungen sollten sich auch auf die Zusammenarbeit mit Einrichtungen und Diensten des Sozial- und Gesundheitswesens erstrecken.

– zur jetzigen Nr. 12;

Der Katalog relevanter Fort- und Weiterbildungsfelder sollte um die konzeptionelle Weiterentwicklung der Alten- und Behindertenhilfe ergänzt werden.

3 Die Vorschrift regelt die **Fort- und Weiterbildung** und die **Nachqualifizierung.** Dadurch werden die Qualität der Unterbringung / Betreuung (§ 1 HeimG) und die Chancen zur Gewinnung geeigneten Personals verbessert (s. § 5 RN 3).

Die V zieht damit die Konsequenz aus dem unbestrittenen hohen Qualifizierungsbedarf für alle Funktionsebenen. Dabei nehmen Therapie und Umgang mit verwirrten Menschen einen breiten Raum ein, sind dennoch nur zwei Themen neben anderen Bereichen.

4 **Berufliche Fortbildung** umfaßt organisierte Lehr- und Lernprozesse auf der Grundlage eines erlernten oder ausgeübten Berufes mit dem Ziel, berufsspezifische Kenntnisse, Fertigkeiten und Verhaltensweisen zu erneuern, zu vertiefen oder zu erweitern (s. Scherpner / Wolf, Fachlexikon, 2. Aufl.).

5 **Berufliche Weiterbildung** qualifiziert in einem länger dauernden, i. d. R. berufsbegleitenden Studiengang für spezifische Funktionen und endet üblicherweise mit einem Abschlußzertifikat, das allerdings nicht immer staatlich anerkannt ist. (S. a. Scherpner / Wolf a. a. O.).

6 Zur **Kostentragung** s. RN 2.1 und RN 10 und derzeitig auch noch §§ 40 ff. AFG.

7 Für Leiter/innen und Personal **im öffentlichen Dienst** sind das Tarifrecht (BAT) und die Sonderregelungen für Angestellte in Anstalten

und Heimen zu beachten. Siehe insbes. §§ 50 ff. BAT und SR 2a und SR 2b.

8   Voraussetzung für die **Nachqualifizierung** sind

–   eine mehrjährige Beschäftigung und

–   die Möglichkeit Fachkraft i. S. von § 6 zu werden. Die Bestimmung verlangt nicht, daß die Beschäftigung in demselben Heim oder bei demselben Träger erfolgte.

9   **Abs. 2** bestimmt **nicht abschließend,** auf welche Funktionen und Tätigkeitsfelder sich Fort- und Weiterbildung erstrecken können ('insbesondere').

10   **Praxisanleitung** wird unterschiedlich genutzt (s. dazu H. Schonheit in Fachlexikon, 2. Aufl. S. 651). In der V wird die Supervision (s. dazu Melzer / Launer, Fachlexikon, 2. Aufl. S. 837 f.) nicht ausdrücklich genannt, so daß zweifelhaft sein könnte, ob sie mit erfaßt ist. – Nach der Empfehlung des DV vom 9. 12. 1992 (NDV 3/1993, S. 89) sind Zielgruppen der Supervision Fachkräfte der Jugend-, Sozial- und Gesundheitshilfe, die u. a. in psychosozialen Arbeitsfeldern kontinuierlich Beratungs- und Hilfeprozesse sowie Krisenintervention zu leisten haben. Ausdrücklich wird die Bedeutung der S. für sozialpflegerische Berufe anerkannt. "Supervision muß ein fester Bestandteil der sozialen Arbeit sein, weil der Hilfeprozeß sich weitgehend den klassischen Instrumenten einer Wirksamkeitsprüfung entzieht", aber nicht der Beliebigkeit ausgesetzt werden darf. Das SGB VIII (Jugendhilferecht) führt Praxisberatung verpflichtend ein und sie schließt Supervision ein. (Zu Einzelheiten s. NDV, a. a. O.) Es ist kein Grund ersichtlich, weshalb das in der Betreuung und Pflege alter Menschen anders sein könnte. Die Mitarbeiter werden zu den Kosten der S. nicht herangezogen. Die Aufwendungen sind als Personalkosten anzusetzen. (NDV a. a. O., S. 91) Soweit es die S. betrifft, ist die Begründung in RN 2.1 demnach nicht zutreffend.

11   Für die Anwendung der Vorschriften des § 8 gibt es weder Übergangsregelungen noch Befreiungen (s. §§ 10; 11).

12   Aus dem **Schrifttum:** J. Füsgen, Qualität durch Qualifizierung, AH 10/93, S. 796 ff; Hess. Min. für Jugend, Familie und Gesundheit, Bildungskonzepte zur Aus-, Fort-, und Weiterbildung im Bereich der Pflegeberufe, Dez. 1992; M. Hoffmann, Mitarbeitertraining; AH 1/91.12 f.; Kempe / Lindner / Sauter, Bewältigungshilfen für das Pflegepersonal, AH 5/1993.374; KDA, Aus-, Fort- und Weiterbildung in Gerontologie und Geriatrie, Forum Nr. 13, 1990; Ursula Lehr, Altenpflegerausbildung der 90er Jahre, AH 2/91.70ff.; W. Schelter, Das Tarifrecht der Angestellten im Pflegedienst, Stuttgart, 1990.

§ 9 Ordnungswidrigkeiten

Ordnungswidrig im Sinne des § 17 Abs. 2 Nr. 1 des Heimgesetzes handelt, wer vorsätzlich oder fahrlässig

1. entgegen § 1 in Verbindung mit § 2 Abs. 2 Nr. 1 oder § 3 Abs. 1 Satz 2 Nr. 1 Buchstabe a und b oder

2. entgegen § 1 in Verbindung mit § 4 Abs. 2 Satz 1 oder § 4 Abs. 2 Satz 2 in Verbindung mit § 3 Abs. 1 Satz 2 Nr. 1 Buchstabe a und b

Personen beschäftigt oder

3. entgegen § 1 in Verbindung mit § 5 Abs. 1 Satz 1 betreuende Tätigkeiten nicht durch Fachkräfte oder unter angemessener Beteiligung von Fachkräften wahrnehmen läßt, die die Mindestanforderungen nach § 6 erfüllen.

1   Die **geltende Fassung** entspricht der Maßgabe des BR'es, die "zur Klarstellung des Gewollten" erfolgte. BR-Drs. 204/93 (Beschluß).

2   Aus den **Materialien**: Begründung des Entw. BMFuS, BR-Drs. 204/93, S. 20

Wegen ihrer Bedeutung und zur Sicherung einer besseren Durchsetzung wird die Nichteinhaltung der aufgeführten Bestimmungen unter die Androhung eines Bußgeldes gestellt. Seine Festsetzung durch die zuständige Behörde bestimmt sich nach § 17 Abs. 3 Heimgesetz.

3   Zu **Ordnungswidrigkeiten** s. Erl. zu § 17 HeimG.

4   Ordnungswidrig handelt der Träger eines Heimes, der

– als Heimleiter (Nr. 1) oder

– als Leiter des Pflegedienstes (Nr. 2) Personen beschäftigt, die

– nicht die geforderte Ausbildung (§ 2 Abs. 2 Nr. 1 bzw. § 4 Abs. 2 S. 1) nachweisen können oder

– bei denen Ausschlußgründe gem. § 3 Abs. 1 Nr. 1 Buchstabe a bis c bestehen, oder

– betreuende Tätigkeiten nicht durch Fachkräfte oder unter angemessener Beteiligung von Fachkräften wahrnehmen läßt. (§ 5 Abs. 1 S. 1 i. Verb. mit § 6 S. 1).

Zu ev. Übergangsregelungen oder Befreiungen von diesen Anforderungen s. §§ 10.10 m. Erl.

5   Beschäftigte, die im Heim Funktionen / Tätigkeiten ausüben, für die sie nach der V nicht hätten eingesetzt werden dürfen, begehen keine OWi. § 9 nimmt in Nr. 1 bis 3 Bezug auf § 1, betrifft also den Träger. Unter Umständen stellt sich jedoch für diese Personen die Frage nach der Strafbarkeit ihres Tuns.

6   Die OWi nach § 9 können mit Geldbußen bis zu fünftausend DM geahndet werden (§ 17 Abs. 3 HeimG).

§ 10 Übergangsregelungen

(1) Sind bei Inkrafttreten dieser Verordnung die in § 2 Abs. 2 Nr. 2, §§ 4 bis 7 genannten Mindestanforderungen nicht erfüllt, so kann die zuständige Behörde auf Antrag des Heimträgers angemessene Fristen zur Angleichung an die einzelnen Anforderungen einräumen. Die Fristen dürfen fünf Jahre vom Inkrafttreten der Verordnung an nicht überschreiten. Der Träger ist bis zur Entscheidung über den Antrag von der Verpflichtung zur Angleichung vorläufig befreit.

(2) Wer ein Heim bei Inkrafttreten dieser Verordnung leitet, ohne die Anforderungen des § 2 Abs. 2 Nr. 1 zu erfüllen, kann das Heim bis zum Ablauf von drei Jahren nach Inkrafttreten der Verordnung weiterhin leiten. Nach diesem Zeitpunkt kann er nur dann Heimleiter sein, wenn er bis dahin nachweisbar an einer Bildungsmaßnahme, die wesentliche Kenntnisse und Fähigkeiten für die Leitung eines Heims vermittelt, erfolgreich teilgenommen hat. Eine entsprechende Bildungsmaßnahme vor Inkrafttreten dieser Verordnung ist zu berücksichtigen.

(3) Absatz 2 gilt nicht für Heimleiter, die ein Heim bei Inkrafttreten dieser Verordnung seit mindestens fünf Jahren ununterbrochen leiten.

1   Zur **geltenden Fassung** s. Einl. RN 2.

2   **Materialien:** Begründung Entwurf, BR-Drs. 204/93, S. 21.

Die Bestimmung enthält Übergangsregelungen, die den Träger in die Lage versetzen sollen, sich auf die neuen Anforderungen einzustellen. Die Frist in Absatz 1 Satz 1 ist hierbei so zu bemessen, daß der Träger des Heims erforderlich werdende personelle Veränderungen ohne Gefährdung des Heimbetriebs durchführen kann. Den zuständigen Behörden ist insoweit ein breiter Rahmen zur flexiblen Handhabung eingeräumt worden. Allerdings dürfen die Fristen zur Angleichung fünf Jahre vom Inkrafttreten der Verordnung an nicht überschreiten. Dies erscheint erforderlich, um gebotene **Anpassungsmaßnahmen** in einem absehbaren Zeitraum zu einem Abschluß zu bringen. Eine besondere Regelung ist in den Absätzen 2 und 3 für den **Heimleiter** getroffen worden. Personen, die bereits ein Heim bei Verkündung der Verordnung leiten, haben die Möglichkeit, sich durch erfolgreiche Teilnahme an Weiterbildungsmaßnahme die wesentlichen Kenntnisse und Fähigkeiten für die Leitung eines Heims vermitteln zu lassen. Die Pflicht zu einer solchen Nachqualifizierung entfällt nach Absatz 3 bei denjenigen, die bei Inkrafttreten dieser Verordnung seit mindestens fünf Jahren ununterbrochen ein Heim geleitet haben. In diesen Fällen kann davon ausgegangen werden, daß das Fehlen beruflicher Vorkenntnisse durch eine mehrjährige erfolgreiche Praxis als Leiter eines Heims ausgeglichen worden ist.

3 **Die Bestimmung** des Abs. 1 ermöglicht den zuständigen Behörden, "angemessene Fristen zur Angleichung an die einzelnen Anforderungen einzuräumen". Voraussetzung ist stets, daß die Mindestanforderungen bei Inkrafttreten der V nicht erfüllt sind. Werden sie bei Inkrafttreten erfüllt aber dann später nicht mehr, ist keine Übergangsregelung mehr zulässig. Die werden nur auf Antrag gewährt. (Abs. 1 S. 1 u. 3) – Was "angemessen" ist, entscheidet die zuständige Behörde unter Berücksichtigung der Interessen und Bedürfnisse der Bewohner / Bewerber (§ 2 Abs. 1 HeimG) nach den Besonderheiten des Einzelfalles. Eine fünfjährige Frist zur Angleichung kann daher nicht die Regel sein.

Es ist nicht zulässig, generell eine Frist zur Anpassung an alle Vorschriften der V zu gewähren. Es bedarf jeweils einer gesonderten, zeitlich festgelegten Übergangsregelung für jede einzelne Anforderung.

4 **Die Übergangsregelung betrifft:**
  – bei Heimleitern die zweijährige berufliche Tätigkeit gem. § 2 Abs. 2 Nr. 2 (s. auch Abs. 2 u. 3; RN 2),
  – die Eignung der Beschäftigten, einschließlich der Leitung des Pflegedienstes (§ 4),
  – den Einsatz von Beschäftigten für betreuende Tätigkeiten (§ 5 Abs. 1 S. 1),
  – den Anteil des Fachpersonals bei betreuenden Tätigkeiten (§ 5 Abs. 1 S. 2),
  – Fachkräfte (§ 6) sowie
  – Bestimmungen über Heime für Behinderte (§ 7).

5 Die **Maßgaben des BR'es** zu §§ 5 und 6 sollen die Qualität der betreuenden Tätigkeiten verbessern. Sie erfolgten in Kenntnis der Situation in Deutschland. Die Absichten des BR'es, dem die BReg durch die Verkündung der V folgte, dürften nicht durch unkritische Anwendung des § 10 umgangen werden. Die zuständigen Behörden tragen dabei eine hohe Verantwortung. Zu ihrer "Letztverantwortung" s. Klie, "Heimaufsicht" u. §§ 9, 18 HeimG.

6 **Keine Übergangsregelung** ist zulässig
  für Heimleiter hinsichtlich der persönlichen und fachlichen Eignung und der Ausbildung als Fachkraft; §§ 2 Abs. 1; 2 Abs. 2 Nr. 1; hinsichtlich der persönlichen Ausschlußgründe 3 und der Vorschriften über Fort- und Weiterbildung 8.

7 **Abs. 2 und 3** enthalten Sonderregelungen für Personen, die bei Inkrafttreten der V ein Heim leiteten. S. dazu RN 2.

§ 11 Befreiungen

(1) Die zuständige Behörde kann dem Träger eines Heims aus wichtigem Grund Befreiung von den in den § 2 Abs. 2 Nr. 1, § 4 Abs. 1 und Abs. 2 in Verbindung mit § 2 Abs. 2 Nr. 1 genannten Mindestanforderungen erteilen, wenn die Befreiung mit den Interessen und Bedürfnissen der Bewohner vereinbar ist.

(2) Die Befreiung kann sich auf einzelne Anforderungen erstrecken und neben der Verpflichtung zur Angleichung an andere Anforderungen ausgesprochen werden.

(3) Die Befreiung wird auf Antrag des Trägers erteilt. Der Träger ist bis zur Entscheidung über den Antrag von der Verpflichtung zur Angleichung vorläufig befreit.

1	Zur **geltenden Fassung** s. Einl. RN 2.
2	**Materialien;** Begründung Entw. BMFuS, BR-Drs. 204/93, S. 22:

Die zuständige Behörde kann aus wichtigem Grund Befreiung von einzelnen der aufgeführten Anforderungen der Verordnung erteilen. **Voraussetzung** dafür ist jedoch, daß eine solche Befreiung nicht den Interessen und Bedürfnissen der Bewohner zuwiderläuft. Damit soll im Einzelfall eine praxisgerechte Handhabung der Personalausstattung ermöglicht werden. Diese Flexibilität wird durch die Bestimmung des Absatzes 2 verstärkt, wonach unter Berücksichtigung der Erfordernisse des jeweiligen Einzelfalles die Verpflichtung zur Angleichung mit anderen Anforderungen verbunden werden kann.

Die Möglichkeit der Befreiung ist auch für andere Formen der beruflichen Bildung denkbar. So könnten z. B. auch bei der Beschäftigung von Seelsorgern, Pädagogen und hauswirtschaftlich vorgebildeten Personen Befreiungen erteilt werden, wenn hierfür ein wichtiger Grund vorliegt und die Befreiung im Einzelfall mit den besonderen Interessen und Bedürfnissen der Bewohner vereinbar ist.

Absatz 3 entspricht verwaltungsrechtlicher Praxis.

3	Die Bestimmung ermöglicht unter engen Voraussetzungen (RN 4) im Einzelfall von einzelnen Anforderungen dieser V zu befreien (RN 5), (s. dazu RN 2).
4	**Voraussetzungen** für jede Befreiung sind, daß

    – ein wichtiger Grund vorliegt (RN 4.1) **und**

    – "die Befreiung mit den Interessen und Bedürfnissen der Bewohner vereinbar ist" (RN 4.2) und außerdem

    – ein konkreter Antrag auf Befreiung (Abs. 3) gestellt wird.

4.1	Was als **'wichtiger Grund'** anzuerkennen ist, bestimmt die V nicht; auch die Materialien geben dazu keine Hinweise. Die Bestimmung ist offen formuliert. Sie lautet nicht 'aus einem für den Träger wichtigen

Grund'. Damit wird Einseitigkeit zugunsten der Träger ausgeschlossen. Entscheidend ist, ob der Grund im Hinblick auf den Zweck der V wichtig, d. h. "mit den Interessen und Bedürfnissen der Bewohner vereinbar" ist. Finanzielle Gründe des Trägers, der oft zugleich auch Kostenträger ist, sind i. d. S. keine wichtigen Gründe; auch nicht die Schwierigkeit des Trägers bei der Beschaffung des geeigneten Personals (s. dazu § 6 HeimG RN 17.2 u. 22). Ob es sich um einen wichtigen Grund handelt, ist von den Interessen und Bedürfnissen der Bewohner her zu beurteilen.

4.2 Mit den Interessen und Bedürfnissen vereinbar:

Zweck des HeimG ist u. a., die Interessen und Bedürfnisse der Bewohner "vor Beeinträchtigungen zu schützen". Dazu dienen auch die VO'en zum HeimG. (§ 3 HeimG: "Zur Durchführung des § 2.") Die Begründung, allgemeiner Teil, Nr. 1 (abgedruckt vor § 1), stellt fest, daß die V, in der Fassung vom 26. 3. 1993 (BR-Drs. 204/93; s. a. Einleitung RN 1) zur Einhaltung von "Mindeststandards" erforderlich ist.

Die Anforderungen seien "die Grenze einer noch zulässigen Personalausstattung" und "nicht mit einer regelmäßig anzustrebenden Normalausstattung" gleichzusetzen, (§ 1 RN 2). Dem BR reichten diese Anforderungen im E nicht aus. Er knüpfte seine Zustimmung an Maßgaben, die die Anforderungen insbes. bei betreuender Tätigkeit erhöhen. Diese Maßgaben betreffen zwar nicht direkt die in § 11 genannten Anforderungen, wirken sich aber indirekt auch darauf aus.

Unter diesen Voraussetzungen sind schon die grundsätzlichen Möglichkeiten für eine Befreiung außerordentlich eng. Es erscheint nahezu unmöglich, von Mindestanforderungen, die an einer untersten Grenze festgelegt wurden, Befreiungen zu gewähren, die mit den "Interessen und Bedürfnissen der Bewohner vereinbar" sind (s. dazu Einl. zur V, RN 5 und fortführend RN 5.1-5.3).

Der Wortlaut der Bestimmungen in § 11 HeimPersV (="vereinbar" mit den Interessen und Bedürfnissen) ist nicht identisch mit § 2 Abs. 1 HeimG (=Interessen und Bedürfnisse "vor Beeinträchtigungen zu schützen"). Es ergibt sich jedoch keine unterschiedliche Bedeutung beider Vorschriften.

5 Möglichkeiten für Befreiungen

ergeben sich unter den gen. Voraussetzungen

– bei der Heimleitung hinsichtlich der staatlich anerkannten Fachausbildung (§ 11 Abs. 1 i. Verb. mit § 2 Abs. 2 Nr. 1) und

– bei der Pflegedienstleitung.

Zu Einzelheiten s. RN 6.1 und 6.2.

Von anderen Anforderungen kann keine Befreiung erteilt werden.

Das gilt insbesondere für die fachliche und die persönliche Eignung. Es wäre in keinem Fall mit den Interessen und Bedürfnissen der Bewohner vereinbar (§ 11 Abs. 1), davon zu befreien. **Alle Beschäftigten** müssen nach § 4 **Abs. 1** die erforderliche persönliche und fachliche Eignung besitzen. Diese Anforderung bezieht sich auf die im Heim ausgeübte Tätigkeit und Funktion. Wer für Küche und Ernährung verantwortlich ist, muß u. a. die erforderlichen Kenntnisse über die Ernährung im Alter besitzen. Wer die Technik im Heim betreuen soll, muß über die dafür erforderlichen Fachkenntnisse verfügen usw. Es wird deshalb keine Möglichkeit gesehen, von den Anforderungen nach § 4 Abs. 1 Befreiung zu gewähren. Auch können nicht über eine Befreiung nach Abs. 1 die Vorschrift der §§ 5 und 6 umgangen werden.

Hinsichtlich der Beschäftigung von Seelsorgern, Pädagogen usw. s. RN 6.1., Auch von den Anforderungen der §§ 6–8 ist keine Befreiung möglich; sie werden im § 11 nicht aufgeführt.

6 Zu den Befreiungsmöglichkeiten

6.1 Beim **Heimleiter** werden an die fachliche und die persönliche Eignung besonders hohe Anforderungen gestellt (s. dazu §§ 2 und 3 sowie RN 2-4 bei § 2). Die fachliche Eignung für die umfassende Tätigkeit wird in aller Regel durch die genannten staatlich anerkannten Ausbildungsgänge **und** die zweijährige hauptberufliche Tätigkeit erworben. Eine Befreiung kann nur von dem Erfordernis nach § 2 Abs. 1 Nr. 1 gewährt werden, nicht dagegen von der Anforderung nach § 2 Abs. 2 Nr. 2. Die amtliche Begründung (RN 2) nennt als mögliche Befreiungsgründe "andere Formen" der beruflichen Bildung. Im Hinblick auf den stetigen Wandel der Ausbildungsvorschriften erscheint das begründet.

Infolge der Befreiungsmöglickeit des § 11 – in der ersten Alternative ("§ 2 Abs. 2 Nr. 1) – können Personen ein Heim leiten, die keinen Abschluß in den im § 2 Abs. 2 Nr. 1 genannten Berufen nachweisen können, jedoch nur **unter der Voraussetzung,** daß sie

– den staatlichen Abschluß einer anderen Fachausbildung nachweisen,

– der die erforderlichen Kenntnisse für die Heimleitung vermittelte, und

– die Gewähr dafür bietet, daß das Heim entsprechend den Bedürfnissen und Interessen seiner Bewohner sachgerecht und wirtschaftlich geleitet wird"; s. §2 Abs. 1.

Es ist der Vorstellung entgegenzutreten **Seelsorger, Pädagogen oder hauswirtschaftlich vorgebildete Personen** seien allein schon durch diese Ausbildung für Beschäftigungen im Heim fachlich geeignet. Sie müssen, wie jeder andere Beschäftigte, nachweisen, daß sie die fachliche Eignung für die ausgeübte Tätigkeit / Funktion besitzen. Das gilt besonders für eine angestrebte Heimleitung, da die genannten Ausbildungen nur Teilbereiche der Tätigkeit eines Heimleiters erfassen. Aber das gilt auch für jede andere Tätigkeit / Funktion im Heim. S. a. § 2 Abs. 1.

6.2 **§ 4 Abs. 1 und Abs. 2 in Verbindung mit § 2 Abs. 2 Nr. 1**

Der Leiter des Pflegedienstes (§ 4 Abs. 2) ist verantwortlich für die Qualität der Pflege. (§ 4 RN.). Zum Begriff der Pflege s. § 5 Abs. 3 und RN 2.1; 2.3 und insb. 9. Daraus ergeben sich die hohen persönlichen und fachlichen Anforderungen für diese Tätigkeit / Funktion zum Schutz der Bewohner.

Voraussetzungen für die Pflegedienstleitung sind

a   Fachausbildung im Gesundheits- oder Sozialwesen gem. § 4 Abs. 2 und

b   zweijährige hauptberufliche Tätigkeiten gem. § 4 Abs. 2 i. Verb. mit § 2 Abs. 2 Nr. 2 und

c   das Fehlen persönlicher Ausschlußgründe gem. § 3 Abs. 1 S. 2 Nr. 1.

Befreit werden kann nur von den Anforderungen nach den Buchst. a und b. Eine Befreiung von c ist nicht möglich, weil das stets gegen die Interessen der Bewohner verstoßen würde. Hinsichtlich der Eignung gelten RN 5 und RN 6.1 entsprechend.

Daraus folgt: Zur Leitung eines **bestimmten** Pflegedienstes kann auch zugelassen werden, wer die Fachausbildung gem. § 4 Abs. 2 nicht nachweisen kann und / oder die zweijährige hauptberufliche Tätigkeit noch nicht abgeleistet hat, **unter der Voraussetzung,** daß die erforderlichen Kenntnisse bereits auf anderem Wege erworben worden sind. Das ist durch einen vergleichbaren Ausbildungs- und Berufsweg nachzuweisen. Wegen der hohen Verantwortung bei der Pflegeleitung sind durch die zust. Beh. strenge Maßstäbe anzulegen (s. Analog aus RN 6.1.)

Strittig kann sein, ob die zweite Alternative ("§ 4 Abs. 1 und Abs. 2 in Verbindung mit § 2 Abs. 2 Nr. 1") bei dem Leiter des Pflegedienstes sowohl eine Befreiung von den Anforderungen des § 2 Abs. 2 Nr. 1 als auch von denen der Nr. 2 gleichzeitig ermöglicht; oder ob das nur entweder für Nr. 1 oder für Nr. 2 erfolgen kann. Nach dem Wortlaut wird es sowohl als auch zulässig sein. Eine Befreiung von beiden Anforderungen für den Leiter des Pflegedienstes dürfte allerdings kaum mit den Interessen der Bewohner vereinbar sein **und** die o. a. Voraussetzungen erfüllen.

7   **Befreiung** wird nur auf Antrag des Trägers gewährt. Er ist zu begründen. Für die Antragstellung auf Befreiung nach § 11 ist keine Ausschlußfrist festgesetzt.

Die Befreiung wird dem Träger gewährt.

Nur für ihn ist sie wirksam; nicht dagegen für die davon betroffenen Personen. Diese können sich bei Wechsel des Heimes oder der Tätigkeit / Funktion innerhalb des Heimes nicht auf die dem Träger gewährte Befreiung berufen. Ihre Beschäftigung bedarf dann u. U. einer neuen Befreiung.

8   Bei § 11 handelt es sich um eine **Kann-Bestimmung.** Die zuständige Behörde kann dabei im Rahmen ihres Ermessens nicht nach Belieben verfahren. Sie ist in ihrer Entscheidung an den Zweck der Ermächtigung ('wenn... mit den Interessen und Bedürfnissen der Bewohner vereinbar') und die gesetzlichen Grenzen gebunden (§ 40 VwVfG); d. h. an den Zweck des HeimG (§ 2 Abs. 1), (s. a. RN 4).

Bei der Auslegung von Abs. 1 ist zu berücksichtigen, daß für die Träger, die beim Inkrafttreten der V ein Heim betreiben, nach § 10 bereits Übergangsregelungen möglich sind. Andere Träger können sich rechtzeitig auf die Anforderungen einstellen.

Eine Befreiung wird **nur im Einzelfall** gewährt; eine umfassende Befreiung, z. B. für eine bestimmte Abteilung im Heim oder für den gesamten Küchenbetrieb usw., sind unzulässig. Sie muß nicht unbefristet gewährt werden. (Beispiel: Beschäftigung einer persönlich und fachlich geeigneten Person, der lediglich noch eine kurze Frist bis zur staatlichen Anerkennung fehlt. In solchen Fällen wird eine zeitlich befristete Befreiung für zulässig erachtet.)

Eine Befreiung kann mit der Verpflichtung zur Angleichung an andere Anforderungen erfolgen (Abs. 2).

9   Die Befreiung ist ein VA mit Drittwirkung. S. dazu und hinsichtlich einer Beteiligung der Bewohner § 18 HeimG RN 10.

10   Bei vorsätzlicher oder fahrlässiger Amtspflichtverletzung im Vollzug des § 11 besteht die Gefahr einer Amtshaftung gem. § 839 BGB.

11   Zu **Abs. 3** siehe RN 2 letzter Abs. Bis zur Entscheidung über den Antrag sind Verstöße gegen die in § 9 genannten Vorschriften keine Ordnungswidrigkeiten.

§ 12 Streichung von Vorschriften

Es werden gestrichen:

1. § 9 der Verordnung über den gewerbsmäßigen Betrieb von Altersheimen, Altenwohnheimen und Pflegeheimen vom 25. Februar 1970 (Gesetzblatt für Baden-Württemberg S. 98),

2. § 8 der Verordnung über den gewerbsmäßigen Betrieb von Altenheimen, Altenwohnheimen und Pflegeheimen vom 23. August 1968 (Bayerisches Gesetz- und Verordnungsblatt S. 319),

3. § 8 der Verordnung über Mindestanforderungen und Überwachungsmaßnahmen gegenüber gewerblichen Altenheimen, Altenwohnheimen und Pflegeheimen für Volljährige vom 3. Oktober 1967 (Gesetz- und Verordnungsblatt für Berlin S. 1457),

4. § 8 der Verordnung über den gewerbsmäßigen Betrieb von Altenheimen, Altenwohnheimen und Pflegeheimen vom 30. April 1968 (Gesetzblatt der Freien Hansestadt Bremen S. 95),

5. § 8 der Verordnung über den gewerbsmäßigen Betrieb von Altenheimen, Altenwohnheimen und Pflegeheimen vom 29. Oktober 1968 (Hamburgisches Gesetz- und Verordnungsblatt S. 248),

6. § 8 der Verordnung über den gewerbsmäßigen Betrieb von Altenheimen, Altenwohnheimen und Pflegeheimen vom 7. Oktober 1969 (Gesetz- und Verordnungsblatt für das Land Hessen S. 195),

7. § 8 der Verordnung über den gewerbsmäßigen Betrieb von Altenheimen, Altenwohnheimen und Pflegeheimen vom 3. Oktober 1968 (Niedersächsisches Gesetz- und Verordnungsblatt S. 129),

8. § 8 der Verordnung über den gewerbsmäßigen Betrieb von Altenheimen, Altenwohnheimen und Pflegeheimen vom 25. Februar 1969 (Gesetz- und Verordnungsblatt des Landes Nordrhein-Westfalen S. 142),

9. § 8 der Verordnung über den gewerbsmäßigen Betrieb von Altenheimen, Altenwohnheimen und Pflegeheimen vom 25. Juli 1969 (Gesetz- und Verordnungsblatt für das Land Rheinland-Pfalz S. 150),

10. § 8 der Verordnung über den gewerbsmäßigen Betrieb von Altenheimen, Altenwohnheimen und Pflegeheimen vom 1. April 1969 (Amtsblatt des Saarlandes S. 197) und

11. § 8 der Verordnung über den gewerbsmäßigen Betrieb von Altenheimen, Altenwohnheimen und Pflegeheimen vom 22. April 1969 (Gesetz- und Verordnungsblatt für Schleswig-Holstein S. 89).

1 Zur **geltenden Fassung** s. Einl. RN 2.

2 **Materialien**; BR-Drs. 204/93, S. 22.

In den Ländern gelten die aufgrund des § 38 Satz 1 Nr. 10 der Gewerbeordnung erlassenen Verordnungen nach § 22 Heimgesetz als Bundesrecht fort. Soweit diese Verordnungen Regelungen über die Eignung des Leiters und der Beschäftigten des Heims enthalten, sind sie gegenstandslos geworden. Sie sind daher zu streichen.

§ 13 Inkrafttreten

Diese Verordnung tritt am ersten Tage des auf die Verkündung folgenden dritten Kalendermonats in Kraft.

1 **Material;** Begründung des Entw. BMFuS, BR-Drs. 204/93, S. 22

Um den Heimträgern die Möglichkeit zu geben, sich auf die gesetzliche Neuregelung einzustellen, sieht die Bestimmung eine dreimonatige Frist bis zum Inkrafttreten der Verordnung vor.

2 Die HeimPersV vom 19. Juli 1993 wurde im BGBl. I vom 24. Juli 1993 (S. 1205) verkündet. Sie tritt am 1. Oktober 1993 in Kraft.

Anhang

Kriterienkatalog*

– Kriterien für eine ausreichende Versorgung, Betreuung und Pflege pflegebedürftiger Heimbewohner, insbesondere von gerontopsychiatrischen Pflegefällen und chronisch psychisch Behinderten in Heimen nach § 1 HeimG –

Baden-Württembergisches Sozialministerium, 1989

Zu den Aufgaben der Heimaufsichtsbehörden nach dem Heimgesetz gehört es – in Zusammenarbeit mit dem Gesundheitsamt als ärztliche Fachbehörde –, dafür Sorge zu tragen, daß die Interessen und Bedürfnisse der Heimbewohner vor Beeinträchtigungen geschützt werden. Besonderes Gewicht bekommt diese Aufgabe vor dem Hintergrund der kontinuierlich gewachsenen Zahl schwer- und schwerstpflegebedürftiger sowie psychisch beeinträchtigter Heimbewohner. Da diese oftmals nicht in der Lage sind, ihre Interessen selbst wahrzunehmen, obliegt es der Heimaufsichtsbehörde, verstärkt auf die Betreuung der Heimbewohner in pflegerischer, psychiatrischer und gerontopsychiatrischer Hinsicht zu achten und die Arbeit der Einrichtungen durch eine fachgerechte Beratung zu unterstützen. Dabei ist die Selbständigkeit der Träger bei der Zielsetzung und Durchführung der von ihnen übernommenen Aufgabe zu beachten.

Eine fachgerechte und an den Interessen der Heimbewohner ausgerichtete Pflege sowie psychiatrische und gerontopsychiatrische Betreuung erfordert, daß hierbei der Grundsatz der aktivierenden Pflege berücksichtigt wird. Reaktivierung der körperlichen, geistigen und sozialen Fähigkeiten durch gezieltes Trainieren, Fördern und Fordern sollte Leitprinzip bei allen pflegerischen Verrichtungen sein. Dabei sollte auch den Gewohnheiten der Bewohner, die in einem über Jahrzehnte gewachsenen Lebensstil und -rhythmus erworben wurden, soweit als möglich im vorgeplanten Tagesablauf des Heimes Rechnung getragen werden (z. B. Strukturierung des Tagesablaufes, Mahlzeitenrhythmus, geringeres Schlafbedürfnis usw.).

Geduld und Verständnis auf seiten der Betreuer und Training der verlorengegangenen Fähigkeiten der Bewohner schlagen sich atmosphärisch in der gesamten Pflegearbeit nieder und ermöglichen einen konflikt- und medikamentenfreien Umgang auch mit den seelisch gestörten und geistig eingeengten Menschen.

*) Die fettgedruckten Teile haben verbindlichen Charakter.
S. Abs. vor Nr. 1

Folgende Punkte sind von der Heimaufsichtsbehörde und von dem mit ihr zusammenarbeitenden Arzt des Gesundheitsamtes bei der Durchführung der Heimaufsicht besonders zu beachten:

1. Bauliche Gegebenheiten
2. Freiheitsbeschränkende und -entziehende Maßnahmen
3. Personalausstattung, Organisation und Dokumentation
4. Aktivierende Pflege und Betreuung.

Kriterien mit verbindlichem Charakter sind durch Fettdruck und Randbalken gekennzeichnet.

1   Bauliche Gegebenheiten:

Die baulichen Gegebenheiten einer Einrichtung, insbesondere die Lage des Heimes, seine bauliche Gestaltung sowie seine räumliche und sächliche Ausstattung sind zur Gewährleistung einer nach den jeweiligen Fähigkeiten des Heimbewohners möglichen Teilnahme am gesellschaftlichen Leben innerhalb und außerhalb des Heimes von großer Bedeutung. Hierin liegt zugleich ein wichtiges Element einer aktivierenden Pflege.

1.1   Die Erreichbarkeit von öffentlichen Verkehrsmitteln, Geschäften, Briefkästen usw. ist eine wesentliche Voraussetzung für die Teilnahme am gesellschaftlichen Leben. Bei ungünstig oder weit außerhalb liegenden Heimen sollte durch organisatorische Maßnahmen (z. B. Fahrdienst, Ausflüge, Einkaufsfahrten usw.) sichergestellt sein, daß diese Möglichkeit auch hier besteht.

1.2   Die Ausgestaltung der Räumlichkeiten sollte so wohnlich und abwechslungsreich wie möglich sein und auch die Orientierung der Heimbewohner erleichtern.

Aufenthaltsraum und Speiseraum sollten für die Bewohner leicht und selbständig erreichbar sein. Der Aufenthaltsraum sollte möglichst in der Pflegeeinheit liegen, wie die anderen Funktionsräume auch (Schwesternzimmer, Pflegeraum usw.) Eine Trennung von Rauchern und Nichtrauchern sollte möglich sein. **Für geschlossene Pflegeabteilungen ist grundsätzlich ein Aufenthaltsraum in der Pflegeeinheit zu fordern.**

Für Gymnastik und Beschäftigungstherapie sollte ein ausreichendes Raumangebot vorhanden sein (abhängig von der Größe des Heimes).

1.3   **Besonderes Augenmerk muß auf den Ausschluß von Gefährdungsquellen gerichtet werden (wie Heizkörperverkleidung, Kabel, elektrische Geräte, Balkonumwehrungen, ausreichende Beleuchtung u. ä.). Medikamente müssen verschlossen aufbewahrt werden.**

In geschlossenen Pflegeabteilungen ist zusätzlich eine klare Regelung für das Öffnen und Geschlossenhalten der Fenster zu treffen.

1.4 Grundsätzlich müssen Heimbewohner freien Zugang zum Heim, Zimmer, Schrank und Waschsachen haben. Jedem Bewohner sollte i. d. R. zum Abschließen der Schränke ein Schlüssel zur Verfügung stehen.

1.5 **Jeder Heimbewohner muß mindestens einen Teil des Zimmers zur persönlichen Ausgestaltung zur Verfügung gestellt bekommen.**

1.6 Für Pflegebedürftige, insbesondere aber auch für gerontopsychiatrische Pflegefälle ist der Kontakt zur Natur oder die Möglichkeit, sich im Garten zu beschäftigen oder dort zu sitzen, besonders wichtig. Für Patienten geschlossener Abteilungen sollte grundsätzlich ein gesicherter Garten zur Verfügung stehen.

2 **Freiheitsbeschränkende und -entziehende Maßnahmen**

Es ist stets zu überprüfen, ob in dem Heim oder in Teilen der Einrichtung (z. B. sog. "beschützende Abteilungen") freiheitsentziehende oder freiheitsbeschränkende Maßnahmen durchgeführt werden (z. B. bauliche oder organisatorische Hindernisse, Regelungen des Ein- und Ausgangs usw.) oder ob entsprechende Anhaltspunkte (Gurte, Fesseln, Bettgitter usw.) hierfür vorhanden sind. In diesem Zusammenhang sind auch die an die Heimbewohner verabreichten Medikamente von Bedeutung (vgl. unter Nr. 3, individueller Pflegeplan). Sind bei den vom Heim betreuten Bewohnern nicht nur in Einzelfällen freiheitsbeschränkende oder -entziehende Maßnahmen erforderlich, ist zu prüfen, ob das Heim für den betroffenen Personenkreis geeignet ist.

Einschränkungen der Freizügigkeit sind möglichst zu vermeiden. Wenn sie dennoch nötig sind, müssen die rechtlichen Voraussetzungen vorliegen:

– **Einwilligung des einsichtsfähigen Bewohners**

– **vormundschaftliche Genehmigung (§ 1631 i. V. m. § 1800 bzw. §§ 1915, 1800, 1631 b BGB)**

– **rechtfertigender Notstand (§ 34 StGB) – nur für kurzfristige Maßnahmen und i. d. R. nach ärztlicher Anordnung (der Arzt sollte soweit möglich immer vorher beteiligt werden!)**

Heimleitung und Heimpersonal sind ggf. zu beraten und auch über die strafrechtlichen Konsequenzen zu informieren.

3 **Personalausstattung, Organisation und Dokumentation**

Um die Beurteilung für die Heimaufsicht zu ermöglichen, ob die pflegerische Versorgung der Heimbewohner durch das vorhandene Personal ausreichend gewährleistet ist, muß sich der Arzt des Gesundheitsamtes einen Überblick über die Zusammensetzung der Heimbewohner unter dem Gesichtspunkt der Pflegebedürftigkeit verschaffen.

3.1 Die Heimbewohner sind dabei einer der folgenden drei Hauptgruppen zuzuordnen:

Gruppe 1: nicht pflegebedürftige Heimbewohner

Gruppe 2: pflegebedürftige Heimbewohner

Gruppe 3: schwerstpflegebedürftige Heimbewohner.

Da der Grad der Pflegebedürftigkeit in erster Linie durch das Heim selbst am besten beurteilt werden kann, ist der Heimaufsicht eine Aufstellung über den aktuellen Stand der Belegung mit nichtpflegebedürftigen, pflegebedürftigen und schwerstpflegebedürftigen Bewohnern vorzulegen.

In Zweifelsfällen muß der Grad der Pflegebedürftigkeit vom Arzt des Gesundheitsamtes festgestellt werden. Bei der Beurteilung der Schwerstpflegebedürftigkeit sind die Kriterien, die der Vereinbarung über die Gewährung eines Schwerstpflegezuschlages in Altenpflegeheimen zugrunde gelegt wurden, zu berücksichtigen (Rundschreiben Nr. 10/1986 v. 13. 1. 1986 des Landkreistages Baden-Württemberg).

3.2 **Eine ausreichende pflegerische Betreuung und Versorgung der Heimbewohner muß gewährleistet sein.** Unter Berücksichtigung des aktuellen Standes der Belegung und des vorhandenen Personals dienen hierzu die der jeweils geltenden Pflegesatzvereinbarung zugrunde liegenden Pflegepersonalschlüssel als Anhaltspunkte. Diese beantragen derzeit in:

Gruppe 1:   1 : 15 (eine Pflegekraft für 15 Heimbewohner)

Gruppe 2:   1 : 3,5

Gruppe 3:   1 : 2,9.

Nach seiner Qualifikation ist das Pflegepersonal zu unterscheiden in:

– vollausgebildetes Pflegepersonal (Krankenschwestern/ -pfleger; Altenpfleger/-innen mit mindestens zweijähriger Ausbildung),

– ausgebildetes Pflegepersonal (Altenpflegehelfer/-innen mit mindestens einjähriger Ausbildung oder langjährig beschäftigtes Personal mit entsprechenden pflegerischen Fortbildungsnachweisen).

– angelerntes Pflegehilfspersonal.

Im Pflegebereich sollte grundsätzlich vom errechneten Personal mindestens ein Drittel vollausgebildetes Pflegepersonal und mindestens ein Drittel ausgebildetes Pflegepersonal sein. **Während des Tagesdienstes muß in jeder Pflegeeinheit (ca. 20 Pflegefälle) mindestens eine vollausgebildete Kraft Dienst tun. Für den Nachtdienst ist grundsätzlich eine vollausgebildete Pflegekraft für 50 Pflegefälle zu fordern. Die Zahl muß bei Schwerstpflegefällen ggf. erhöht werden.***

*) s. jetzt § 5 HeimPersV

Bei kleinen Heimen (in der Regel Familienbetriebe mit bis zu zehn Plätzen) können, soweit die pflegerische Versorgung der Heimbewohner gewährleistet ist, im Einzelfall folgende Ausnahmen zugelassen werden:

– Bei sehr kleinen Häusern kann von der Mindestpersonalausstattung und der Mindestausstattung mit vollausgebildetem Personal nur abgewichen werden, wenn eine ausreichende Betreuung und Pflege sämtlicher Heimbewohner durch entsprechende organisatorische Maßnahmen sichergestellt ist und keiner der Bewohner ein Schwerstpflegefall ist.

– Im übrigen sind Ausnahmen nur dann zugelassen, wenn täglich in mindestens einer Schicht eine vollausgebildete Pflegekraft vorhanden ist und in den Zeiten, in denen diese nicht vorhanden ist, eine vollausgebildete Kraft in jederzeitiger Rufbereitschaft verfügbar ist. Dies muß auch bei Urlaub und Krankheitsfällen gewährleistet sein.

3.3 Zur Erhaltung der pflegerischen Qualifikation und der Anpassung an die steigenden Anforderungen sollte den Mitarbeitern Gelegenheit zum Besuch von Fort- und Weiterbildungsveranstaltungen gegeben werden.

3.4 **Fehlt dem Heimleiter die pflegerische Qualifikation, so müssen andere organisatorische Vorkehrungen getroffen werden, damit die pflegerische Betreuung und Versorgung sichergestellt ist (Pflegedienstleiter). Auch für Heimleiter und Pflegedienstleiter müssen Vertretungsregelungen bestehen (vgl. unter Nr. 3.6).**

3.5 **Zusätzlich muß je nach Größe des Heimes Personal für Fördermaßnahmen (therapeutische Dienste) vorhanden sein, wie z. B. Beschäftigungstherapeuten, Musiktherapeuten, Krankengymnasten usw.** Hierfür gilt derzeit ein Personalschlüssel von 1 : 120 Heimbewohnern als Anhaltspunkt.

3.6 **Die Heimleitung muß auf Verlangen Auskunft über die Ausbildung der Beschäftigten geben und anhand von Organisationsplänen darlegen können, welche Zuständigkeits- und Vertretungsregelungen getroffen sind. Des weiteren müssen Tagesdienstpläne und Nachtdienstpläne, in denen auch die erforderlichen Übergabezeiten berücksichtigt sind, vorgelegt werden können.**

3.7 **Der Heimträger muß für alle Bewohner eine gesicherte und kontinuierliche ärztliche Betreuung gewährleisten. Die ärztlichen Verordnungen und Pflegeanweisungen, die vom Pflegepersonal durchzuführen, einzuhalten oder zu überwachen sind, müssen auf einem individuellen Pflegeplan dokumentiert und dem Arzt des Gesundheitsamtes auf Wunsch vorgelegt werden. Es muß die Gewähr für rechtzeitige Durchführung der angeordneten Tätig-**

keiten bestehen. **Die Anordnung einer Maßnahme muß vom Arzt, deren Durchführung vom Pflegepersonal mit Handzeichen dokumentiert werden. Jedes Medikament muß mit dem Namen des Patienten, für den es bestimmt ist, gekennzeichnet sein. Auf dem individuellen Pflegeplan sind auch die pflegerischen Maßnahmen wie ggf. Medikamentengabe, Katheterwechsel, Verbandswechsel, Einlauf, Fiebermessung, Inhalieren, Massage, Krankengymnastik, Sondenernährung, Flüssigkeitszufuhr sowie besondere Vorkommnisse zu vermerken.**

Eine sorgfältige Dokumentation der im Einzelfall durchgeführten pflegerischen Maßnahmen liegt insbesondere auch im Interesse des Einrichtungsträgers sowie des beschäftigten Personals, wenn vom Heimbewohner oder seinen Angehörigen Haftungsansprüche wegen einer behaupteten unzureichenden Pflege geltend gemacht werden.

Hinweis:

Ist die medizinische und pflegerische Versorgung der Heimbewohner durch die Einrichtung nicht ausreichend gewährleistet, so ist dies vom Gesundheitsamt fachlich zu begründen (bei gerontopsychiatrischen Pflegefällen und psychisch Behinderten ist ein Gebietsarzt für Psychiatrie hinzuzuziehen), damit die Heimaufsichtsbehörde die nach dem Heimgesetz erforderlichen Maßnahmen treffen kann. Für die Beurteilung ist die konkrete Betreuungs- und Versorgungssituation ausschlaggebend und nicht der abstrakte Personalschlüssel. Es ist deshalb insbesondere darauf zu achten, daß es nicht ausreichend ist, für die Ausstattung mit Pflegepersonal nur einen Pflegeschlüssel zu benennen. Vielmehr müssen aufgrund des vom Arzt des Gesundheitsamtes festgestellten notwendigen Pflege- und Betreuungsbedarfes der Heimbewohner die hierfür erforderliche Mindestzahl an Pflegepersonal sowie dessen Qualifikation festgelegt werden. Die zuvor genannten Personalschlüssel können dabei lediglich als Anhaltspunkte dienen. Soweit Unklarheiten im Hinblick auf die Personalschlüssel bestehen, ist der überörtliche Kostenträger zu beteiligen. Dies gilt insbesondere dann, wenn über den vereinbarten Personalschlüssel hinaus zusätzliches Personal für erforderlich gehalten wird.

4   **Aktivierende Pflege und Betreuung:**

Durchgängiges Prinzip in der Pflegearbeit ist die aktivierende Pflege, die innerhalb aller pflegerischer Tätigkeiten sichtbar wird und außerhalb der routinemäßigen Arbeitsabläufe die persönliche Selbständigkeit des Heimbewohners soweit wie möglich wiederherstellt, bessert und erhält.

Aktivierende Pflege sollte sich nicht nur auf die Erhaltung bzw. Wiederherstellung individueller Fähigkeiten beziehen, vielmehr auch die Einbeziehung der Heimbewohner in die kulturelle und gesellschaftliche Umgebung berücksichtigen. Die Aufzählungen in Ziffer 4.2 bis 4.4 sind dabei Beispiele für die Erreichung dieser Ziele.

4.1 Den vermeidbaren Folgen des Altersabbaus sollte durch Trainingsmöglichkeiten der körperlichen, geistigen und sozialen Fähigkeiten vorgebeugt werden.

4.2 Zur Erhaltung der **körperlichen Fähigkeiten** eignen sich gelenkerhaltende und beweglichkeitsfördernde Maßnahmen wie z. B. Morgengymnastik, Musik und Bewegung, Gruppengymnastik, auch Spaziergänge und Fahrten ins Thermalbad. Zur Wiedererlangung körperlicher Fähigkeiten sollte ggf. vom behandelnden Arzt gezielte Krankengymnastik verordnet werden.

4.3 Zur Erhaltung der **geistigen Fähigkeiten** eignen sich alle Formen der Informationsaufnahme und -verarbeitung durch Bücher, Zeitschriften, Zeitungen, Fernsehen, Rundfunk und Gespräche über den Inhalt. Fernsehapparate, Radios und Kassettenrekorder sollten daher nach Absprache mit den anderen Zimmerbewohnern geduldet werden.

Weitere Beschäftigungsmöglichkeiten sind z.B.:

– Spiele als Möglichkeit des Gedächtnistrainings, zum Üben der Konzentration, der Wortfindung, der Merkfähigkeit, der Inhaltswiedergabe und des Formulierens.

– Beschäftigungstherapie wie z. B. Modellieren, Holzarbeiten, Stricken. Vermittlung sinngebender Tagesinhalte. Pflege der persönlichen Interessen.

– Evtl. Haltung von kleinen Käfigtieren.

4.4 Zur Erhaltung der **sozialen Fähigkeiten** eignen sich Kontakte innerhalb des Heimes wie z. B. Singkreis, Gymnastikgruppe, Gemeinschaftsabende, Spielnachmittage oder auch Außenkontakte wie z. B. Busfahrten, Büchereibesuche, Kontakte zu ehrenamtlichen Helfern usw.

4.5 **Zur Erhaltung der körperlichen Fähigkeiten und des persönlichen Wohlbefindens gehört auch eine ausreichende und altersentsprechende Ernährung,** die abwechslungsreich und vielseitig sein sollte. Warmhaltemöglichkeiten sollten vorhanden sein. Der verringerte Energiebedarf älterer Menschen ist zu berücksichtigen bei gleichzeitig ausreichender Aufnahme von Eiweiß, Linolsäure, Vitaminen, Mineral- und Ballaststoffen.

Es ist empfehlenswert, die Nahrungsmenge auf fünf Mahlzeiten zu verteilen. Diabetiker benötigen neben einer entsprechenden Diät auch eine Spätmahlzeit. Auch anderen Heimbewohnern sollten Nahrungsmittel bei Bedarf zugänglich sein. **Besonderer Wert ist darauf zu legen, daß den Heimbewohnern zu jeder Zeit in ausreichendem Umfang Getränke zur Verfügung stehen.**

Bundessozialhilfegesetz (Auszug)
in der Fassung des 2. SKWPG
vom 21.12.1993 (BGBl. I S. 2374)

§ 93 Einrichtungen

(1) Zur Gewährung von Sozialhilfe sollen die Träger der Sozialhilfe eigene Einrichtungen nicht neu schaffen, soweit geeignete Einrichtungen der in § 10 Abs. 2 genannten Träger der freien Wohlfahrtspflege vorhanden sind, ausgebaut oder geschaffen werden können.

(2) Der Träger der Sozialhilfe ist zur Übernahme von Aufwendungen für die Hilfe in einer Einrichtung nur verpflichtet, wenn mit dem Träger der Einrichtung oder seinem Verband eine Vereinbarung über Inhalt, Umfang und Qualität der Leistungen besteht; in anderen Fällen soll er die Aufwendungen übernehmen, wenn dies nach der Besonderheit des Einzelfalles geboten ist. Die Entgelte müssen leistungsgerecht sein und einer Einrichtung bei sparsamer und wirtschaftlicher Betriebsführung ermöglichen, eine bedarfsgerechte Hilfe zu leisten. Die Vereinbarungen und die Übernahme der Aufwendungen müssen den Grundsätzen der Wirtschaftlichkeit, Sparsamkeit und Leistungsfähigkeit entsprechen. In den Vereinbarungen sind auch Regelungen zu treffen, die den Trägern der Sozialhilfe eine Prüfung der Wirtschaftlichkeit und Qualität der Leistungen ermöglichen.

(3) Die Vereinbarungen nach Absatz 2 sind vor Beginn der jeweiligen Wirtschaftsperiode für einen zukünftigen Zeitraum (Vereinbarungszeitraum) abzuschließen; nachträgliche Ausgleiche sind nicht zulässig. Kommt eine Vereinbarung innerhalb von sechs Wochen nicht zustande, nachdem eine Partei schriftlich zu Verhandlungen aufgefordert hat, entscheidet die Schiedsstelle nach § 94 auf Antrag einer Partei unverzüglich über die Gegenstände, über die keine Einigung erreicht werden konnte. Gegen die Entscheidung ist der Rechtsweg zu den Verwaltungsgerichten gegeben. Einer Nachprüfung der Entscheidung in einem Vorverfahren bedarf es nicht; die Klage hat keine aufschiebende Wirkung.

(4) Vereinbarungen und Schiedsstellenentscheidungen treten zu dem darin bestimmten Zeitpunkt in Kraft. Wird ein Zeitpunkt nicht bestimmt, so werden Vereinbarungen mit dem Tag ihres Abschlusses, Festsetzungen der Schiedsstelle mit dem Tag wirksam, an dem der Antrag bei der Schiedsstelle eingegangen ist. Ein jeweils vor diesen Zeitpunkt zurückwirkendes Vereinbaren oder Festsetzen von Entgelten ist nicht zulässig. Nach Ablauf des Vereinbarungszeitraums gelten die vereinbarten oder festgesetzten Entgelte bis zum Inkrafttreten neuer Entgelte weiter.

(5) Bei unvorhersehbaren wesentlichen Veränderungen der Annahmen, die der Vereinbarung oder Entscheidung über die Entgelte zugrunde

lagen, sind die Entgelte auf Verlangen einer Vertragspartei für den laufenden Vereinbarungszeitraum neu zu verhandeln. Die Absätze 2 bis 4 gelten entsprechend.

(6) Sind sowohl Einrichtungen der in § 10 genannten Träger als auch andere Träger vorhanden, die zur Gewährung von Sozialhilfe in gleichem Maße geeignet sind, soll der Träger der Sozialhilfe Vereinbarungen nach Absatz 2 vorrangig mit den in § 10 genannten Trägern abschließen. § 95 des Zehnten Buches Sozialgesetzbuch und landesrechtliche Vorschriften über die Entgelte bleiben unberührt.

Nach § 93 wird folgender § 94 eingefügt:

§ 94 Schiedsstelle

(1) Für jedes Land oder für Teile eines Landes wird bei der zuständigen Landesbehörde eine Schiedsstelle gebildet.

(2) Die Schiedsstelle besteht aus Vertretern der Träger der Einrichtungen und Vertretern der örtlichen und überörtlichen Träger der Sozialhilfe in gleicher Zahl sowie einem unparteiischen Vorsitzenden. Die Vertreter der Einrichtungen und deren Stellvertreter werden von den Vereinigungen der Träger der Einrichtungen, die Vertreter der Träger der Sozialhilfe und deren Stellvertreter werden von diesen bestellt; bei der Bestellung der Vertreter der Einrichtungen ist die Trägervielfalt zu beachten. Der Vorsitzende und sein Stellvertreter werden von den beteiligten Organisationen gemeinsam bestellt. Kommt eine Einigung nicht zustande, werden sie durch Los bestimmt. Soweit beteiligte Organisationen keinen Vertreter bestellen oder im Verfahren nach Satz 3 keine Kandidaten für das Amt des Vorsitzenden und des Stellvertreters benennen, bestellt die zuständige Landesbehörde auf Antrag einer der beteiligten Organisationen die Vertreter und benennt die Kandidaten.

(3) Die Mitglieder der Schiedsstelle führen ihr Amt als Ehrenamt. Sie sind an Weisungen nicht gebunden. Jedes Mitglied hat eine Stimme. Die Entscheidungen werden mit der Mehrheit der Mitglieder getroffen. Ergibt sich keine Mehrheit, gibt die Stimme des Vorsitzenden den Ausschlag.

(4) Die Rechtsaufsicht über die Schiedsstelle führt die zuständige Landesbehörde; diese führt auch die Geschäfte.

(5) Die Landesregierungen werden ermächtigt, durch Rechtsverordnung das Nähere über die Zahl, die Bestellung, die Amtsdauer und die Amtsführung, die Erstattung der baren Auslagen und die Entschädigung für Zeitaufwand der Mitglieder der Schiedsstelle, die Geschäftsführung, das Verfahren, die Erhebung und die Höhe der Gebühren sowie über die Verteilung der Kosten zu bestimmen.

(Anmerkung: Zu **Träger im Sinne des § 10 Abs. 2 BSHG** s. § 6 HeimG RN 5.)

Vorgesehene Änderungen
des HeimG nach dem Pflege VG

(Die linke Spalte gibt den Text des GE (BT-Drs. 12/5262) , die rechte Spalte den Vorschlag des BT-A (BT-.Drs. 12/5920, S. 129) wider. Die Begründung des GE und die Fassung des § 4e u. § 18 gem. der Beschlußempfehlung des Vermittlungsausschusses vom 10.12.1993 (Drs. 12/6424) sind ausschließlich abgedruckt.)

Entwurf

Artikel 16

Änderung des Heimgesetzes

Das Heimgesetz in der Fassung der Bekanntmachung vom 23. April 1990 (BGBl. I S. 763, 1069), wird wie folgt geändert:

1.   § 3 wird wie folgt gefaßt:

„Zur Durchführung des § 2 kann das Bundesministerium für Familie und Senioren im Einvernehmen mit dem Bundesministerium für Wirtschaft, dem Bundesministerium für Raumordnung, Bauwesen und Städtebau und dem Bundesministerium für Arbeit und Sozialordnung durch Rechtsverordnung mit Zustimmung des Bundesrats Mindestanforderungen festlegen:

1. für die Räume, insbesondere die Wohn-, Aufenthalts-, Therapie- und Wirtschaftsräume sowie die Verkehrsflächen und die sanitären Anlagen,

2. für die Eignung des Leiters des Heims und der Beschäftigten."

2   Nach § 4d wird folgender Paragraph eingefügt:

§ 4e Heimverträge mit Versicherten der sozialen Pflegeversicherung

(1) In Heimverträgen mit Versicherten der sozialen Pflegeversicherung bestimmen sich Art, Inhalt, Umfang und Vergütung der allgemeinen Pflegeleistungen, der Investitionszuschläge, der Leistungen bei Unterkunft und Verpflegung sowie von Zusatzleistungen ausschließlich nach den Vorschriften des Achten Kapitels des Elften Buches Sozialgesetzbuch. In den Heimverträgen sind die Leistungen des Trägers sowie die Leistungsvergütung für die Teilbereiche:

Beschlüsse des 11. Ausschusses

Artikel 16

Änderung des Heimgesetzes

Das Heimgesetz in der Fassung der Bekanntmachung vom 23. April 1990 (BGBl. I S. 763, 1069), **zuletzt geändert durch...**, wird wie folgt geändert:

1. § 3 wird wie folgt gefaßt:

§ 3 Mindestanforderungen

unverändert

2. Nach § 4d wird folgender Paragraph eingefügt:

§ 4e Heimverträge mit Versicherten der sozialen Pflegeversicherung

(1) In Heimverträgen mit Versicherten der sozialen Pflegeversicherung, **die Leistungen der stationären Pflege nach § 39 des Elften Buches Sozialgesetzbuch in Anspruch nehmen**, sind die Leistungen des Heimträgers für allgemeine Pflegeleistungen, für Unterkunft und Verpflegung sowie für Zusatzleistungen im einzelnen gesondert zu beschreiben und die jeweiligen Entgelte hierfür einschließlich des Investitionszuschlags gesondert

1. allgemeine Pflegeleistungen,

2. Investitionszuschläge,

3. Unterkunft und Verpflegung sowie

4. Zusatzleistungen

gesondert anzugeben.

(2) § 4a Satz 2 und § 4c gelten nicht für die in Absatz 1 genannten Verträge.

(3) *Für Versicherte der sozialen Pflegeversicherung kann der Heimvertrag nach § 4 Abs. 1 mit Zustimmung des Versicherten auch von der zuständigen Pflegekasse mit dem Träger des Pflegeheims abgeschlossen werden. Der Anspruch auf Zahlung der Vergütung für die allgemeinen Pflegeleistungen (Pflegesatz) und der Investitionszuschläge ist gegen die zuständige Pflegekasse zu richten; soweit in § 101a des Elften Buches Sozialgesetzbuch nichts anderes bestimmt ist.*

3 § 5 Abs. 3 wird wie folgt gefaßt:

(3) Das Bundesministerium für Familie und Senioren legt im Einvernehmen mit dem Bundesministerium für Arbeit und Sozialordnung durch Rechtsverordnung mit Zustimmung des Bundesrates Vorschriften über die Wahl des Heimbeirats und die Bestellung des Heimfürsprechers sowie über Art, Umfang und Form ihrer Mitwirkung fest.

4 § 8 Abs. 3 wird wie folgt gefaßt:

(3) Das Bundesministerium für Familie und Senioren legt im Einvernehmen mit dem Bundesministerium für Arbeit und Sozialordnung durch Rechtsverordnung mit Zustimmung des Bundesrates Art und Umfang der in den Absätzen 1 und 2 genannten Pflichten und das einzuhaltende Verfahren näher fest.

5 Dem § 9 wird folgender Absatz angefügt:

(4) Die für die Heimaufsicht zuständigen Behörden sind verpflichtet, dem Bundesministerium für Arbeit und Sozialordnung, dem Bundesministerium für Familie und Senioren auf Verlangen Auskunft über die Umstände zu erteilen, die sie für die Erfüllung ihrer Aufgaben nach dem Elften Buch Sozialgesetzbuch benötigen. Daten der Pflegebedürftigen dürfen den Beteiligten nach Satz 1 nur in anonymisierter Form übermittelt werden.

anzugeben. Art, Inhalt und Umfang der in Satz 1 genannten Leistungen sowie die jeweiligen Entgelte bestimmen sich nach dem Siebten und Achten Kapitel des Elften Buches Sozialgesetzbuch.

(2) unverändert

(3) **Der Anspruch des Heimträgers auf Zahlung des Entgelts für die allgemeinen Pflegeleistungen, soweit sie von der Pflegekasse zu tragen sind, sowie des Investitionszuschlags ist unmittelbar** gegen die zuständige Pflegekasse zu richten, soweit in § 101a des Elften Buches Sozialgesetzbuch nichts anderes bestimmt ist.

3.   unverändert

4.   unverändert

5.   Dem § 9 wird folgender Absatz angefügt:

(4) Die für die Heimaufsicht zuständigen Behörden sind verpflichtet, dem Bundesministerium für Arbeit und Sozialordnung **und** dem Bundesministerium für Familie und Senioren auf Verlangen Auskunft über die Umstände zu erteilen, die sie für die Erfüllung ihrer Aufgaben nach dem Elften Buch Sozialgesetzbuch benötigen. Daten der Pflegebedürftigen dürfen den Beteiligten nach Satz 1 nur in anonymisierter Form übermittelt werden.

6   § 14 wird wie folgt geändert:

a) In *§ 14 Abs. 7* Satz 1 werden hinter den Wörtern "im Einvernehmen mit dem Bundesministerium für Wirtschaft" die Wörter "und dem Bundesministerium für Arbeit und Sozialordnung" eingefügt.

b) Folgender Absatz 8 wird angefügt:

(8) Absatz 2 Nr. 3 findet keine Anwendung auf Pflegeheime, die Anspruch auf Finanzierung ihrer betriebsnotwendigen Investitionen nach dem Achten Kapitel des Elften Buches Sozialgesetzbuch haben. Absatz 2 Nr. 4 *sowie Absatz 6 gelten* nicht für Versicherte der sozialen Pflegeversicherung.

6. § 14 wird wie folgt geändert:

a) In **Absatz 7** Satz 1 werden hinter den Wörtern "im Einvernehmen mit dem Bundesministerium für Wirtschaft" die Wörter "und dem Bundesministerium für Arbeit und Sozialordnung" eingefügt.

b) Folgender Absatz wird angefügt:

(8) Absatz 2 Nr. 3 findet keine Anwendung auf Pflegeheime, die Anspruch auf Finanzierung ihrer betriebsnotwendigen Investitionen nach dem Achten Kapitel des Elften Buches Sozialgesetzbuch haben. Absatz 2 Nr. 4 **gilt** nicht für Versicherte der sozialen Pflegeversicherung.

(Begründung der Beschlüsse des 11. Ausschusses BT-Drs. 12/5920 S. 130 f)

Zu Artikel 16 - Änderung des Heimgesetzes

Zum Eingangssatz

Redaktionelle Änderung

Zu Nummer 1

Redaktionelle Änderung

Zu Nummer 2

Der Gesetzestext wird gestrafft und der Diktion des Heimgesetzes angepaßt sowie im Hinblick auf die Regelungen des Siebten und Achten Kapitels des SGB XI präzisiert.

Zu Nummer 5

Redaktionelle Änderung

Zu Nummer 6

Zu Buchstabe a

Redaktionelle Änderung.

Zu Buchstabe b

Durch die Neufassung wird die Vorschrift des § 14 Abs. 8 (neu) redaktionell angepaßt und die Einbeziehung des Absatzes 6 gestrichen. Es erscheint sachlich nicht vertretbar, in Ansehung von Spenden und Zuwendungen bei Bewohnern von Heimen, die Versicherte der sozialen Pflegeversicherung nach dem SGB XI sind, einschränkender als bei anderen Heimbewohnern zu verfahren. Zudem könnte ein Verbot ohne die Aufnahmeregelung des Absatzes 6 für Versicherte der sozialen Pflegeversicherung im Hinblick auf eine Einschränkung ihrer Testierfreiheit rechtlich angreifbar sein.

Beschlußempfehlung Vermittlungsausschuß
vom 10. 12. 1993 (Drs. 12/6424)

Zu Artikel 16 (Änderung des Heimgesetzes)

Artikel 16 wird wie folgt geändert:

1. In Nummer 2 wird § 4e wie folgt geändert:

a) In Absatz 1 werden die Angabe "§ 39" durch die Angabe "§§ 38 und 39" ersetzt und die Wörter "einschließlich des Investitionszuschlags" gestrichen.

b) In Absatz 3 werden die Wörter "sowie des Investitionszuschlags" gestrichen und die Angabe "§ 101a" durch die Angabe "§ 100" ersetzt.

2. In Nummer 6 Buchstabe b wird § 14 Abs. 8 wie folgt gefaßt:

(8) Absatz 2 Nr. 4 gilt nicht für Versicherte der sozialen Pflegeversicherung.

Stand: 06.12.1993

Entwurf
Zweites Gesetz
zur Änderung des Heimgesetzes

Der Bundestag hat mit Zustimmung des Bundesrates das folgende Gesetz beschlossen:

Artikel 1

Änderung des Heimgesetzes

Das Heimgesetz in der Fassung der Bekanntmachung vom 23. April 1990 (BGBl. I S. 763, 1069), zuletzt geändert durch das Gesetz vom 21. Juli 1993 (BGBl. I S. 1257), wird wie folgt geändert:

1. In § 1 wird folgender Absatz 1a eingefügt:

(1a) Auf Heime oder Teile von Heimen, die der vorübergehenden Pflege Volljähriger dienen (Kurzzeitpflegeheime), sind §§ 2 bis 4, §§ 4b bis 4d, §§ 6 bis 13, § 14 Abs. 1, Abs. 2 Nr. 1, 2, Abs. 5, 6 und §§ 15 bis 22 anzuwenden. Als vorübergehend im Sinne dieses Gesetzes ist ein Zeitraum von bis zu vier Wochen anzusehen.

2. Dem § 4 wird folgender Absatz 5 angefügt:

(5) Wird der Bewohner nur vorübergehend aufgenommen, so umfaßt die Leistungspflicht des Trägers alle Betreuungsmaßnahmen, die in der Zeit der Unterbringung erforderlich sind.

3. § 4b wird wie folgt geändert:

a) In Absatz 1 werden die Wörter "im Einzelfall eine" durch die Wörter "eine befristete oder" ersetzt.

b) Folgender neuer Absatz 9 wird angefügt:

(9) Soweit der Heimbewohner nur vorübergehend aufgenommen wird, kann der Heimvertrag von beiden Vertragsparteien nur aus wichtigem Grund gekündigt werden. Die Absätze 2 bis 8 sind mit Ausnahme des Absatzes 3 Satz 2 Nr. 2 und 3 nicht anzuwenden. Die Kündigung ist ohne Einhaltung einer Frist zulässig. Sie bedarf der schriftlichen Form und ist zu begründen.

4. In § 17 Abs. 2 Nr. 1 wird die Angabe "§ 5 Abs. 2" durch die Angabe "§ 5 Abs. 3" ersetzt.

5. §§ 23, 24 werden gestrichen.

6. In §§ 3, 5 Abs. 3, § 8 Abs. 3 und § 14 Abs. 7 werden die Wörter "Der Bundesminister", "der Bundesminister", "dem Bundesminister" jeweils durch die Wörter "Das Bundesministerium", "das Bundesministerium", "dem Bundesministerium" ersetzt.

Artikel 2

Neufassung des Heimgesetzes

Das Bundesministerium für Familie und Senioren kann den Wortlaut des Heimgesetzes in der vom (   ) an geltenden Fassung im Bundesgesetzblatt bekanntmachen.

Artikel 3

Übergangsvorschriften

(1) Wer bei Inkrafttreten dieses Gesetzes ein Heim im Sinne des § 1a Heimgesetz betreibt, hat den Betrieb innerhalb von drei Monaten nach Inkrafttreten dieses Gesetzes der zuständigen Behörde anzuzeigen. Soweit nach dem Heimgesetz eine Erlaubnis erforderlich ist, gilt sie demjenigen als erteilt, der bei Inkrafttreten dieses Gesetzes ein nach § 6 des Heimgesetzes erlaubnisbedürftiges Heim befugt betreibt. Die Erlaubnisbehörde bestätigt dem Träger kostenfrei und schriftlich, daß er zum Betrieb des Heims berechtigt ist. Die

Bestätigung muß die Art und die Räume des Heims bezeichnen. Wird die Anzeige nach Satz 1 nicht fristgerecht erstattet, erlischt die Berechtigung zum Betrieb.

(2) Heimverhältnisse auf Grund von Verträgen, die vor dem Inkrafttreten dieses Gesetzes geschlossen worden sind, richten sich von diesem Zeitpunkt an nach dem neuen Recht.

Artikel 4

Änderung des Wohngeldgesetzes

§ 3 Abs. 1 Nr. 5 des Wohngeldgesetzes in der Fassung der Bekanntmachung vom 1. Februar 1993 (BGBl. I S. 183), das zuletzt durch das (   ) geändert worden ist, wird wie folgt gefaßt:

5. der Bewohner eines Heims im Sinne des Heimgesetzes, soweit er nicht nur vorübergehend aufgenommen wird.

Artikel 5

Begründung

A. Allgemeiner Teil

Das Heimgesetz knüpft für die Frage seines Anwendungsbereichs unter anderem an die Verweildauer eines Bewohners in der Einrichtung an, weil durch den dauerhaften Aufenthalt eine besondere Abhängigkeit vom Heimträger und damit eine besondere Schutzbedürftigkeit des Bewohners begründet wird. Bislang erschien bei kurzzeitigen Aufenthalten in einem Heim eine gesetzliche Schutzregelung nicht erforderlich, weil insbesondere der bisherige Lebensmittelpunkt des Bewohners erhalten bleibt. Daher wurde davon abgesehen, Kurzzeitpflegeheime in die Schutzregelung des Heimgesetzes einzubeziehen. Mitbestimmend hierfür war jedoch auch, daß die Zahl der Kurzzeiteinrichtungen über lange Jahre nur gering und zudem nicht von Problemfällen gekennzeichnet war.

Diese Situation hat sich in der Zwischenzeit grundlegend verändert. Insbesondere nach Inkrafttreten des § 56 Sozialgesetzbuch V am 1. Januar 1989 erhöhte sich der Bedarf an Kurzzeitpflegeplätzen, nachdem erstmalig entsprechende Leistungen gesetzlich verankert worden sind. Heute kommt der Kurzzeitpflege eine immer größer werdende Bedeutung zu. Sie bildet vielfach das Bindeglied zwischen Krankenhaus und Pflegeheim oder Wohnung eines Pflegebedürftigen. Gleichzeitig liegen den zuständigen Behörden zahlreiche Hinweise darüber vor, daß es in der Kurzzeitpflege an ordnungsmäßiger Pflege mangelt, weil einige Heimträger ohne gesetzlichen Zwang nicht den gebotenen Pflegestandard gewährleisten. Darüber hinaus vermehren sich die Fälle, in denen Heimträger durch Falschdeklarierung von Dauerpflegeverträgen als Kurzzeitpflege und durch sog. Kettenverträge über Kurzzeitpflege versuchen, die Vorschriften des Heimgesetzes und seiner Verordnungen zu umgehen.

Den zuständigen Behörden stehen in dieser Situation nur allgemeine gewerbe- oder polizeirechtliche Tatbestände zur Prävention und Repression zur Seite. Diese Regelungen decken zwar, jeweils für sich gesehen, einzelne Aspekte beim Betrieb eines Heims ab, haben aber insgesamt eine andere Zielrichtung und greifen deshalb nur lückenhaft. Sie lassen sich mit dem heutigen Verständnis von ganzheitlicher Betreuung und Rehabilitation sowie dem gewandelten Verständnis von Bedürfnissen älterer Menschen nicht mehr vereinbaren. Daher müssen spezielle Regelungen getroffen werden, die den heutigen Anforderungen in der Kurzzeitpflege gerecht werden.

Die vorliegende Novellierung trägt dem Rechnung. Sie unterscheidet dabei zwischen zwei Sachverhalten: Zum einen wird der Heimtypus Kurzzeitpflegeheim neu eingeführt. Zum anderen wird der Vertragstypus Kurzzeitvertrag - insbesondere der Vertrag über die Kurzzeitpflege - in den Bestimmungen des Heimgesetzes gesondert geregelt. Dieses ist erforderlich, weil es den Heimträgern einerseits ermöglicht werden soll, in Dauereinrichtungen Personen befristet aufzunehmen, ohne daß die Einrichtungen damit insgesamt zum Kurzzeitpflegeheim wird. Andererseits sollen Kurzzeitpflegeheime vereinzelt Verträge auf Dauer abschließen können, ohne dadurch ihren Charakter zu verlieren. Diese Mischformen können im Interesse einer geordneten Wirtschaftsführung notwendig werden.

B Zu den einzelnen Vorschriften

Zu Artikel 1

Zu Nummer 1:

Mit der Neufassung des Absatzes 1a werden Kurzzeitpflegeheime in den Anwendungsbereich des Heimgesetzes einbezogen. Satz 2 ist erforderlich, um eine klare Abgrenzung zwischen Dauereinrichtungen und Kurzzeitpflegeheimen vornehmen zu können. Zugleich dient er der begrifflichen Abgrenzung von Verträgen über die Kurzzeitpflege.

Der Begriff des Heims entspricht bisherigen Regelungen des Heimgesetzes. Soweit es sich in einer Einrichtung für den Bereich der Kurzzeitpflege nur um einen Teil eines Heims handelt, sind damit abtrennbare Einheiten gemeint, die organisatorisch mit anderen Heimtypen verbunden worden sind.

Als vorübergehend definiert Absatz 1a Satz 2 in Anlehnung an die bisherige Praxis Aufenthalte von jeweils bis zu vier Wochen. Diese strikte Zeitbestimmung erschien notwendig, um ein praktikables Abgrenzungskriterium zu schaffen. Hierbei ist berücksichtigt, daß Kurzzeitpflege in aller Regel in Bedarfslagen in Betracht kommt, die nur in Übergangszeiten abgedeckt werden sollen. Im Interesse der zu Pflegenden gilt diese Zeitspanne dabei je Pflegesituation, so daß auch mehr als vier Wochen pro Kalenderjahr unter diese Regelung fallen können.

Soweit ein Aufenthalt über einen längeren Zeitraum als 4 Wochen beabsichtigt ist, handelt es sich nicht mehr um Kurzzeitpflege, sondern um eine Pflege, für die die allgemeinen Regelungen des Heimgesetzes gelten.

Wesentlich für die Novellierung ist es, daß in Zukunft sowohl die Falschdeklarierung von Dauerverträgen als Kurzzeitpflege als auch sog. Kettenverträge nicht mehr attraktiv sein dürften, weil nunmehr alle Pflegefälle in Heimen einer gesetzlichen Regelung unterworfen werden. Zwar sind die vertraglichen Anforderungen in einigen Punkten bei der Kurzzeitpflege geringer, aber die übrigen Regelungen des Heimgesetzes greifen wie auch bei den sonstigen Heimverträgen ein. Es steht deshalb zu erwarten, daß in Zukunft alle Heime ordnungsgemäße Verträge abschließen werden.

Wie bei sonstigen Heimen richtet sich der Charakter eines Kurzzeitpflegeheims nach der beabsichtigten Nutzung, die sich aus den Antragsunterlagen im Rahmen des Erlaubnisverfahrens ergibt. Um den Betreibern von Kurzzeitpflegeheimen bei fehlender Auslastung eine wirtschaftlich sinnvolle Nutzung der Einrichtung zu ermöglichen, kann es in diesem Bereich verstärkt notwendig werden, neben der Kurzzeitpflege auch sonstige Betreuung anzubieten. Diese Nebennutzung soll erlaubnisrechtlich ohne Belang bleiben, so lange die Belegung regelmäßig der Kurzzeitpflege dient und sich die Art der Einrichtung trotz zeit- und teilweise andersartiger Belegung der Heimplätze nicht verändert.

Die Beschränkung des Bewohnerkreises auf Volljährige ergibt sich aus der Zielsetzung der Novelle und ihrem vorgegebenen Regelungsbedürfnis. Hierbei indiziert die Zweckbestimmung des Heims, daß es sich bei den Bewohnern um Pflegebedürftige handelt.

In der Vorschrift sind ferner die Bestimmungen des Heimgesetzes aufgeführt, die auch auf Kurzzeitpflegeheime anzuwenden sind. § 4c ist nicht aufgenommen, weil bei nur vierwöchigem Aufenthalt die denkbaren Schwankungen im Rahmen vorausschaubarer Berechnungen halten. Dem Träger eines Heims kann eine feste Kalkulation ohne Erhöhungsmöglichkeit zugemutet werden. § 5 ist ausgenommen, weil die meisten der dem Heimbeirat zugeordneten Aufgaben nach der Heimmitwirkungsverordnung in Kurzzeitpflegeheimen nicht anfallen. Ebenso wurde auf die Anwendbarkeit des § 14 Abs. 2 Nr. 3 und 4 verzichtet, weil die dort genanten Leistungen in Kurzzeitpflegeheimen nicht erbracht werden sollen.

Zu Nummern 2:

Während sonstige Heimverhältnisse eine Anpassungspflicht des abgeschlossenen Vertrages kennen, wird dies für die Kurzzeitverträge ausgeschlossen. Kurzzeitpflege ist für Pflegebedürftige und ihre Angehörigen nur dann attraktiv, wenn sie wissen, daß während dieser Zeit eine ausreichende Versorgung gewährleistet ist, ohne daß bei einer Verschlechterung des Gesundheitszustandes insbesondere ein Umlegen in ein anderes Heim zu befürchten steht. Gerade weil es sich bei der Kurzzeitpflege häufig um Kriseninterventionen handelt, ist eine entsprechende Sicherheit für die Betroffenen wichtig. Demgegenüber sind die Interessen des Heimträgers nur in geringem Umfang beeinträchtigt. Zwar muß er nun schon bei Vertragsbeginn eine Zusage über eine bedarfsgerechte Pflege geben und insoweit prospektiv kalkulieren. Da es sich aber durchweg um Pflegebedürftige handelt, der Zeitraum ihres Aufenthalts kurz bemessen und der Leistungsumfang bereits bei Aufnahme der Bewohner in der Regel überschaubar ist, erscheint das damit verbundene Risiko für den Heimträger gering und zumutbar.

Zu Nummer 3:

Die Neuregelung in Absatz 1 dient der Klarstellung. Danach gibt es gestaffelt nach der Dauer der Vertragsverhältnisse verschiedene Heimverträge: Kurzzeitverträge, befristete und unbefristete Verträge. Während für die Kurzzeitpflege Sonderregelungen gelten, greift für die beiden anderen Vertragstypen das schon bisher geltende Heimgesetz. Dabei wird davon ausgegangen, daß der Heimvertrag auf unbestimmte Zeit nach wie vor die Regel darstellt. Soweit wegen der gebotenen Dauer des Aufenthalts zwar keine Kurzzeitpflege in Betracht kommt, aber das Ende des Aufenthalts durch die Bedarfslage im Einzelfall vorgegeben ist, bleibt es bei der schon jetzt zulässigen Befristung des Heimvertrags. Es gilt sowohl im Interesse des Bewohners, der eine klare Beendigungsregelung des Vertragsverhältnisses wünscht, als auch im Interesse des Betreibers, der weiß, wann er über diesen Platz wieder verfügen kann.

Der neu geschaffene Absatz 9 ersetzt die für die Kurzzeitverträge nicht passende Kündigungsregelung des § 4b. Da erfahrungsgemäß innerhalb eines vierwöchigen Zeitraums weniger Umstände auftreten, die eine vorzeitige Beendigung des Vertragsverhältnisses erfordern, ist für beide Vertragsparteien eine Kündigung nur aus wichtigem Grund zulässig. In diesen Fällen erscheint auch die Einhaltung einer Kündigungsfrist entbehrlich.

An dem Erfordernis der Schriftform und Begründung ist im Interesse der Rechtssicherheit für beide Seiten festgehalten worden.

Zu Nummer 4:

Die Änderungen sind redaktionelle Berichtigungen.

Zu Nummer 5:

Streichung der obsoleten Übergangsvorschriften und der Berlinklausel.

Zu Nummer 6

Es handelt sich um eine redaktionelle Anpassung an die sächliche Bezeichnungsform der Ministerien.

Zu Artikel 2

Durch Änderungen des Gesetzes wird seine bisherige Fassung schwer lesbar. Eine Neubekanntmachung erscheint daher angezeigt.

Zu Artikel 3

Die Regelung in Absatz 1 trägt dem Besitzstands- und Vertrauensschutz für Träger von Kurzzeitpflegeheimen, die bereits bei Inkrafttreten der Novelle bestanden, Rechnung.

Absatz 2 regelt die Behandlung von Verträgen, die bereits bei Inkrafttreten dieses Gesetzes bestanden haben. Entsprechend der Zielsetzung der Novelle, die Rechtsunsicherheit in der Beurteilung von Kurzzeitpflegeheimen und die damit verbundene Benachteiligung von Heimbewohnern zu beseitigen, gilt die Neuregelung auch für bereits bestehende Verträge.

Zu Artikel 4

Die Neufassung des § 1 des Heimgesetzes erfordert eine Anpassung des Wohngeldgesetzes. Nach Sinn und Zweck des Wohngeldrechts wird Wohngeld nur denjenigen Heimbewohnern gewährt, deren Heimunterbringung auf Dauer angelegt ist. Nur in diesem Fall besteht eine Vergleichbarkeit mit einem Mieter oder Nutzer von Wohnraum. Die vorübergehende Unterbringung in einem Kurzzeitpflegeheim berechtigt daher nicht zum Bezug von Wohngeld. Dementsprechend sind die Fälle der Kurzzeitpflege aus dem Anwendungsbereich des Wohngeldgesetzes herauszunehmen.

Zu Artikel 5

Der Zeitpunkt des Inkrafttretens berücksichtigt bereits eine zweimonatige Frist vom Zeitpunkt der Verkündung an, damit sich die Beteiligten auf die neue Gesetzeslage einstellen können.

Stichwortverzeichnis

Stichwortverzeichnis

H

I

Stichwortverzeichnis

Stichwortverzeichnis

Stichwortverzeichnis